President
Congress
Cabinet

半總統制下的
權力三角：總統│國會│內閣

沈有忠、吳玉山————主編

吳玉山、沈有忠、張峻豪、陳宏銘、蔡榮祥 ————著

我國自1997年第四次修憲之後，總統、國會、行政院的三邊關係有了大幅度的改變。在制度特徵上出現了雙元行政（總統與行政院）和國會的三角關係，吻合了學界對「半總統制」的定義。從修憲迄今，半總統制的憲政運作正好進入第二十年。這二十年的憲政運作，從政黨的角度來看總統與國會的關係，先是國民黨的多數一致政府（李登輝主政，1997～2000年）、接著出現行政權的政權輪替，進入民進黨的少數分立政府時期（陳水扁主政，2000～2008年）、再二次輪替成為國民黨的多數一致政府（馬英九主政，2008～2016年）、2016年再發生政黨輪替，出現民進黨首次取得多數一致政府的狀態（蔡英文總統，2016年迄今）。綜觀四位總統的執政過程，府、院、會、黨四角關係錯綜複雜，彼此的合作與競爭始終是台灣民主政治發展與深化的核心議題。在府院會黨的關係中，最常出現爭議的幾個軸線，包括府、會關係（總統與國會的二元民主正當性），以及府、黨關係（總統是否兼任黨主席所衍生的黨政合一或黨政分離等議題）。另外，總統的權力問題以及閣揆同意權等，則延伸為府、院問題（總統與行政院的二元行政架構）。上述議題，在學界或是實務政治中，無一不在過去幾年出現不同的見解並且每逢選舉就備受關注與爭議。無論是府會、府院、或是府黨，都可以發現總統是三角關係中最容易引起爭議的角色，也是我國憲政運作引發爭議的核心。之所以出現這樣的狀況，主要的原因就在於制度上並未明確釐清府院會黨的權責關係，尤其是總統黨政權力的底線。

前述三組權力關係中，府、會關係引起的爭議，是二元民主正當性。在總統制之下，出現分立政府時，因為行政權的一致，頂多就是僵局，尚不會引發行政權歸屬的爭議。但在半總統制之下，就會出現組閣權歸屬的問題。

就台灣而言，總統有任命權，在組閣上可以獨立行使權力，但國會有倒閣權，加上憲法規定行政院對立法院負責，因此就制度精神面而言，必須尊重國會多數的意志。但依據實際運作的經驗來看，2000～2008年出現了少數分立政府，建立了分立政府下，總統組閣的慣例。2016年年初，蔡英文總統放棄提前組閣，也再次確立此一原則。儘管因為同時選舉，而使得二元民意分歧出線的機率降低，但總統與國會就職相差三個半月，只要出現輪替，這三個半月就必須出現看守內閣。這個議題也仍舊會受到關注。

第二組府、黨的權力關係中，出現的爭議可以簡化為總統是否適宜兼任黨魁。從政黨政治的角度來看，過去對於其他民主國家的研究發現，議會內閣制基於穩定的黨政合一，憲政運作方能順遂，但總統制則不一定。半總統制之下，總統是否掌握政黨，直接導向非制度性權力的強弱。即使總統沒有制度性權力，也能因為掌握執政黨，在取得國會多數時依舊可以強勢執政。因為掌握政黨，總統甚至可以影響國會議員的立法行為。在台灣，我們看到兩個主要政黨，都建立了總統兼任黨魁的黨章規定。過去黨政分離、黨政合一、以黨領政、以黨輔政的爭議，都曾經在選舉時以及選後一段時間會被提出來放大討論。馬英九、陳水扁兩位總統，在就任之初也都沒有兼任政黨主席，後來發現，欠缺與立法院溝通的渠道，才選擇進入黨政合一的模式。蔡英文總統則是一開始就確立黨政合一的原則。在這個情形下，總統和國會的關係是否會因為黨主席的身分而降低國會的制衡能力？又或者再次引發總統干預立法的質疑？也都將持續引起討論。

最後第三組權力關係發生在府、院之間，也就是總統領導行政的問題。就這個部分來看，因為民意趨向總統領導，加上總統有獨立任命行政院長的權力，因此總統在二元行政中居於優勢，確實有其正當性。但就憲法的設計與精神來看，總統其實在憲法中並不被定位為作為領導行政權的角色。因為，總統既沒有完整的立法權（提案、否決），也沒有主持內閣會議決定施政議程的權力，也沒有透過到立法院進行施政報告確立主導政策的象徵地位，即使像是緊急命令權，也都由行政院院會決議後提請總統發動。前述這些角色，都是由行政院院長來執行。然而，因為總統掌握了人事權，而且將

「任命」實質延伸為「任免」，加上國會對於倒閣權的行使，受到解散權的影響而徒具形式。這些都使得總統確立了領導政府的角色。當總統要進行決策時，就只好疊床架屋的建立各式各樣的辦公室、委員會，甚至利用國安會這個憲法上定位為諮詢功能的機關來進行決策。

　　前述這些問題，突顯出總統的憲政權力，在我國的憲法規範中始終有著灰色地帶，在過去二十年來的實際運作，多次出現爭議。對於如何界定總統的憲政角色，也總是欠缺一致的共識，而沒有徹底解決。以慣例的方式，確立了府會、府黨、府院這三組權力關係，都是總統居於優勢的憲政秩序。這種維繫於慣例而非基於制度規範所形成的總統優勢，一方面欠缺其他憲政機關有力的制衡，二方面政治的穩定維繫於總統的聲望與權力的穩固，從正面解讀，可以說具有一定的韌性，但從負面解讀，也就等於存在相當的不確定性與風險。如何將府院會黨四角關係進一步透過制度規範加以釐清，在關心我國憲政發展的眾多議題下，值得進一步去探討。

　　本書「半總統制下的權力三角：總統、國會、內閣」，正是在此一關懷下彙編而成。本書關注的焦點，就是以總統為核心，進一步關注總統、國會、內閣的三角關係。在出版的源起中，由中央研究院吳玉山院士所領導的半總統制研究群，長期關注我國以及其他半總統制民主國家的運作，並且累積豐富的研究成果，是本書出版的基礎。本書由吳玉山院士領銜，撰寫深度導論，並由中正大學蔡榮祥教授、中原大學陳宏銘教授、東海大學沈有忠教授、東海大學張峻豪副教授等五位學者共同執筆，提供了本書厚實的分析內容與精彩的討論。而出版的過程，主要是受到教育部的補助。教育部為促進人文及社會科學學術專書之寫作及研究成果之傳播，推動人文及科技教育先導型計畫，補助編纂主題性論文集，是本書出版的補助來源。在編纂過程中，舉辦了一次的座談會，由王業立教授、吳重禮教授、李鳳玉副教授、蘇子喬副教授共同參與，提供專書修改的建議。在出版的行政方面，五南圖書公司的同仁，以及劉靜芬主編的細心幫助，都扮演了本書順利出版的重要角色。在此要對前述的學界同仁與出版社同仁表達謝意。在教育部的補助規定下，本書的九章當中，除了吳玉山院士所撰寫的第一章是依據全書內容所撰

寫的深度導論之外，其餘八章中有七章曾發表於TSSCI期刊，包括《臺灣民主季刊》、《東吳政治學報》、《政治科學論叢》、《問題與研究》等，都具有相當的學術品質。同時爲了尋求專家建議，以使本書更爲完善，我們曾經爲本書舉辦座談會，並依據座談會中的學者建議，將各章分析的內容均更新至2017年，並依不同主題對台灣的憲政運作做出呼應，使本書除學術深度之外，在即時掌握在地憲政發展方面，亦能突顯其特色。

憲政體制的運作是民主鞏固的核心議題。民主政治是台灣政治發展迄今，極爲重要的資產。影響民主鞏固的原因甚多，半總統制運作迄今二十年，成爲影響民主鞏固眾多的變數之一。本書的出版，希望能對憲政體制的運作，提供更豐富的討論，並且將半總統制的相關研究往前推進。

沈有忠

於德國柏林

106年7月

我國在二十年前（1997）由國民代表大會通過中華民國憲法第四次增修條文，而正式進入半總統制。在1990年代後期，台灣的政治發展是處於民主化後的憲政抉擇階段，當時各種看法、各方力量相互激盪，最後和多數第三波民主化國家一樣，我國採取了介於內閣制和總統制之間、同時帶有此二種制度核心特徵的的半總統制。半總統制易於進入而不易運作，模糊與彈性的空間很大，再加上新興民主國家對行憲缺乏經驗，而國家認同問題又擾攘不斷，因此產生不少爭議；又由於憲政體制是國家各種政治活動的主要框架，因此憲政爭議便帶來許多政治上的衝突。不過這二十年的實際運作，也累積了很多的憲政慣例，使得我國的半總統制逐步走上了「總統優越」的次類型，也就是總統權力獨大、以行政院長為其第一僚屬的體制。行政院作為國家最高的行政機關，並對立法院負責的內閣制精神，在此種次類型之下，是隱而不現的。

究竟我國為何會走上這種特殊的半總統制道路，此種次類型實際上如何運作，會帶來怎樣的影響，又可能如何轉變，這些都是極為重要與迫切的問題，需要學術界為社會提供解答。另一方面，在過去的二十年來，修憲甚至制憲之議不斷，「憲政時刻」屢屢被宣示到臨。然而要改變憲政體制（或決定不要改變憲政體制），第一步顯然必須瞭解我國憲政發展的歷史和現況，也需要瞭解改變後所可能帶來的影響，而這些都得要對半總統制的理論和實際，以及我國和其他半總統制國家的憲政運作進行深入的瞭解。在這樣的環境之下，一群研究憲政議題的政治學者開始組織了「半總統制研究群」，成為台灣研究半總統制的主要團隊。

從2010年開始，以「半總統制研究群」為核心，透過中央研究院政治學

研究所與國內各研究型大學（包括台大、東海、北大、東吳、中山、中正等）的合作，已經舉行了八次「半總統制與民主」的年度系列研討會，帶起了半總統制的研究風潮。中研院政治所又舉行了兩次大型的半總統制國際學術研討會，把國內和國際的半總統制研究社群串連起來。「半總統制研究群」展現了極活躍的研究能量，例如在國內外著名的學術出版社和大學出版社推出了 Semi-presidentialism and Democracy（2011）、《權力在哪裡：從多個角度看半總統制》（2012）、《半總統制跨洲比較：亞洲與歐洲的對話》（2015）等專書，在國內重要的政治學期刊出版了專刊（例如《政治科學論叢》、《東吳政治學報》），並發表大量的期刊論文、在國內外主要的政治學術研討會組織場次積極參與等。更為重要的是，台灣的半總統制研究始終兼顧理論與實際：雖然強調學理，但不會讓我們的研究成為象牙塔裡不接地氣的空談；雖然著重實務，但不會讓我們的分析淪為缺乏深度的評論。我們所堅持的是以學術服務社會的志業。

本書是台灣半總統制研究的最新發表，由沈有忠教授組織策劃，採用了「權力三角」的概念，以彰顯總統、國會和內閣（府會院）之間在半總統的憲政體制下相互牽引的關係，這是一個觀察半總統制運作最為完整的框架。書中各章有分析三組個別關係的，也有將三組關係整合以觀的。除了完整性和整合性之外，本書深入到許多憲政運作的細節，和實際政治狀況密切結合，又和國會研究、政黨與選舉、中央與地方等相關的研究領域彼此銜接。在研究方法上，有採個案，也有採比較途徑；有專注台灣，也有大範圍地進行國際調查。我們期待本書能夠讓關心台灣憲政發展的讀者看到最貼近現實的學術研究，也讓有興趣於憲政體制和半總統制的讀者分享到我們最新的理論發現。

半總統制在全球的發展方興未艾，已經成為世界上最占優勢的政體；半總統制的運作和轉型千變萬化，令人目不暇給。研究半總統制的學者眼觀世界、注目台灣，有豐富無比的研究素材。甚至一旦中國大陸民主化，半總統制也會是對岸最可能採取的憲政體制，如絕大多數的後共國家一般。這個體制的影響無遠弗屆，又是新興的現象，實在值得大家投入心力來瞭解和探

索。值此半總統制在台灣實行二十年之際，期盼有更多的學術同好進入此一研究領域，使其更能蓬勃發展！

吳玉山 識於
南港中研院
106年季夏之月

目錄
CONTENTS

主編序 ·· I

主編序　半總統制研究向前更進一步 ···················· V

第一章　半總統制權力三角的邏輯／吳玉山　　　　　1

　　壹、分析框架 ··· 3

　　貳、四個面向 ··· 12

第二章　總統的政策權與決策機制：半總統制的跨國分析

　　　　／陳宏銘 ·· 23

　　壹、前言 ··· 23

　　貳、研究對象：21個民主半總統制國家 ················ 27

　　參、半總統制與總統政策權領域 ·························· 28

　　肆、政策決定權與決策機關：比較各國設計 ········ 30

　　伍、政策權限、決策機關與半總統制類型 ············ 42

　　陸、結論：兼論台灣案例的思考 ·························· 57

第三章　從閣揆角色談台灣半總統制的行政權運作

　　　　（1997-2016）／張峻豪 ································· 61

　　壹、前言 ··· 61

　　貳、行政權運作與路徑依賴機制 ·························· 63

　　參、半總統制下的行政權運作——

　　　　李登輝執政時期：報酬遞增的路徑依賴時序 ··· 68

　　肆、半總統制下的行政權運作——

　　　　陳水扁執政時期：消極回饋的路徑依賴時序 ··· 72

　　伍、半總統制下的行政權運作——

　　　　馬英九執政時期：反應性的路徑依賴時序 ······ 82

　　陸、結論 ··· 89

第四章　半總統制下總統是否兼任黨主席與其黨政關係型態：
比較視野下的馬英九總統任期經驗／陳宏銘 ⋯⋯⋯⋯ 91

　　壹、前言 ⋯⋯⋯⋯⋯⋯⋯⋯⋯⋯⋯⋯⋯⋯⋯⋯⋯⋯⋯⋯⋯ 91

　　貳、文獻探討 ⋯⋯⋯⋯⋯⋯⋯⋯⋯⋯⋯⋯⋯⋯⋯⋯⋯⋯⋯⋯ 93

　　參、半總統制總統是否兼任黨魁：比較各國經驗 ⋯⋯⋯⋯ 96

　　肆、台灣半總統制下馬英九總統執政時期經驗 ⋯⋯⋯⋯ 103

　　伍、結論：兼論台灣案例的思考 ⋯⋯⋯⋯⋯⋯⋯⋯⋯⋯ 121

第五章　半總統制「權力總統化」之比較研究／沈有忠 ⋯⋯ 125

　　壹、前言：當代的半總統制研究 ⋯⋯⋯⋯⋯⋯⋯⋯⋯⋯ 125

　　貳、總統的制度性與非制度性權力 ⋯⋯⋯⋯⋯⋯⋯⋯⋯ 128

　　參、變數界定與總統化的類型比較 ⋯⋯⋯⋯⋯⋯⋯⋯⋯ 134

　　肆、個案分析 ⋯⋯⋯⋯⋯⋯⋯⋯⋯⋯⋯⋯⋯⋯⋯⋯⋯⋯ 138

　　伍、結論 ⋯⋯⋯⋯⋯⋯⋯⋯⋯⋯⋯⋯⋯⋯⋯⋯⋯⋯⋯⋯ 149

第六章　多黨總理總統制民主的政府類型與憲政運作的衝突：
以斯洛維尼亞、斯洛伐克、克羅埃西亞、立陶宛為例
／蔡榮祥 ⋯⋯⋯⋯⋯⋯⋯⋯⋯⋯⋯⋯⋯⋯⋯⋯⋯⋯⋯ 153

　　壹、前言 ⋯⋯⋯⋯⋯⋯⋯⋯⋯⋯⋯⋯⋯⋯⋯⋯⋯⋯⋯⋯ 153

　　貳、文獻檢閱 ⋯⋯⋯⋯⋯⋯⋯⋯⋯⋯⋯⋯⋯⋯⋯⋯⋯⋯ 155

　　參、理論架構 ⋯⋯⋯⋯⋯⋯⋯⋯⋯⋯⋯⋯⋯⋯⋯⋯⋯⋯ 160

　　肆、多黨總理總統制國家的政府類型 ⋯⋯⋯⋯⋯⋯⋯⋯ 167

　　伍、多黨總理總統制政府類型與憲政衝突 ⋯⋯⋯⋯⋯⋯ 170

　　陸、結論 ⋯⋯⋯⋯⋯⋯⋯⋯⋯⋯⋯⋯⋯⋯⋯⋯⋯⋯⋯⋯ 183

第七章　政黨菁英或官僚菁英？台灣半總統制下的行政院院長
類型與立法影響／沈有忠 ⋯⋯⋯⋯⋯⋯⋯⋯⋯⋯⋯ 187

　　壹、前言：半總統制的議程發展與本文問題意識 ⋯⋯⋯ 187

　　貳、變數界定與研究假設 ⋯⋯⋯⋯⋯⋯⋯⋯⋯⋯⋯⋯⋯ 193

　　參、鞏固多數政府時期 ⋯⋯⋯⋯⋯⋯⋯⋯⋯⋯⋯⋯⋯⋯ 197

肆、鞏固少數政府時期 ··· 202

伍、代結論：個案的檢視 ··· 207

第八章　法國優勢行政權的成因與影響之研究／張峻豪 ·············· 213

壹、前言 ··· 213

貳、法國優勢行政權的成因與意義 ··· 216

參、法國優勢行政權的影響與挑戰 ··· 230

肆、結論：兼論對台灣的啓示 ··· 244

**第九章　半總統制下總統、總理和國會的三角關係：比較觀點
下的台灣運作經驗**／蔡榮祥 ·· 249

壹、前言 ··· 249

貳、文獻檢閱 ·· 252

參、研究架構：半總統制的三角關係 ····································· 259

肆、波蘭半總統制的運作 ··· 270

伍、台灣半總統制的運作 ··· 277

陸、結論：半總統制三角關係的矛盾 ····································· 285

專有名詞 ··· 289

參考文獻 ··· 293

吳玉山

　　內閣制、總統制和半總統制是當今世界上三種最主要的憲政體制。在這三種制度當中，都有三個制度行為者：國家元首（總統或君主）、國會，與內閣，因而形成一組權力三角關係。三種體制的權力三角是不相同的。在內閣制當中，國家元首不是民選的，因此並不掌握實權，而成為虛位元首。所以內閣制的元首不能夠號令內閣，內閣也不對元首負責，這樣子就使得元首和內閣的關係不占重要的地位。同樣地，內閣制當中元首和國會的關係也不能夠影響權力三角的運作，這當然也和虛位元首本身的性質有關。因此不論元首和國會中政黨的關係如何，沒有民意基礎的元首都得尊重國會的生態，任命多數黨或多數聯盟的領袖來組閣。一般而言，元首無法自行解散國會，國會也無法令元首去職。這樣說來，內閣制的權力三角當中有兩個關係（元首和內閣、元首和國會）是虛的，所以權力三角只是形式上的，通常並沒有實際的意義。在圖1-1當中，我們用實線代表實的權力關係，虛線代表虛的權力關係，就可以看出在內閣制之下，權力三角中只有一組實質的權力關係。

　　和內閣制不同，總統制的權力三角中只有一個關係是虛的，那就是國會和內閣之間的關係，另外兩個關係則是實的。在總統制下，總統既是國家元

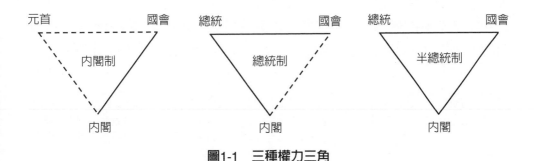

圖1-1　三種權力三角

首，又是政府領袖，直接統領內閣。即使像南韓那樣有總理的總統制國家，總統還是親統內閣，總理只是其主要助手。因此總統指揮內閣，而內閣也對總統負責，總統和內閣之間的關係是實的。[1]另一方面，總統和國會之間的關係對於憲政運作也會產生很大的影響：如果總統掌握國會多數，便是一致政府，若是總統黨在國會中居於少數（或是總統不與聞政黨政治），便是分立政府。一致政府或分立政府直接影響法案的通過和行政的效能。因此總統和國會的關係也是實的。不過，國會和內閣之間的關係在總統制下卻是虛的，那是因爲內閣是總統的僚屬，既不是由國會決定，也不對國會負責。即使國會中的多數黨不滿意內閣的表現，也無法令其去職。在圖1-1當中，我們可以看到總統制的權力三角中有兩條實線的權力關係，一條虛線的權力關係。

　　在半總統制的權力三角當中，卻出現了三個實的關係。所謂的半總統制，便是在內閣制的框架之上加入了直選總統，所以同時具有內閣制和總統制的主要特徵。因爲有內閣制的基本設計，因此半總統制下的總理領導內閣對國會負責，這裡主要的機制便是國會可以用不信任投票來進行倒閣。另一方面，又因爲有總統制的基本設計，因此直選總統總是會發揮政治影響力，經常想要掌控內閣，令其對總統本身負責。由於半總統制此種先天的兩元性，使其處於內閣制和總統制之間，而同時具有二者的特色。因此，內閣制中國會和內閣之間的實質關係出現在半總統制中，總統制中總統和內閣之間，以及總統和國會之間的實質關係也出現在半總統制之中。這樣就有了三個實質關係，使得半總統制下的權力三角內容特別豐富。此一情況，可以在圖1-1中清楚地看出來。

　　半總統制的權力三角不但有三組實質關係，其變異也特別多元。在內閣制和總統制下國家的權力結構是很清楚的：內閣制的權力核心是國會，而

---

[1]　南韓1987年第六共和的憲法規定「行政權屬於以總統爲首的政府」（第66條第4項）、「國務總理協助總統，並承總統之命統轄各部之行政工作」（第86條第2項）、「總統爲國務會議之議長，總理爲副議長」（第88條第3項）。從這裡可以清楚地看出總統和總理之間的從屬關係。

總統制的權力核心是總統，內閣要分別對國會和總統負責。但是在半總統制下，同時具有「內閣制軌」和「總統制軌」，可以運作地像內閣制、像總統制、在兩者之間搖擺、或是形成二者間的妥協。這種運作次類型的多樣化，使得半總統制的權力三角展現出多種樣貌，不僅三組關係都產生實際的影響，其影響在不同國家又各不相同。這樣看起來，半總統制下的權力三角真是複雜多變，是非常值得探究的研究主題。

　　本書的主要研究對象，就是半總統制下的總統－國會－內閣權力三角。在這個三角當中，有總統－內閣、總統－國會、和國會－內閣等三組關係。這些關係在半總統制下究竟展現怎樣的面貌，彼此之間又如何牽引、如何變動，是半總統制與憲政體制研究中特別引人入勝的課題。本書的組織安排，便是根據這樣的思路，先論個別關係，再分析三邊互動。

　　在展開各個關係的討論之前，我們要先提出一個半總統制權力三角的總體分析架構，以方便各章彼此串連，並建立相互關係。這個分析框架，是把半總統制理解為在內閣制的骨架上嵌入直選總統，而將半總統制的多樣變異歸於直選總統嵌入方式的不同。這些不同，使得總統對於內閣具有不同程度的掌控，因而造成國政的權力核心出現在憲政體系的不同位置。如此理解了半總統制的憲政框架之後，我們便可以一步步地解析半總統制的權力三角。

壹、分析框架

　　一般學界所接受的半總統制定義，是指同時具有「總統直選」和「總理領導內閣對國會負責」這兩個特徵的憲政體制。由於採取半總統制的國家在第三波民主化之後快速增加，因此學界對於半總統制的研究文獻也不斷累積，成為制度研究的一門顯學。[2]由於半總統制在定義上揉合了總統制和內

2　就專書而言，國外方面有Elgie（1999, 2011a），Elgie and Moestrup（2007, 2008, 2016），Eglie, Moestrup and Wu（2011）等；在國內方面有呂炳寬、徐正戎（2005），沈有忠、吳玉山（2012），及廖達琪、沈有忠、吳玉山（2015）等。

閣制的核心特徵，因而具有其雙元性。[3]這也使得我國許多學者將半總統制稱為「雙首長制」（Blondel, 1992）。不過，在這兩個特徵當中，總理領導內閣對國會負責畢竟是較為明確而基本的，而總統直選本身並不代表任何具體的權力配置，其所引伸出的制度特性也因此較為浮動而不易掌握。就是因為在半總統制中「內閣制軌」有其固定性，而「總統制軌」則強弱不定，於是兩軌的相對強度便難以事先斷定，因此半總統制會出現各種運作的次類型，而展現出多樣性。如果單純從憲法的規定來看，我們很難確實地指出直選總統究竟會掌握多少權力，也因此無法據以判定半總統制的實際運作情況，這就使得憲法的規定和半總統制的運作之間經常出現很大的落差。此一情況在半總統制研究的開山鼻祖Maurice Duverger最著名的研究當中便清楚地加以指出（Duverger, 1980）。後來雖然有Matthew Shugart、John Carey、Robert Elgie等人主張只要抓住「總統是否能夠將總理免職」此一特點，便可將半總統制明確地分為兩類（總統有免職權的是「總統國會制」，沒有免職權的是「總理總統制」），並在大量的後續研究當中證明「總理總統制」比「總統國會制」要穩定，但是在現實中反例甚多，益發讓人感覺必須要有更細緻的分析框架。[4]此一分析框架，一方面要能夠和現實結合，具體而正確地指出各個半總統制國家的實際憲政運作狀態，一方面又要能夠明確指出，究竟是什麼因素造成了這樣的運作狀態。如此我們對於半總統制的權力三角才能夠進行深入的探討，並且能夠進行貼合實際的比較研究。

　　從世界上民主半總統制國家的實際運作狀況來看，大體可以分為四個運作的次類型：總統優越（presidential supremacy, PS）、分工妥協（compromise, COM）、換軌共治（alternation, ALT），和準內閣制（quasi par-

---

[3]　有關於半總統制的定義及其討論，參見Duverger（1980），Vesser（1997），Bahro, et al.（1998），Elgie（1999, 2004, 2011b）。

[4]　有關於「總理總統制vs總統國會制」的討論，參見Shugart and Carey（1992），Shugart（2005），Protsyk（2006），Kirschke（2007），Moestrup（2007, 2008），Elgie（2007a, 2007b, 2008），Elgie and Moestrup（2007a, 2007b）。關於對於此一途徑的批評，參見吳玉山（2011）。

liamentarism, QS）。[5]這樣的分類是基於觀察半總統制在兩種情境下的運作狀況，一種是當總統黨掌握住國會的多數，一種是當總統黨沒有掌握住國會的多數。所謂的運作狀況，關鍵是總統組閣權的大小。總統優越是指不論總統黨是否能夠掌握住國會的多數，總統都具有組閣的權力，也就是可以決定內閣的成員。準內閣制是指不論總統黨是否能夠掌握住國會多數，總統都沒有組閣的權力，這個權力在國會領袖的手中。分工妥協和換軌共治是兩種介於總統優越和準內閣制之間的半總統制次類型。分工妥協是指總統在府會一致時可以掌控內閣人事，而在府會不一致時，總統原則上會讓國會依照各政黨的席次分配和彼此協議來決定總理和內閣的組成，但同時會堅持在特定的部會和／或政策領域（例如國安和外交）保有主控權。所以分工妥協類似限縮版的總統優越。至於換軌共治，則是當府會一致時，總統主控內閣的組成，總理僅為其第一副手，而當府會不一致時，總統將組閣權完全交由國會的多數黨或多數聯盟行使。此種體制會隨著府會關係搖擺於總統制與內閣制之間，是法國第五共和所實踐出的半總統制運作模式。由於總統在府會一致時能夠大權在握，其原因是他實質上掌控了國會的多數黨（不論是否擔任黨揆），因此換軌共治基本上還是體現了國會主治的精神，也就是始終由國會的多數黨主政。在此種體制之下，並沒有賦予總統在總統優越或分工妥協下的特殊權力。所以換軌共治可以視為一種特殊的準內閣制，而和分工妥協比較接近總統優越不同（Wu, 2011a）。

上述的分類標準是以總統的實際組閣權做為核心，而與Elgie等人強調憲法規定上的免職權有很大的不同。聚焦於實際運作、而非憲法規定，自然可以更加地貼近現實，而有其重要性。至於強調組閣權，而非免職權，則是因為組閣必然先於免職，有其順序上的先發意義，可以更好地衡量總統對於內閣的控制能力。以中華民國憲法及其增修條款為例，其中對如何組閣有

---

5 單從憲法來斷定什麼國家是屬於半總統制，或是屬於半總統制的哪一種次類型，將經常會使我們無法區別民主政體和專制政體。這是因為專制政體很可能具有形式上高度民主的憲法，但是並不會加以落實。本書所討論的是民主的半總統制，而不是「憲法半總統制」，後者是指符合半總統制條件（總統直選與總理領導內閣對國會負責）的憲政體制。

清楚規定，但對於總統是否具有行政院長的免職權，卻並未提及。[6]1997年第四次修憲確立半總統制後，歷任總統對於行政院長的免職，均是實踐的結果，而非依據憲法。這樣說起來，我國究竟是屬於「總統國會制」還是屬於「總理總統制」，如果根據Elgie凡事必由憲法條文來判斷的做法，根本無從決定，甚至於必須被判斷為「總理總統制」；可是從我國的憲政實踐來看，總統的確有權罷黜行政院長。由此可見聚焦於實際運作的重要性。此外，我國憲法強調總統有組閣權，不需要經由國會的同意，這是1997年修憲最重要的變動。此後總統可以不需要考慮國會的生態而逕自決定內閣組成，即使是總統黨在國會中居少數時亦復如此。總統既然可以單方面地決定行政院長，自然就可以掌控整個的內閣人事，並從而使行政院長與各部會首長俯首貼耳，唯其命是聽。甚至總統對行政院長的免職權，基本上也是由總統的任命權而來。這就導致「總統優越」次類型的確立。因此，從我國的成例可以看出兩件事情：第一是憲政實踐的重要性，第二是組閣權的關鍵意義。而這兩點，便是上述分類的基礎：以實際上總統組閣權的大小，來建立半總統制的四種次類型。

聚焦於組閣權還有一個實際上的重要意義。國家的權力固然有多種，包括行政、立法、司法，或加上考試與監察，然而其中最為重要的，厥為行政。無論就預算大小、人員編制、作用影響與強制特性而言，行政都是國家權力的核心，因此誰掌握了行政權，便是掌握了國家最主要的權力。行政權由政府行使，而政府是上下相維的階層體系，其最頂端便是內閣。因此掌握了內閣，便掌握了國家權力，而掌握了內閣人事，便掌握了內閣。這就是組閣權的重要性。如果總統完全不能與聞組閣，那麼他便與權力絕緣，即使他是透過全民直選而產生亦復如此。

上述四分類的建立，讓我們可以貼近現實地掌握半總統制實際的運作狀況，然而，究竟是什麼因素造成了這些不同的半總統制運作模式呢？究其

6　此一情況是修憲者所有意造成的，也就是彼等有意不使總統有對於行政院長的免職權。關於這一部分修憲的過程，參見周育仁（2016）。

實，我們想要瞭解的是，直選總統是如何地嵌入一個基本上是內閣制的框架，因而使其掌有對於內閣大小不同程度的控制呢？

總統對於內閣的控制有兩個路徑，一個是直接的（direct control, DC），一個是間接的（indirect control, IC）。直接的路徑是指總統透過對於內閣的人事決定權（包括任命權和延伸產生的免職權）從而施展對內閣的影響力。這個人事決定權從何而來？一是憲法的規定，一是憲政的慣例。在後者中社會因素和政治文化也產生很重要的影響。在一個民主化之前總統即具有優越地位的新興民主國家中，人們很容易視總理為總統手下的頭號副手。當此一國家進入半總統制，並實現了總統直選之後，民眾很自然地會將總統當做國家的最高統治者，並且課以執政的重責大任。總統決定並控制內閣因而被視為是合理與合法的。總體而言，總統對內閣的直接控制是基於憲法的規定和大眾的期待，前者是制度的，後者是文化和民意的。

總統還可以對內閣施展間接的控制（IC），這是透過政黨和國會對內閣所施展的影響力。此種控制因為必須透過政黨和國會的中介，因此具有間接的性質，可以說是一種繞路（detour）的動作。總統對內閣的間接控制可分為兩步，第一步是總統控制其政黨，而總統黨又控制國會；第二步則是國會控制內閣。透過這兩個步驟，總統可以間接地影響內閣的人事和政策。在這兩個步驟當中，第二步的國會控制內閣是半總統制的基本設計，所以可以視為給定的常數項，這就讓我們把焦點置於第一步，也就是總統對於國會的控制。在這裡有三個因素值得重視：第一個是總統對於其政黨的控制（不論總統在形式上是否為黨魁），第二個是總統黨對於其所參與的政黨聯盟的控制（如果此種聯盟存在的話），第三個是總統黨（或其聯盟）對於國會的控制（總統黨為多數黨、為無多數黨的少數黨之一、為另有多數黨的少數黨）。這三個因素的相乘效果，便決定了總統對於內閣間接控制的大小。在這三者當中，如果有一個趨近於零，則整個的間接控制便趨近於零。

我們在此可以設想一個對於總統極端有利的情況。如果總統是其政黨名義和實質上的黨魁，而總統黨毋須組織聯盟便可掌握國會多數，則總統自然可以決定總理和內閣的人事，並要求內閣對其負責。此時總統對內閣所施展

的影響力，便不是基於總統本身的職權，或是民眾的期待，而是透過政黨政治與國會的管道。我們又可設想一個對於總統極端不利的情況，這就是當總統本身不具政黨領袖的身分、總統黨在聯盟中不占有主要的角色、且總統黨（聯盟）在國會中僅居於少數（且另有多數黨），則總統將無法控制國會，也就無法透過國會來決定內閣的人事，或要求內閣對其負責。此時總統對於內閣間接控制將不存在。在圖1-2中清楚地顯示了總統對於內閣的直接控制與間接控制，其中間接控制是分成了兩個步驟，第一步是總統對於國會的控制，第二步則是國會對於內閣的控制。

那麼，究竟總統對內閣的直接控制和間接控制和四種半總統制的次類型之間有什麼關聯呢？總統優越的次類型會產生，是因爲總統在制度與文化方面對於內閣擁有極大的支配力，例如總統依憲法可以直接任命和罷黜總理，該國的政治文化也期盼總統扮演強人的角色，因此總統的直接控制極大。此時如果總統掌控了本身政黨，該黨又能掌握國會多數，亦即府會一致，則總統的間接控制也極大，自然總統可以完全掌控內閣的組成與政策，而處於優

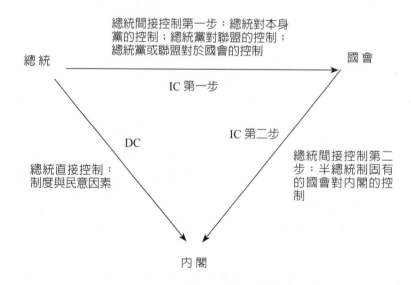

圖1-2　總統對內閣的直接控制與間接控制

越的權力地位。然而如果府會不一致，也就是總統黨或其聯盟無法掌控國會多數，則總統的間接控制大幅減弱。不過此時由於總統的直接控制還是極大，因此他可以不顧國會的反對，而任命本身所屬意的人選擔任總理並組成內閣，並使內閣對其負責。在此種情況之下，總統的直接控制足以彌補間接控制的不足，而維繫總統的優越地位。於是不論府會是否一致（間接控制強弱如何），總統都能夠仗恃著強大的直接控制來掌握內閣。我國所實施的半總統制，便是屬於總統優越型，也就是無論總統黨是否掌握國會多數，總統都可以任意決定行政院長和內閣組成，並且讓內閣對其負責。行政院長僅是總統的首要僚屬，是可以隨意任免的（吳玉山，2002；Wu, 2000, 2005; Liao and Chien, 2005; Wu and Tsai, 2011）。

　　準內閣制是另一個極端。此時或是由於憲法沒有賦予總統較大的權力，或是由於民眾不願意接受擁大權的總統，都使得總統對於內閣的直接控制很小。在準內閣制之下，如果府會不一致，也就是總統除了直接控制小之外，更缺乏間接控制的管道，那麼當然無法決定內閣的組成，或是讓內閣對其負責。即使總統黨在國會中占有多數，但是由於總統本身並非該黨的領袖，該黨領袖另有他人，並且擔任總理，則總統對於內閣的間接控制還是很小。因此無論是府會一致或是不一致，總統的直接與間接控制都極小，而整個體系就是以內閣制的方式來運作的。幾個西歐的半總統制國家，例如冰島和奧地利，便是屬於準內閣制。這些國家不論總統是否具有撤換總理的憲法權限，一般都是按照內閣制的方式來運作，總統依據國會組成來任命總理，並且扮演虛位元首的角色（沈有忠，2011）。

　　換軌共治是一種接近準內閣制的半總統制次類型。在此種體制之下，總統對於內閣並沒有非常大的直接控制，憲法的規定和民眾的期待都是傾向於由國會的多數黨組閣，而不是由總統獨斷內閣人事。然而，由於總統本身即為其政黨之領袖（無論形式上是否兼任黨魁），因此總統黨在國會中的地位便具有關鍵意義。若是總統黨是多數黨，或是領導著一個多數聯盟，則總統會以多數黨領袖的身分決定總理和內閣人選，並將總理視為其頭號助手。若是總統黨居於少數地位，國會中另有多數黨，則總統必須以多數黨的

黨魁為總理，而形成「共治」的局面。因此，在換軌共治的次類型之下，總統控制內閣的權力可大可小，視總統黨在國會中的地位來決定。也因此換軌共治被認為是一種在總統制和內閣制之間擺盪的體制。換軌共治的顯例是法國第五共和。在第五共和的歷史當中，如果總統黨掌握了國會多數，總統便以總理為其僚屬，並自行主持內閣會議，號令各部。可是一旦總統黨不再居於國會多數，總統便只有任命國會多數黨的黨魁為總理，而形成「共治」的局面。此種擺盪的原因，便是一方面尊重國會多數組閣的原則，另一方面總統又是其政黨的領袖（雖然在名義上總統不能夠兼任黨魁）（Elgie, 2001; Duhamel, et al., 2001）。

　　分工妥協是第四種運作型態。在此種體系之下，總統的直接控制小於總統優越，但是大於準內閣制和換軌共治。當府會一致的時候，總統既有直接控制在手，又以多數黨領袖的身分控制了國會，因此可以決定內閣的人事，並使內閣對其聽命負責。但是當府會不一致時，總統失去了間接控制，僅有特定的直接權限，於是便和國會中的多數黨達成妥協，由多數黨的領袖來組閣，並決定內閣中的多數成員，但是總統卻能夠憑藉著憲法的特定授權、或是民眾的期待，因而決定特定的部會首長（通常在國安和外交領域），或掌握特定領域的大政方針，如此總統和國會便達成了分工妥協。此種半總統制的運作型態較為少見，波蘭在1992年「小憲法」通過後到1997年制訂新憲之間，便是屬於分工妥協。當時總統黨或其聯盟如果在國會中居於多數，便可以決定總理，使內閣對其聽命，但是當總統黨淪為國會少數時，一方面總統必須同意以多數黨領袖組閣，一方面卻又堅持要有國防部長、內政部長和外交部長的任命權，形成在內閣中不聽總理號令的「總統部長」。在此種特殊的安排之下，總統和總理自然多所齟齬（Wu, 2011b）。

　　在表1-1當中，列出了總統對於內閣的直接與間接控制，和這兩種控制的總和與四個半總統制次類型之間的關係。從這裡可以看出，決定半總統制運作次類型的因素是頗為多元的，並非如一般文獻中只是採用「總統是否有權將總理解職」一項便可決定，那樣的權力只是總統直接控制的一部分而已。無怪乎以此為標準的「總理總統制vs總統國會制」二分法不能夠準確地

表1-1 直接控制、間接控制與次類型

次類型	直接控制	間接控制			總統能否掌控內閣
		總統控制政黨	總統黨控制國會	間接控制總和*	
總統優越	極強	是	府會一致：是	強	完全掌控
			府會不一致：否	弱	完全掌控
分工妥協	中等	是	府會一致：是	強	完全掌控
			府會不一致：否	弱	部分掌控
換軌共治	弱	是	府會一致：是	強	完全掌控
			府會不一致：否	弱	無法掌控
準內閣制	極弱	否	府會一致：是	弱	無法掌控
			府會不一致：否	弱	無法掌控

＊因為間接控制中的第二步「國會對內閣的控制」是常數項，因此在此僅估計間接控制的第一步

描述和解釋半總統制運作的實際狀況。

　　表1-1的意涵，可以用數值的方式加以說明。如使未加權的直接控制與間接控制都介於0與1之間，而在直接控制方面給予「極強」1分、「中等」0.75分、「弱」0.5分、「極弱」0.25分；在間接控制方面給予「總統控制政黨」1分（是）或0分（否）、「總統黨控制國會」1分（府會一致）或0分（府會不一致），並以此二項之乘積為間接控制之分數，使其介於0與1之間；最後再給直接控制2倍於間接控制的權重，則可以計算總統掌控內閣的總分數。此一總分數將介於0與3之間。如以0～1為「無法掌控」、1.5為「部分掌控」、2～3為「完全掌控」，則「總統優越」次類型得分為3（府會一致）與2（府會不一致），因此皆為「完全掌控」；「分工妥協」次類型得分為2.5（府會一致）與1.5（府會不一致），因此為「完全掌控」與「部分掌控」；「換軌共治」次類型得分為2（府會一致）與1（府會不一致），因此為「完全掌控」與「無法掌控」；而「準內閣制」次類型得分為0.5（府會一致）與0.5（府會不一致），因此皆為「無法掌控」。這樣的給

分與權重可以顯現直接控制、間接控制與次類型之間的關係。

綜上所述，半總統制權力三角是由三組實質關係所構成，彼此相互牽引。在不同的次類型下，權力三角出現了不同的面貌。次類型彼此的差異，是直選總統以不同的方式嵌入內閣制的基本框架所構成。在此最重要的是總統對於內閣的直接和間接控制，前者與制度設計和政治文化相關，後者則主要由總統控制本身政黨的程度與總統黨控制國會的程度所決定。不同程度的直接和間接控制決定了半總統制的運作次類型（總統優越、分工妥協、換軌共治、準內閣制），而在不同的次類型下權力三角展現了不同的面貌。我們現在可以從三組關係和三邊互動來探討半總統制的權力三角。

貳、四個面向

本書的設計是先分別探討權力三角的三組關係，從總統－內閣、總統－國會、到國會－內閣，最後再討論三組關係的互動。因此，第二章「總統的政策權與決策機制：半總統制的跨國分析」與第三章「從閣揆角色談台灣半總統制的行政權運作（1997～2016）」是聚焦於總統－內閣關係，第四章「半總統制下總統是否兼任黨主席與其政黨關係型態：比較視野下的馬英九總統任期經驗」與第五章「半總統制『權力總統化』之比較研究」主要在探討總統－國會關係，第六章「多黨總理總統制民主的政府類型與憲政運作的衝突：以斯洛維尼亞、斯洛伐克、克羅埃西亞、立陶宛為例」與第七章「台灣半總統制下的行政院院長類型與立法影響」偏重於國會－內閣關係，而第八章「法國優勢行政權的成因與影響之研究」與第九章「半總統制下總統、總理和國會的三角關係：比較觀點下的台灣運作經驗」則是含括三組關係，並分析其互動。這樣的八章乃呈現了四個面向，從不同的角度來觀察半總統制下的權力三角。

在第二章「總統的政策權與決策機制：半總統制的跨國分析」中，陳

宏銘聚焦於「誰主持內閣會議」這個問題，以試圖瞭解半總統制的行政中樞是在總統還是總理。作者觀察了21個長期符合自由之家（Freedom House）「完全自由」標準的半總統制國家，探討這些國家的總統具有怎樣的政策決定權、其決策機關為何，以及總統是否主持內閣會議，並試圖把這些條件和半總統制的憲法類型（總理總統制vs總統國會制）與運作類型（總理優勢、總統優勢、平衡型）加以結合。本章發現如果總統不被賦予特定政策權限、又沒有決策機關的時候，在半總統制類型上是傾向於總理優勢的；但是有政策權限和決策機關的總統並不一定會掌握優勢。「誰主持內閣會議」是一個判定次類型更好的指標。當總統不主持內閣會議時，在半總統制的類型上便多是偏向總理的。有趣的是，這樣一個跨國比較的結果，在我國的情況中卻未必完全符合。我國總統可以「決定國家安全有關大政方針」，又有國家安全會議的相對應決策機關（憲法增修條文第2條），但是不主持行政院院會，所以應該是傾向於總理（行政院長）權重的，但是無論從憲法類型或運作類型來看，我國都是總統有權。作者認為這主要是由於總統具有單方面任命行政院院長的權力，而此一任命權的重要性超過了半總統制文獻中所強調的總統對於總理的免職權。由於我國總統在制度上具有閣揆任命權，並因此決定了我國憲政體制的屬性，但卻又不能主持內閣會議，缺乏常態性的政策決定機關，因此勢必需要透過政黨、黨政平台或其他的非正式機制來進行決策，而此類的渠道較為缺乏規範，因此對於決策的制度化和透明化都產生了不利的影響。總體而言，本章聚焦於總統和總理之間「此消彼長」的權力關係，並藉以掌握半總統制的次類型。作者的論斷，是認為總統的制度性權力（直接控制）足以決定半總統制的運作方式，但在討論總統制度性權力的時候，不應該僅關注總理的免職權，而應該兼及任命權、總統的決策權與決策機關，以及是否主持內閣會議。[7]

在第三章「從閣揆角色談台灣半總統制的行政權運作（1997～

---

[7] 事實上，對於總統權力的討論，本應該含括人事決定權、規則制定權，與行政領導權，才是完盡，此即本章所示（吳玉山，2000：138-148）。

2016）」中，張峻豪也是以總統－內閣關係作爲焦點。在第二章中雖然是以總統的決策權、決策機關，和是否主持內閣會議作爲討論的主題，但是在論及我國的半總統制時，還是不免回歸總統的閣揆任命權，及其對於體系運作的影響。本章則是從質疑「總統行使閣揆任命權致使閣揆執行長化」開端，試圖從我國於1997～2016年之間、三位總統與13位行政院長的憲政實踐當中，探討行政院長的角色是否必然受到侷限，還是可能有所突破，其影響因素又爲何。本章採用了閣揆而非總統的視角，以及強調路徑依賴的歷史制度主義，認爲雖然總統有初始的閣揆任命權，但是隨著總統的政治聲望上下起伏，閣揆的角色和地位也非一成不變，而出現了三種路徑依賴的類型。在李登輝時期總統始終維持強勢，而連戰和蕭萬長兩位閣揆也清楚顯現「執行長化」的趨勢，這便是「報酬遞增的路徑依賴時序」。到了陳水扁時期，總統的聲望先升後降，執行長化也從唐飛、張俊雄、游錫堃的一路向上，到謝長廷、蘇貞昌的奮力突圍、爭取自主而出現下降，再到陳水扁重申其意志，再度任命前任執行長張俊雄而上揚。這個過程是屬於「消極回饋的路徑依賴時序」，也就是因爲制度抉擇無法持續造成報酬遞增，因此運作模式便往復調整。最後在馬英九時期，雖然府會長期一致，但是執政困境不斷，選舉結果不佳，而總統又想透過任命新的行政院長來解決僵局，於是屢易閣揆，形成了「反應式的路徑依賴時序」。綜合三位總統在任免閣揆上的行爲，和歷任閣揆的自我期許與表現，可以看出總統並非掌握了任命權便可以使閣揆俯首貼耳。閣揆在一定的程度之內還是可以有發揮的空間，而這是和總統的聲望與選舉的結果息息相關的。本章提出除了制度因素之外，民眾的認知也是重要的。這就突顯了在評估總統的直接控制時制度賦權必須和民意一起來考量（參見圖1-2）。

　　在處理了總統和內閣之間的關係後，本書的焦點轉移到總統和國會之間的關係。陳宏銘在第四章「半總統制下總統是否兼任黨主席與其政黨關係型態：比較視野下的馬英九總統任期經驗」中，探討半總統制下總統是否兼任黨主席以及黨政關係的型態所代表的意義，並且透過跨國（30個半總統制國家最近三屆總統任期）和跨時（陳水扁時期vs馬英九時期）的比較來

加以理解。本章發現，在總統占優勢的總統國會制國家中，總統傾向於兼任黨主席，而總理兼任黨主席的情況甚少；而在國會占優勢的總理總統制國家中，總統鮮有兼任黨主席，總理兼任黨主席的情況卻大增，此二傾向是非常清楚的。我國的憲政體制一般被認爲是屬於總統國會制，而我國的總統自從1997年以來多數時間是兼任黨魁的。因此我國的情況符合跨國比較的通則。從馬英九執政時期來看，由於要貫徹總統的執政理念，勢必要掌握居於國會多數的國民黨，因此在其八年的總統任期之內，除了最初一年半因爲原有吳伯雄爲黨主席，最後一年半因爲2014年底九合一地方選舉失利而辭黨主席之外，馬總統皆兼任國民黨黨魁，並於2013年國民黨十九大中修改黨章，仿效民進黨於2002年的規定，以現任總統兼任黨主席。由於馬總統具有黨魁的身分，他便可以對從政黨員（特別是立法委員）下達黨的指令，又可以藉著主持「中山會報」和國民黨中常會來協調黨政，而不必僅倚賴府院黨「五人小組」等非正式機制。在與陳水扁時期比較之後，可以發現總統兼任黨魁是我國體制的必然趨勢，也是每一任總統的偏好，不論府會一致或是不一致均是如此。但總統兼黨魁也總引來外界的批評，並且和成熟民主國家的慣例不符合。在我國民主化後的憲政實踐當中，從來沒有出現行政院長兼任黨主席的情況，清楚顯示我國的半總統制體制沒有內閣制的色彩。我國總統常態性地兼任黨魁（並納入黨章），僅以特殊情況爲例外，而在非任黨主席的情況之下，總統還是實質黨魁，而名義上的黨主席並不能夠挑戰總統在黨內的威權。此一架構，顯示總統基本上是能夠控制總統黨的，而這也就成爲總統對內閣間接控制的一部分，是加強總統優勢體制的重要因素。不過，在總統已經藉著直接控制，牢牢地掌握住行政院長的情況之下，即使總統無法藉由黨權與國會多數（間接控制）掌控住國會，這也不會衝擊到次類型的運作模式，也就是總統仍然會保持其優越地位，而使內閣對其聽命負責，從而掌握住國家機器。兼任黨主席的意義是能使總統如虎添翼，更增其優越地位。

　　沈有忠在第五章「半總統制『權力總統化』之比較研究」中，嘗試探索半總統制下，有哪些因素會提供總統擴張其領導權的有利條件，從而造成

體系往總統的方向移動。他聚焦於黨權、國會凝聚度，和總統對國會與政府的課責能力三項，這顯然是以總統和國會的關係，也就是總統的間接控制，作為討論的核心。在黨權的部分，總統是否兼任黨主席是一個重要的指標；在國會凝聚度和與總統是否一致的部分，可以區別為「總統黨單獨過半」、「總統黨是過半聯盟中的相對大黨」、「總統黨是過半聯盟中的政黨之一」、「無政黨或政黨聯盟過半」、「存在一反對黨的多數聯盟」、「存在一單一並過半的反對黨」等情況；在總統對國會和政府的課責能力部分，可以區別為總統對國會的解散權，和總統對總理與閣員的任免權。透過比較研究，本章發現當總統握有黨權、國會高度凝聚並與總統一致、總統又有制度上的課責能力時，政治權力傾向於向總統集中；而當總統不具有黨權、國會高度凝聚但與總統不一致、總統又不具有課責的能力時，政治權力最不易向總統的方向移動。作者並分析了三項條件的相對重要性，發現黨權最為關鍵、政黨的國會凝聚力其次，對國會和政府的課責權力為第三，這是認為總統的間接控制比直接控制更具影響力，因此是頗為創新的看法。作者進一步討論了三項條件僅有部分成立時，權力可能如何流動。例如有黨權但缺乏課責能力時，總統化就只能依靠總統黨掌握國會多數（法國）；有黨權與課責能力但反對黨居多數時，府會容易對抗，而總統化將不平穩（2000～2008年的台灣）；有課責能力但無黨權、又沒有國會多數的情況下，總統化可能侵害民主政治（德國威瑪時期）。這裡的分析架構，基本上就是討論總統間接控制的各個組成部分，包括總統對本身所屬政黨的控制、總統黨對聯盟的控制、總統黨或聯盟對於國會的控制（參見圖1-2），再加上總統的國會解散權和內閣任免權，以一併檢討各種因素組合對於總統化所造成的影響。總體而言，本章所探索的是總統權力的變化如何影響半總統制的次類型。和第四章一樣，這裡特別強調總統間接控制中的黨權，因此提供了新的視角和眼界。

現在我們將分析的焦點轉向國會與內閣之間的關係。在第六章「多黨總理總統制民主的政府類型與憲政運作的衝突：以斯洛維尼亞、斯洛伐克、克羅埃西亞、立陶宛為例」當中，蔡榮祥探討了一種特殊類型的半總統制

國家──多黨總理總統制，就是設定了總統對總理沒有解職權，以及國會中是呈現多黨格局這兩個條件，並試圖從其憲政經驗中瞭解是總統、還是國會在組閣中扮演主要的角色，而不同型態的政府（少數政府、國會式政府、聯盟多數政府、共治政府）又對於政治衝突造成何種影響。本章除了檢視所有民主的總理總統制國家外，並挑選了四個東歐的後共新興民主國家做為案例──斯洛維尼亞、斯洛伐克、克羅埃西亞、立陶宛，以控制時空背景的變項。作者發現，即使是在傳統上認為總統權力較小的總理總統制，如果加上多黨的條件，則在組閣時總統還是扮演重要的角色，而在各種政府型態下，少數政府的憲政衝突程度最高、國會式政府次之、聯盟多數再次，而共治政府的衝突程度最低。這樣看起來，在半總統體制當中，即使是總統權力較弱的次類型，也和內閣制有不同的運作方式，總統不論在組閣或是憲政運作中，都扮演重要的角色，並且可能成為衝突的根源。本章一方面突出了國會中的政黨體系對於內閣組成的影響，讓我們把眼光投注到國會和內閣之間的關係上來，一方面又挑戰了傳統上認為總理總統制之下的總統僅是虛君的看法，而將此類總統在組閣和憲政衝突中的角色突顯出來。由於傳統對於總理總統制和總統國會制的區別僅是著重於總統是否對於總理有解職權，而非完整地討論總統對於內閣的直接（不透過國會）和間接（透過國會）控制，因此自然會產生無法準確估計在總理總統制的國家中，總統所扮演的憲政角色。本章突顯了國會中政黨體系的重要性，也就是突顯了總統間接控制的重要性，並讓我們看到當總統缺乏直接控制的時候，還是可以用較高的間接控制，透過國會來參與組閣並施展權力。

　　在第七章「台灣半總統制下的行政院院長類型與立法影響」中，沈有忠檢視了1997年以來歷任的行政院長，並將其歸為「政黨菁英」與「官僚菁英」兩類，以探討其形成背景，與不同類型的行政院長如何與立法院互動，因此本研究是聚焦在國會和內閣之間的關係。所謂「政黨菁英」是指行政院長在就任前曾經擔任過黨主席，或曾經代表其所屬政黨參加過總統、縣市長、或區域立法委員的選舉；而「官僚菁英」則是指無上述政黨菁英的經驗者。前者有豐富的黨務與選舉經驗，後者則多為政府行政官員或學者，較

爲缺乏黨務與選舉經驗。透過對蕭萬長以來13任行政院長的定性，本章發現當總統黨掌握立法院多數時（鞏固多數），總統傾向於任命官僚菁英擔任行政院長，總統與行政院長之間會發展出幕僚關係；而當總統黨無法掌握立法院多數時（鞏固少數），總統傾向於任命政黨菁英擔任行政院長，二者之間偏向夥伴關係。[8]這是因爲在鞏固少數下，總統更需要有政黨經驗和政治資源的行政院長來和立法院溝通。就不同類型的閣揆在法案通過上的表現而言，政黨菁英的行政院長會將更高比例的法案送交黨團協商，而在通過三讀的法案當中，也有更高比例者是經過政團協商的過程。由於政黨菁英的行政院長較善於黨團協商，因此相較於官僚菁英的行政院長，會更多地使用這個工具，應是非常自然的。作者並且透過對於游錫堃和江宜樺的二個典型個案檢視，來說明兩類的行政院長在和立法院互動時的相異之處。總體而言，本章突顯了即使在總統優勢的次類型之下，總統在決定閣揆時，也會受到國會政黨席次分配的影響，亦即國會的生態決定了行政院長的類型。這樣的精細討論，讓我們得以一窺總統優勢次類型內更爲細膩的分殊現象。

　　本書的最後兩章試圖將半總統制的權力三角做一個總體的分析。張峻豪在第八章「法國優勢行政權的成因與影響之研究」中，試圖將憲政體制中的「水平分權」（中央的權力分立）和「垂直分權」（中央和地方的權力分立）結合，探討法國以「優勢行政權」爲標誌的半總統制如何影響中央與地方的關係。取法國之例，是因爲法國有其特殊的中央地方職位連結，一方面是地方首長傳統上兼有中央官吏的角色（省長直派），一方面是法國國會議員多數兼任地方職（地方首長、官員、民意代表），於是憲政體制中優勢行政權的運作便不可避免地對於中央地方關係產生影響。在優勢行政權與地方行政首長的方面，作者從巴黎的經驗案例當中，發現因爲巴黎市長是總統的

8　有關於半總統制中「鞏固多數」（consolidated majority）的提法，參見Skach（2005）。Skach在討論德國威瑪共和與法國第五共和時，構作出「鞏固多數」、「分裂多數」（divided majority）和「分裂少數」（divided minority）的三分法，但是她沒有能夠把總統和總理同一黨、而與國會多數不一致的情況清楚分辨出來。「鞏固少數」（consolidated minority）是此一政府型態的恰當提法。

潛在政治競爭者，而他又具有中央命官巴黎省省長的角色，因此總統便和巴黎市長之間產生了特殊的政治互動，相互競爭對巴黎市政的主導權。在優勢行政權與議員地方化的方面，出現了兩個趨勢，一個是在2008年「大總統化」憲改之後，政府對國會議程的控制更為直接，兼有地方職的國會議員因之將其活動重心轉向地方，從而減少了國會監督的功能；不過也由於兼職的關係，國會議員便有動機將基層特別關切的議題帶到中央，並利用其身分大力推動。本章開展了一個嶄新的觀察角度，把中央與地方關係納入半總統制研究中來，探討次類型的運作如何透過法國體制特殊的中央地方職位連結而產生影響，把半總統制的研究框架加以垂直地擴展，而更豐富其內容。

最後蔡榮祥在第九章「半總統制下總統、總理和國會的三角關係：比較觀點下的台灣運作經驗」中對於半總統制的權力三角提出了一個嶄新的看法，而能切中解釋馬英九時期雖然總統全面掌控內閣與國會多數，卻無法成功地推動施政的困局。作者在本章中以「國會是否有閣揆同意權」與「內閣閣員是否兼任國會議員」為主要變項，構建出四類型的制度配套，並指出其中的「離心三角關係」（國會無同意權、閣員不兼議員）會帶來總統行政權力行使無限制、弱勢總理、立法權力較有自主性，以及府會關係易生衝突的結果；而「向心三角關係」（國會有同意權、閣員兼任議員）則會帶來總統的行政權力行使受到限制、強勢總理，以及府會關係較為和諧的影響。究其實，離心三角便是總統在嵌入作為半總統制基礎的內閣制框架時較為強勢，因此帶來更多的競爭和衝突；而向心三角則是總統的嵌入模式較為溫和，因此三角關係較為和諧。本章特別著重的，是即使當府會一致時，離心三角內部還是會產生矛盾和衝突，也就是即使總統全權決定了閣揆，又有國會的多數在手，還是免不了在總統與內閣關係（府院）與總統和國會關係（府會）中出現問題，從而導致施政無力，進一步影響總統的民意支持。作者最後做出結論，認為總統完全掌控內閣，使其與國會疏離，結果反而損害了總統的威權。本章的特殊之處，在於進入次類型內部的細微機制，特別是影響府會關係的因素，來探究為何在總統黨據有國會多數席次的情況之下，總統還是無法真正地掌控國會。這個視角把我們帶入間接控制的細節，特別是總統和

黨籍立委之間的關係，開拓了半總統制研究的新領域。

　　本書在多個面向上推進了半總統制研究的理論前沿，一方面很好地承襲了既有文獻的基礎，一方面又利用台灣個案和比較研究的經驗資料開拓了嶄新的視野。我們接受了Elgie等學者對於半總統制的基本定義，認為具有總統直選和總理領導內閣對國會負責這兩項制度特徵的憲政體制便可以歸入半總統制。不過本書以權力三角的創新框架來理解半總統制，代表我們試圖從更全面的觀點來進行觀察和分析，並且體認到三個主要行為者彼此間互動的重要性。我們又和「總理總統制vs總統國會制」的傳統二分類模式，以及作為其基礎的「總統具有對總理的免職權」進行對話，並指出其不足。在本章之始架構了一個總統如何對於內閣施展影響力的三角模型，在其中提出不僅總統對總理的免職權（傳統二分類的基礎）應該被重視，其任命權也應該、或更應該被重視，而這僅是總統對內閣直接控制的一部分而已。直接控制還應該考慮政治文化和民意偏好，並與總統的制度權力相結合。此外，總統還有透過國會對內閣所施展的間接控制，這包括總統對其所屬政黨的控制、總統黨對政治聯盟的控制、與總統黨（聯盟）對於國會的控制等。此一部分在過去的半總統制研究當中較不受重視。只有整合了總統的直接控制和間接控制，才能夠判定個別半總統制體系的次類型（總統優越、分工妥協、換軌共治、準內閣制）。此一分析框架具體地展現了半總統制權力三角的運作樣貌，並與本書的其他各章緊密地連結。

　　本書以權力三角的框架來補足傳統二分類僅關注閣揆解職權的不足。不論是提出直接與間接控制和半總統制四分類（第一章）、重視總統是否主持內閣會議（第二章）、強調民意和閣揆的自我期許（第三章）、突顯總統兼任黨魁的重要性（第四章）、提出黨權－國會凝聚力－課責權對總統化的影響（第五章）、探討多黨制的特殊意義（第六章）、檢視不同類型閣揆的任命與影響（第七章）、展示半總統制下中央和地方的糾結（第八章），或是從離心與向心三角來看府會一致下總統的困局（第九章），都成功地和主要的半總統制文獻進行對話、推進了理論前沿、深化了研究層次，並把憲政

體制和其他制度研究、政黨與選舉、國會政治、中央與地方關係等聯繫在一起，構築了有力的解釋框架，使國內的半總統制研究更向前邁進了一步。

第（二）章　總統的政策權與決策機制：半總統制的跨國分析*

陳宏銘

壹、前言

　　半總統制（semi-presidentialism）作爲有別於總統制（presidentialism）與內閣制（parliamentarism）的政府體制型態，在1990年代後廣爲新興民主國家所採行，並成爲學術研究的重要對象。[1]雖然半總統制的研究主題相當多元，現有文獻亦累積了不少成果，但對這種政府型態的核心角色「總統」，關於其政策的權限和相對應的決策機關的配置，卻沒有成爲關注的面向。有關半總統制型態的觀察和理解，既有文獻多集中在總統、總理與國會的三角結構關係和運作，或結合國會中政黨體系以及選舉制度或選舉時程的變數，或搭配民主表現或政治穩定加以探索，大致不脫這些範疇。總統的政策權與決策機關的制度設計，乃涉及到總統經常性的、持續性的治理行爲，反映民選總統的統治權內涵，也可能是決定該半總統制是偏向總統優勢或總理優勢類型的重要變數。

　　相對於半總統制，在內閣制與總統制之下，關於最高行政首長政策權限與相對應的決策機關之配置，基本上較爲明確，其中又以內閣制更爲清楚。在內閣制中，總理（或首相）領導「內閣」（cabinet）政府，掌有行政權，並主持內閣會議（或「部長會議」，the council of ministers），做成政策決定。即使內閣制較具集體決策特色，或在多黨聯合內閣之下，總理所屬政黨在內閣中權力被瓜分，但總理作爲最主要的政策決定者，其本質沒有改變。

---

* 本章曾刊登於《問題與研究》，〈總統的政策權與決策機制：半總統制的跨國分析〉，2016年，第55卷第2期，頁125-156。本章中略有增修。
1 台灣較早引進半總統制理論和實務的探討文獻約在1990年代中期，如吳東野（1996：37-49）。

至於在總統制下，總統為最高行政首長，居於行政權金字頂端，也沒有什麼模糊地帶，但是配置給總統的決策或諮詢機關，憲法卻不一定有明文規定。以美國為例，雖然在憲法通過之際並沒有任何能對總統提供建言的單位（如委員會、內閣），甚至沒有明載任何可以一起協商的集體領導機構的設立，只是簡單規定總統「得以書面命令各行政部門首長就其相關職務提供建言」。開國之初華盛頓總統便會共同或個別徵詢部長們的意見，在1973年內閣一詞便被用來指涉這群顧問。在艾森豪總統之前，內閣是在非常不正式的基礎上運作，甚至沒有任何議程及會議記錄。總統通常將內閣視為一個提出建議與諮詢的機構，但無法像英國內閣享有集體決策討論的角色地位（韋洪武譯，2004：181-183）。雖然在美國的總統制中，我們在憲法上找不到類似內閣制下內閣會議的配置，但由於總統個人為最高行政首長，故在憲法之外創設和演化出相關決策會議和機制，不至於因此擴大總統的權力或影響其政治課責。然而，半總統制由於存在著雙重的行政權威結構（Sartori, 1997），不僅總統和總理的政策權限往往不易劃分清楚，在憲法層次上總統決策機關的配置，尤其是其是否主持內閣會議（部長會議），也可能影響總統所能發揮權力之大小。然而對於此點，現有文獻甚少討論。[2]

以台灣案例來看，現行中央政府體制被政治學界廣泛認定為屬於半總統制類型，[3]憲法增修條文第2條第4項規定：「總統為決定國家安全有關大政方針，得設國家安全會議及所屬國家安全局，其組織以法律定之」。[4]國家

---

[2] 林繼文（2012）、沈有忠（2014）的著作中是少數觸及到總統主持內閣會議與否對總統權力行使影響之作品。

[3] 作者採Maurice Duverger（1980）之定義將台灣界定為半總統制國家。首先，我國總統經由人民直接選舉產生，符合Duverger對半總統制所界定三項特徵中的第一項，總統由普選產生。其次，依憲法增修條文規定，總統至少擁有以下實權：行政院長的任命權、解散立法院的權力、主持國家安全會議與決定國家安全有關大政方針等，故也大致符合Duverger所揭示的第二項特徵。最後，除了總統之外，還存在著領導國家最高行政機關的行政院院長暨行政院各部會首長，而行政院須向立法院負責，立法院得對行政院長提出不信任案迫其去職，凡此規定亦符合半總統制的第三項界定。如果是採比較寬鬆的定義，如Robert Elgie（1999）認為符合以下特徵即屬半總統制：「總統由普選產生，任期固定，同時存在著需要向議會負責的總理與內閣」，台灣也是吻合的。

[4] 該條文是從1991年第一次修憲時增修條文第9條第1項移植而來，將臨時條款時期最被詬病的三

安全會議是總統決定國家安全有關的大政方針之諮詢機關，[5]而所謂「國家安全」的意涵，依國家安全會議組織法之規定，指的是「國防、外交、兩岸關係及國家重大變故之相關事項」。另依「國防法」第9條的規定，除爲決定國家安全有關的國防大政方針外，爲因應「國防重大緊急情勢」，總統亦得召開國家安全會議。是以總統具有國防、外交、兩岸關係及國家重大變故有相關事項大政方針之決定權。但實務上總統對於政府各項政策的主導性和影響力，遠超過憲法增修條文所規定「國家安全有關大政方針」之範疇，廣泛觸及各項內政問題。再者，憲法並無配置常態性的政策決定機關（機制）供總統運用，相對的形同內閣制「內閣會議」地位的「行政院會議」，則是由總統單獨任命的行政院院長所主持。總統無法參加行政院會議，而該會議卻是行政院議決重要法律案、預算案之會議（林繼文，2012：357）。因此，總統須迂迴的透過政黨的機制或黨政間的運作平台來做決策，而主持行政院會議的行政院長，卻未被視爲是政府政策的最終負責人。上述，台灣經驗放置在比較各國的經驗中，是常態或特例？這是本研究感到好奇的。

在半總統制國家中，與台灣經驗明顯相異的是法國的制度設計。法國第五共和在非共治時期，行政權主要由總統主導，在共治時期則由總理主導（周育仁，2001）。在決策機制上，憲法明文規定總統主持部長會議，此會議是行政中樞，其議事擬定、召開及議案審查，均是由總統（府）掌握與決定。會議中，總統擔任主席，總理及所有部會首長均須出席，所有發言、審議過程的掌控、討論方向與內容指示，甚至連最後的決議，皆是由總統判定（張台麟，2007：17）。[6]在「左右共治」時期，總統雖然偏向是形式上

個違憲黑機關予以法制化，曾引起知識界的強烈批評。自民選總統以來，總統仍有透過國安會操控或架空行政院的事例，如陳水扁總統時期的二次金改案，馬英九總統時期的美牛進口案等，請參閱吳庚、陳淳文（2013：402-403）。

5　依「國家安全會議組織法」第4條規定，會議的出席人員如下：一、副總統。二、行政院院長、副院長、內政部部長、外交部部長、國防部部長、財政部部長、經濟部部長、行政院大陸委員會主任委員、參謀總長。三、國家安全會議秘書長、國家安全局局長。

6　至於總理雖然可以透過立法的方式來積極推動各項政策（憲法第10條規定，總統應於國會將所通過之法律送達政府後十五日內公布）。不過，總統也可以採取拒絕簽署部長會議所決議之行政命令或其他方式予以反制。

的主席，整個討論與議決的過程多由總理主導（徐正戎，2002）。但由於總統主持部長會議，總統會被告知政府正在準備的事項，故和共治前的程序並沒有不同。

此外，議案不會等到已經決定才給總統看，總統也不會在部長會議上才看到計畫方案。總統除了週一、週二舉行和國防部長與外交部長的會談，在週三主持部長會議之前，則和總理會談，其對部長會議的決定權並不曾被質疑過（陳瑞樺譯，2001：44-47；林繼文，2012：356）。從這個角度來看，總統是否具有決策機關或是否能主持「內閣會議」（或部長會議），是半總統制下總統能否發揮政策影響力的直接而關鍵的因素之一。但必須說明的是，這樣的重要性並不是一種過度看重憲法法條形式性意義所得到的判斷，誠然，以法國第五共和為例，在部長會議開會之前，其實政府已透過不同階段的前置會議（總統代表可參加甚或總統本人主持）進行了政策的主要討論甚或決定，但這裡的重點不在於部長會議或內閣會議是最主要的政策決定機關，而是在於憲法賦予總統的主持和參與權，總統也才有憲法上的合法性可以在部長會議和內閣會議之前召開或參與相關政策協調會議。

上述台灣和法國的經驗僅是諸多半總統制國家的兩個案例，但現有半總統制的一般經驗是如何呢？半總統制存在著總統和總理的雙元行政領導結構，在民主已步上軌道的國家中，即使是在總統最優勢的半總統制，弱勢的總理也都握有一定程度的政策決定權，且幾乎都參與甚或主持內閣會議（或部長會議）。然而，總統情況呢？特別是民主的半總統制國家中，總統的政策權與決策機關之設計是如何呢？與半總統制在憲法設計上的次類型和實際的運作類型有什麼對應關係嗎？本文想藉由21個民主的半總統制國家來探索這個問題。本文除了透過系統性的歸納和分析各項研究發現外，並特別將焦點放在一個核心議題，即內閣會議（或部長會議）由誰主持？亦即憲法上對於總統或是總理擔任行政團隊最高決策會議的主席，是否可以一窺該國雙首長間何者才是最高行政首長的憲法之本意。

本文連結總統政策權與決策機制，特別是內閣會議之變數，在理論上試圖補充半總統制之研究內涵。而擬說明的是，本文以憲法設計為分析主體，

並非忽略實際運作，而是本文前述問題意識之邏輯使然。作者無法於這篇文章中深入掌握到每個案例中的全貌，但藉由包括台灣在內的民主半總統制國家的憲法設計之檢視，再輔以相關文獻資料，結合實務運作，系統性歸納其中各種模式，應是首篇研究此一主題的跨國比較論文。最後，在研究發現的基礎上，本文在最後一節並對台灣的憲法設計和實務運作，提出相關討論和建議。

貳、研究對象：21個民主半總統制國家

本文主要的研究對象，係以全球民主半總統制國家為範圍。首先，關於半總統制的定義，基本上有狹義與廣義兩種定義。廣義的半總統制出自Maurice Duverger，涵蓋三項特徵：1. 共和國的總統由普選產生；2. 總統擁有相當的（considerable）權力；3. 除總統外，存在有內閣總理和各部會首長，他們擁有行政權，且只要國會不表反對，就可以繼續做下去（Duverger, 1980）。由於第2項何謂總統有相當的權力不易界定，因此Robert Elgie（1999）便將此條件刪除，將第1項和第3項予以保留，凡是總統由普選產生，任期固定，同時存在著需要向議會負責的總理與內閣，即屬半總統制，這便是廣義的半總統制定義。本文主要以Duverger的定義為基礎。

由於非民主國家的憲法體制對於實際政治運作的影響較有限，所以本文主要以民主國家為研究對象。本文首先參考吳玉山院士（2012）研究中所納入的民主半總統制國家為基礎，再進一步以「自由之家」（Freedom House）的自由度調查結果篩選相關民主國家。關於自由度與民主程度的關係，本文參考Haynes Jeffrey（2005: 17）的觀點，將自由之家評比為「部分自由」（Partly Free）的國家視作「轉型中的民主」（transitional democracy）類型，而「完全自由」（Free）國家作為「已建立民主」的國家（established democracies）。接著，本文再設定十年為觀察時間，即從2007年至2016年評比中，若至少須有一半的時間屬於「完全自由」的國家，則被

列爲可觀察的民主半總統制國家。依此標準，共有22個國家屬之，包括法國、芬蘭、葡萄牙、奧地利、冰島、愛爾蘭、波蘭、羅馬尼亞、保加利亞、斯洛維尼亞、斯洛伐克、克羅埃西亞、烏克蘭、蒙古、立陶宛、維德角、馬利、納米比亞、秘魯、塞內加爾、聖多美普林西比、中華民國台灣。

在22國家中，除了少部分近年由「完全自由」降至「部分自由」外，其餘絕大部分國家均維持完全自由的等級，顯示這些國家多數是穩定的民主自由社會。但其中的聖多美普林西比，因缺乏較充分的憲法資料，而加以移除，故最終以21國家作爲分析對象。綜上，本文對「民主」採較嚴格的標準，其優點在於凡是納入觀察者，其民主的程度幾乎都是較爲穩固的。但也由於採取較嚴格的標準，故本文案例會較吳院士的研究國家數目少一些。

參、半總統制與總統政策權領域

關於半總統制的定義，如上所述，Duverger的觀點可以作爲討論的基礎。由於Duverger定義中第2項對「相當的權力」意涵不明，無法從中得知半總統制下總統是否應擁有政策權限以及具有何種性質的政策權限。其他學者的定義，亦無一不脫此種限制。如西方學者Mathew S. Shugart與John M. Carey、Sartori以及近來Elgie等人在內，他們的研究很少明確探討總統政策權限內涵。Shugart與Carey（1992）所建構的兩種次類型，「總理總統制」（premier-presidentialism）與「總統國會制」（president-parliamentarism），其中後者雖然討論到總統擁有解散議會的權力和立法的權力，但政策權與立法權不相同，主要是屬於行政權範圍的決策權。在Sartori（1997）的定義中，勾勒出雙重權威結構的核心特質，但亦缺乏對總統在政策權角色之描述。[7]至於Elgie（1999），則是在Duverger的定義基礎之上

7　Sartori（1997: 131-132）提出半總統制的以下五項特徵：1. 國家元首（總統）乃由普選產生，不論是直接或間接的，有固定的任期；2. 國家元首與總理分享行政權，因此形成一種雙重的權

發展，捨棄其第2項特徵，並將第1項和第3項予以保留和精簡為：「總統由普選產生，任期固定，同時存在著需要向議會負責的總理與內閣」，卻根本未觸及總統實權的內涵。

　　造成上述學者們對半總統制的定義沒有能夠直接勾勒總統的政策權限特徵，並非偶然，也應非他們刻意忽視，而係半總統制的特性使然。一言以蔽之，半總統制的憲法設計要完全界定清楚總統和總理的政策權限，在根本上有其難處。半總統制作為憲政體制的一種型態，天生注定在基本的類型界定上無法明示其中總統的政策權限（或權力）內涵，必須進入到具體的個案中才能瞭解。在半總統制下，研究者需要深究每個國家的憲法和實際運作，才能掌握個案中實際的情形，譬如之前討論到的台灣和法國即是，而這個問題在總統制和內閣制並不若前者。儘管研究者常常需要進一步考量政黨政治、憲政傳統與慣例以及政治體系的諸多因素，才能掌握個案實際運作的底蘊，但忽略憲法的規範設計，也顯然難以獲致全貌的理解。更明確的說，研究者仍需瞭解一國的憲法設計，才能獲致瞭解其總統在規範上的角色基礎。

　　進一步來看，學者對總統權力的探索，有相當部分是以憲法上被明文賦予的職權為基礎，試圖劃分總統權力為「立法權」與「非立法權」兩大類（Shugart and Carey, 1992; Metcalf, 2000）。Shugart和Carey（1992）指出總統的「立法權」主要包括：「包裹否決／推翻否決權」（package veto/override）[8]、「部分否決權」（partial veto）、「命令權」（decree）、「排他性的立法提出權／政策保留領域」（exclusive introduction of legislation, reserved policy areas）、「預算權」（budgetary initiative）、「公民投

威結構，其三項界定判準如下（以下3至5點）：3. 總統獨立於議會之外，但並非單獨或直接的賦予治理權，因此必須透過政府來傳送和貫徹其意志；4. 相對的，總理與其內閣是獨立於總統而依賴於議會的，他們服從於議會的信任案或不信任案（或兩者兼而有之），並且在兩者的任何一種情況下需要議會多數的支持；5. 在每一個行政部門組成單位確具有潛在自主性之條件下，半總統制下的雙重權威結構允許行政權內部的各種平衡以及權力分布的變動性。

[8]　「包裹否決／推翻否決權」主要指否決整部法案的權力，以及推翻否決整部法案的權力；「部分否決權」指某些總統制國家不僅賦予總統否決整部法案的權力，還容許總統否決法案中的某一部分（Shugart and Carey, 1992: 149）。

票提請權」（proposal of referenda）。「非立法權」則分為組成內閣（cabi-net formation）、解散內閣（cabinet dismissal）、國會譴責權（censure）、[9]解散國會（dissolution of the assembly）等。Shugart和Carey的分類中部分觸及政策權領域，他們將其歸類在「排他性的立法提出權／政策保留領域」，此係指總統對於某特定政策領域具有獨占的權力，在其提出草案之前，國會不能進行任何相關的立法行動，總統因此擁有強大的議程設定權，故謂排他性的權力。

　　Shugart和Carey是少數半總統制研究中討論到憲法上政策權的學者，但侷限於「排他性的立法提出權／政策保留領域」，而這部分事實上也討論得非常有限；再者他們也忽略立法層面以外總統在的政策領導權力，包括總統可能透過政策決定機關（如部長會議）的參與進行性質上屬於行政權範圍的決策權，而其重要性應不亞於立法權。簡言之，本文所稱總統的政策權較偏向行政權範圍的決策權，並兼含立法的提案或發動權力。

　　其他半總統制的研究，雖嘗試透過量化與質化的方式來解析總統的權力，但對於憲法配置予總統的決策或諮詢機關與政策權限的搭配情形，卻很少加以關注，在這樣的情況下，也就讓本文有了進一步發展和探索的機會。

肆、政策決定權與決策機關：比較各國設計

　　本文首先主要關注的是，與台灣同樣採行半總統制的國家，其總統在憲法上是否被明文賦予政策權限以及決策機關（如擔任相關會議之主席），如果有的話是什麼？關於後者又可以將性質上屬於內閣會議者（如部長會議）

9　所謂國會譴責權（censure）是指國會對內閣進行譴責的權力，Shugart和Carey欲藉由這項權力的設計來相對衡量總統對內閣的權威。舉例而言，當國會不具有譴責權時，代表只有總統可以決定內閣首長的去留，總統相對權力很大，而當國會譴責權不受限制時，總統的相對權力處於弱的狀態（Shugart and Carey, 1992: 149-150）。儘管如此，由於該項權力在性質上仍屬國會之權力，本文認為Shugart與Carey將其列為總統的非立法權似未妥當。

獨立出來討論。通常，內閣會議成員會涵蓋總理及主要部會首長，若總統可主持會議，其意義特別重要。所以，對於上述問題可以分成兩個面向來觀察，分別是總統政策權限與總統決策機關，在決策機關部分並特別關注總統是否主持內閣會議。

　　作者仔細檢視21個國家的憲法和相關資料，判別是否在憲法中明文規定總統的相關政策職權和決策機關。憲法有無明文規定這件事的重要性在於，明文規定者，總統具有行使職權的合法性基礎，在此條件下總統欲執行憲法上賦予的職權，是完全具有合憲性的；剩下的問題是總統的政治實力是否足以擔當憲法上職權的行使。相反的，當總統逾越了在憲法規範上的分際時，行使其權力自然難以名正言順。固然憲法無明文規定，並不排除現實上總統因為其他因素的助力，譬如掌控了總理（行政院長）和國會多數，或具有高度的民意支持等等，而具有一定權力和影響力。且憲法有其成長和透過憲政慣例補充的空間，故總統行使了憲法上未明文賦予的權限，也不一定就與憲法意旨必然有所牴觸。但這種情況，終究有可能違背憲法之本意，或容易產生憲政上的疑義或爭議，甚至是憲政僵局。

　　憲法文字固然並非沒有模糊空間，所幸本文的研究焦點關於政策權限和決策機關之判定，在仔細檢視各國憲法條文關於總統相關職權時，透過文義解釋和體系解釋的方法，通常可以相當程度掌握其內涵。在表2-1中，呈現了21個國家關於總統政策權限、總統決策機關及總統是否主持內閣會議三個面向的基本概況。本文也非完全停留在憲法規範層次，在後文第伍節中，會再納入憲政運作的實務類型層面進一步做延伸討論。

　　以下進一步分別就政策權限與決策機關（含總統是否主持內閣會議）的研究發現加以討論：

表2-1　21個半總統制國家憲法上總統的政策權限與決策機關一覽表

國家	總統政策決定權	總統決策機關	總統是否主持內閣會議
法國	國防、外交 （與總理共享）	·部長會議主席 ·主持最高國防會議	是 部長會議主席
芬蘭	政府的權力由總統和政府行使（涵蓋內政）	未明文規定	否
葡萄牙	未明文規定	·主持國務會議 （屬總統的諮詢會議） ·主持國防會議	否
奧地利	未明文規定	未明文規定	否
冰島	未明文規定	·主持國務會議 （法律與重要政府措施須送至總統在國務會議中處理）	否
愛爾蘭	未明文規定	·主持國務會議	否
波蘭	總統得協同內閣總理及相關部長處理外交事務；總統對國家內部及外部安全	·召開國家安全會議 ·召集內閣會議（特別事項；不具內閣之權限）	否
羅馬尼亞	未明文規定	·總統主持其所參與的政府會議	有時是 總統被動受邀主持政府會議（總統未參與時，總理是主席）[10]
斯洛維尼亞	未明文規定	未明文規定	否
斯洛伐克	未明文規定	·主持政府會議	是 主持政府會議 （可要求政府提出報告）
保加利亞	未明文規定	·主持國家安全會議	否
克羅埃西亞	國家安全事務	·可出席政府會議 （參與討論） ·諮詢會議 （憲法未明訂其名稱）	否
烏克蘭	未明文規定	·主持國家安全與國防會議（總理也是成員）	否 （但內閣會議同時對總統和議會負責）
蒙古	未明文授予	·主持國家安全會議	否
立陶宛	決定外交基本議題、協同政府執行外交政策	·主持國家國防會議	否

國家	總統政策決定權	總統決策機關	總統是否主持內閣會議
維德角	未明文規定	・應總理要求主持部長會議 ・主持國防最高會議及國家會議	有時是 應總理要求主持部長會議
馬利	未明文規定	・主持部長會議 ・主持國防最高會議	是 主持部長會議
納米比亞	未明文規定	・主持內閣會議 ・總統為國家安全的最高領導者，但憲法上無主持具體會議。	是 主持內閣會議（總統缺席由總理主持）
秘魯	指導政府政策	・總統主持其召集或出席的內閣會議	有時是 總統主持其召集或出席的內閣會議
塞內加爾	國防、國家安全	・主持部長會議 ・主持最高國防會議 ・主持國家安全會議	是 主持部長會議
台灣	國家安全有關大政方針	・主持國家安全會議	否

說明：作者自行整理而成。

資料來源："Constitutions," Constitutional Finder, http://confinder.richmond.edu/, Accessed on July 8, 2015; "International Constitutional Law Countries," International Constitutional Law, http://www.servat. unibe. ch/icl/, Accessed on July 8, 2015.

一、總統的政策權限

關於政策權限的面向，根據表2-2的資料可按總統是否被明文賦予政策權限，以及如果有的話，是屬於什麼性質，歸納為三種類型：類型一，憲法明文規定總統具有國防或國家安全、外交方面的政策權限；類型二，雖然憲法明文規定總統具有政策權限，但並未明確限定在某個領域，情況較為模糊；類型三，憲法並未明文規定。

應予說明的是，對於總統在憲法上的政策權限是屬於獨享或需與總理分享，並不特別區分，若是憲法明文賦予總統權限，則不論是否獨享，均歸類為總統擁有此種職權之類型。譬如，在法國第五共和，若按憲法第19條至第21條的規定，外交事務是由總統與總理兩人協力決策並落實，而非

表2-2　憲法上總統被賦予政策領域類型分析表

類型	政策領域	案例數	國家
類型一： 明文規定	國防、國家安全、外交	6	法國、波蘭、克羅埃西亞、立陶宛、塞內加爾、台灣
類型二： 明文規定	其他（指導政府政策、政策決定）	2	芬蘭、秘魯
類型三： 未明文規定		13	葡萄牙、奧地利、冰島、愛爾蘭、羅馬尼亞、斯洛維尼亞、斯洛伐克、保加利亞、烏克蘭、蒙古、維德角、馬利、納米比亞

資料來源：作者依據表2-1資料自行整理而成。

如現實憲政運作中均由總統定奪，因此在這部分憲法的設計是雙首長分享；但憲法也給予總統在外交事務上的特權，諸如第5條及第16條所規定總統一般外交權限。在國防事務方面，從憲法第5條、第15條、第20條第2項以及第21條第2項，顯示由總統和總理共同負責，但其間的界限，依照學者的通說，總統負責決策而總理負責執行（徐正戎，2002）。無論如何，依照上述憲法的設計，本文判定法國總統在憲法上具有國防、外交事務上的政策權限。[10] 其餘國家，亦循此進行歸納。

　　根據研究結果，屬於類型一的共有6個國家，包括法國、波蘭、克羅埃西亞、立陶宛、塞內加爾、台灣，占21個國家中的28.6%。例如波蘭憲法規定總統得協同總理及相關部長處理外交事務，總統對國家內部及外部安全的諮詢機關為國家安全會議。立陶宛憲法則規定，總統具決定外交基本議題之權，可協同政府執行外交政策。克羅埃西亞憲法也賦予總統在國家安全事務上的決定權。上述總統的政策權限可能有些是偏向政策方針而非政策細節，但即使如此，仍屬廣義的政策權限。

　　屬於類型二的僅有2個國家，是芬蘭與秘魯，占9.5%。這類國家總統的政策權限較模糊，例如芬蘭憲法規定政府的權力由總統和政府行使，由於

10　值得觀察的是，法國在2000年至2008年間的修憲，法國多數學者認為將導致法國「體制的大總統化」現象，學者郝培芝（2010）對此有所分析。

「政府的權力」不能排除政策的權力，故就憲法的設計而言，應解釋為總統亦具有政策權限，故芬蘭納入此類；[11]又如秘魯總統具有「指導政府政策」之職權。屬於類型三的，即憲法未明文賦予總統政策權限者，共有13個國家，占61.9%，超過半數，包括了葡萄牙、奧地利、冰島、愛爾蘭、羅馬尼亞、斯洛維尼亞、斯洛伐克、保加利亞、烏克蘭、蒙古、維德角、馬利、納米比亞等。

　　從上述看來，至少有三項值得關注的發現：第一，在明文規定總統政策權限中，多數屬於國防、國家安全以及外交事務等領域，這與一般對半總統制國家總統的政策權限領域之印象大致相符。至於我國，憲法增修條文僅規定賦予總統為決定國家安全有關大政方針，得召開國家安全會議及所屬國家安全局，並未明訂「國家安全有關大政方針」之範疇，但依「國家安全會議組織法」主要涵蓋「國防、外交、兩岸關係及國家重大變故之相關事項」。由於兩岸關係涉及之事務層面更是非常龐雜，因此所謂「國防、外交、兩岸關係及國家重大變故之相關事項」的範圍之詮釋，具有相當大的彈性空間。

　　第二，大部分的國家憲法並未明文賦予總統在政策上的權限；當然，政治實務上總統可能具有政策的影響力。第三，無論憲法有無規定總統的政策權限，總統與總理的政策權限均難以截然清楚的劃分，隱含詮釋和模糊的空間。雖然大部分的國家憲法未明文賦予總統政策權限，但總統仍可能在國防或外交、甚至更廣泛的政策領域具有影響力。可能的原因很多，主要理由有三：一是民選總統所具有實質的政治影響力，在長期運作下並可能形成憲政慣例；二是總統得透過主持國防、國家安全、外交等相關會議和機制，甚至是藉由擔任內閣會議的主席而在政策決定過程中發揮實質的掌控力和影響力；三是若干國家總統根據憲法得單獨任命總理，如台灣，因此藉此可掌控行政院長及其領導的行政部門和政策。

　　與政策權限相關但又具獨立性的職權亦一併分析，包括總統是否具有立

---

[11] 芬蘭總統在2000年修憲後總統政策權限已被限縮，特別是傳統上的外交自主權已經大為削弱，並朝向內閣制傾斜（沈有忠，2011；Paloheimo, 2001; 2003）。

表2-3　憲法上總統被賦予法案提案權各國情況

類型	案例數	國家
有	5	冰島、波蘭、斯洛伐克、烏克蘭、蒙古
無	16	法國、芬蘭、葡萄牙、奧地利、愛爾蘭、羅馬尼亞、克羅埃西亞、斯洛維尼亞、保加利亞、立陶宛、維德角、馬利、納米比亞、秘魯、塞內加爾、台灣

資料來源：作者依據表2-1資料自行整理而成。

法上的發動權、否決權或覆議權、法規命令權、發動公民投票權，以下進一步依序討論。

在有關提出法案的權力方面，研究結果顯示（見表2-3），總統具有此權限的僅有5個國家，包括冰島、波蘭、斯洛伐克、烏克蘭、蒙古，占23.8%。理論上，具有政策權限者，給予法案提案權，也是合理的，但在前述總統具有政策權限的8個國家中，僅有波蘭同時有法案提案權，表示兩者並無一定的關聯性。這裡似透露出，半總統制國家法案的提出主要還是集中在總理所領導的行政部門以及國會議員本身。我國總統亦無法案提案權，法案的主要提案者是行政院與立法院，但總統對法案的推動常透過政黨內部和黨政平台等機制進行（陳宏銘，2012；2014）。

在有關否決權（或覆議權）方面，則與法案提案權的情況相異，其性質不在於具有立法上的發動權，而在於被動的針對國會通過的法案行使否決，要求國會進行覆議（reconsideration）。在總統制之下，其主動權在總統，在本文21個總統制國家中具有此種權力者共有13個國家，有8個國家的總統並無此權（見表2-4）。在總統具否決權（或覆議權）的國家中，有12個國家總統權力是屬於主動性質的，[12]例如法國第五共和總統得要求國會將所通過之法律全部或部分條文予以覆議，國會不得拒絕（憲法第10條）；另有一個國家即台灣，總統權力是屬於被動性質，即必須先由行政院院長提出，總統再行使覆議的核可權。

---

[12] 關於國會反否決的門檻，大部分國家的設計是過半數多數，蒙古與納米比亞則需要三分之二多數，波蘭則是五分之三多數。

表2-4　各國憲法上總統的法案否決權（覆議權）

類型	案例數	國家
有	13	主動：法國、芬蘭、葡萄牙、保加利亞、立陶宛、維德角、馬利、蒙古、斯洛伐克、烏克蘭、納米比亞 被動：台灣
無	8	奧地利、羅馬尼亞、克羅埃西亞、秘魯、塞內加爾、愛爾蘭、冰島、斯洛維尼亞、波蘭

資料來源：作者自行整理而成。

在有關總統法規命令權方面，法規命令權係指總統可以發布的、替代法律的決定，亦即憲法授予總統一種具有法律效果（含終止）的權力，而無需國會的事前同意（Shugart and Carey, 2002; Roper, 2002）。此處法規命令權限定在總統主動發布，非由總理或政府提出總統簽署之情形，亦不包括緊急命令權屬於特殊時期，且通常須事後獲得國會的同意或追認之情況。本文透過21個國家憲法逐一的檢視，並參考Shugart和Carey（1992）與Roper（2002）的研究中所納入部分半總統制國家，但兩個研究的判定不完全一致，這是他們採用量化給與分數的作法所致。本文則採取質性判讀，因為本文並不涵蓋總統制案例，在總統制案例中，法規命令權的差異性較大，半總統制基本上不到有需要細究量化的程度，故本研究僅區分有或無。另外，Roper將波蘭總統的職權命令（元首形式上權力）列入，應屬高估其職權，本文不採；在斯洛維尼亞案例中，其並將政府而非總統發動之命令權納入，亦不合適，本文亦不採。研究結果顯示，共有5個國家的總統具有法規命令權（見表2-5）。

表2-5　各國憲法上總統的法規命令權

類型	案例數	國家
有	5	法國、冰島、羅馬尼亞、烏克蘭、維德角
無	16	奧地利、愛爾蘭、芬蘭、斯洛維尼亞、葡萄牙、保加利亞、立陶宛、波蘭、蒙古、克羅埃西亞、斯洛伐克、馬利、納米比亞、秘魯、塞內加爾、台灣

資料來源：作者自行整理而成。

　　至於公民投票發動權，本文所關注的是總統單方可以主動提出公民投票交由人民複決之案例，亦即由總理（或政府）、國會、甚至是人民連署提請總統公布的公民投票法案[13]，並不屬於總統主動行使的權力。以法國第五共和爲例，憲法第11條規定總統的公民投票提案須依政府在國會期間所提之建議，或國會兩院之聯合建議，係屬被動（Roper, 2002）。因此，Shugart和Carey（1992）與Steven Roper（2002）的研究，均排除法國案例，本文也採此判準。作者逐一檢視各國憲法條文，結果顯示，僅有冰島與羅馬尼亞兩國總統具有此種職權（見表2-6）。

二、總統的決策機關

　　在政府的決策機關部分，半總統制國家的憲法設計與內閣制政府有較多相似之處，亦即大部分國家的憲法設有專章規範「政府」（government）的設計，而其中大都存在著形同內閣制下「內閣」（cabinet）的組織，並有類似內閣會議而名之爲「部長會議」之設計，或者亦有以其他名稱來代表政府的主要決策機關，如芬蘭總理主持的「政府全體會議」（plenary meetings of the Government），羅馬尼亞和斯洛伐克之總統可主持的「政府會議」（the meetings of the Government）。雖然實務上可能在內閣會議召開之前，各種重要政策議題的立場和決定在相關機制程序中大致已定，但畢竟

表2-6　憲法上總統主動發起公民投票之權

類型	案例數	國家
有	2	冰島、羅馬尼亞
無	19	法國、芬蘭、葡萄牙、奧地利、愛爾蘭、波蘭、斯洛維尼亞、蒙古、斯洛伐克、保加利亞、克羅埃西亞、烏克蘭、立陶宛、維德角、馬利、納米比亞、秘魯、塞內加爾、台灣

資料來源：作者自行整理而成。

13　譬如保加利亞憲法明定國會發動，斯洛伐克與立陶宛憲法規定公民連署或國會發動，克羅埃西亞憲法規定政府提議與總理的副署下總統提出，馬利憲法規定內閣或國會提議，維德角則是人民、議會或政府提議，塞內加爾憲法則規定總理提議。

內閣會議絕大部分在憲法的地位上係政府最正式且最高的政策決定會議，賦予行政部門最後政策決定的合法性，其成員涵蓋總理及內閣成員，故若總統可以主持之，其意義當然又較總統主持其他的會議更為重要。

以法國第五共和為例，其形同內閣會議的「部長會議」，在召開前實際上尚有三個正式決策會議，其中總統或總統幕僚皆有機會正式參與其中。在第一個階段為「跨部會聯繫會議」（Interministerial reunions），是首先進行的正式政策決定階段，由內閣成員主持，將部會首長幕僚召集在一起開會，總理辦公室與總統府的代表亦會出席；第二個階段是「部際委員會」（Interministerial committees），由總理主持，並由其親自協調部會間的不同觀點，但此類會議不見得能解決所有內閣的爭議議題；第三個階段是「部際會議」（Interministerial council），乃由總統親自主持，此一會議解決最重要與最爭議的法案，這些法案或是部會首長間存在歧見而總理無法裁決案的，或是屬於部會首長拒絕接受總理仲裁的法案，無論何者，最終仰賴總統藉由其強大的政治權力予以裁決。最後一個階段即是最為人熟知的「部長會議」，亦是由總統主持，但由於主要的政策決定已於前三個階段完成，因此這類會議通常扮演橡皮圖章（rubber-stamp）的角色（Elgie, 1993: 16-18）。由上述看來，可能會認為政策立場在之前的相關會議中已經確定，總統有沒有主持部長會議並不重要。其實不然，恰好由於總統可以主持部長會議這項憲法賦予的職權作為基礎，所以總統主持先行的部際會議，甚至總統府代表在更早的會議中參與討論，也才較明正言順；否則總統擅自召開相關會議是否侵犯總理領導政府的權限，是可以質疑的。

在所謂的內閣會議之外，半總統制國家的憲法亦可能賦予總統相關的政策決定（或諮詢）機關，這包括主要兩種類型，一是國務會議（the Council of State），二是國家安全會議（the National Security Council）或國防會議（the State Defence Council, the Higher Council of National Defence）。前者涉及的政策範圍較籠統，可以確定的是並非「內閣會議」性質，如葡萄牙國務會議主要是總統用來作為其保留權力運用的諮詢機關，譬如解散國會、行

使宣戰與媾和權，或者面臨政府下台時之因應措施。[14]後者則較明確，主要是總統行使國家安全和國防議題之決策會議。除此之外，總統也可能具有主持其他政府會議的職權，但通常在憲法上這類會議的功能屬性並不那麼明確。

　　據此，在表2-7中將決策機關分為三種主要類型，分別是：類型一「主持內閣會議」、類型二「主持國防或國家安全會議」、類型三「主持國務會議或其他會議」；其中類型一總統可以主持內閣會議者，又區分為常態性與非常態性兩種不同情況，所謂常態性係指該會議固定由總統主持，非常態性則總統有時可主持。另外，由於總統可能同時兼具或參與不同類型的決策會議，故又存在表2-7中其他五種情況。

　　根據表2-7，屬於類型一總統可主持內閣會議的，共有8個國家，其中5個國家是常態性的，包括法國、斯洛伐克、馬利、納米比亞、塞內加爾；另有3國憲法賦予總統有時可以主持會議，包括羅馬尼亞、維德角、秘魯，兩者合占約38.1%。在類型二，總統可主持國防或國家安全會議者，共11個國家，包括法國、葡萄牙、立陶宛、維德角、馬利、波蘭、保加利亞、烏克蘭、蒙古、塞內加爾以及台灣，略超過半數，占52.4%。[15]在類型三，總統可主持國務會議或其他會議者，共有5個國家，包括葡萄牙、冰島、愛爾蘭、波蘭、克羅埃西亞，占23.8%。

　　除以上三種類型外，兼具類型一與二者，即總統既可主持內閣會議，又可主持國防或國家安全會議者，也值得關注，這共有4個國家，包括法國、維德角、馬利、塞內加爾。另憲法未明文賦予總統相關決策會議和機關者，僅有3個國家，包括芬蘭、奧地利、斯洛維尼亞；換言之，絕大部分的國家，總統在憲法上至少都被賦予相關的決策或諮詢會議。對於前者這類型國

---

[14] 葡萄牙國務會議成員包括總統、國會議長、總理、憲法法庭主席、前總統、監察使、兩個地區政府主席以及若干總統指派和國會選舉產生的委員，請參閱"Portuguese Council of State," *Wikipedia*, http://en.wikipedia.org/wiki/Portuguese_Council_of_State , Accessed on June 8, 2014。

[15] 波蘭的總統依據憲法第141條可以「就國家特別事項召集內閣會議，內閣會議由內閣閣員組成，會議由總統擔任主席」，但此會議並不具有內閣之權限。

表2-7　憲法上總統被賦予的決策機關類型分析表

決策機關類型		案例數	國家
類型一： 主持內閣會議 （部長會議、 政府會議）	常態性 擔任主席	5	法國、斯洛伐克、馬利、納米比亞、塞內加爾
	非常態性 擔任主席	3	羅馬尼亞、維德角、秘魯
類型二： 主持國防或國 家安全會議	國防會議	7	法國、葡萄牙、立陶宛、烏克蘭、維德角、馬利、 塞內加爾
	國家安全會議	6	波蘭、保加利亞、烏克蘭、蒙古、塞內加爾、台灣
類型三： 主持國務會議（或其他會議）		5	葡萄牙、冰島、愛爾蘭、波蘭、克羅埃西亞
兼有類型一、二、三		0	無相關案例
兼有類型一、二		4	法國、維德角、馬利、塞內加爾
兼有類型一、三		0	無相關案例
兼有類型二、三		2	葡萄牙、波蘭
三種類型皆無		3	芬蘭、奧地利、斯洛維尼亞

資料來源：作者依據表2-1資料自行整理而成。

家，總統具有兩項決策機關可供運用相比較，其半總統制的發展較可能會朝
向總統相對於總理優越的型態之可能性應該較低；確實，法國、維德角、馬
利、塞內加爾等國家中，除維德角外，多數是如此。而後者之總統的決策權
力基礎相對薄弱，故在實際憲政運作應較易偏向總理優勢的半總統制運作類
型，而芬蘭、奧地利、斯洛維尼亞的憲政運作確實傾向如此。

三、政策權限與決策機制的關係

　　憲法是否同時明定總統的政策權限與決策機關，在理論上存在著以下四
種情況，包括：「有政策權，有決策機關」、「有政策權、無決策機關」、
「無政策權、有決策機關」以及「無政策權、無決策機關」。透過表2-8對
於21個國家憲法設計的歸納整理，本文呈現了這四種情況下的國家個案和
數量分布情形。

表2-8　政策權限與決策機關

決策機關 ＼ 政策權		總統是否具有政策權限：案例數		合計
		是	否	
總統是否具有決策機關	是	7	11	18
		法國、波蘭、立陶宛、克羅埃西亞、秘魯、塞內加爾、台灣	葡萄牙、冰島、愛爾蘭、羅馬尼亞、斯洛伐克、保加利亞、蒙古、斯洛維尼亞、馬利、維德角、烏克蘭	
	否	1	2	3
		芬蘭	納米比亞、奧地利	
合計		8	13	21

資料來源：作者依據表2-1資料自行整理而成。

　　從表2-8來看，在8個包括台灣在內憲法明文規定總統政策權限的國家中，只有芬蘭在憲法上未明定總統的決策（或諮詢）機關，因此如果憲法已明確賦予總統政策決定權，則再配置相關決策機關也是合情合理。相對的，憲法未明文規定總統政策權限的13個國家，卻有11國的總統具有決策機關。由此看來，半總統制下總統在實務上具有政策決定權或影響力之原因，不一定來自於憲法明文的授予，也可能在於透過相關決策機關和總統的「政治權力」去影響政策。在後文中作者會試圖探索憲法上明文規定總統的政策權限與其半總統制實務運作類型的關係。

伍、政策權限、決策機關與半總統制類型

　　在前一節中，已就21個國家政策權與決策機制的設計情況進行了初步的討論和分析，接下來本文擬進一步探討的問題是：總統在憲法上的政策權領域內涵（含政策權限、法案提案權、否決權）以及決策機關配置，是否與半總統制的類型有所關聯？

　　我們知道半總統制是相對於總統制、內閣制的另一種憲政體制型態，但屬於半總統制的國家甚多，不同國家間制度的差異性可能很大，因此就有研究者嘗試將其進一步劃分成不同的類型。當前，關於半總統制的類型劃分主要有兩種邏輯，一是主要以憲法規範（條文）設計爲基礎，另一係以制度實際表現的運作型態爲主。第一種方式以Shugart和Carey的兩種次類型：總理總統制與總統國會制爲代表（Shugart and Carey, 1992），也是目前關於次類型的劃分中常被援引的方式。按Shugart和Carey的分類，比較簡易的說法，「總理總統制」是總統權力較小的半總統制，總理（內閣）僅對國會而不對總統負責；「總統國會制」是總統權力較大的半總統制，總理（內閣）同時對國會和總統負責。而決定兩種類型劃分的關鍵因素，是總統是否有權罷黜總理，若是則屬於「總統國會制」，若非則屬於「總理總統制」。

　　Elgie則提出以下三分法：高度總統化的半總統制（Highly presidential-ized semi-presidential regimes）、總統屬儀式功能的半總統制（Semipresi-dential regimes with ceremonial presidents）、總統和總理權力平衡的半總統制（Semipresidential regimes with a balance of presidential and prime-ministerial powers）（Elgie, 2003, 24-25），也是依據憲法的設計，但其被學界討論的情形不如Shugart和Carey的兩種次類型。本文作者認爲，Elgie的三分法其實並非最早提出，Duverger早在1980年的作品中便將半總統制分爲「虛位元首的國家」、「總統擁有超大權力的國家」以及「總統與政府平衡的國家」等三種情形（Duverger未曾明確冠以次類型之名）。但Duverger的分法並非建立在憲法之上，而是實務運作的劃分，這一點與Elgie不同。Elgie後來的研究，主要是採用Shugart和Carey分類方式，而未見其2003年的分類。[16]

　　第二種類型劃分方式，著重於制度實際上的運作和表現，而非憲法條文的表面上設計，可稱爲「運作類型」。我們以吳玉山院士的研究爲例，吳院

---

[16] 國內學者林繼文（2000）、Tsai（2008）、蘇子喬（2011）、沈有忠（2011）、張峻豪也都嘗試建構不同的次類型。

士（2012）跳脫以憲法為主的制度類型框架，以總統或國會多數決定總理與內閣人事，以及總統和國會多數是不是同屬一個政黨這兩個變項，架構出四種半總統制運作模式，分別是準內閣制（quasi-parliamentarism, QP）、換軌共治（alternation/cohabitation, ALT）、分權妥協（compromise, COM）與總統優越（presidential supremacy, PS）。他並質疑Shugart和Carey的分類隱含罷黜總理的權限，而非任命總理的權限，是決定總統能否掌握總理。確實，各國憲法對於總理如何任命均有清楚規定，但對於罷黜則未必（吳玉山，2012：21），如我國憲法增修條文既規定總統可任命總理，則總統如欲更換行政院長，透過任命新的行政院院長，即可使得原行政院院長去職（蕭文生，2002：284；李鳳玉、藍夢荷，2012：430）。何況在實務運作上，總統藉由任命總理的權限，自然能夠相當程度掌控了總理。且包括行政院院長在內的政務官，通常是新官上任，舊人去職，理應無動用免職令（罷黜）的機會。因此在以下用來對照總統政策權的政治權中，將以任命總理的權限作為討論對象（見表2-9）。

　　上述兩種類型劃分，不論是憲法類型或運作類型，較強調總理對總統和國會的負責關係，國會中總統的政黨支持，以及行政和立法的多數是否一致等，來架構出不同的半總統制型態，但對於總統在憲法上的政策權領域內涵（含政策權限、法案提案權、否決權）以及決策機關是否與其類型有關，則鮮少討論。本文將就總統在憲法上的政策權與決策機關，分別探討其與憲法類型和運作類型的對應關係。作者將試圖證明，不論是憲法類型或運作類型，政策權與決策機關對半總統制的類型劃分是重要的，而且與主要學者的類型劃分可以相容。以下對於憲法類型，目前學術界的分類仍以Shugart和Carey的兩種次類型為最主要的採行方式，本文即以此為基礎；[17]在運作類型上，不同學者有不同的分類，本文參考吳玉山的研究結果和Elgie（2011: 27-28）的資料，並回歸Duverger的三分法，提出三種類型：「總統優勢」、「總理優勢」以及「總統和總理平衡」（簡稱「平衡型」）（見

17　關於台灣憲政體制歸類為總統國會制類型的確立和演化，可參考蘇子喬（2011）。

表2-9）。其中「平衡型」涵蓋吳玉山分類中的「分權妥協」與「換軌」兩種模式。至於吳玉山分類中「總統優越」與「總理優越」則分別和本研究的「總統優勢」與「總理優勢」相近。

表2-9　總統的權限（任命總理權、政策權、決策機關）與半總統制類型

國家	總統的權限									體制類型	
	任命總理權	政策權						決策機關		憲法類型	運作類型
	單獨任命與否	政策權（不分領域）	國防外交權	法案提案權	否決權（覆議）	法規命令權	公民投票主動發起權	決策機關（所有型態）	主持內閣會議		
法國	是	是	是	否	是	是	否	是	是（常態）	總理總統	總統優勢／平衡型
芬蘭	否	是	否	否	是	否	是	否	否	總理總統	總理優勢
葡萄牙	否	否	否	否	是	否	否	是	否	總理總統	總理優勢
奧地利	是	否	否	否	否	否	否	否	否	總理總統	總理優勢
冰島	否	否	否	是	否	是	是	是	否	總理總統	總理優勢
愛爾蘭	否	否	否	否	是	否	否	否	否	總理總統	總理優勢
波蘭	否	是	是	是	是	否	否	是	否	總理總統	平衡型
羅馬尼亞	否	否	否	否	是	是	是	是	是（有時）	總理總統	平衡型
斯洛維尼亞	否	否	否	否	否	否	否	否	否	總理總統	總理優勢
斯洛伐克	否	否	否	是	否	否	否	是	是（常態）	總理總統	總理優勢

國家	總統的權限									體制類型	
	任命總理權	政策權						決策機關		憲法類型	運作類型
	單獨任命與否	政策權（不分領域）	國防外交權	法案提案權	否決權（覆議）	法規命令權	公民投票主動發起權	決策機關（所有型態）	主持內閣會議		
保加利亞	否	否	否	否	是	否	否	是	否	總理總統	總理優勢
克羅埃西亞	否	是	是	否	否	否	否	是	否	總統國會	平衡型
烏克蘭	否	否	否	是	是	是	否	是	否	總統國會	平衡型
蒙古	否	否	否	是	是	否	否	是	否	總理總統	平衡型
立陶宛	否	是	是	否	是	否	否	是	否	總理總統	總理優勢
維德角	否	否	否	否	是	是	否	是	是（有時）	總理總統	總理優勢
馬利	是	否	否	否	是	否	否	是	是（常態）	總理總統	總統優勢
納米比亞	是	否	否	否	是	否	否	是	是（常態）	總統國會	總統優勢
秘魯	是	是	否	否	否	否	否	是	是（有時）	總統國會	總統優勢
塞內加爾	是	是	是	否	否	否	否	是	是（常態）	總統國會	總統優勢
台灣	是	是	是	否	是	否	否	是	否	總統國會	總統優勢

說明：作者自行整理而成。

資料來源：同表2-1。

　　在表2-9中，呈現了21個國家總統在憲法上的政策權、決策機關以及體制類型（含憲法類型與運作類型）的情況，並以總統是否具有單獨任命總理之偏向政治權性質的權力作為對照。以下將進一步探討這些總統權限的設

表2-10　任命總理權與半總統制憲法類型

憲法上總統權限規定		對應的半總統制憲法類型：案例數		
		總理總統制	總統國會制	合計
任命總理權	單獨任命權	3	4	7
	無單獨任命權	12	2	14
合計		15	6	21

說明：作者自行整理而成。

資料來源：同表2-1。

計與制度類型的關係，並釐清憲法中對於總統政策權和決策機關設置之重要性，期能更細膩的理解制度之類型。

一、任命總理權、政策權、決策機關與半總統制憲法類型

（一）任命總理權

在總統是否具有直接任命總理權限和對應的憲法類型方面，在表2-10中從正面來看結果顯示，共有8個國家總統具單獨任命權，有3個國家屬於總理總統制，4個屬於總統國會制，因此僅從任命總理權力並無法看出是傾向何種憲法類型；但若從反面的無任命總理權力的14個國家來看，則有12個國家屬於總理總統制，占絕大部分，而只有2個國家是總統國會制。且在6個總統國會制國家中，就有4個具此權力，相對的，在12個總理總統制中，僅有3個具此權力。綜合上述情形，結果是當總統具有直接任命權時，在憲法類型上固然無法看出較可能偏向何種類型，但若不具有任命總理權時，則有非常高的可能性是屬於總理總統制。

（二）政策權

表2-11中，在政策權1方面，即總統具有政策權限（不分領域）者，分別有4個國家屬於總理總統制與總統國會制，因此，僅從政策權限觀之，並無法判定是傾向何種憲法類型。但若從反面來看，當憲法上並無明文賦予總統政策權限時，則占絕大部分的11個國家屬於總理總統制，只有2個國家是

表2-11　政策權與半總統制憲法類型

憲法上總統權限規定		半總統制憲法類型：案例數		
		總理總統制	總統國會制	合計
政策權1	有政策權	4	4	8
	無政策權	11	2	13
	合計	15	6	21
政策權2	具有國防外交權限	3	3	6
	無國防外交權限	12	3	15
	合計	15	6	21
政策權3	具法案提案權	4	1	5
	無法案提案權	11	5	16
	合計	15	6	21
政策權4	具否決權（或覆議權）	11	3	14
	無否決權（或覆議權）	4	3	7
	合計	15	6	21
政策權5	具法規命令權	4	1	5
	無法規命令權	11	5	16
	合計	15	6	21
政策權6	具公民投票主動發起權	2	0	2
	無公民投票主動發起權	13	6	19
	合計	15	6	21

資料來源：作者依據表2-7資料自行整理而成。

總統國會制。且在6個總統國會制國家中，就有4個具政策權，相對的，在15個總理總統制中，只有4個具有政策權。綜合上述情形，結果是當憲法未明文賦予總統政策權時，其在憲法類型上有非常高的可能性是屬於總理總統制，因此，總統是否具有政策權和憲法類型之歸屬有一定的關係，其程度並不下於總統對總理任命權的影響。

　　在政策權2方面，即限縮在國防、外交等領域，分別有3個國家屬於總理總統制與總統國會制，因此，單從政策權限並無法看出是傾向何種憲法類型。但若從反面來看，即當憲法未明文賦予總統國防和外交權時，則會發現與政策權1相似，絕大部分的12個國家屬於總理總統制，只有3個國家是總統國會制。因此當總統不具國防外交權時，其在憲法類型上有非常高的可能性是屬於總理總統制。且在6個總統國會制國家中，有3個具政策權，相對的，在15個總理總統制中，只有3個具有政策權。故在這個領域中，憲法上的總統權力設計與憲法類型之歸屬有一定的關係。

　　再就政策權3之法案提案權來看，若總統具有提案權，也被預期可發揮一小部分政策影響力。整體來看，總統具提案權僅有5個國家，大部分是沒有提案權，但前者中竟有4個屬於總統相對權力較小的總理總統制，有1個屬於總統權力相對較大的總統國會制。進一步觀察無提案權的16個國家中，有11個國家屬於總理總統制，有5個國家屬於總統國會制。因此，無論總統是否具有法案提案權，多數案例都集中在總理總統制。比較上述情形，或進一步看兩種憲法類型的內部情形，也是如此。故此一變項和憲法類型之歸屬的關係，並沒有像政策權1與2來得明顯。

　　政策權4之否決權或覆議（核可）權，從正面來看，在14個總統具有否決權（或覆議權）的國家中，竟有11個屬於總統相對權力較小的總理總統制，只有3個是屬於總統權力較大的總統國會制。再從反面來看，在7個無此權限的國家中，有4個屬於總統國會制，3個屬於總理總統制。比較上述情形，或進一步看兩種憲法類型的內部情形，也是如此。綜合來看，總統是否具有否決權或覆議權和憲法類型之歸屬較不具關係。

　　在政策權5之法規命令權方面，在5個總統具有此權力的國家中，有4個屬於總理總統制，只有1個是屬於總統國會制。再從反面來看，在16個無此權限的國家中，有11個屬於總理總統制，5個屬於總統國會制。再進一步看兩種憲法類型的內部情形，也同樣看不出總統是否具有法規命令權與憲法類型上的關係。最後，在政策權6之公民投票主動發起權方面，2個具有此權的國家，反而均屬於總統權力較小的總理總統制，而所有總統總理制國家之

總統，均無此職權，故此面向亦與憲法類型較無關係。

（三）決策機關

　　表2-12在決策機關1方面，即總統是否主持相關決策機關（含主持內閣會議）和憲法類型之關係。結果顯示，具有相關決策或諮詢會議者有18個國家，其中12個國家屬於總理總統制，6個國家屬於總統國會制；而總統無相關決策或諮詢會議則有3個國家，全部屬於總理總統制。且在6個總統國會制國家中，全部具有決策機制，相對的，在15個總理總統制中，則有12個有此設計。綜合上述情形，總統具相關決策或諮詢會議權，並不一定傾向於總統國會制；但若無此權力，則有非常高的可能性是傾向總理總統制。因此，總統是否主持相關決策機關和憲法類型之歸屬仍有一定的關聯性。

　　在決策機關2方面，即只看總統是否主持內閣會議。結果顯示，總統有權主持會議權力的8個國家中，有5個國家屬於總理總統制，3個國家屬於總統國會制，前者數目略高於後者；若從反面來看，總統無權主持的13個國家中，有10個國家屬總理總統制，只有3個國家屬於總統國會制。綜合來看，雖然總統具主持權時其憲法類型屬於總統國會制的機會仍低於總理總統制，但當總統不具主持內閣會議權時，其憲法類型則一面倒的集中在總理總統制，且在6個總統國會制國家中，有3個有權主持，相對的，在15個總理

表2-12　決策機關與半總統制憲法類型

憲法上總統權限規定		對應的半總統制憲法類型：案例數		
		總理總統制	總統國會制	合計
決策機關1	具相關機關	12	6	18
	未具任何機關	3	0	3
合計		15	6	21
決策機關2	主持內閣會議	5	3	8
	未主持內閣會議	10	3	13
合計		15	6	21

資料來源：作者依據表2-7資料自行整理而成。

總統制中，只有4個是如此。因此，總統是否主持相關決策機關和憲法類型之歸屬有一定的關聯性。

（四）小結

從上述分析可知，除了否決權／覆議權以外，總統是否具有政策權及決策機關，對於憲法類型之歸屬具有一定的意義，這種意義主要表現在當總統不具有相關權限時，其憲法的類型很明顯的被歸類爲總理總統制，而非總統國會制。現有關於半總統制憲法類型的劃分，相當程度忽視這方面的因素。

本文以下想要更進一步探討的是，政策權及決策機關的設計與半總統制實際運作類型之關係。

二、任命總理權、政策權、決策機關與半總統制運作（實務）類型

在運作（實務）類型方面，與憲法類型不同，21個國家歸納爲22個案例，主要是法國第五共和同時涵蓋兩種類型。法國第五共和在1986年至2002年間共出現過三次共治，論者常將此種體制歸類爲共治型之半總統制。作者不完全採取此觀點，理由是1958年至1980年以及2002年至2014年間並未形成共治，在爲期甚長的非共治時間，行政權在雙首長間主要向總統傾斜，特別是2002年至2014年這段期間，很難將其視爲是總統和總理平衡的型態，而是總統主導政府的態勢。但我們又無法否認1986年至2002年之間的共治經驗，故本文將法國歸類爲同時出現過平衡型與總統優勢兩種情形。因此，表2-13至表2-15的案例數是22，而非21，這是首先必須敘明的。

（一）任命總理權

在總統是否具有單獨任命總理和運作（實務）類型方面，表2-13結果顯示，從正面來看具有任命權共有8個案例，有6個案例屬於總統優勢制，1個國家屬於總理優勢，1個國家屬於平衡型，此種對應關係相較於憲法類型較爲明顯，也就是說當總統具有此種權力時，其有相對較高的可能性在實務運作上傾向是總統優勢制的半總統制。若從總統無任命總理權力的14個國家

表2-13　任命總理權與半總統制運作（實務）類型

憲法上總統權限規定		對應的半總統制運作（實務）類型：案例數			
		總理優勢	總統優勢	平衡型	合計
任命總理權	直接任命權	1	6	1	8
	無直接任命權	8	0	6	14
合計		9	6	7	22

資料來源：作者依據表2-1資料自行整理而成。

的分布來看，其中8個國家屬於總理優勢，6個國家屬於平衡型，但沒有任何國家是屬於總統優勢制。且在6個總統優勢型中，全都具有直接任命權，相對的，在9個總理優勢型中，只有2個是如此。綜合正、反兩種分布，結果顯示總統任命總理權與半總統制運作類型有一定的關係，當總統有任命權時，其在運作類型大部分屬於總統優勢制，而當總統無任命總理權力時，則案例更是全部集中在總理優勢和分權或換軌制。

（二）政策權

相似的情況也出現在政策權的情況。表2-14結果顯示，在政策權1方面，從正面來看，總統具有政策權限（不分領域）的國家，只有1個屬於總理優勢制，另外同樣有4個國家屬於總統優勢與平衡型。再從反面來看，總統無政策權限者，有8個屬於總理優勢，2個屬於總統優勢，另有3個屬於平衡型。且在6個總統優勢制中，有4個具政策權，相對的，在9個總理優勢中，只有1個是如此。綜合上述，總統有政策權時，愈不可能運作成總理優勢制，而總統無政策權時，則愈可能運作成總理優勢制。

再限縮在政策權限2來看，即總統具有國防、外交等領域權限，則情況也相似，其中只有1個國家屬於總理優勢，3個屬於總統優勢，另有3個屬於平衡型。再從反面來看，總統無政策權限或無國防、外交等權限，同樣有9個國家屬於總理優勢，3個屬於總統優勢，另有3個屬於平衡型。整體而言，總統是否具有政策權限和運作類型之歸屬，從正、反兩方面來看皆有所

關聯，即若總統具有政策權限，則愈不可能在實際運作上為總理優勢，若無政策權限，則大量集中在總理優勢類型。且在6個總統優勢型中，有3個具此領域權限，相對的，在10個總理優勢型中，只有1個是如此。這種憲法上的政策權限設計與實際運作類型的關係，超越與前述憲法類型的對應關係，且其重要性並不下於總統對總理任命權的影響。

　　但在政策權3有關法案提案權和政策權4否決權（覆議權）兩方面，我

表2-14　政策權與半總統制運作（實務）類型

憲法上總統權限規定		半總統制憲法類型：案例數			合計
		總理優勢	總統優勢	平衡型	
政策權1	有政策權	1	4	4	9
	無政策權	8	2	3	13
	合計	9	6	7	22
政策權2	具有國防外交權限	1	3	3	7
	無國防外交權限	9	3	3	15
	合計	10	6	6	22
政策權3	具法案提案權	2	0	3	5
	無法案提案權	7	6	4	17
	合計	9	6	7	22
政策權4	具否決權（或覆議權）	5	5	5	15
	無否決權（或覆議權）	4	2	1	7
	合計	9	7	6	22
政策權5	具法規命令權	2	2	2	6
	無法規命令權	9	5	2	16
	合計	11	7	4	22
政策權6	具公民投票主動發起權	1	0	1	2
	無公民投票主動發起權	9	7	4	20
	合計	10	7	5	22

資料來源：作者依據表2-7資料自行整理而成。

們發現憲法上的權限設計與實務上的運作類型，並沒有明顯的關係。儘管總統不具兩種權限時，其對應的半總統制以總理優勢型最多，但總統具有法案提案權或政策權，運作上屬於總理優勢者卻也同時多過於總統優勢制。不過，在6個總統優勢型中，全都未有此權，相對的，在9個總理優勢型中，則有2個是如此。綜合來看，理論上這兩種權限雖然是總統權力的一環，但在實務運作上卻不一定與總統優勢的類型有關係，故基本上其與運作類型的關係，明顯不如政策權1與2之情形，這也符合我們原先的預期。

政策權5有關法規命令權方面，雖然總統未具此權的16個國家，有超過一半屬於總理優勢的類型，僅有兩個屬於總統優勢，但若從總統具有此職權的6個國家來看，恰好各有2個分別屬於三種運作型態，所以此一職權與運作類型同樣關係不明顯。政策權6公民投票主動發起權方面，情形也差不多。

（三）決策機關

總統是否主持相關決策機關與對應的運作類型關係方面，在表2-15中從正面來看，總統具有相關決策或諮詢會議的19個案例中，有7個屬於總理優勢，6個屬於總統優勢制，6個屬於平衡型，三種類型的國家案例數目差異不大，看不出兩者之關係。若從反面來看，總統無相關決策或諮詢會議的共

表2-15　決策機關與半總統制運作（實務）類型

憲法上總統權限規定		對應的半總統制憲法類型：案例數			
		總理優勢	總統優勢	平衡型	合計
決策機關1	具相關機關	7	6	6	19
	未具任何機關	2	0	1	3
合計		9	6	6	22
決策機關2	主持內閣會議	2	5	2	9
	未主持內閣會議	7	1	5	13
合計		9	6	7	22

資料來源：作者依據表2-7資料自行整理而成。

有3個國家，雖然相關對應情況仍不明顯，但其中沒有任何國家屬於總統優勢制，而有2個國家屬於總理優勢，1個國家屬於平衡型。綜合正、反兩種分布，總統是否主持相關決策機關和運作類型之歸屬較不具明顯的關係。

再將焦點集中在總統是否主持內閣會議方面，從正面來看，總統有權主持的9個案例中，分別有2個國家屬於總理優勢和平衡型，但有5個國家屬於總統優勢制，此一數字顯示當總統可以主持內閣會議時，有一半的案例在實務運作上會對應到總統權力較大的總統優勢制類型；若從反面來看，總統無此項權力的13個國家中，有7個案例屬於總理優勢，占了一半，5個屬於平衡型，而只有1個屬於總統優勢制。再分別看總統優勢型與總理優勢型中的情形，亦可以發現，總統是否主持相關決策機關和運作類型具有一定的關聯性。

（四）小結

從上述分析可知，除了總統任命總理權力外，總統的政策權限和決策機關與半總統制的運作類型具一定的關聯性。在政策權限中，無論是不區分特定領域或僅指國防、外交領域權限，都具有關聯性，但法案提案權和否決權則看不出有所關聯。在決策機關中，則以主持內閣會議權力與運作類型具明顯的關係。

三、政策權、決策機關與半總統制憲法和運作（實務）類型

在本節中，進一步就決策權之有無與決策機關之有無兩個變數所構成的四種類型，和對應的半總統制類型（含憲法與實務類型）加以探討。

從表2-16我們有以下發現，由於占絕大部分的18個國家中之憲法，賦予了總統某種型式的決策機關，而只有3個國家並沒有如此設計，因此若暫不討論該決策機關是否為內閣會議或一般政策和諮詢會議時，我們的焦點應集中同樣有決策機關下，有無政策權的以下兩種情形：「有政策權、有決策機關」與「無政策權、有決策機關」。首先，當總統政策權與機關皆具時，在憲法類型上屬於總統權力較大的總統國會制國家數有4個，略多於總理總

表2-16　政策權、決策機關與半總統制憲法和運作（實務）類型

政策權 / 決策機關		總統是否具有政策權限	
		是	否
總統是否具有決策機關	是	・憲法類型：7 總理總統：3　總統國會：4	・憲法類型：11 總理總統：9　總統國會：2
		・運作類型：8 總理優勢：1　總統優勢：4 平衡型：3	・運作類型：11 總理優勢：6　總統優勢：2 平衡型：3
	否	・憲法類型：1 總理總統：1　總統國會：0	・憲法類型：2 總理總統：2　總統國會：0
		・運作類型：1 總理優勢：1　總統優勢：0 平衡型：0	・運作類型：2 總理優勢：2　總統優勢：0 平衡型：0

資料來源：作者依據表2-7資料自行整理而成。

統制國家數的3個，在實務類型上，屬於總統優勢制國家共4個，多於總理優勢制的1個，和平衡型的3個。其次，當總統具有決策機關但不具政策權時，共有11個國家屬之，大部分的國家在憲法類型上屬於總理總統制，屬於總統權力較大的總統國會制僅有2個，同樣在運作類型上，其中有6個屬於總理優勢，占多數的案例。換言之，在不考量總統是否有權主持內閣會議，僅具有決策機關並未能帶來總統權力較大的制度類型。

接下來，討論「有政策權、無決策機關」與「無政策權、無決策機關」兩種類型。這兩種類型都屬於總統沒有決策機關，在前者，只有芬蘭屬之，在憲法類型上屬於總理總統制，在運作類型上屬於總理優勢。在後者，是烏克蘭與納米比亞，同樣在憲法類型上均屬於總理總統制，在運作類型上屬於總理優勢。雖然只有三個案例，但很清楚顯示，儘管總統在憲法上具有部分政策權，但由於缺乏決策機關，故制度歸類上均傾向是總統權力較小的類型。

綜合上述來看，政策權和決策機關與制度類型具有關聯性，尤其是前者。至於決策機關的作用雖然沒有政策權大，但當總統在憲法上欠缺此種設計時，仍構成其權力大小的一項不能忽視的因素。

陸、結論：兼論台灣案例的思考

　　半總統制存在著總統和總理的雙元行政領導結構，其中總理（或行政院院長）除握有一定程度的政策決定權，並幾乎都參與甚或主持內閣會議（或部長會議）。但由全國人民選舉產生的實權總統，究竟各國在憲法上如何設計其政策權限，以及是否配置相關的政策決定或諮詢之機制，呈現多樣的面貌。本文藉由21個民主的國家案例的初步歸納相關經驗，並進一步追問總統的政策權和決策機制設計，與半總統制的類型（包括憲法類型以及實務運作類型）存在著什麼樣的關聯性。本文連結總統政策權與決策機制，特別是內閣會議之變數，在理論上與實務上，試圖補充半總統制之研究內涵。本文的研究結果指出了現有文獻未能關注到的研究現象，呈現了值得探索的研究訊息。

　　根據21個國家的經驗總結，不到一半的國家憲法賦予總統某政策領域的決定權，且多數屬於國防、國家安全、外交等領域，但無論憲法有無明文賦予總統特定的政策權，總統與總理的政策領域權力之劃分，均難以截然清楚，實務運作上因國會中政黨體系的因素和憲政傳統所影響，將更形複雜。研究結果顯示，具有特定政策權限的總統，在憲法上也幾乎都配有相關的政策諮詢或決策機制，但具有主持內閣會議（部長會議）權力者則屬於少數。基本上，個別的國家情況雖然有所不同，總統在憲政實務運作上通常具有一定程度的權限，雙首長間的政策權歸屬隱含部分灰色地帶，這是半總統制的制度邏輯和特性使然。

　　本研究並發現，在政策權與制度類型關係上，若憲法上總統具有政策權限，較不易明顯看出其半總統制傾向何種類型，但若從反面來看，即當憲法並未明文賦予總統政策權限時，則研究發現有非常高的可能性是屬於總理總統制。另就決策機制方面來看，則與政策權的情況略有差異。本研究發現，絕大部分國家的憲法均賦予了總統相關的決策或諮詢機關，台灣亦屬於這種主流的情況，僅有3個國家未明文賦予總統決策機關，且全部屬於總統權力

相對較小的總理總統制，在運作上亦均屬總理優勢的半總統制。因此，雖然一國之憲法若賦予總統主持相關決策或諮詢會議權，但並不一定表示該政府體制會傾向於總統國會制，因為還有其他因素影響；但若無相關權力配置，則有非常高的可能性是傾向總理總統制。

本研究進一步將焦點置於總統是否主持內閣會議這項關鍵設計，研究發現，當總統不具主持內閣會議權時，其憲法類型一面倒的集中在總理總統制。而且在實務類型上，在總統無主持內閣會議權的國家有一半以上屬於總統權力較弱的總理優勢制。整體而言，總統是否主持相關決策機關和憲法類型之歸屬有一定的關聯性。並且，從「誰主持內閣會議」這個問題切入，可以相當程度辨識出該國憲法設計之原意，是讓其半總統制的行政權中樞傾向在總統或總理身上。

在上述研究發現的基礎上，本文擬進一步探討其對台灣案例的啟示。在台灣，中華民國憲法賦予總統相關的政策權限在於「決定國家安全有關大政方針」（主要包括國防、外交、兩岸關係領域），在諮詢機關方面配置有國家安全會議，這是政策權和機關的對應關係。這符合21國家研究之結果，亦即若國家憲法賦予總統某種政策領域的決定權，那麼常見到的是屬於國防與國家安全領域。但我國國家安全會議屬於諮詢性質，很難經常性地召開，與一般內閣會議之常態性決策機制功能是不同的。甚且，總統雖然主持國家安全會議，但行政院之下的國防部、外交部和大陸委員會，是否應受總統之領導，在憲法的規範性解釋上是存在爭議的。

在憲法的類型上，我國偏向總統國會制，在運作類型上，則屬總統優勢的半總統制。但根據前述跨國研究結果，若總統不具主持內閣會議權時，其憲法類型集中在總理總統制，而且在實務類型上，在總統無主持內閣會議權的國家中，多數屬於總統權力較弱的總理優勢制。反觀我國，總統未主持行政院會議，但無論是在憲法類型和運作類型，是偏向總統權力較大的半總統制類型，與主流型態相異。而究其因，並非是總統在憲法上擁有相當的政策權力才導致偏向總統權力較大的半總統制類型，而是與總統掌握了對行政院長的任命權，以及與其他政治條件因素較有關係。亦即，1997年修憲前

行政院院長係由總統提名經立法院同意產生，修憲後取消立法院同意權，從而加強總統對行政院院長的掌控和政府重要政策的影響力。申言之，總統具單方任命行政院院長的權力，是一項掌控行政院院長去與留的關鍵因素。

　　然而在半總統制體系下，究竟總統對於總理的任命權比較重要，還是免職權比較重要，這是一個相當重要而關鍵的問題，但尚未受到研究者普遍的關注和重視。對於這一個問題，我們從Shugart與Carey以及Elgie所採用的總統國會制與總理總統制分類依據來看，他們是持免職權較重要的觀點。本文雖然引用他們在憲法次類型以便與半總統制的國際研究有所對話，但他們著重於總統對總理的免職權，輕忽總統對總理的任命權之作用，以致此類型劃分並非理想，甚至隱藏重大的缺憾。個人循吳玉山院士（2012）的觀點，認為總統「單方任命總理權」相較總統「解除總理職位之權」，是總統控制總理（即控制內閣人事）更重要的變項。在本文中，我們無法對此多做討論，未來在進一步延伸的研究中，個人嘗試就此做更多的探討。而此一延伸研究能有所成果，對於我們理解台灣個案的特性，應該也會有所助益。

　　現在，讓我們回到關於我國憲政實踐的檢視。確實，在現實上台灣走向了總統優勢的半總統制，民選總統的全國性民意基礎，得以單方任命行政院院長，且不論是中國國民黨或民主進步黨執政時期之總統，在多數時候均同時兼任執政黨黨主席，從而透過政黨的機制更強化統治實權之掌握。總統的政策權力不僅明顯凌駕於行政院院長之上，且實務上其影響範圍更遍及各種政策議題，以致行政部門的重大政策往往因總統的態度而做關鍵性的轉變。然而，總統實際上固然具有政策的影響力，憲法卻無賦予其常態性的政策決定機關，甚至也無法出席行政院會議，而常需在體制外迂迴的透過政黨、黨政平台或其他機制和場所來做成決策。而在此同時，行政院院長領導行政院、主持行政院會議之憲政設計，在1990年之後幾次修憲迄今並沒有改變。

　　最後，我國半總統制下總統和行政院院長之雙首長的權力設計以及決策機關之配置，構成一種「此消彼長」的連動狀態。無論從憲法規範面或是憲政運作現實面來看，台灣半總統制是非常值得研究的個案，也需要學術界更

進一步將其列爲獨立而系統的探討對象。本文從21個國家初步的憲法設計經驗，只是一項初步的探索，希望能促成半總統制在理論面和現實關懷層面更多元的探討。未來若能持續密切掌握全球半總統制發展趨勢，並擴增更多國家數目，可以提供深化跨國比較之基礎。

張峻豪

壹、前言

　　長期以來，有關總統權力與角色，向爲台灣憲政研究者的關注焦點。台灣經1997年第四次修憲正式成爲半總統制國家後，總統在憲政運作中的重要地位，更是受到各界矚目。於此之中，有關「總統任命行政院院長使閣揆成爲總統執行長」的論述，可說是多數論者及政治工作者習以爲常之觀點，即使，中華民國憲法規定行政院院長爲最高行政首長、行政院向立法院負責，[1]但總統權力行使所創造的政治現實，不但使憲法規範可能遭遇挑戰，也帶來半總統制下行政權運作的問題。

　　由於「行政權的雙元性」（dual-executive）與「權力安排的混合性」（mixed authority）乃半總統制核心特徵（Shugart, 2005: 323-325），故半總統制在規範面與運作面上的主要問題，便經常是源自於行政權限割裂，或者是行政立法兩權互動關係（徐正戎、張峻豪，2004：141）。按Maurice Duverger的定義，半總統制憲法條件之一是：「除總統外，尚有與之相對的內閣總理與內閣掌有行政權，其須獲得國會信任始能在位」（Duverger, 1980:

---

* 本章曾刊登於《國家發展研究》，〈從閣揆角色談台灣半總統制的行政權運作（1997-2016）〉，2016年，第16卷第1期，頁1-42。本章中略有增修。

1 我國憲法上有關行政權的規定主要在於第53條：「行政院爲國家最高行政機關」、第56條：「行政院副院長、各部會首長及不管部會之政務委員，由行政院院長提請總統任命之」以及第58條：「行政院設行政院會議，……以院長爲主席。」循此可知行政院院長乃是我國最高行政機關之首長，並享有人事控制權。此外，依憲法而制訂的《行政院組織法》亦規定：「行政院院長，綜理院務，並監督所屬機關。」而可確定行政院院長扮演著我國行政權發動與主導行政事務的角色。

166），因此，在「行政權應歸屬總理」的規定中，總統是否逾越此「應然」要求？這樣的論述，便常成爲半總統制研究者的出發點，也就是，透過規範與實際之落差，將「行政權歸屬於總統」視爲相對而言較不穩定的半總統制（張峻豪，2012：48-49）。例如，在府會不一致下，總統任命同黨人士出任總理所形成的「少數政府」（minority government）運作方式，常是論者認爲半總統制運作「危機」（perils）的表徵，在新興半總統制國家中，少數政府常被視爲極可能導致憲政衝突或僵局，甚至是造成民主潰敗之主因（Elgie, 2008: 49-50）。

　　在台灣半總統制經驗中，行政院院長被視爲總統執行長的理由，乃是與1997年修憲使總統任命行政院院長無須再經立法院同意息息相關，而這也成爲探究台灣半總統制行政權運作的重要視角。自半總統制在台灣施行以來，前後任總統李登輝、陳水扁、馬英九無論面對府會一致或分立的情形，不但普遍傾向任命一個能向其負責的閣揆，於行政權運作中，也經常可見總統確保閣揆「聽命行事」的多項作爲，故爾，在總統與行政院院長互動關係中，論者對於閣揆的「執行長化」，常是由總統角度出發，並順著總統主導行政權的邏輯來加以確認。然而，若加入行政院院長這一端，基於1997年至2016年一共十三位閣揆的憲政經驗，行政院院長究竟如何「落實」執行長化？總統如何「確保」閣揆執行長化？由閣揆角度解釋「執行長化」這個問題，其實有更豐富的主題值得探究，而配合閣揆行動考量、總統立場、政治局勢變遷等因素，進而探討執行長化之成因、運作情形，甚或轉向等各種可能，更突顯了這個被視爲理所當然的名詞存有再探究之必要。

　　按此問題意識，本文將以總統任命權爲制度基礎，分析台灣至今累積二十年的半總統制經驗中，十三位行政院院長如何展現執行長化？以及，是否出現執行長化？由此檢視台灣半總統制下的行政權運作。當然，必須強調的是，影響總統與閣揆互動因素絕非僅只閣揆任命權一項，其他諸如總統對行政院覆議事項之核可權，或總統的國安大政方針決定權等，也應納入討論；不過，一方面受限於篇幅，另一方面也因總統的閣揆任命權常被認爲是造成閣揆執行長化之關鍵，因此，本文將聚焦於探討閣揆任命權是否確實帶

來這個影響，並從這項制度運作更多元的內涵，補充這個被認為理所當然，卻可能不盡正確之觀點。質言之，閣揆任命權的制度如何被落實，如何被確保，如何有轉向可能，都應作為理解台灣半總統制行政權運作的出發點，職是之故，本文以「路徑依賴」（path dependence）的觀點，區別任命權運作的路徑與機制，以理解制度如何深化或轉化執行長的內涵。在具體作法上，本文除了將彙整行政院院長上、下台原因、閣揆存續天數等面向，並且，也將舉證歷任閣揆與總統在重大政策上的互動情形，解釋當中的行政權運作模式，依此展現相異的路徑依賴機制，以及閣揆角色受限或突破之可能。

貳、行政權運作與路徑依賴機制

在半總統制的概念正式被提出前，德國學者Karl Loewenstein使用了「雙首長制」（dual executive）一詞，指涉「行政權由兩個不同的國家機關：總統與總理（或政府）所分享」的憲政體制（Loewenstein, 1957: 90），而Duverger在1980年所提出的半總統制概念，不但提及雙重行政首長的內涵，也強調一具有實權的直選總統，以及一帶領內閣且得到國會信任的總理之體制（Duverger, 1980: 166），因此，半總統制除行政權二元化之意義，更在突顯內閣存續必須仰賴國會持續信任之必要性。

承此，一個民選總統在半總統制運作中的角色，不但加強了半總統制研究之複雜性，實務上半總統制國家憲法成立所源自的諸多原因，更顯示行政權安排的多樣性特徵。在半總統制國家憲法成立上，有基於取代過去的殖民權力而造成，如冰島；有為了加強行政權，使總統與總理均擴權而來，如法國第五共和憲法；有為了避免激烈衝突而詳盡規範的混合式憲法，如2004年修憲後的烏克蘭；也有如波蘭，是一種一連串談判之後的「非計畫」性結果（Cheibub and Chernykh, 2009: 227）。而按照Robert Elgie對歐洲半總統制憲法制定背景的分析，更發現多數國家除了是為了因應民主轉型而制訂採

取半總統制的新憲法，這些新憲同時顯現出選擇半總統制是為了要一刀斬斷過去的威權體制，並限制總統的權力，特別是在後共產國家，[2]如馬其頓、立陶宛、斯洛維尼亞、克羅埃西亞等（Elgie, 2009: 255-256）。在此之中，多數採取制新憲或包裹式修憲的國家，常會規定行政權歸屬總理、或者賦予國會更多職權以限制總統擴權；另外，按照Shugart和Carey的歸納，在總統與總理權力相近的國家之中，即多會傾向「總理總統制」，也就是經由憲法規範加強行政權（張峻豪，2012）。

　　基於此，隨著更為豐富多元的半總統制運作經驗被體現，半總統制相關研究無論是定義或個案討論，更多聚焦在對於行政權二元化分配的相同想像，更甚者，當代對半總統制的定義爭辯，更可說就是來自於二元行政的關係（沈有忠，2011：38）。台灣在1997年第四次修憲成為半總統制國家，最主要的認定依據即是憲法加入了總統任命閣揆、總統對行政院覆議事項之核可權，以及總統有權解散國會等相關「總統具有顯著權力」之規定，另外，加上1996年首次民選總統的實施，而增強了我國總統在行政權運作中的顯著性，共同形塑出台灣半總統制的制度特徵。由此來看，台灣的半總統制在成立上，並非以分享行政權或者抑制總統擴權為起點，而是由總統權力之確保為特徵，一方面彰顯台灣民主轉型前鞏固行政權的歷史背景影響，另一方面也由此確認總統在憲政運作的核心角色，此即多數論者所認為台灣的憲政體制變遷脈絡無法自外於「總統有權」的歷史遺續，亦即認為半總統制的出現乃是依順著總統擴權路徑所發生的之結果（Lee and Chu, 2003），而具「路徑依賴」之特徵。

　　路徑依賴是歷史制度主義（historical institutionalism）的核心理論，如同歷史制度主義者Stephen Krasner所指陳（1984: 223-226）：「歷史發展就是路徑依賴，過去的決定以及制度形成的歷史環境，都將造成後來制度在變

---

[2] 在此之中，如Elgie的研究表示，歐洲國家透過憲法部分條文修改而形成半總統制的例子不多，法國是一個例子，因此其便認為論者不應將法國視為半總統制的典範國家。此外，吳玉山認為後共產國家大多數的政權轉移多屬於激進式的憲改模式，也就是為了和過去政權劃清界限、反對特權等原因而制訂新憲。見吳玉山（2006：40）。

遷與重塑上之制約。整個制度的建立過程可視為一次次路徑選擇的過程，決策者會因受過去制約，而排除他在下一個時間的路徑選擇範圍。」循此，在以「歷史制度主義」為基礎所引伸的「路徑依賴」解釋中，有關台灣憲政體制變遷的研究論述，便經常緊扣著「總統具有實權」的歷史脈絡，並由此解釋總統雖不做為憲法上的行政首長，但因為歷史路徑之影響，形塑了第四次修憲繼續擴張總統權力，進而造成總統展現實權的各種顯著效果。

　　因此，在這意義上，總統得以於憲政運作過程掌握行政主導權，即是和第四次修憲賦予總統實權，以及這些實權體現了「總統有權」的歷史脈絡有關。在後續的憲政發展歷程，總統藉由閣揆任命權使行政院院長成為總統執行長，自可說是一方面發揮任命權的制度效果，另一方面也體現這項制度的歷史意義，即彰顯路徑依賴之意義。如本文一開始所提，由閣揆立場來看，是否確實因此執行長化，尚存在討論之空間，也就是說，同樣在路徑依賴觀點下，閣揆是否接受此歷史「宿命」？或者「總統有權」的歷史遺緒能否有效延續在總統確保閣揆「執行長化」？顯現了由閣揆角度重新省思這段路徑不但有其必要，同時，路徑依賴在當中可能顯現的不同機制更存在探究之意義。

　　進一步來說，總統任命行政院院長使之成為執行長的命題，本文認為應可將之視為路徑依賴的分析起點。James Mahoney認為，「確定合宜的選擇及形塑選擇過程之歷史因素」乃是路徑依賴的「初始條件」（initial conditions）（Mahoney, 2000: 510），亦即，總統按照己意選擇總理，成為閣揆執行長化之起因，以及後續能主導行政權運作之來源，故爾，論者常將閣揆角色執行長化視為總統單獨行使任命權之必然，其實就是呼應此路徑依賴的基本論述。如Paul Pierson透過經濟學之概念，具體指出「時序」在路徑依賴中的重要性，便是強調制度演變過程在「前重要事件」的影響下，形成了「報酬遞增」（increasing returns）機制（Pierson, 2000: 263），就此來說，當總統藉由閣揆而開啟行政權運作的模式，即會隨著時序推移而持續加強在其中的角色，並導致總理退居二線的半總統制運作樣態。

　　不過，如同本文認為，行政院院長被總統任命後，是否確實無法擺脫

執行長的宿命？總統要閣揆執行長化，或者閣揆不甘於成為總統執行長，都可能干擾這條路徑的發展，也就是說，當總統有權的歷史遺緒被挑戰，或者總統行使任命權的制度性權力遭到質疑，都會侵蝕路徑起點之影響力。因此，藉由路徑依賴觀點強調對非預期結果之觀察（Pierson, 1996: 137），不但與一般歷史研究有所區別，更能成為路徑依賴分析的重要貢獻。故爾，隨路徑依賴理論的逐漸深化，對於時序所發揮之關鍵角色（a critical role for timing and sequencing）分析，使論者轉向關注歷史段落中的「關鍵時刻」（critical juncture）影響，而成為探討路徑如何發展更重要的焦點（張峻豪，2015）。

　　透過學者對關鍵時刻的相異主張，展現出更多元的路徑依賴機制（Bennett and Elman, 2006）。Bennett與Elman二人認為，所謂「報酬遞增」的時序，乃是基於首次制度選擇經驗，在後續由於產生行為者對制度運作型態的良性反應，而有制度「不可逆性」的模式出現，亦即，基於每次帶來正向反饋，使行為者不易再變動選擇。其次，消極回饋的時序，乃是突顯了制度變遷過程可能是隨著行為者不同的利益考量，而運作為不同的選擇結果，也就是說，行為者展現的是利益考量的不斷調整，並對制度選擇沒有定見，故看似制度選擇的缺乏秩序；如Scott Page便主張，路徑依賴源自制度創設後各時段發生之事件，而使政治過程展現一種「尋求平衡的過程」（balance processes）（Page, 2006: 87-115）；亦即，在報酬遞增時段以後，由於產生了消極性回饋，才影響了行動者將制度帶回均衡之努力。另外，有關反應性的時序，相對來說，便是基於行為者對制度選擇尚處摸索階段，且試圖找出最佳結果，故和消極回饋的最大差別便在於當前一選擇反饋不佳時，便立即影響下一方案的出現，直到產生最佳結果為止（Mahoney, 2000: 511）。最後，循環性的時序，則是展現行為者對制度選擇較有共識的情形，不過，也因為正反意見的消長，不同的社會民意走向與政治環境而產生相異展現，許多國家對於福利國家或資本化的選擇、加稅或減稅、墮胎或反墮胎議題在不同政黨執政時期的意見消長，正為循環式路徑依賴的最佳說明（Bennett and Elman, 2006: 258）。以下，透過表3-1展現這四種路徑依賴的機制（張峻

豪，2015）。[3]

　　依此架構，初始條件與關鍵時刻間的相關性，可成為展現總統與閣揆相異互動模式之基礎。由於閣揆的執行長化與總統任命權行使息息相關，因此，憲法上總統任命閣揆的初始條件，首先便和閣揆上台背景有關；其次，引發總統任命總理的時序，也顯示了府會關係改變、國會或總統選舉等因素造成閣揆總辭，即形塑重要關鍵時刻的表徵；另外，在常見的關鍵時刻外，又如現任總理去職之因素，例：國會通過不信任案、總理辭職、總理被迫下台等，都是引發總統再啟動任命權之原因，故本文也將迫使閣揆下台的關鍵時刻，納入時序分析當中。

　　基此，本文以總統任命權作為推論總統是否確保閣揆成為執行長的初始條件，藉此觀察在總統任命權行使下，所影響與行政院院長互動以及行政院院長下台的路徑，亦即，確認總統任命閣揆的權力是否能在路徑中確保閣揆聽命行事。必須說明的是，有關總統與行政院院長互動的分析，由於無法鉅細靡遺地分析行政權運作所有細節，本文將藉重要事項或重要發言的資料，判斷行政院院長是否表現總統存在不同意見，或者有爭奪行政主導權為依據，進而確認總統會否強勢主導，甚至運用任命權而迫使閣揆遭撤換的情

表3-1　路徑依賴與時序類型展現

時序的類型與機制	時序的表示
報酬遞增的時序（increasing returns）	A→A→A→A→A
消極回饋的時序（negative feedback）	A→B→A→D→A
反應性的時序（reactive feedback）	A→B→C→D→E
循環性的時序（cyclical processes）	A→B→A→B→A

資料來源：Bennett and Elman (2006: 259).

---

[3]　有關本段路徑依賴的理論，作者也曾將之應用在論文：「新興半總統制國家的共治運作機制與路徑多樣性」一文（張峻豪，2015），透過路徑依賴的不同機制分析1990年代以後發生共治的新興民主國家在共治形成及運作上的相異樣態。

形。本文認為，在路徑依賴觀點下，若總統與行政院院長互動呈現「報酬遞增」式的路徑依賴，便表示總統的任命權始終發揮作用，並確保閣揆的執行長化，另外，若行政院院長不展現執行長化，或執行長化的展現有消長之情形，便代表總統任命權的初始條件受到侵蝕，而代表著消極式、反應式，或循環式三種機制浮現之可能。以下，本文從李登輝時期開始，分述歷任閣揆與總統之互動，從中發現路徑依賴的不同機制。[4]

參、半總統制下的行政權運作 ── 李登輝執政時期：報酬遞增的路徑依賴時序

　　台灣第四次修憲結果於1997年7月經總統公布後，正式開啓了我國憲政運作邁入半總統制的新階段。本節先分由連戰與蕭萬長兩位閣揆進行分析：

一、連戰

　　連戰於1993年2月擔任閣揆，1996年2月24日隨立院改選率內閣總辭後，再由李登輝繼續任命為行政院院長，並擔任至1997年9月1日。雖然，從時間上看，連內閣在半總統制架構下運作未滿兩個月，但仍有分析價值。

　　首先，就連戰與李登輝的互動進行觀察，雖然連戰上任仍須經立法院同意，但在「多數政權制」下，其任命案乃是以副總統兼任閣揆的方式為之，並由總統向立法院「主張」「著無庸議」而完成，表示閣揆的任命在一開始便顯現出總統強勢主導。再者，就行政院政策執行上，面對已然更加實權化的首任民選總統，連戰更是在政策推動上與李登輝靠得更近，並廣被認為是「李連勢力」的表現。特別是，和我國在進入半總統制實際運作後的閣揆相

---

[4]　必須補充說明的是，由於一篇採取歷史制度主義的研究論文，經常會有資料來源取捨之問題，而本文引介不同路徑時序的觀點，便在於簡化龐大的歷史資料量，而以「比較」來取代過於冗長卻平面的描述。由此，作者的最終關懷即在於經由比較而突顯歷任總統使用閣揆任命權所產生的相異施政做法，面對諸多可能更值得討論的變項，於此只能暫略過不論。

較，連戰身兼副總統的身分，使其成為具民意支持的行政院院長，再加以其被李登輝突顯、拉抬的國民黨「第一副主席」的身分，導致當時國民黨更是以李連兩人為領導核心，[5]並依此決定國民黨內部重要的人事安排。甚至，李登輝將連戰視為下屆總統「接班人」的態度更是不言可喻，早在李登輝第二任任期開始一年餘，便已透露出心中傾向由首任民選副總統兼閣揆的連戰代表國民黨競選下屆總統，甚至常「口誤」而以「連總統」稱呼之。[6]

　　舉例來說，連戰身為李登輝「欽定」接班人，當1997年台灣相繼發生重大治安事件之時，連戰雖面對強大輿論壓力請辭，卻被總統當即退回便可見一斑。[7]而在連戰於8月21日率內閣總辭之前，李登輝除了已透過總統府正式告知時任立委的蕭萬長「為擔任閣揆預作準備」，對於即將接任閣揆的蕭萬長人事布局，李連兩人亦是多所掌握，除了行政院秘書長依過去慣例是由閣揆自行任用外，其餘重要部長的安排，都已預先由李登輝主導，並在尊重連戰的意見為優先下完成。[8]依此，李登輝在府會一致下的強勢領導作風，除繼續鞏固自身領導地位，和閣揆站在同一陣線以穩定政局，更是開啟了其與首次未經立法院同意之行政院院長的互動方式。所以，李連時期的「半總統制」運作，不但具有兩人結合的特質，李登輝擔任執政黨黨主席的現實，更使其掌握行政權的主導，而表徵出閣揆成為總統副手之現象。

二、蕭萬長

　　承前，繼任的院長蕭萬長上任後兩天，李登輝批示了由連戰出任國民黨「政策指導委員會」的召集人，[9]政策指導委員會乃國民黨過去推動立法院立法工作之「中央政策會」的上級機關，李登輝此項任命工作，足見其為連

5　國民黨於1997年8月召開的十五全代表大會，無論在議程安排，或李登輝亟欲突顯連戰為「第一副主席」（其餘依序為李元簇、俞國華、邱創煥）的動作，都被認為是確立以李連為領導中心的重要時間點。

6　中國時報（1997），〈公開場合無心話 道出心底的秘密？李登輝兩度誤稱「連總統」〉，8月9日，版4。

7　中國時報（1997），〈連戰親擬辭呈 五日送出 總統當即退回〉，5月8日，版2。

8　中國時報（1997），〈人事布局 李連主導 蕭萬長自主空間有多大〉，8月9日，版2。

9　聯合報（1997），〈連戰將任國民黨政策指導委員會召集人〉，9月3日，版4。

戰開闢繼續參與黨、政運作舞台的動機，也更可確認李登輝繼續主導黨務、政務的實際運作，使行政院院長必須對其負責，也必須在行政事務推動上尊重其意見。因此，蕭內閣甫上任時亦被評爲有「兩個老闆」，[10]使其必須在聽命上層以「鞏固領導中心」或「最高行政首長」中做出選擇。

　　因此，雖然蕭萬長將己標榜爲「行動內閣」，但從上任後與總統的互動看來，卻可看出其不得不選擇和總統的意見貼近，並受制於總統的主張而難有重要政策上的自主性。首先，由內政上觀察，如「老人年金」一事，此源自李登輝爲該年年底縣市長選舉候選人助選時發出的承諾，而和行政院的「國民年金」政策有所出入，使得行政院經建會原訂於隔年6月完成規劃、2000年實施的國民年金政策，在李登輝拋出此議題後，除了國民黨內統一對外發言，強調老人年金乃國民年金之過渡，亦由蕭萬長指示經建會加速推動國民年金提前實施的可能性。[11]而蕭揆此舉更被在野黨認爲「行動內閣」變成「善後內閣」，爲總統的隨意發言擔責任。[12]此外，蕭揆與總統互動另一值得觀察的例子，則是「調降證交稅」一事。證交稅的調降，乃是出於李登輝的堅持，即便蕭萬長於一開始和總統的意見不同，也仍須按總統之意，甚至總統更全然繞過行政院，使最後乃是由國民黨中央和立法院高層達成修法共識，[13]造成總統成爲行政首長之實的現象引起立法院在野黨提出倒閣案。[14]雖然，倒閣案在國民黨占國會多數的情況下未獲通過，但總統在內政上甚至不顧蕭萬長的財經專業背景，顯見總統掌控行政主導權之局面。1999年1月，蕭萬長因立法院改選率內閣總辭，並由總統繼續任命爲行政院

---

[10] 聯合報（1997），〈蕭院長和他的兩個老闆〉，9月2日，版2。

[11] 李登輝在台北縣助選時，說出「若謝深山當選，台北縣老人年金發到底」，引發其餘縣市長候選人跟進的效應。而行政院本即規劃的國民年金政策，則是以全民爲目標的政策，而與之有所出入。見聯合報（1997），〈蕭萬長：國民年金研究提前實施〉，11月1日，版1。

[12] 聯合晚報（1997），〈老人年金引爆在野立委砲火猛〉，11月4日，版5。

[13] 就調降證交稅一事，行政院在外界爭議不休時，適時釋放出「行政院傾向不調降、不停徵」訊息，除夕前舉行的「當前經濟問題與對策」座談會前後，在工商大老不斷施壓下，蕭萬長又公開指出調降證交稅的弊端，展現蕭內閣從未見過的堅定。見聯合晚報（1999），〈證交稅角力過程，行政院幾乎遭到架空〉，2月22日，版4。

[14] 對於我國憲政史上首次的不信任案，部分學者與在野黨立委甚至解讀爲是對李登輝的不信任案。見聯合晚報（1999），〈張麟徵：不信任案針對李總統〉，2月27日，版2。

院長後，內閣人事幾乎未有一人是蕭萬長所主導，顯見李登輝將任命權之操作更為淋漓盡致。[15]

　　再者，從外交與國防事務來看，雖在「半總統制」運作中多被視為總統所具備之「專屬權」（呂炳寬、徐正戎，2005：209），但在李蕭體制下，總統透過行政院院長輔助而發揮此專屬權的作法，卻常導致憲政危機，而值得進一步觀察。首先，在外交事務上，以李登輝前往中南美洲進行的「太平之旅」為例，李登輝在薩爾瓦多七國高峰會簽署聯合公報，中南美洲各國同意我國加入「中美洲統合體」，李登輝便表示本案將由行政院院長蕭萬長向立法院提出報告，亦即應由行政院向立法院提出條約案。然而，此處可能出現的憲政問題是：總統並無締約權，則逕自與外國簽署締約公報，再轉交行政院向立法院提出條約案，引發行政院院長代總統行使職權，並代之向立法院負責的問題。另外，也由於總統這項行動涉及此憲政爭議，立法院即醞釀邀請李總統赴院報告以釐清權責；不過，李登輝雖言：「在憲法上總統和立法院是沒有關係的！」拒絕報告，[16]而表徵總統不向立法院負責之憲政規範，但在作法上明顯侵越行政院的權責，具體彰顯出行政院院長「執行長化」的事實。

　　由此看來，即便蕭萬長上任時曾說：「行政院長是最高行政首長」，且更進一步指出，「行政院長不是總統的幕僚長」；甚至，李登輝也亦曾言：「總統有什麼權力？」、「在現行體制中，總統的權力在哪裡？」[17]但在實際運作上，李登輝卻是充分掌握行政主導權，將行政院自主的可能縮到最小。即便，在野黨基於「閣揆淪為幕僚長」的原因提出倒閣案，但此種「權責不明」運作方式之所以能夠維持，除總統與國會多數黨皆由國民黨掌握的背景，更源於李登輝身為執政黨黨主席並透過領導階層勢力鞏固的強力

主導，形塑團結而穩定的執政黨。此段運作過程在憲政體制變遷上的意義，除國會地位難以提升，行政權結構中總統與閣揆的互動方式也持續加強任命權在當中的影響。因此，雖然觀察時間較短，但這段期間所表徵的路徑依賴機制在總統強勢主導行政權運作下，本文將之界定為「報酬遞增」的路徑依賴。

肆、半總統制下的行政權運作 ── 陳水扁執政時期：消極回饋的路徑依賴時序

2000年總統大選的結果，造就了我國首次政黨輪替，儘管面對國會中相對少數態勢，新當選的陳水扁總統依然按照憲法賦予其之權力，任命非國會多數黨人士擔任行政院院長，並開展了「少數政府」（minority government）的歷史新頁。這段期間，陳水扁一共任命了六任，共五位行政院院長，以下分述之。[18]

一、唐飛

在2000年5月20日宣誓就職當天，陳水扁任命國民黨籍的唐飛為行政院院長，甚至宣布暫時退出政黨活動，組成超黨派的「全民政府」，成為該任期第一位閣揆。然而，即使表面上總統與行政院院長分屬不同政黨，但陳水扁主政後，明白表示不應該採行法國的「共治」模式，故不願選擇當時的國會多數黨國民黨負責組閣。如其所言：「3月29日當我宣布由唐飛組閣，有

---

[18] 必須說明的是，本段落關於陳水扁執政時期的行政院院長相關資料，作者部分引用自2007年曾出版文章：「閣揆角色的受限或突破：政黨輪替後我國行政院院長與總統互動之研究」（張峻豪、徐正戎，2007），該文以少數政府為軸心，論述時任閣揆行動或不行動的內生、外生因素。作者在本文重新引介該文部分報章媒體蒐集之資料，一方面是期望以此為依據，透過路徑依賴理論再次釐清陳水扁執政時期的閣揆執行長現象發生與否，另外，職此台灣半總統制運作二十年的當下，作者也盼引介本時期資料而能和台灣兩次一致性政府時期進行比較，並達成此主題更完整之論述。此部分關於當時唐飛、張俊雄、游錫堃、謝長廷、蘇貞昌院長的資料，可進一步參閱張峻豪、徐正戎（2007：76-88）。

些人覺得非常奇怪，甚至一時之間無法接受，但爲了政局安定、國家安全，希望台灣人民能理解我『必須做此選擇和決定』，新政府不是聯合內閣、聯合政府，……我希望唐飛就任行政院院長後，退出國民黨黨政運作，以國家利益至上。」[19]可以理解陳水扁對全民政府運作之想像。

　　實際上，陳水扁雖屬意唐飛擔任閣揆，但在其後政府的內閣人事安排上卻可見總統一人意志的展現，既未與國民黨進行協商，亦略過民進黨的組織體系，甚至對於絕大多數的部會首長與不管部政務委員，以及某些部會的副首長，雖涵蓋國、民兩黨及無黨籍人士，也都是由總統一人決定。[20]由此看來，此和國民黨主政時期相似，內閣人事的安排，並非行政院院長一人所能決定，進而導致行政院院長於此段時期更在黨內同志難予支持。因此，延續歷史發展的脈絡，行政院院長無法取得國家政策主導權，特別是在重大政策與總統意見相左時，往往是總統占上風，故直至核四是否續建風波的爭議，終成爲上任僅137天的唐飛辭職下台之主因。[21]

二、張俊雄

　　在少數政府開展下，行政院院長由民進黨人士擔任，無異於站上被國會攻擊的第一線，故上任之際，張俊雄於2000年10月27日宣布停建核四後，便在施政報告時被立法院動用12次表決，以「行政院不尊重立法院，罔顧憲政體制」爲由，拒絕讓其接受質詢，同時無限期擱置中央政府總預算的審議，使張俊雄成爲憲政史上第一位「不受歡迎人物」的閣揆。但相對來說，在府院黨三方協商下，民進黨已同時步入「以黨強政」的策略考量，雖然時

19　中國時報（2000），〈雙首長制將扁一軍？國民黨恐失算〉，3月31日，版2。
20　「唐內閣」在包括行政院含院長、副院長、秘書長及各部會首長、政務委員在內的40位人事安排中，民進黨籍人士不到一半，僅包括以下職位：副院長、法務部部長、交通部部長、研考會主委、文建會主委、國科會主委、僑委會主委、環保署署長等共8位。相對的，國民黨籍入閣者甚至超過民進黨籍，共包括以下職位：院長、國防部部長、經濟部部長、財政部部長、農委會主委、退輔會主委、海巡署署長及3位政務委員等共10位；其餘22位則爲無黨籍人士。其中由李遠哲幫助推薦的人士包括黃榮村、蔡清彥、陳錦煌、曾志朗、杜正勝等人，也獲得陳總統和唐飛相當認同。
21　本段落關於唐飛院長時期之說明，可進一步參閱張峻豪、徐正戎（2007：76-79）。

任黨主席的謝長廷表示「行政院依然是決策中心」，但民進黨內派系領袖卻公開主張無論新政府未來採取何種決策機制，總統都是最後、最主要的政策主導者。[22]

於此模式中，行政院院長可說非常貼近「總統執行長」的角色，故因核四停建而與立法院關係降至冰點之際，陳水扁也依然公開強調不會更換閣揆，更不會有聯合內閣，[23]顯見即使在國會不支持，而內閣在重大政策與總統同調時，不至於形成閣揆撤換。另外，在張俊雄擔任院長期間，由於國會始終被認為是所謂的「舊民意」，執政黨不願以協商方式與在野黨溝通，或釋出善意，反而處處與在野黨對立，更形成執政黨必須執行在野黨政策的政治現實。正如時任行政院發言人林佳龍所認為：「張俊雄任院長時期是最艱困的，國民黨經過核四案開始反撲，宋楚瑜則選擇和連戰合作，政局回到政黨政治和責任政治，這時由張俊雄來繼任閣揆，之後也是風雨飄搖。」泛藍再集結之後，就扮演一個國會的多數，這個時間到2001年的立委選舉，將近一年之久，這是泛藍的黃金時間，它在國會中有明顯過半數，有絕對多數（陳宏銘，2004：156）。[24]

三、游錫堃

2001年底，民進黨在第五屆立委選舉中獲得了最高支持，成為國會第一大黨，而面對新國會成立所產生的內閣改組，總統在選後也表示將組成「戰鬥內閣」，將之與兩年後總統大選掛鉤，象徵總統大選的序幕已經拉開。[25]事實上，早在選舉前，總統於出訪中美洲時便已說：「此次立委選舉後民進黨應是第一大黨，故不須交出組閣權」，[26]甚至在選舉造勢過程中也有「如果是國會多數黨組閣，又何必選總統」的發言，[27]顯見任命權這項初

---

[22] 中國時報（2000），〈民進黨團盼提高參與決策比重〉，10月12日，版4。
[23] 中國時報（2000），〈陳總統：不換閣揆也無聯合內閣〉，12月30日，版1。
[24] 本段落關於張俊雄院長時期之說明，可進一步參閱張峻豪、徐正戎（2007：79-81）。
[25] 中國時報（2001），〈陳總統：內閣改組 一定讓人一新耳目〉，12月21日，版4。
[26] 中國時報（2001），〈陳總統：選後不會交出組閣權〉，5月30日，版1。
[27] 中國時報（2001），〈扁：多數黨組閣 何必選總統〉，10月29日，版3。

始條件的繼續深化。

立院大選後，由於民進黨成爲國會第一大黨，總統在國會的新民意依然偏向支持民進黨之情勢下，沒有意外地繼續任命了同黨人士──游錫堃擔任閣揆。不過，事實上，該次立委選舉的結果，除了是「四黨不過半」外，[28]國、親、新三黨加總的「泛藍陣營」席次仍超過民進黨加上台聯的席次，並繼續維持「朝小野大」之政治現實。從游揆的施政來看，基於總統個人聲望的止跌回升，以及民進黨的勝選氣勢，相比於唐飛與張俊雄，在面對立法院時能因此有著較強的個人氣勢。例如上任後面對的首次府院對決──「財政收支劃分法」覆議案即取得成功，以及該（2002年）年6月中考試院院長與考試委員同意任命案亦獲得立法院通過，[29]皆被謂爲民進黨執政過程少數在府院重大議案對決的成功案例。

綜觀游任院長的三年期間，常見總統一人意志貫穿重要政策的現象。例如，基於總統選舉而由總統授意舉行的「防禦性公投」，儘管游揆必須在立法院內面對猛烈抨擊，卻仍強調是「總統說行就行」的政策，[30]並力促《公民投票法》之通過。另外，許多政策決定上的轉折，例如農漁會信用部分級管理政策即時喊停、軍購預算的堅持等，[31]亦顯示出各部會首長揣摩上意的現象（施正鋒，2002），至於總統直接授權行政院，或跳過行政院院長而與部會首長直接溝通的事例更是屢見不鮮。凡此，在在表現出處事謹慎、嚴守份際的游揆在與總統互動過程中，同樣繼續扮演著「總統執行長」的角

28　第五屆立委選舉的結果：民進黨由原先的70席增爲87席，國民黨則是從123席減爲68席，新黨更由原先的11席減少爲僅有1席。至於初試啼聲的親民黨及台聯則各爲46與13席，無黨籍爲10席。

29　行政院覆議的成功，或許更應歸於法案性質和覆議制度的特性，而泛藍在考試院院長同意權的失敗，則是基於國民黨整合未果（陳宏銘，2004：249-56）。

30　中國時報（2003），〈防禦性公投游揆：總統說行就行〉，11月30日，版A2。

31　針對軍購一事，即使公民投票的結果未獲人民過半數的同意，而行政預算案也始終受阻，總統親自站上火線，持續扮演至關重要的意見發動者角色，多次在公開場合呼籲支持軍購條例，甚至在行政院事先不知情之下，表示願意對此至立法院進行國情報告，創下憲政先例。

色。[32]不過，綜合前述分析，在游錫堃擔任院長這段期間，原先少數政府的報酬遞增路徑，在任命權持續被強化以外，也因為民進黨在立院的勝選而加強了這項制度的正當性。故爾，路徑依賴時序至此似也尋找到了更佳的平衡點，如前述所提，路徑依賴源自制度創設後各時段發生之事件，使政治過程展現一種「尋求平衡的過程」，而閣揆任命權這個初始條件開始同時具備自變項和依變項的特徵，並互為作用，此或可解釋游錫堃為何成為台灣半總統制運作二十年在位最久的院長。

四、謝長廷

　　面對2004年底的立委選舉，總統延續前次立委選舉前的堅持，表示不能由國會多數黨組閣，並且強調憲法賦予其的絕對任命權。[33]然而，因該次選舉結果泛綠依然未能過半，[34]使新內閣持續面對少數執政現實，除了陳水扁對於內閣組成曾言：「新內閣成員完全交給謝長廷決定」，[35]謝長廷在上任後更是以「安定內閣」為新內閣定調，強調「和解共生與和解政治」，[36]表現出開創新局的企圖。甚至，在上任後，謝揆亦曾提出政黨合作與聯合政府的構想，[37]顯示了更柔軟的身段，也向立法院院長表示對被大幅刪減的預算與難以執行的法案，不會提出覆議案，將尋求修法或追加預算等途徑解決的態度，[38]此和前任院長張俊雄上任時面對核四問題的激進態度，以及游錫堃「戰鬥內閣」所塑造的形象，有相當大的差異，這項轉變，本文認為是路徑依賴機制的轉化。

　　在施政上，謝揆於上任前便提出與總統在重要政策上的不同意見，甚至有自己的堅持。例如，面對核四政策的搖擺問題，其便主張應當取得社會

32　本段落關於游錫堃院長時期之說明，可進一步參閱張峻豪、徐正戎（2007：81-84）。

33　中國時報（2004），〈扁：國會多數組閣 違憲、毀憲〉，12月6日，版A2。

34　第六屆立委選舉的結果，由國親新組成的泛藍聯盟獲得114席的過半席次，而民進黨與台聯共組的泛綠陣營則僅得101席。

35　中國時報（2005），〈扁：內閣人事都由謝決定〉，1月28日，版A5。

36　中央社（2005），〈謝長廷：組成安定內閣 追求政局安定等四安定〉，1月25日。

37　中國時報（2005），〈謝揆發想 政院降溫 聯合政府？在野黨不領情〉，10月2日，版A4。

38　自由時報（2005），〈總預算案 政院不覆議〉，2月3日，版4。

信賴，以及立法院的支持，政府才會推動；而有關上任前被總統提出的「正名」議題，謝揆更強調政府應遵守憲法，「如果執政黨不遵守憲法，即使將來憲法修正通過了，在野黨也可以不遵守」，[39]頗有與總統在行政主導權上較勁之意味，可謂政黨輪替後首位行政院院長，在上任初便能夠貼近「最高行政首長」的憲政運作期待。其後，行政院在政策推行上，確實也屢次顯現府院間的不同調，諸如按捺指紋爭議、行政院對治水預算的堅持，[40]乃至新聞局整治新聞台的規劃等，甚至引起了總統對謝揆的不滿。尤有進者，在卸任前，謝長廷明確對總統在元旦談話所提出「積極管理，有效開放」政策方向，表示其主張跟「當權者」不太一樣，認爲兩岸政策應「自主開放」，對台灣有利就要開放，「如果中共最近態度壞就不開放，或中共姿態高我們就要硬，那不是台灣主體性」，[41]可說顯現主導行政事務的企圖，以及對總統干涉行政權運作的批評。

　　不過，日益突顯行政院院長角色的謝長廷，雖於上任之際便能夠獲得不低的民意支持度，而廣被期待創造新局，[42]卻也由於執政黨接連被披露的弊案造成形象受損，使其因支持率下滑而被迫去職。但即便如此，總統仍表示乃是預算覆議案未能通過，造成謝揆下台之主因；然而，從總統所暗指的「和解共生理念失敗」，[43]及其長期累積對謝團隊的不滿與批評來看，或許才是導致謝長廷成爲歷來民進黨籍行政院院長在任時間最短的最主要原

39　中國時報（2005），〈謝長廷：不強推正名；強調憲法未改之前，政府須遵守〉，1月26日，版A1。

40　謝長廷在上任後便堅持推動八年八百億的治水預算，不過，由於該年7月中水患而引發行政院團隊救災不力的批評，總統卻說該預算並不是重點，不能把事情放在這上面，見中國時報（2005），〈拒當跛腳總統 扁抓權緊盯 謝臉鐵青〉，7月24日，版A2。

41　聯合報（2006），〈談兩岸政策謝：我與當權者不同〉，1月21日，版1。

42　即使延續少數執政而無法避免憲政上的困局，謝內閣所秉持的和解共生精神依然得到民眾肯定。在上任滿三個月之際，民調顯示其獲得了五成四的滿意度，不滿意者亦僅一成七，見中國時報（2005），〈本報民調 謝揆掌聲多於噓聲〉，5月1日，版A3。另外，半年後，謝揆仍維持五成支持，見聯合報（2005），〈本報民調一／謝長廷上任將滿半年〉，7月3日，版2。

43　聯合報（2006），〈扁：和解共生 理念失敗〉，1月20日，版2。

因。[44]不過，從本文的路徑依賴觀點分析，謝長廷的角色可說轉化了過往僅是報酬遞增的路徑特質，在總統與閣揆對行政事務主導相爭的過程中，陳水扁必須透過任命權行使而再次尋求平衡，亦即如前所述，乃消極性回饋路徑開始浮現，並影響行動者將制度帶回均衡之努力。

五、蘇貞昌

就蘇揆上任後的觀察，雖然其不像謝長廷甫上任之際便表達與總統的不同調，而專注於內政事務之推動，甚至提出「一年內治安未改善便下台」之宣示，但對於國民黨黨主席連戰出訪大陸後帶回的十五項對岸「利台」政策，蘇揆卻一反總統過去阻擋相關政策之常態，表示「只要對台灣有利的都不反對」，卻一度引起府院關係之緊張。另外，就在總統親信與第一家庭成員相繼捲入弊案，進而使總統女婿被收押之際，在輿論各界乃至民進黨黨內多要求總統應釋出權力、提前交棒的聲浪下，陳總統也主動說出「除憲法賦予之權力外，其餘黨政權力徹底下放」，[45]顯示在路徑發展遭遇危機，初始條件受到明顯侵蝕的時刻，將創造行政權運作方式變遷的契機。

不過，或許體認到謝長廷時期的歷史經驗，即使面對民進黨執政的高度危機，以及總統持續展現的權力集中手段，蘇揆在行政事務推動上終究選擇了對總統的尊重，如原先「利台政策」引起的「蘇修路線」爭議、國營事業正名等事例，最後都配合了總統意志而讓步便可見一斑。然而，所不同地，蘇貞昌轉向由強調尊重國會著手，延續謝長廷朝野和解共生之作法，策略性地既對總統負責也對國會負責，企圖突破過去「少數政府」頻頻遭遇的憲政僵局，以盡可能減低藍綠對立。然而，此方式雖能贏得國會較為正面的觀感，並在總統表示權力下放後穩住政局，但終究無法抵擋民進黨產生總統候選人後將形成「看守內閣」的窘境，並在與謝長廷難以相容互補等情勢變化

---

[44] 本段落關於謝長廷院長時期之說明，可進一步參閱張峻豪、徐正戎（2007：84-87）。

[45] 陳水扁在蘇貞昌上任之際，陳總統一反常態提出了「閣揆不是總統的執行長」、「政黨不是行政部門的橡皮圖章」，見中國時報（2006），〈蘇扛重擔 扁：心無2008才能做好當下〉，1月20日，版A2。

之考量下，[46]於2006年5月宣布辭去閣揆。[47]

六、張俊雄

　　事實上，早在蘇貞昌於黨內總統初選落敗後，便已傳出其準備辭去閣揆的消息。而基於民進黨面臨2008年總統大選的勝選考量，蘇貞昌也表示爲配合總統創造新局，決定「放空」自己，獲得總統同意請辭。不過，對於蘇貞昌忽然下台的舉動，更多的解讀其實指向了陳水扁以及民進黨總統候選人謝長廷的壓力所致；[48]除了謝、蘇二人在總統初選過程多有嫌隙的經驗，陳水扁亦有穩住政局、避免蘇貞昌無法透過施政以順利拼大選之考量。因此，就在蘇揆下台兩天後，陳水扁宣布由第一位民進黨籍行政院院長張俊雄重任閣揆，並強調新閣揆是爲「戰鬥內閣」。從這段歷史經驗看來，張俊雄過去所扮演「執行長」的角色，以及擔任過閣揆之經驗，確實對民進黨而言有短時間內便穩定政局，發揮貫徹總統意志以順利施政的功能。[49]不過，對國會的泛藍陣營而言，即便張揆上任首日即主張其施政將「以合作代替對抗，以築巢代替築牆」，[50]但衡諸過去與國會互動不良的經驗，卻使反對黨委員在其還未上任時便表示將進行不信任投票，堪稱歷任閣揆從未經歷之特例。以下整理了此時期閣揆上下台背景及原因：

46　謝、蘇二人在民進黨總統候選人黨內初選時，形成兩強鼎立的局勢，而其二人之下的幕僚更經常針鋒相對，導致水火不容。另外，謝長廷無論在選前或選後，更多次表示不會選擇蘇貞昌擔任副總統候選人的搭檔，顯示出兩人在黨內拼大選上難以相容的徵兆。

47　本段落關於謝長廷院長時期之說明，可進一步參閱張峻豪、徐正戎（2007：87-88）。

48　中國時報（2007），〈扁意志加上謝強勢 蘇下台關鍵〉，5月14日，版A2。

49　對於任命張俊雄擔任閣揆，不但總統認爲要其站好「戰鬥位置」，民進黨內部亦表示新任閣揆必須和謝長廷配合，才會對民進黨有利，見聯合晚報（2007），〈綠營：內閣改組應以協助謝長廷勝選爲考量〉，5月14日，版A2。

50　聯合晚報（2007），〈張揆：施政「以合作代替對抗，以築巢代替築牆」〉，5月14日，版A1。

表3-2　陳水扁執政時期的行政院院長

時任總統	閣揆	上任時間	卸任時間	天數	卸任原因
陳水扁	唐飛	2000年5月20日	2000年10月6日	139	國民黨籍的唐飛在擔任行政院長時期，因國民黨支持續建核四，與當時政策主張廢除核四的民進黨相違背；在未獲國民黨支持的情況下，唐飛稍後獲總統陳水扁同意其以健康不佳為由辭職，在任僅139日，是政府遷台以來任期最短的閣揆。
	張俊雄	2000年10月6日	2002年2月1日	483	2001年立委選舉依慣例內閣總辭。
	游錫堃	2002年2月1日	2005年2月1日	1096	2004年立委選舉內閣總辭。
	謝長廷	2005年2月1日	2006年1月25日	358	行政院擬對總預算案提覆議未獲總統支持。
	蘇貞昌	2006年1月25日	2007年5月21日	481	2008總統大選民進黨內黨員投票輸給前行政院長謝長廷，為方便陳總統布局請辭。
	張俊雄	2007年5月21日	2008年5月20日	365	2008年總統大選，國民黨籍馬英九當選。

資料來源：作者自製。

　　總結前述階段的憲政運作，閣揆與總統之互動不但跟隨著憲政發展之路徑，少數政府下閣揆的存續、逐漸被社會接受的少數組閣，乃至於反對黨寧可屈就國會中，進行消極抵抗，也不願積極爭取組閣權，更成為我國特殊憲政經驗的特色，其中，對憲政體制運作之影響，亦創造出憲政體制變遷的動能。本文認為，以少數政府時期的總統與行政院院長互動來看，和一致政府時期相同的是，總統依然力保任命權與主導行政權的路徑，不過，正是因為執政上難以得到國會信任，使得行政院院長的消極或積極抵抗也可能同時出現在此路徑。在少數政府時期，謝、蘇二人便呈現了行政院院長不必然甘於執行長化，也就是企圖創造另外一種路徑發展的可能性。

　　本文認為，陳水扁主政時期的路徑依賴機制，可說是展現了一種「消極式的路徑依賴」。從正式的少數政府時期開始，張俊雄選擇了和總統在政策意見上的靠攏；游錫堃表現出對於總統「保留領域」的尊重；然而，直到

謝長廷時期，面對立委選舉泛綠陣營的敗選，打出了和解共生的口號，透過對國會的負責強調行政院自主性，始創造出行政立法在互動上不同過往的方式；而到了蘇貞昌上任後，面對總統在縣市長選舉後的跛腳效應，更首次真正落實閣揆在兩岸事務推動上和總統的區別，以及對國會更形尊重的態度，都呈現消極回饋路徑依賴的浮現。如前所提，消極式的回饋機制強調路徑依賴源自制度創設後各時段發生之事件，使政治過程展現一種「尋求平衡」的過程；亦即，在報酬遞增時段以後，由於產生了消極性回饋，才影響了行動者欲將制度帶回均衡之努力。因此，這種消極回饋的時序型態，更突顯了制度變遷過程，可能是隨著行為者不同的利益考量而運作為不同選擇結果。

在此機制中，不只看出陳水扁由全民政府走上少數政府的選擇，在閣揆部分，也顯見當行政院院長面對向國會負責之壓力或策略考量時，如同謝長廷與蘇貞昌展現行政權運作突圍的作為，更體現了外在環境結構對任命權能致使閣揆執行長化的挑戰。在此之中，首先，謝長廷於尊重國會與強調行政院自主性的前提下選擇了與總統的切割，至於蘇貞昌則是謹慎配合總統聲望的起落，先強調「鞏固領導中心」，而在一般行政事務上表現主導性，並配合對國會的負責機制，強調行政機關的依法行政；更甚者，其在總統夫人遭起訴的最大危機時刻，雖一方面表示「總統三審確定才需下台」，[51]以及不主動評論此事件的分際；另一方面卻也主動表達辭意，不但透露出與總統在行政權運作上的切割（張峻豪、徐正戎，2007：101），也創造閣揆在外在環境影響下產生非執行長化的路徑依賴。然而，也因為閣揆終究只能向任命權屈服，亦即走上下台的結果，陳水扁最終起用張俊雄，回到執行長化的歷史路徑，[52]可謂本文前所提及消極式回饋，並逐漸走上制度均衡，亦即發揮

---

[51] 聯合報（2006），〈扁：和解共生 理念失敗〉，1月20日，版2。

[52] 雖然，陳水扁宣布任命時表示：「張俊雄自2005年6月以來一直擔任海基會董事長職務，是『最瞭解兩岸事務的行政院長』。希望借重張俊雄在兩岸交流事務方面的豐富知識和閱歷推動兩岸經貿。陳水扁會中細數張院長執政經歷，讚揚張俊雄經驗豐富，有助打破政府與立院的僵持局面，希望他在閣揆任內，能以柔軟手段加強協商，儘速推動通過國家預算案和國民年金等重大法案。」大紀元（2007），http://www.epochtimes.com/b5/7/5/14/n1709540.htm。2016/10/30檢索。但本文認為，張揆在任內與立法院的高度衝突，顯與陳水扁的認知有顯著落

任命權初始條件意義之證明。

伍、半總統制下的行政權運作 —— 馬英九執政時期：反應性的路徑依賴時序

　　2008年，國民黨候選人馬英九、蕭萬長高票當選中華民國第十二屆正副總統，面對行政、立法均由國民黨掌握的情勢，馬英九除了在就職演說中提出「完全執政、完全負責」，展現一致政府的負責態度，也承諾「就任後退居第二線」，宣示遵守權責相符的憲政體制，堅持黨政分離。在陳水扁時期後的一致性政府新局，馬英九在任命權行使上，可謂開創了完全不一樣的路徑起點，亦即，企圖回歸憲法規範，使行政院院長不成為總統執行長。不過，從後續總統與閣揆的互動來看，這樣的路徑起點是否能如同過往一致政府時期下形成「報酬遞增」？以下，繼續論述馬執政時期一共六位閣揆與總統之互動。

一、劉兆玄

　　大選後，馬英九依據憲法規範，任命時任東吳大學校長劉兆玄擔任行政院院長。對於首任閣揆之充分授權，如當時總統府發言人王郁琦所言：「馬總統是尊重憲政體制的國家元首……行政院長是最高行政首長，……馬總統知行政院已採必要措施，將保持相關的觀察。」[53]顯示馬英九與閣揆互動上企圖展現不同風格。然而，這樣的「讓權」在實際政治運作下，卻很快遭遇挑戰。上任一個月後，中南部雨災發生，總統在勘災之際，雖然宣稱「僅聽聽基層意見，不會有任何政策指示，一切問題仍交由行政部門處理」，[54]但當時民調卻展現了馬執政滿月之滿意度從六成六掉到五成，不滿意度從一成

　　差，而張俊雄在當時單向對總統負責的作為，恐怕才是總統任命其的關鍵因素。

[53]　聯合報（2008），〈社論：互補共治：重新詮釋「雙首長制」〉，6月9日，版A2。
[54]　聯合報（2008），〈上任快滿月 馬憲政學分剛開始〉，6月15日，版A4。

增加爲三成，表示這樣的行政權運作安排可能遭遇挑戰。

面對新政府民調滑落，「油電雙漲」、「股市下跌」等議題也同時發酵，馬英九終於在7月首次召開財經會議，直接指示決策方向。雖然，總統府發言人繼續強調總統尊重行政院院長的態度，但外界由此開始質疑馬英九是否眞正會放棄其政治影響力。特別是，對於黨內人士甚至以總統退居二線、不兼任黨主席的「防火牆思維」，乃新政府頻頻失利的主因，[55]國民黨內也開始傳出搶救總統聲望、提出內閣改組之要求。而隨著當年度台灣夏季歷經多次大雨成災，馬英九訪視且公開怒斥政府官員未能做好防災工作之際，黨內再展現馬英九聲望由四成增加到四成七的民調數據，拋出「總統兼任黨主席」有助於黨政運作的議題。[56]至此，馬英九的態度由選前「不可能」改爲表示「不排斥」，再加上當時台灣發生毒奶粉事件、野草莓學運、簽訂兩岸經濟合作架構協議（Economic Cooperation Framework Agreement, ECFA）等重大議題，劉內閣支持度大幅滑落，總統對政務的背書及涉入更是不得不爲，故當時更開始有媒體稱總統的位置從二線調整爲一線半，[57]顯示馬劉體制已產生質變。

本文認爲，馬英九企圖讓權卻與社會期待產生落差之現象，不但反應了我國「總統有權」的歷史遺緒依然發揮效果，民眾所認爲總統應居第一線處理重大事件的思維，也同時挑戰了閣揆主導行政權之角色，並使總統回到路徑的依賴之中。2009年8月，台灣發生重大的莫拉克風災，民眾對新政府的不滿在此時到達頂點，劉內閣宣布總辭獲准，當天總統府發言人即宣布身兼國民黨副主席與祕書長的吳敦義接任閣揆，[58]並由馬英九定調「行動內閣」。其後，馬英九也在2009年10月17日接任國民黨黨主席，宣布「強化黨政合作，提升施政效能，增進人民福祉」，可謂重新開啓了總統主導政務之起點。

55　聯合報（2008），〈社論：馬英九的戰略、戰術與戰鬥〉，7月8日，版A2。
56　聯合報（2008），〈總統兼黨主席 有助黨政運作，劉說「馬自己會思考」吳伯雄低調：還沒和總統達共識〉，8月27日，版A2。
57　聯合晚報（2008），〈挺劉 馬二線跳到一線半〉，12月30日，版A2。
58　聯合報（2009），〈劉揆總辭 爲馬解套〉，9月8日，版A2。

二、吳敦義

　　在任命新閣揆並就任黨主席後，馬英九與吳敦義之互動模式也逐漸回到閣揆執行長化的歷史路徑。除了總統經常親上前線，多次主持防颱、防疫會議等，吳敦義也公開宣稱行政院院長即是總統執行長，其向媒體表示：「馬總統直接打電話給部會首長、找部會首長開會無妨，溝通不必拘泥繁文縟節，就像打撞球，碰，直接入袋最好，……以法國雙首長制為例，總統所屬政黨與國會相同，本來就會傾向總統制。」[59]可見一斑。另外，除了行政院院長外，吳內閣團隊也持續這樣的思維，例如，在當時新流感疫情、美國牛肉進口風波擴大下，馬英九除了公開表示時任衛生署長楊志良必須負責，楊志良也曾言：「總統身在第一線，是我的長官，說什麼都對，如果有問題就問總統不要問我。」[60]又如「產業創新條例」草案在立法院未獲通過，總統也直接下達指令要求行政院「複製地制法精神，充分與黨團溝通」，顯示府院黨整合的企圖心。更甚者，在當時大埔徵地案中，馬總統也以黨主席身分表態，希望農地「設法予以保留」，得到行政院秘書長林中森的支持回應；台塑六輕大火，總統也提出拼經濟應環保優先的論述；[61]受爭議的國光石化案，在行政院力擋民意壓力多時後，總統反而宣布不支持國光石化在彰化興建，[62]表示總統的政策主導權已大於閣揆。

　　馬英九回到政策主導者的角色，使其滿意度遠高於劉兆玄任院長時期；雖然於此同時，吳敦義在任內曾因多次失言風波使不滿意度驟升，但馬吳體制下行政院院長作為執行長角色，依然創造人民整體對政府的信任，甚至突顯閣揆並非政府主角的現實。吳敦義身為馬英九執政時期任期最長之閣揆，並在其後成為馬英九競選連任的副總統候選人，可以看作是兩人結合的具體展現。

---

[59] 聯合報（2009），〈談馬吳體制 吳敦義：無縫接軌沒障礙，馬直接找部長們〉，11月25日，版A3。
[60] 聯合晚報（2010），〈美牛風暴 衛生署長很無奈〉，1月1日，版A6。
[61] 聯合晚報（2010），〈馬總統：拼經濟 應環保優先〉，7月30日，版A1。
[62] 聯合晚報（2011），〈社論：總統作決定就要有承擔〉，4月23日，版A2。

三、陳冲

　　2012年，馬英九獲得51.6%的得票率，連任第十三屆總統。吳內閣依憲政慣例宣布總辭後，馬英九宣布任命時任副閣揆的陳冲擔任行政院院長，並定位爲「財經新內閣」。陳內閣一上路，雖然頻頻釋出台商回流等利多政策，但當時政府遭遇美國牛肉進口案在立院受挫，以及財政部長劉憶如力推證所稅改革導致股市重挫繼而請辭等風波，卻使馬英九在第二任期初便遭遇重大挑戰。然而，在當時，陳冲面對國民黨籍立委批評其對立院態度強硬，卻公開表示「我們又不是內閣制」，[63]反應出閣揆在總統單獨任命下繼續向總統負責的情形。

　　與陳水扁第二任的情形類似，馬英九連任後也遭受黨內的挑戰。除了美牛事件以外，當時油價電價雙漲的風波，更使馬英九連任不到半年，滿意度即創下歷史新低的13%、不滿意度高達69%的情形。[64]在此之中，馬英九一方面表示「憲法規定行政院應向立法院負責」，另一方面也積極解釋政策方向，反而加強總統有權無責的觀感。故爾，當時在野黨甚至以陳冲「順從馬意、違背民意」杯葛其施政報告，並提出不信任案，陳冲後續更因年終慰問金、年金改革等議題衝擊，而於2013年2月以健康因素請辭，成爲馬英九任內任期最短的閣揆。

四、江宜樺

　　就在政府遭遇諸多執政困境與僵局之際，總統再任命了時任行政院副院長江宜樺接任行政院院長。爲了挽救執政低迷的困局，馬英九除了推出江宜樺與毛治國出任正副閣揆，也進行任內內閣團隊最大幅度之改組，[65]包含經建會主委、經濟部長、財政部長、交通部長、行政院秘書長等，改動人員達

63　聯合報（2013），〈社論：台灣能從紛擾的一年學到什麼〉，2月9日，版A2。
64　東森新聞政治中心（2012），〈連茶葉蛋都不肯給 TVBS民調：馬滿意度僅剩13%〉，http://www.ettoday.net/news/20120928/108216.htm，2015/10/10檢索。
65　張麟徵（2013），〈江宜樺內閣之挑戰〉，http://www.haixia-info.com/articles/6391.html，2015/10/02檢索。

內閣三分之一。然而，面對先前諸多政策引發同黨立委不支持，以及社會意見分歧之情形，江宜樺的上台同樣存在諸多挑戰。例如，特偵組介入立法院關說疑雲的「馬王政爭」事件、會計法修正覆議、十二年國教改革爭議、核四交付公民投票等。特別是，在江宜樺任內，台灣相繼發生多次大型公民運動，直至2014年3月的太陽花學運，江內閣更成為多方指責的對象。而在此之中，行政院院長作為總統執行長，反應出總統與國會衝突，以及總統兩岸事務推動失利下，必須同時承擔責任的角色。

　　2014年11月，江宜樺因為國民黨在地方選舉中大敗，向總統請辭獲准，可說是繼續了行政院院長承擔政府成敗的另一案例。與陳冲時期類似，當政府施政受到衝擊，閣揆單向向總統負責的作為，更使之在政治衝擊之中必須被推上前線，顯示台灣半總統制更具體展現總統有權無責、內閣有責無權的特徵。如同時任吳敦義副總統在負責監交時所言：「歷經太陽花學運、澎湖空難、高雄氣爆、食安風暴後，江宜樺一肩挑起國人對政府期待落差的重責大任，這種勇於承擔的精神相當了不起」，[66]可謂道出閣揆在執行長化以外，仍須代總統負起行政責任的現實。

五、毛治國

　　江宜樺請辭後，這條歷史路徑繼續被複製，馬英九再次任命行政院副院長毛治國接任新閣揆。在此時，歷經許多重大事件衝擊，馬政府的滿意度不斷滑落，黨內立委甚至開始質疑「馬英九根本沒有感受到現在人民已對國民黨投不信任票」。對於任命毛治國為行政院長的行為，是「換湯不換藥」的作法，[67]並質疑馬英九的作法「難道只是想做個看守內閣？」特別是，閣員多數留任的安排，被普遍認為馬政府只是形式上內閣總辭，無意與黨內分享權力，[68]顯示毛治國延續執行長化的歷史路徑。國民黨立委不但以此批評：「馬總統不尊重立委、也不尊重民意」，論者更因此稱毛治國領導的是一令

66　中國時報（2014），9月1日，版A1。

67　聯合報（2014），〈社論：大風吹與發福袋：談朝野用人的私和盲〉，12月26日，版A2。

68　聯合報（2014），〈等著看國民黨怎麼寫這本敗選報告〉，12月7日，版A2。

人民無感的「沉默艦隊」。[69]

　　其後，同樣地，2016年國民黨在立委與總統選舉大敗後，毛治國立即向馬英九提出請辭，而馬英九拋出「多數黨組閣」主張被新任總統蔡英文拒絕後，即任命張善政出任新閣揆，被認爲是最後四個多月任期下的「看守內閣」。

六、張善政

　　形式上，雖然張善政是以「看守內閣」的身分就任，甚至被視爲在新任總統交接期難有作爲的「過渡閣揆」；[70]不過，由於張善政上台原因是國民黨在國會及總統大選敗選，馬英九甚至依此提出應交由蔡英文組閣而運作「共治」，使得當時激起了眾多憲政理論之論辯。而在此些圍繞是否應由「多數黨組閣」的討論中，關於「總統就任與立委就職相差三個月的空窗期」、「半總統制憲政運作原理應彰顯國會多數組閣的重要性」、「行政院院長向立法院負責的憲法規定」等內容，似乎成爲台灣半總統制運作二十年來，最被實質關注及討論的時刻。不過，在時任民進黨主席的蔡英文前後表示：「對馬總統依憲法職權所任命行政院長，都沒有意見，予以尊重」、「他應該任命一個稱職的看守內閣」、「這樣的作法，有可能會導致權責不清，政局因此更加混亂」之下，新任總統很快就終止了憲政理論被實踐的可能，而在這當中，似也更突顯出「共治」這個在台灣從未被運作過的類型，極易被排除於台灣半總統制歷史路徑的情形。[71]

　　總結馬英九執政時期的行政院院長角色，首先可看出一致性政府下閣揆同爲執行長的政治現實。然而，不同於前兩任總統時期的是，馬英九任內行政院院長下台之原因皆是由於主動請辭，如表3-3所整理：

---

[69] 王健壯（2015），〈毛治國的沉默艦隊〉，10月25日，版A15。

[70] 中央社（2016），〈張善政任閣揆 朝野黨團：過渡內閣〉，1月26日。

[71] 當然，或許也正是新政權交接期間，張善政在政務推動上也因爲馬英九的退居二線，反而有超越閣揆執行長化的表現。例如在就任後不久處理台南震災期間，便因爲和民進黨執政的地方政府密切合作，顯現與過往閣揆在處理相關事件上反與地方首長相衝突大不相同，甚至被各界稱爲「來晚了」的院長。

表3-3　馬英九執政時期的行政院院長

時任總統	閣揆	上任時間	卸任時間	天數	卸任原因
馬英九	劉兆玄	2008年5月20日	2009年9月10日	478	2009年8月，因台灣中南部發生八八水災，嚴重的人命財物損失引發民眾對於劉兆玄內閣行政的質疑和不信任，引起民怨，因而在2009年9月7日下午17點15分召開記者會宣布於9月10日總辭。
	吳敦義	2009年9月10日	2012年2月6日	879	2011年6月19日馬英九總統宣布，由吳揆擔任第十三任副總統後選人，於次年1月14日當選，2月6日辭去院長職務。
	陳冲	2012年2月6日	2013年2月18日	378	2013年1月27日，陳冲因健康因素請辭行政院院長獲准，2月7日內閣總辭。
	江宜樺	2013年2月18日	2014年12月8日	658	2014年11月29日，國民黨於地方選舉中大敗，江宜樺宣布辭去院長職務以示負責。
	毛治國	2014年12月8日	2016年2月1日	420	毛治國在2016年中華民國總統選舉結果揭曉後宣布即刻請辭；馬英九總統未即時受理其辭呈，毛治國在2月1日正式交接職務前均請假。
	張善政	2016年2月1日	2016年5月20日	109	新任總統蔡英文就任。

資料來源：作者自製。

　　大抵而言，半總統制下內閣的更替，乃是基於行政部門必須向立法部門負責的內閣制原理，而有：議會的改選、內閣未獲國會信任、內閣總理主動請辭，[72]並加上半總統制所獨有的新總統上任等四項因素。從陳水扁時期開始，首任閣揆唐飛的下台，表徵出了當行政院院長與總統在重大政策上意見不同時，便將遭遇撤換的命運；到了謝長廷時期，其所累積在政策方向上府院不同調的意見，更使總統在不符合內閣辭職原理下直接撤換行政院院長（張峻豪、徐正戎，2007：91），甚至成論者認為謝揆下台乃

---

[72] 對於內閣總理的辭職，除了因遭到議會不信任而下台，總理亦有可能因為個人的憲政因素而下台，其中包括個人健康因素、醜聞或出於自願等。另外，在半總統制下，更由於總統經由政治運作而產生的絕對任命權，使得總理亦會在總統基於政治性考量，隨時被撤換的情形；甚至以法國的例子，總統更可經由國民議會的解散，達成撤換總理的目的（陳宏銘，2004：134-135）。

執政黨內部「高層鬥爭的祭品」，既不尊重國會，也曲解憲法原理（石之瑜，2005）。然而，到了馬英九政府時期，閣揆的主動請辭因素，更加上了「執政責任」這項條件，除了吳敦義是因參選副總統而辭職，歷任院長因承擔政府施政、國民黨敗選等原因而請辭下台，無非反應出這段歷史路徑不但延續閣揆執行長化的現象，甚至在總統任命權行使上，企圖以此創造新政局，或擺脫執政困境的可能。

從本文引介的路徑依賴機制來看，馬英九之所以任命多位內閣，難以體現其一致性政府的優勢，最主要原因便在企圖透過行政院院長解決執政困境，但卻難擋政治現實之壓力，而一再替換的情形。本文認為，馬英九執政時期與閣揆之互動，彰顯出一種「反應式路徑依賴」的機制，亦即：「政治行為者可能對制度選擇尚處摸索階段，且試圖找出最佳結果，或回應當下整個環境結構所需，故當前一次選擇的回饋不佳時，便立即影響到下一方案的出現，直到產生最佳結果為止。」馬英九從最初要使閣揆不執行長化，企圖以此作為總統與閣揆互動的最佳方案，其後，隨著重大事件發生，總統愈加利用任命權替換內閣，更新政府，期以解決危機、穩定政局，也同樣展現尋找最佳執政方案之作為。然而，正是因為內閣替換終究無法充分回應社會需求，也不易藉此弭平黨內紛爭，致使任命權這項初始條件不斷受到侵蝕，甚至走上總統主動提出「多數黨組閣」而放棄任命權行使的情形。因此，在一致性政府下，行政院院長是否必然淪為總統執行長？半總統制是否走上「超級總統制」的類型，從馬英九執政時期所遭遇的困局來看，這一條「反應式路徑依賴」機制，或許反而突顯了任命權與總統可能「捉襟見肘」的關聯。

陸、結論

從憲政體制原理看，無論是總統制下的行政首長——總統、內閣制下的總理或半總統制下的總統與總理，雖同為行政權的發動者，在內涵上卻大不相同；因此，即便半總統制又被稱為「總統制與內閣制的混合」，但半總

統制下的閣揆定位，實有必要進行檢視以釐清其間差異（張峻豪，2016：59）。本文彙整台灣半總統制二十年歷程中，三任總統時期的閣揆角色以及憲政運作樣態，由路徑依賴的分析，發現有關「總統行使閣揆任命權致使閣揆執行長化」的論述，不但當中存在諸多討論空間，配合政治情勢、社會支持，或者總統聲望等面向，更存在行政院院長角色受限或突破之可能。正如制度經濟學家諾斯（Douglas North）所認為：「路徑依賴意在指出歷史的重要。我們若不追溯制度逐步累積的演變，便無法理解今天的決策。」（劉瑞華，1994：120）

　　在過往，府會關係向來為半總統制研究者論述的重要基礎，然而，在不同路徑依賴機制的展現下，本文認為，總統行使任命權這項初始條件，在逐漸遭受挑戰的前提下，若總統堅持回到執行長化，如陳水扁時期；或企圖透過任命權尋找執政困局突破之可能，如馬英九時期，都反應了閣揆任命權在缺少國會同意的機制下，使得「府院關係」的這個因素，更應成為關注台灣半總統制之研究者論述憲政運作的重要指標。也就是說，當總統支持度下滑時，台灣的憲政發展反應出總統利用任命權不但能將權力抓得更緊，也可能因此使政府的回應能力愈趨保守而緩不濟急。故爾，無論是府會合一或分立，當行政院院長甘為總統執行長，或總統強勢主導執行長化的出現，都將造成執政者在政策推動上的難題，此絕非少數政府才會發生。

　　另外，由比較的觀點看，與台灣相似都在1990年代成為半總統制的新興民主國家中，雖然因總統未享有單獨任命總理權力，而使「共治」相應出現的國家為數不少，但在其中，諸如總統想方設法取得權力、國會努力保有總理之忠誠，或者，政黨聯盟在其中的合縱連橫等現象，都是伴隨共治運作之常態。[73]因此，當各界始終不放棄台灣應有「共治」的呼籲，並將此和國會閣揆任命同意權結合思考，那麼，回到「府院關係」重新思索台灣閣揆與總統互動之各項可能，或許會發現，閣揆角色的變化，以及閣揆能否真正發揮最高行政首長之意義，更將是影響台灣憲政運作的重要變項。

---

[73] 關於新興民主國家的共治經驗，可進一步參閱張峻豪（2016）。

陳宏銘

壹、前言

　　總統是國家元首，在半總統制政府體制下，其同時也具有實質的統治權，非虛位元首。政黨的黨主席（黨魁），則是名義上（很可能也是實質上）黨的最高領導人，那麼在「政黨政府」（party government）的運作下，總統與黨主席這兩種職位會是什麼樣的關係？是同一人或不同人來擔任？其中政府與政黨的關係和運作又會產生什麼影響？多年來無論是民進黨執政或是國民黨執政，上述問題是台灣憲政運作的重要實務課題，既具有台灣本土個案的重要性，也同時隱含跨國比較研究的理論探索價值。

　　確實，我國的政府體制具有半總統制特徵，[1]其中由公民直選產生而具有實權的總統，居於憲政運作之中樞。關於總統是否同時為執政黨的黨魁，位居金字塔型黨政關係體系中的頂端，具有影響其他次級體系的作用，與憲政體制的運作及政黨之發展密切相關。從政府體制的運作來看，除了憲法所賦予總統的職權以外，若總統兼任黨魁，則可以透過政黨內部的領導權，發揮

---

* 本章曾刊登於《臺灣民主季刊》，〈半總統制下總統是否兼任黨主席與其黨政關係型態：比較視野下的馬英九總統任期經驗〉，2016年，第13卷第4期，頁1-42。本章中略有增修。

1 作者採Duverger（1980）之定義將台灣界定為半總統制國家。首先，我國總統經由人民直接選舉產生，符合Duverger對半總統制所界定三項特徵中的第一項：總統由普選產生。其次，依憲法增修條文規定，總統至少擁有以下實權：行政院長的任命權、解散立法院的權力、主持國家安全會議與決定國家安全有關大政方針等，故也大致符合Duverger所揭示的第二項特徵。最後，除了總統之外，還存在著領導國家最高行政機關的行政院院長暨行政各部會首長，而行政院須向立法院負責，立法院得對行政院長提出不信任案迫其去職，凡此規定亦符合半總統制的第三項界定。如果是採比較寬鬆的定義，如Elgie（1999）認為符合以下特徵即屬半總統制：「總統由普選產生，任期固定，同時存在著需要向議會負責的總理與內閣」，台灣也是吻合的。至於台灣是否屬於總統制與內閣制的換軌制，請參考周育仁（2001）。

更大的實際統治權力；反之，若未兼任，黨魁由另一人來擔任，則總統與政黨所維持的另一種關係，也將影響政府的運作。

如果我們將問題意識先置於比較各國的視野來看，我們可以問一個問題：即在半總統制國家中，究竟多數國家或多數個案中總統是否傾向兼任黨魁？這個問題更進一步也是更細膩的問法是，總統兼任黨主席較可能出現在什麼類型的半總統制國家中？爲什麼？這個問題的回答，將有助於我們進一步面對台灣個案的解釋。不過，目前爲止，半總統制研究文獻對此課題之探討，無論是跨國的比較視野，或台灣相關個案之專論，都相當有限。

陳宏銘（2009）曾以陳水扁總統八年執政經驗爲例，探討民主進步黨執政下的黨政關係，其中便觸及到總統是否同時爲執政黨的黨魁的問題，應是現有最早探索此一課題的文獻之一。該文提出以下結論：一、傾向總統優勢的半總統制國家，要比總理優勢的半總統制國家容易出現總統兼黨魁的情況。此結論係建立在22個半總統制國家的經驗之上，而台灣亦符合此種情況；二、在屬於總統優勢的半總統制類型下，我國總統在任期之初是以全民總統自居爲由而未兼任黨主席，導致總統必須同時在政黨與政府建立雙重代理人的困境，且需費力建立體制外各種決策諮詢機制和黨政聯繫平台。再加上總統無法有效掌控政黨，發生總統意志與黨意可能的落差等等現象，從而走向總統兼任黨主席之路。這些併發現象，無法從半總統制的特性單獨解釋，但可以從中獲得部分解答。這個結論主要建立在民進黨執政時期的經驗之上。如今，馬英九擔任總統八年的任期即將屆滿，本文試圖再就馬英九與國民黨執政之個案爲基礎，來檢驗2009年主要研究發現是否仍然成立，並延伸相關討論。擬說明的是，在本研究中擬以Mathew S. Shugart與John M. Carey（1992）所發展出的半總統制次類型「總統國會制」（president-parliamentarism）（相對於「總理總統制」，premier-presidentialism），來替代「總統優勢的半總統制」概念，以描述台灣的半總統制型態，但兩者均傾向於總統相較於總理（行政院院長）權力爲大的半總統制次類型。[2]

2　蔡榮祥與陳宏銘合著（2012）〈總統國會制的一致政府與憲政運作：以馬英九總統第一任任期爲例〉一文，亦運用「總統國會制」概念探討馬總統執政時的憲政運作。

從歷史的變遷來看，國民黨在台灣長期執政，直至公元2000年才喪失執政權，而由於「黨國體制」下黨主席（或總裁）一職並非開放黨員競爭，係由黨國最高領袖蔣介石先生及蔣經國先生先後擔任。黨主席（或總裁）不僅在黨內具有最高的領導權，且在「以黨領政」的特性下，絕大多數時期亦皆具總統身分。2008年馬英九當選總統後，由於在大選之前的黨主席是吳伯雄，馬總統就任後並未兼任，故總統與執政黨黨主席係處於分離的狀態，當時馬總統並宣示暫「退居第二線」，落實「雙首長制」的憲政精神。當時國民黨內部出現希望「總統兼任黨魁」的意見，其間社會各界有諸多討論，國民黨政府也曾在黨政運作過程中碰到一些阻礙，因此最後在2009年時馬總統兼任黨主席。然則，在2014年國民黨在「九合一選舉」中失利，馬總統辭去黨主席職位，其後由新北市市長朱立倫在2015年1月間擔任黨主席；再至2016年1月，朱立倫因國民黨在總統和立法委員選舉的挫敗下辭去黨主席，接著由洪秀柱於同年3月接任。

馬總統執政的這段期間出現總統兼任與非兼任的不同狀態，是很值得研究的個案。不過，我們可以先進行跨國的比較視野下來觀察。本文將擴增陳宏銘（2009）研究中的國家數目，由22個國家數至30個，排除專制國家以及資料難以取得的案例，並以最新的情況來做觀察。本文以下除文獻討論外，先探討跨國經驗，而後再分析馬英九執政時期情形，最後並比較馬英九與陳水扁兩個案，焦點在於總統兼任黨魁與否與其黨政運作模式之態樣。本文應是首篇同時涵蓋兩位總統的研究文獻，試圖歸納與解釋兩者的同與異，驗證其中我國半總統制的制度因素所貫穿兩個不同案例的效應。

貳、文獻探討

在當代的民主政府體制中，內閣制下的內閣閣揆乃由議會中多數黨黨魁擔任，對於政府領導人兼任黨魁與否並不構成首要關注的研究問題，政黨內部領導人的挑選和競爭反而才是研究焦點。相對的在總統制下，以美國

為例，兩黨的政黨組織被視為選舉機器，雖然政黨的黨魁另有他人擔任，但總統實際上就是執政黨的最高領袖。其他總統制國家的總統與黨主席的關係為何以及政黨的性質為何，相關的研究似未受重視。根據陳宏銘（2009）的初步歸納，有些國家常出現總統兼任黨魁，如巴拿馬和烏拉圭，而智利、哥斯大黎加、巴西、阿根廷則否。無論如何，即使總統制下的總統未兼任黨魁，而影響其對政黨的掌控程度以及黨政關係之態樣，但至少總統為最高行政首長之角色不變。然而，第三種類型之半總統制的情況，就較為複雜。半總統制下的總統權力，除依憲法之法定職權外，更容易受其他因素之影響，其是否兼任黨魁或掌握執政黨應是其中重要變數，可惜現有研究不多。

總統是否兼任黨魁，亦涉及政黨內部領導人挑選和競爭之邏輯。相關研究顯示，政黨領導人角色愈來愈重要，在許多國家中其權力亦不斷增加，並且對於政黨在組織、選舉與立法等主要活動，均發揮重要的影響力（Poguntke and Webb, 2005）。尤其是在內閣制民主國家中的大選，這種情況特別明顯，這是由於大選結果深受政黨領導人之競爭所決定（McAlister, 1996: 281）。因此，政黨領導人的挑選，不再僅僅是與政黨內部的事情有關，更被視為帶有行政權競逐過程之色彩。半總統制存在著實權的總統，政黨內部領導人的挑選似乎循著一套與內閣制不一樣的邏輯，也很可能與競逐政府的領導人有關，也就是與總統職位或總理職位相連結。

1993年*European Journal of Political Research*刊登了關於政黨領導人研究的專刊，這可能是近二十多年來較早關於政黨領導人的多國案例文獻。該專刊收錄了包括比利時、英國、法國、挪威、西班牙、愛爾蘭等國政黨的研究，整體而言主要集中在內閣制國家的政黨。在該專刊之後，相關研究文獻整體而言主要仍集中在內閣制國家，總統制中除美國案例外，也較為少見。基本上，半總統制國家的研究文獻，幾乎缺乏專論。不過，從政黨內部挑選黨魁的邏輯出發，不一定能完全掌握半總統制下總統與黨魁的關係，因為這還涉及實權總統的政府體制對於政黨性質產生的影響。

近來，強調政府制度下政黨性質之研究，如David J. Samuels（2002）、Ben Clift（2005）以及Samuels與Shugart（2010），這些研究

則由過去的內閣制案例轉向實權總統的政府體制國家。相關研究之啟發，主要在於「政黨的總統化」（the presidentialization of political parties）而產生「總統化的政黨」（presidentializedparties）之現象。何以會有此現象？此與憲政體制有何關係？對此，Samuels與Shugart（2010: 37）對此有清楚的分析，他們指出這乃是由於行政和立法機關在源頭上（origin）和存續上（survival）之分離的憲政結構所致。Clift（2005）基於法國第五共和的經驗，發現總統職位已經成為第五共和政治競爭的主要焦點，從而形塑第五共和政黨的性格和憲政發展。[3]以他的說法，「總統黨」（presidential parties）的出現和相關特質乃源於半總統制下第五共和結構影響。在此背景下，政黨被視為總統的工具，是邁向總統職位的平台與組織化資源（陳宏銘，2009）。特別是在2002年之後，法國修改選舉法規，先舉行總統選舉，後選舉國會選舉的選舉時程配套，使得總統所屬政黨因為蜜月選舉的關係，較易取得國會多數，更加支持並強化總統在政黨內部的支配影響力（Grossman, 2009）。但Samuels與Clift的觀點不一定能解釋法國之外一些國家出現總統兼任黨魁的案例，所以總統參選人本人在參選過程中可能就是黨魁，當選後仍然是黨魁，而非政黨僅是跳板。事實上，以台灣本身為例，陳水扁和馬英九分別在2004年和2012年參選總統之前後時即是黨魁身分。

　　關於實權總統的政府體制（含總統制、半總統制）對於政黨的影響，尤其是總統兼任黨主席的政治影響，也為目前國內少數學者所關注。沈有忠與烏凌翔（2016）的研究認為，總統兼任黨主席與否也是影響台灣半總統制過去將近二十年來偏向總統主導的主要原因。台灣的半總統制長期以來出現往總統傾斜的趨勢，是與制度（尤指組閣權）和非制度因素（掌握黨權）相互強化的結果。邱訪義與李誌偉（2016）就總統學研究之觀點與多數聯盟立法理論之邏輯指出，總統兼任黨主席將有利於行政部門與政黨內部意見的整合，在黨政意見較為一致的情況下，行政部門在與多數聯盟的協商中也會

3　法國第五共和在經歷最近一次的修憲後，似乎也有走向「體制的大總統化」現象，學者郝培芝對此有系統性的分析，請參閱郝培芝（2010：65-98）。

較為有利。其實證研究顯示，總統兼任黨主席時期提出的行政部門提案，通過機率較其他提案高。[4]李鳳玉與黃建實（2015）對陳水扁政府時期的研究顯示，民進黨雖然在立法院並未掌握過半席次，但陳水扁透過兼任黨主席，能夠使政府提案的通過率較之於未兼任期提高。上述研究提出了重要的研究發現，但對於半總統制下總統是否兼任黨魁以及其黨政運作，較缺乏較完整的探討，但這個問題具有一定程度台灣本土個案的重要性，因此也是本文欲進一步研究之處。

如前所述，陳宏銘（2009）曾以陳水扁總統八年執政經驗為例，探討民主進步黨執政下的黨政關係，並將其置於總統優勢的半總統制下來觀察。該文的研究發現指出，傾向總統優勢的半總統制國家要比總理優勢的半總統制國家容易出現總統兼黨魁的情況，而台灣符合此種情況。本文即試圖再以馬英九八年執政的個案為基礎，以檢驗2009年主要研究發現是否仍然成立，而後再與該研究中陳水扁個案做一比較。在上述的既有研究文獻的基礎上，我國政黨個案的探討，可以先採取跨國比較的視野來思考。

參、半總統制總統是否兼任黨魁：比較各國經驗

本研究中所分析的半總統制國家，係參考吳玉山教授2012年研究論文中所納入的41個國家，且需通過近三年「自由之家」（Freedom House）評比中多數時間屬於「完全自由」（free）或「部分自由」（partly free）程度的標準。至於「完全不自由」（not free）國家，則屬專制國家，不在探討之列。再者，本研究也參考Elgie對於屬於半總統制國家的判定；[5]此外，若干國家的資料不足或不易判定，亦暫不列入，最後總共有30個國家被納入

---

[4]　不過，總統兼任黨主席時提出的行政院提案，其完成三讀之機率僅增加0.076。該研究未特別區分總統的重要法案與行政部門所提法案，總統兼任黨主席與否對於總統的重要法案通過影響情形無法做出判斷。

[5]　請參考Elgie（2016）個人網站：http://www.semipresidentialism.com/?p=1053。

分析。再者，每個國家原則上納入本研究完成之時最近三位總統和對應的總理爲探討對象，例外未達三位者則是因資料的限制所致。本研究雖未窮盡所有國家以及其所有總統個案，但仍有一定程度的代表性。本文以下先分析總體情形，再討論總統國會制與總理總統制兩種次類型下的差異。

一、總體情形

首先，表4-1所呈現的總體情形，先以85位總統個案爲觀察單位，其中總統兼任黨主席的有31位，占36.5%，未兼任者有54位，超過半數，占63.5%。因此以總統的個案數來看，總統兼任黨主席的比例居於少數，大部分的情況下總統未兼任黨主席。再以30個國家爲觀察單位，在個別國家中的多數情況下總統兼任黨主席者共有10個，包括納米比亞、塞內加爾、烏克蘭、喬治亞、尼日、多哥、幾內亞比索、莫三比克、斯里蘭卡、坦尙尼亞，其比例僅占所有國家的33.3%。擬說明的是，總統是否兼任黨主席可能受到法律禁止所影響，例如蒙古，該國法律規定總統當選後必須脫離政黨職務。[6]

表4-1　半總統制國家總統與總理兼任黨主席情形

國家	總統是否為黨主席（次數、百分比）		總理是否為黨主席（次數、百分比）			
			總統與總理同黨時		總統與總理不同黨時	
	是	否	是	否	是	否
克羅埃西亞	0(0)	3(100)	1(100)	0(0)	4(100)	0(0)
蒙古	1(33)	2(67)	2(22)	3(33)	4(44)	0(0)
納米比亞	3(100)	0(0)	0(0)	3(100)	0(0)	0(0)
秘魯	1(33)	2(67)	0(0)	11(91.6)	0(0)	1(8.4)
塞內加爾	3(100)	0(0)	0(0)	4(67)	0(0)	2(33)
烏克蘭	2(67)	1(33)	1(20)	1(20)	3(60)	0(0)
法國	0(0)	3(100)	0(0)	3(60)	0(0)	2(40)

---

[6] 半總統制國家中俄羅斯亦是如此，基於該國非民主國家，故未列入本研究之案例中。

| 國家 | 總統是否為黨主席（次數、百分比） | | 總理是否為黨主席（次數、百分比） | | | |
| | | | 總統與總理同黨時 | | 總統與總理不同黨時 | |
	是	否	是	否	是	否
芬蘭	0(0)	3(100)	4(44)	0(0)	4(44)	1(22)
波蘭	0(0)	3(100)	1(16.7)	1(16.7)	3(50)	1(16.7)
葡萄牙	0(0)	3(100)	1(16.7)	0(0)	2(33.3)	3(50)
奧地利	0(0)	3(100)	3(50)	0(0)	3(50)	0(0)
保加利亞	0(0)	3(100)	1(16.7)	1(16.7)	3(50)	1(16.7)
維德角	0(0)	3(100)	2(67)	0(0)	0(0)	1(33)
立陶宛	0(0)	3(100)	0(0)	0(0)	3(50)	3(50)
斯洛伐克	0(0)	3(100)	0(0)	0(0)	4(100)	0(0)
斯洛維尼亞	0(0)	3(100)	1(14.3)	0(0)	4(57.1)	2(28.6)
羅馬尼亞	0(0)	3(100)	0(0)	1(16.5)	4(67)	1(16.5)
聖多美及普林西比	0(0)	3(100)	1(16.5)	0(0)	4(67)	1(16.5)
馬利	1(50)	1(50)	0(0)	2(33)	1(17)	3(50)
亞美尼亞	1(50)	1(50)	0(0)	2(22.2)	3(33.3)	4(44.5)
喬治亞	2(67)	1(33)	0(0)	1(20)	0(0)	4(80)
布吉納法索	1(33)	2(67)	0(0)	2(33.3)	0(0)	4(66.7)
馬達加斯加	1(50)	1(50)	0(0)	1(10)	1(10)	8(80)
尼日	2(67)	1(33)	1(25)	3(75)	0(0)	0(0)
多哥	2(67)	1(33)	1(12.5)	3(37.5)	2(25)	2(25)
海地	1(50)	1(50)	0(0)	1(14.3)	0(0)	6(85.7)
幾內亞比索	2(100)	0(0)	1(20)	3(60)	1(20)	0(0)
莫三比克	3(100)	0(0)	0(0)	5(83.3)	0(0)	1(16.7)
斯里蘭卡	3(100)	0(0)	0(0)	5(71.4)	1(14.3)	1(14.3)
坦尚尼亞	2(67)	1(33)	0(0)	4(100)	0(0)	0(0)
累積	31(36.5)	54(63.5)	21(11.2)	60(32.1)	54(28.9)	52(27.8)
總計	85(100)		187(100)			

本表由作者自製。

資料來源：World Statesmen.org網站、NationMaster網站。

其次納入總理的情況，依據其與總統的黨籍關係，可區分爲四種類型：「總統與總理同黨、總理是黨主席」、「總統與總理同黨、總理非黨主席」、「總統與總理不同黨、總理是黨主席」、「總統與總理不同黨、總理非黨主席」。其中特別值得關注的是當總統與總理同黨，但是由總理擔任黨主席的情況，即第一種類型，這種情況顯示，總理很有可能才是「總統黨」的領導人。然而根據表4-1，這種情況僅占11.2%，是四種類型中最少見的，最常見的情況是總統與總理同黨，總理非黨主席，占32.1%。至於總統與總理不同黨之下，總理是黨主席與非黨主席之比例分別是28.9%與27.8%。

關於總統爲無黨籍的比例，在85位總統中，共有15位（隸屬10個國家）是無黨籍，占17.6%。該國總統多數爲無黨籍者僅有羅馬尼亞、立陶宛、斯洛維尼亞、布吉納法索等4國。若再加上保加利亞、斯洛伐克、聖多美及普林西比、馬利、亞美尼亞、喬治亞，則有10國近三位總統曾出現無黨籍，見表4-2。

二、總統國會制與總理總統制

半總統制國家甚多，不同國家間制度的差異性可能不小，研究者嘗試劃分成不同的類型，一種是以憲法規範設計爲主，另一係以制度實際表現的運

表4-2　半總統制國家總統為無黨籍情況

類型	國家（次數）	次數（百分比）
該國總統多數為無黨籍	羅馬尼亞、立陶宛、斯洛維尼亞、布吉納法索	4國（13.8）
該國總統曾為無黨籍	羅馬尼亞、立陶宛、斯洛維尼亞、布吉納法索、保加利亞、斯洛伐克、聖多美及普林西比、馬利、亞美尼亞、喬治亞	10國（34.5）
該國總統曾為無黨籍之次數	羅馬尼亞（3）、立陶宛（2）、斯洛維尼亞（2）、布吉納法索（2）、保加利亞（1）、斯洛伐克（1）、聖多美及普林西比（1）、馬利（1）、亞美尼亞（1）、喬治亞（1）	15位（51.7）

本表由作者自製。

資料來源：World Statesmen.org網站、NationMaster網站。

作型態為基礎。第二種類型劃分方式著重於制度實際上的運作和表現，而非憲法條文設計。國內學者對於半總統制憲法上或運作上的類型以及模型之討論相當多，如包括吳玉山（2012）、林繼文（2000）、Tsai（2008）、張峻豪（2012）、沈有忠（2012）、蘇子喬（2011）。

本文對於半總統制的分類關注焦點在於憲法規範設計為主，而非實際運作表現，理由是要以實際運作表現來分類，所要考慮的因素太多，分類的型態常流於各說各話，有時類型太多亦欠缺簡約性。再者，憲政體制的實際運作類型劃分脫離不了政黨政治因素，而政黨角色恰恰是我們外部觀察的對象，而不是應該納入分類時的考量因素。若干學者曾以總統憲法上的權力來分類半總統制，如Shugart和Carey（1992）、Metcalf（2000）、Roper（2002）、Siaroff（2003）等人。但其中以Shugart和Carey的兩種次類型：總理總統制（premier-presidentialism）與總統國會制（president-parliamentarism），[7]是目前常被援引的方式，也最為簡約清楚，這一點Elgie（2011: 28）有詳細的說明。「總理總統制」是總理（內閣）僅對國會而不對總統負責；而「總統國會制」則是總理（內閣）同時對國會和總統負責。「總統對內閣是否有免職權」決定了一個半總統制國家是屬於內閣單向負責的「總理總統制」或內閣雙向負責的「總統國會制」（蘇子喬，2012）。芬蘭、波蘭以及法國第五共和等國家，根據憲法總統並無免職總理之權，是為總理總統制（Elgie, 2011: 28）；納米比亞與奧地利，根據憲法規範，總統具免職總理之權，屬總統國會制（Elgie, 2011: 28）[8]。

綜上，本文即以Shugart和Carey的總理總統制與總統國會制兩種憲法的次類型為分析基礎，但並不表示這是唯一的分類方式。

研究顯示，在12個總統國會制國家的所有個案中，總統兼任黨主席達到六成以上的67.6%，換言之，未兼任反而是少數，見表4-3。再觀察所

---

[7]　請參考Shugart and Carey（1992）。

[8]　納米比亞憲法第32條規定總統任命與免除總理職務；奧地利憲法第70條規定總統任命與免除總理職務；冰島憲法第15條規定總統任命與免除總理職務（李宜芳、石鵬翔，2014）。

表4-3　「總統國會制」下總統與總理兼任黨主席情形

國家	總統是否為黨主席		總理是否為黨主席			
			總理與總統同黨時		總理與總統不同黨時	
	是	否	是	否	是	否
納米比亞	3(100)	0(0)	0(0)	3(100)	0(0)	0(0)
秘魯	1(33)	2(67)	0(0)	11(91.6)	0(0)	1(8.4)
塞內加爾	3(100)	0(0)	0(0)	4(67)	0(0)	2(33)
烏克蘭	2(67)	1(33)	1(20)	1(20)	3(60)	0(0)
奧地利	0(0)	3(100)	3(50)	0(0)	3(50)	0(0)
布吉納法索	1(33)	2(67)	0(0)	2(33.3)	0(0)	4(66.7)
馬達加斯加	1(50)	1(50)	0(0)	1(10)	1(10)	8(80)
多哥	2(67)	1(33)	1(12.5)	3(37.5)	2(25)	2(25)
幾內亞比索	2(100)	0(0)	1(20)	3(60)	1(20)	0(0)
莫三比克	3(100)	0(0)	0(0)	5(83.3)	0(0)	1(16.7)
斯里蘭卡	3(100)	0(0)	0(0)	5(71.4)	1(14.3)	1(14.3)
坦尚尼亞	2(67)	1(33)	0(0)	4(100)	0(0)	0(0)
累計	23(67.6)	11(32.4)	6(7.7)	42(53.8)	11(14.1)	19(24.4)
總計	34(100)		78(100)			

本表由作者自製。

資料來源：World Statesmen.org網站、NationMaster網站。

有78位總理的情況，最常出現的情況是「總理與總統同黨、總理非黨主席」，達到53.8%，相對的，「總理與總統同黨、總理是黨主席」，僅有7.7%。，如進一步以國家為觀察單位來看，在12個總統國會制國家中有8個國家多數總統同時兼任黨魁。

在18個總理總統制國家的所有個案中，總統兼任黨主席僅有17.6%，換言之，絕大部分均未兼任，見表4-4。再觀察所有110位總理的情況，最常出現的情況是「總理與總統不同黨、總理是黨主席」，達到42.7%。至於「總理與總統同黨、總理是黨主席」，雖僅13.6%，但仍高於總統國會制的

表4-4　「總理總統制」下總統與總理兼任黨主席情形

國家	總統是否為黨主席		總理是否為黨主席			
			總統與總理同黨時		總統與總理不同黨時	
	是	否	是	否	是	否
克羅埃西亞	0(0)	3(100)	1(20)	0(0)	4(80)	0(0)
蒙古	1(33)	2(67)	2(22)	3(33)	4(44)	0(0)
法國	0(0)	3(100)	0(0)	3(60)	0(0)	2(40)
芬蘭	0(0)	3(100)	4(44)	0(0)	4(44)	1(22)
波蘭	0(0)	3(100)	1(16.7)	1(16.7)	3(50)	1(16.7)
葡萄牙	0(0)	3(100)	1(16.7)	0(0)	2(33.3)	3(50)
保加利亞	0(0)	3(100)	1(16.7)	1(16.7)	3(50)	1(16.7)
維德角	0(0)	3(100)	2(67)	0(0)	0(0)	1(33)
斯洛伐克	0(0)	3(100)	0(0)	0(0)	4(100)	0(0)
斯洛維尼亞	0(0)	3(100)	1(14.3)	0(0)	4(57.1)	2(28.6)
羅馬尼亞	0(0)	3(100)	0(0)	1(16.5)	4(67)	1(16.5)
聖多美及普林西比	0(0)	3(100)	1(16.5)	0(0)	4(67)	1(16.5)
馬利	1(50)	1(50)	0(0)	2(33)	1(17)	3(50)
亞美尼亞	1(50)	1(50)	0(0)	2(22.2)	3(33.3)	4(44.5)
喬治亞	2(67)	1(33)	0(0)	1(20)	0(0)	4(80)
立陶宛	1(33)	2(67)	0(0)	0(0)	7(100)	0(0)
尼日	2(67)	1(33)	1(25)	3(75)	0(0)	0(0)
海地	1(50)	1(50)	0(0)	1(14.3)	0(0)	6(85.7)
累計	9(17.6)	42(82.4)	15(13.6)	18(16.4)	47(42.7)	30(27.3)
總計	51(100)		110(100)			

本表由作者自製。

資料來源：World Statesmen.org網站、NationMaster網站。

7.7%。如以國家為觀察單位，在18個國家中僅有喬治亞與尼日2個國家總統同時兼任黨魁，即在絕大部分國家中，總統兼任黨魁均屬少數情形。

　　若比較總統國會制國家與總理總統制國家，研究發現，前者明顯較易出現總統兼任黨主席情形。如何解釋這種現象？可能的一項重要原因是在總統國會制之下，總理除向議會外也須向總統負責，總統掌有對總理去留和行政權的較大控制權，是故總統若擔任黨主席更有助於前述權力的運使以及對政黨的領導。當然，總統兼任黨主席與否受到憲政體制以外的其他因素影響，本文在此並無意做因果關係的推論。

肆、台灣半總統制下馬英九總統執政時期經驗

　　在本節中，作者將討論台灣在馬英九執政時期的情況，試圖將台灣的個案與前述各國經驗的歸納加以比較。從30個國家經驗的歸納結果來看，總統國會制國家相較於總理總統制國家，明顯較易出現總統兼任黨主席情形。再就總統國會制國家內部來看，總統兼任黨主席的情況也達到六成以上的程度。台灣的憲政體制較傾向何種半總統制次類型？總統是否較易出現兼任黨主席的情況？

　　首先，以半總統制的次類型來看，我國行政院院長乃向立法院與總統雙邊負責，雖然在憲法規範層上總統是否具有解職權學界有不同見解，但總統在憲法上具有單邊任命行政院院長的權力，總統發布行政院院長任免命令無須行政院院長之副署（憲法增修條文第2條），從而本文作者認為實際上與規範上總統具有解職後者的權力，行政院院長需向總統負責，因此台灣符合總統國會制特徵。對此，國內學者蘇子喬（2012：199）也指出，判斷我國憲政體制中閣揆是否對總統負責有三個關鍵點，分別是：「總統任命閣揆有任意裁量權」、「總統對閣揆有免職權」、「閣揆於立法院與總統改選後皆會總辭，且根據最近一次經驗，甚至有轉變為僅需於總統改選後總辭的趨勢」，其亦認為，以上三個關鍵問題的答案，都顯現內閣除了依憲法規定對立法院負責外，在實際運作上亦對總統負責。就此看來，我國憲政體制在

2000年第一次政黨輪替後逐漸定型為「總統國會制」。

其次，我國總統是否較易出現兼任黨主席的情況？若從公民直選的總統，李登輝、陳水扁、馬英九以迄蔡英文，所有總統任內的多數時期乃兼任黨主席，就此而言，也相當符合與跨國經驗的歸納。再者，我們若觀察總統國會制下總理兼任黨魁的情形以及台灣的經驗，從表4-3中發現，當總統與總理屬於同一政黨時，除了極少數個案，尤其是奧地利外，絕大部分的情況是總理未兼黨主席。同樣的，近四任總統執政時期，除陳水扁時期的唐飛、馬英九時期的張善政、蔡英文時期的林全外，總統和行政院院長均為同黨籍，而行政院院長從未兼任黨主席。

前述乃從憲政體制的制度和結構面加以勾勒跨國經驗和台灣特徵，以下進一步就馬英九執政時期的黨政運作加以探討。由於黨政關係的面向繁多，本文將聚焦在其分析總統兼任黨主席與否以及其伴隨的現象。以下第一部分先就國民黨執政時總統與黨主席的角色關係略做描述，第二部分就總統是否兼任黨主席區分不同階段，並說明黨政運作型態，第三部分再歸納總統是否兼任黨主席在黨政關係和運作上的差異。

一、總統與黨主席的角色關係：國民黨個案簡述

國民黨在台灣的統治期間，共有五位總統，包括蔣介石、嚴家淦、蔣經國、李登輝與馬英九。在馬英九之前，除了嚴家淦時期之外，總統均身兼黨主席（表4-5）。在當時，總統是否身兼黨主席並不構成問題，由於國民黨的「革命政黨」或「革命民主政黨」的屬性以及威權政體的特性，黨政關係為「以黨領政」，必須是國民黨黨魁（總裁、主席），才可能擔任總統，而擔任總統之後並無辭去黨魁職務的問題（陳宏銘，2013：42）。

但隨著政治體制的變遷，特別是1996年採用公民直選總統後，民選總統成為全國最具選票和民意基礎的政治領袖，實權總統的憲政體制對黨政關係的形塑作用隱約可見。在「後蔣經國時期」，隨著李登輝在黨內權力的鞏固，以及民選總統的政治實力，其十二年總統期間一直身兼著黨主席。由於政治體系民主化的持續和加劇，國民黨也面臨內部民主化的需求和挑戰，在

表4-5　國民黨歷任黨主席是否為總統一覽表

總統	黨主席（總裁）	總統與黨主席（總裁）是否同一人
蔣中正（1948～1949；1950～1975）	蔣中正	是
嚴家淦（1975～1978）	蔣經國	否
蔣經國（1978～1988）	蔣經國	是
李登輝（1988～2000）	李登輝	是
馬英九（2008～2016）	吳伯雄（2008～2009）	否
	馬英九（2009～2015）	是
	朱立倫（2015～2016）	否
	洪秀柱（2016～）	否

資料來源：本表作者自製。

2001年3月24日國民黨進行首次黨員直選黨主席，並選舉出連戰先生為黨主席。當時國民黨在前一年失去了中央執政權，李登輝辭去黨主席。在2000年至2008年的八年期間，國民黨處於在野黨時期。其間，2005年6月16日進行第二次黨員直選黨主席，由馬英九取得黨主席職位（陳宏銘，2009：30）。

　　2007年，馬英九因市長特別費被起訴，宣布辭去黨主席，由吳伯雄代理黨主席一職；4月7日進行補選，吳伯雄當選黨主席。2008年馬英九代表國民黨參選總統，贏得勝選，重新執政。一開始，馬英九未兼任主席，黨主席仍是吳伯雄，一年後才選擇兼任。2009年7月26日國民黨舉行黨主席選舉，此次選舉是「同額競選」，在沒有競爭對手情況下，馬英九以93.87%得票率高票當選。2014年國民黨「九合一選舉」失利，馬英九辭去黨主席職位，新一任黨主席朱立倫在2015年1月上任；再至2016年1月，國民黨在總統和立法委員選舉的挫敗，朱立倫辭去黨主席，由洪秀柱於同年3月接任。

二、總統與黨主席的角色關係與黨政運作：馬英九執政時期的變遷

綜觀馬英九總統八年任期，依照總統和黨主席的角色關係可歸納出四個組合階段：一是2008年至2009年總統未兼任黨主席階段（馬英九總統搭配吳伯雄黨主席）；二是2009年至2014年12月總統兼任黨主席階段；三是2014年12月後至2016年4月間總統未兼任黨主席（朱立倫）階段；四是2016年3月後洪秀柱擔任黨主席階段。

（一）馬英九總統與吳伯雄黨主席階段

在2008年總統大選之前，黨主席係由吳伯雄擔任，在馬英九就任總統時，吳伯雄的任期尚有一年多之久。且馬英九當選總統後，對外宣示要「退居第二線」，落實所謂的「雙首長制」。在此情況下，馬英九並未兼任黨主席乃係制度使然，換言之，當時其並未兼任國民黨黨主席，是因為吳伯雄還是黨主席，不是馬英九放棄兼任黨主席。馬總統曾表示，在他還未就任總統之前，吳伯雄即諮詢過他是否要修改國民黨黨章，以明定執政期間總統可不經黨內選舉而兼任黨主席，但他當時覺得沒有必要，並表示支持吳伯雄續任，以及2009年6月前他會再決定是否參選（張琪，2009）。

此階段形成總統與執政黨黨主席職位分離的狀態。由於總統未身兼執政黨黨主席，馬英九雖然甫當選總統，聲勢正隆，基本上吳伯雄的黨權名大於實。然而國民黨與行政部門並未形成緊密合作的關係，黨的相關體系從中央到地方，陸續反映重新執政後，黨政的關係似乎出現黨政分離現象，而其中一項重要的觀察指標在於馬英九提名的考試院和監察院人事案，在立法院的投票時部分遭到滑鐵盧（李建榮，2017：221）。以當時監察院正副院長及監委選舉來看，國民黨當時在立法院裡雖然擁有絕對多數的席次，儘管院長被提名人王建煊獲立法院同意出任，但副院長被提名人沈富雄、監委被提名人尤美女、陳耀昌與許炳進則未能通過，此顯示馬總統的領導威信受到挑戰，反映出黨政關係出現問題（蕭旭岑，2004）。

當時對於總統是否兼任中國國民黨主席議題，社會輿論與學術界各亦有

正反意見，譬如周繼祥及曹俊漢教授認爲黨政合作應朝建立機制努力，不宜寄託在誰接黨魁上。不過，周育仁教授認爲總統站上第一線有助黨政運作更順暢，馬總統是七百多萬票選出的領導人，民衆強烈期望應該站上第一線主導，現行是一個團隊四個馬車各自奔跑，若有效整合總統府、行政院、國民黨中央及立法院這四個馬車，在規劃政策、人事案一開始時就交換意見，這樣人民會感受到政府是有系統的運作，對提升國家競爭力是好事，總統兼任黨主席是一個可思考的方向（唐佩君，2008）。

　　雖然馬總統與吳伯雄主席都一再強調黨政關係是「黨政分際」，而非「黨政分離」，黨與政並沒有分離，而是有所分際，各自扮演應有的角色與功能（陳財官，2008），但黨政關係的強化乃是無可避免之課題。2008年11月22日舉行的國民黨臨全會修正黨章，讓主席得指定黨籍政務官五人擔任指定中常委，強化黨的輔政機制（民衆日報，2008）。不過，中常會在黨政平台中所占據的地位逐漸式微，甚至弱於新設的「中山會報」。

　　國民黨重新執政後，建構了相關黨政溝通機制，包括府院黨高層會議的五人小組、中常會、中山會報、行政與立法間的黨政平台等等（表4-6）。其中，府院黨五人小組由總統府每星期一中午在總統府召開，扮演最高層次的溝通平台，包括政務、立法院的民意，及黨務資訊溝通的場所，其成員包括正副總統、立法院長、行政院長和國民黨主席。中山會報是早在馬英九2005年首度擔任黨主席時所設置，於週二舉行，由黨主席親自主持。[9]

　　至2009年歷經將近一年的磨合，國民黨與政府之間不斷修正彼此互動模式，卻仍未穩定，亦需面對立法院在立法進度上無法配合施政的情況。例如，第七屆立法院第二至第三會期的立法，行政部門所提的重大法案（或優先法案）通過率僅分別爲36.9%與52.0%（陳宏銘，2011：89）。回過頭來看，國民黨一致政府時期的若干處境與民進黨分立政府在2000年執政初期

---

[9]　2014年9月在所謂「九月政爭」後，立法院院長王金平不再受邀參加五人小組高層會議，改由國民黨政策會執行長參與，這種情況延續直至朱立倫和洪秀柱擔任黨主席時。在其間，金溥聰在擔任國安會秘書長時，於2014年3月31日加入此高層會議，出席人員增爲六人。

表4-6　國民黨黨政平台

黨政平台名稱	時間	性質
府院黨高層會議 （五人小組）	星期一	在總統府召開例行性的府院黨五人小組會議。 五人小組會議重要的功能，是扮演溝通平台，包括政務、立法院的民意，及黨務資訊溝通的場所。
中山會報	星期二	並非正式的一個組織架構，它是臨時編組的，黨主席主持。
中常會	星期三	黨主席主持的中常會。行政院部會首長會列席參加，層級最高者為秘書長。
委員會會議	不定期	由立法院各委員會的委員長為主持人，遇有需要政策說明或是法案需要溝通的時候由委員長召集或由行政部門的首長請求委員長幫忙邀集。
政策會協調會報	不定期	中央政策會執行長主持，就重大政策、法案或預算，邀請行政院長、副院長、秘書長、相關部會首長、委員會的委員長、召委，或是全體的委員溝通。
府院黨三秘會議	定期	由府院黨三位秘書長定期會商，作為掌握民意、解決民怨的黨政運作平台。

資料來源：依陳宏銘（2013）修改。

相似。因此在黨政關係上，馬總統是否兼任國民黨主席的問題，也逐漸浮上檯面。

（二）馬英九總統兼任黨主席階段

　　2009年6月10日馬英九宣布參加下屆國民黨主席選舉，希望藉此推動更緊密的黨政關係，中常會旋即正式通過增列府院高層及行政院直屬機關之黨籍首長為當然黨代表。國民黨中常會並大幅改組，除了副主席團之外，增加指定中常委席次，納入具決策權的部會首長，改變偏重立院黨團的中常會結構。馬總統在競選期間並指出未來當選主席以後的黨政關係，是要「以黨輔政」，且黨政有所分際，而不是「以黨主政」或「以黨領政」。

　　此次馬英九一人參選黨主席並非理所當然，事實上黨內也曾掀起一股要吳伯雄連任的聲音。[10] 面對相關人士的勸進，吳伯雄不是沒有動心。但他

10　在一場黨內重量級要角的餐會上，曾任主席以及多位院長、副院長、中常委都建議吳伯雄應該繼續競選，即使馬英九總統願意再參選黨主席，他們都願意支持吳伯雄連任（李建榮，2017：225-226）。

考量到如果參選而與現任總統競爭，不論誰贏對國民黨都是輸，他私下對幕僚說：「萬一我贏了怎麼辦？」（李建榮，2017：226）。於是吳伯雄最後決定，把黨主席職務還給馬英九，也化解下屆黨主席可能的競爭場面，因為他的不參選，馬英九以現任總統重任黨主席也就順理成章，大勢所趨（李建榮，2017：226）。

2009年10月21日馬英九正式接任國民黨黨主席，受到馬英九兼任黨主席的影響，該次黨代表、中央委員以及中常委三級代表選舉競爭激烈（李明賢，2009）。馬英九在當選黨主席之後，國民黨並於2013年11月10日舉行第19次全國代表大會，通過黨章修正案：「國民黨黨員為總統時，自其就任總統之日起即兼任黨主席，卸任總統時亦同免兼任之，不適用黨章中有關黨主席選舉產生及任期之規定」。易言之，總統即當然兼任黨主席。

其後，金溥聰在廖了以之後接任黨的秘書長，主張國民黨必須轉型成「選舉機器」。再者，他除以「變形金剛」形容黨的選舉機器外，又以「雨傘理論」說明黨務革新，欲打造「選舉時打開來，沒有選舉時收起來」的選舉機器。馬總統在這個階段中欲藉由兼任黨主席來強化對政黨的掌握，並改善黨政關係的運作，至於，國民黨是否要定位為「選舉機器」，未見他有對外明確的說法，應是金溥聰採取較主動的構想（陳宏銘，2013）。

在這個階段中，馬英九身兼黨主席，故可以透過黨的機制直接領導國民黨，譬如可以直接主持中山會報、中常會，並以黨主席身分直接對黨籍從政黨員下達黨的命令，這是未兼任時無法採取的作為。不過，馬總統回任國民黨主席後，雖定位中常會為政策溝通平台，但過去中常會議案只要經工作會議同意，即可進入中常會，然而現改由工作會議同意之後，尚須送中山會報同意才送至中常會，中常會的一些功能被質疑弱了不少。

（三）馬英九總統與朱立倫黨主席階段

由於2014年國民黨在「九合一選舉」中失利，馬總統因為敗選扛責，辭去黨主席職位，其後由新北市市長朱立倫在2015年1月間擔任黨主席。此一階段是馬總統第二次未兼任黨主席的時期，而在這階段中從多數民意調查

結果顯示，馬英九總統的聲望大幅下降，加以任期即將結束，已經被普遍視為出現跛腳狀況。因此，這次總統未兼任黨主席的原因與第一次在主觀意願和客觀條件上均有所不同，而其所造成的政治影響也有所差異。

由於當時朱立倫是唯一的國民黨籍直轄市市長，被視為最有實力代表國民黨角逐2016年總統大選的政治明星，而此時馬總統的聲望已與2008年甫上任時不可同日而語。因此，朱立倫所扮演的黨主席角色具有一定程度的自主性和實權，與吳伯雄僅具名多於實的黨權相較，不是在同一個級別上面。

朱立倫接黨主席後，黨政之間的關係營造，主要針對黨中央與行政、立法權的互動採所謂的「雙軌制」。與行政權互動部分，黨主席除參與總統府府院黨高層會報而直接參與決策外，在中常會上也要求行政首長報告政務，溝通行政作為。與立院黨團互動部分，試圖讓部分黨籍立委兼黨職直接參與黨決策，以及黨秘書長和政策會與黨籍立委之溝通。朱立倫在黨決策機制部分亦做出重大改變，即取消中山會報，而中山會報是馬英九早在2005年首度擔任黨主席時即設置。按國民黨黨章明定，中常會是全代會閉會期間黨內最高權力機關，但其功能卻逐漸被「中山會報」取代，惟中山會報並無黨章之基礎。其次，根據媒體分析，朱立倫接連一段時間並未出席每週一中午在總統府舉行的黨政高層會議，並且在國民黨總統提名初選的關鍵時刻，請假不主持週三的中常會（張詠，2015）。

再關於作為黨主席的自主性，在立法院院長王金平黨籍案中，朱立倫決定撤回此案的上訴，此一作為與馬英九立場衝突，致馬總統正式發表聲明：「本人必須嚴正表示失望與不能認同。我一向認為，國民黨是一個有是非、講道義的開國政黨，面對大是大非的司法關說爭議，國民黨不能鄉愿，也不能和稀泥，必須捍衛黨的核心價值，否則無以對百萬黨員交代」。對此，朱立倫亦表示：「重視程序正義、大是大非，不同的意見，彼此尊重」（李雅雯，2015）。最後，朱立倫推動內閣制修改，馬英九是被動的和消極的支持，並不看好，而最後此波憲改之推動並未有具體成果。在朱立倫擔任黨主席的階段，國民黨人士有時會出現要聽從「朱意」還是「馬意」的困惑。究竟此時是以黨輔政或黨政分離，也不易判斷。

綜觀此階段，馬總統儘管在當時聲望和影響力處於執政以來最低迷的狀態，但他並非虛位元首，憲政體制的運作仍是半總統制，他仍握有國民黨政府在人事和政策上的實質權力或影響力，其對政黨的影響力亦未完全消退。隨著朱立倫在黨內的領導並不如預期順利，以及經歷「換柱」事件後威信受創，聲望亦走下坡。

（四）馬英九總統與洪秀柱黨主席階段

2016年1月，朱立倫因國民黨在總統和立法委員選舉的挫敗下辭去黨主席，之後暫時由副主席黃敏惠短期代理主席，接著由洪秀柱在3月30日就任。

洪秀柱接任黨主席之後，由於國民黨總統敗選而成為在野黨，同時在立法委員選舉也失利，讓民進黨一舉獲得國會過半數席次，如此一來國民黨能夠與民進黨競爭和角力的重心便是在立法院。因此，這個階段的黨政關係也必須從這個角度理解。確實，國民黨黨團的自主性高漲，黨籍立委亦力求表現，例如國民黨立法院黨團決議要求直選政策會執行長。不過，洪秀柱亦欲掌控立法院黨團，不僅上任後即坐鎮立院黨團大會，且雖承諾黨團可直選總召，總召也會是當然的「政策會副執行長」，試圖爭取讓黨團的向心力以及與黨中央政策會更緊密連結（施曉光，2016；楊毅，2016）；然而，政策會執行長卻未如黨團所期待由直選產生，反而係由非立法委員身分的蔡正元前立委擔任。再者，洪秀柱於「肯亞案」中曾致電黨團，不滿黨團對於立法院向陸方所發出的朝野共同譴責聲明中，將台灣與中國併陳，讓「兩國論」入文有意見，並指責代表黨團協商的黨團幹部為綠營背書（周志豪，2016）。不過，由於政策會執行長一職與立委脫鉤，非現任立委擔任，其成為單純的黨務主管後，無法在國會前線督軍，亦不能參與朝野協商，黨主席與黨中央的角色與功能處於較不確定的狀態。

洪秀柱擔任主席期間除了欲強化對黨團的掌控外，另一項值得觀察的是她與馬英九總統之間的互動平台。如前所述，在馬英九總統執政時期，黨政互動平台之最高層級為在總統府每週一召開的府院黨高層會議，馬英九在洪

秀柱上任之初，即邀請她出席，在520卸任前建立好黨政合作機制。然而，從後續的觀察來看，這個平台並沒有成爲洪秀柱與馬英九進行黨政互動的重要機制。

（五）綜合分析

前述黨政關係的發展，一開始馬英九於2008年就任總統後，由吳伯雄擔任國民黨的黨主席，吳伯雄雖然也相當「尊馬」，但當時的黨政互動平台並未發揮效果，黨政關係傾向處於「黨政分離」的狀態。所謂「黨政分離」並非指當時的政府不是國民黨政府，也並非指政府與國民黨完全脫鉤，而是指由於總統並未兼任黨主席以及黨與政之間無法有效連繫和整合，以致黨未能成爲政府施政的有力支持。即使當時總統府定期召開府院黨高層會議，總統和黨主席於此可見面商討，但總統無法實際參與黨內的決策機制並發號施令。

源於黨政分離所帶來之困境，馬總統意識到他必須改變現狀，選擇自己身兼黨主席來因應挑戰。在總統兼任黨主席這個階段中，馬英九將黨政關係定義爲「以黨輔政」。總統身兼黨主席之後，可以透過黨的機制直接領導國民黨，譬如可以主持中山會報、中常會，甚至是在非正式場合以黨主席身分下達黨的命令。由於此時總統和黨主席是同一人，也會產生究竟馬英九是基於總統的職權還是國民黨黨主席的身分在對黨內進行領導和下指示之疑惑。黨政關係演進到馬英九總統第二任任期中之後，在朱立倫與洪秀柱階段，又轉回總統未兼任黨主席的狀態。這個階段，馬英九欲在黨內貫徹意志已經力不從心，這固然與他在當時的聲望下跌顯著有關，但他未能正式參與黨的決策應是很關鍵的因素。一位聲望很高的總統，如2008年他甫就任總統之初，在未兼任黨主席之下，他依然無法得心應手的對黨加以領導、駕馭。由此可見，總統是否同時爲執政黨的黨魁，位居台灣半總統制下黨政關係金字塔體系中的頂端，具有牽引黨政運作其他次級體系的作用。

三、總統兼任黨主席與否和其意志之貫徹：以如何推動法案為例

本文前述乃從黨政關係的結構面做一歷史變遷的描述與分析，焦點在總統是否兼任黨主席這個主軸。以下，同樣在這個主軸上，擬進一步就總統是否兼任黨主席在法案推動行為這個面向為例，更具體分析馬英九執政時期的總統如何貫徹其意志。選擇法案推動行為為觀察面向，其考量在於任何一位總統都會在意其政策的落實，以求政績的表現，而法案是政策的法律化，總統其任內重要法案能否在國會順利推動通過，無疑最值得觀察的面向之一。再者，我國總統並無向立法院提出法案的權力，亦無法主持和出席行政院會議，參與行政機關政策之決定，因此，總統欲推動法案，只循憲法體制內的機關和管道實在難以伸展，此時政黨的機制以及總統可參與的黨政互動平台，便扮演重要的角色，尤其是當總統兼任黨主席之時可資運用的有力管道。

相較於陳宏銘（2012）年僅涵蓋四年任期資料的研究，本文之分析是建立在目前為止學術界對馬英九最完整的八年總統任期的資料基礎上。此處所探討者，主要限縮在總統對特定法案表達支持態度的行為，重點在於總統透過什麼場合與機制表達、宣導，甚至是下政策指示？所表達的偏好強度又是如何？所觀察的場合與機制，包括政府體制之內與體制之外，如總統府內之政府官方場合、政黨內部（如中常會）、黨政平台與民間場合，甚至是社群網路之臉書（Facebook）等等。至於表達強度，則可分為以下三個等級：1.「強度1」：主要僅止於表達對法案的支持偏好與政府推動立場，或者說明法案相關進度；2.「強度2」：涉及對法案內容表達了具體的見解和建議，對立法進度和議事程序要求，或對要求特定部門支持或協調；3.「強度3」：明確下達要求法案儘快通過，於會期中務必通過，基本上是總統對法案通過時限表達較強烈態度。

透過上述方法，我們可以更具體真實的掌握總統治理的實務。另外關於法案的部分，主要以行政院所提優先法案（重大法案）為主；而總統對這些法案表達支持態度的行為，主要透過新聞檢索與總統府網站的「總統府新聞

稿」的檢視，雖然不一定所有報導資料均毫無遺漏的掌握，所以以表4-7至表4-10所呈現的數字並非絕對的，但檢索的範圍相當大，所蒐集的新聞資料應有相當的代表性。

我們可以就馬英九八年的總統任期，先分爲兼任黨主席與未兼任黨主席之情形加以分析。根據作者對這八年完整任期的重要法案報導的分析，不論是其在第一任或是在第二任之任期，馬總統在兼任黨主席時除在政府場合（特別是在總統府內）以及民間和私人場合之外，也能透過黨內機制，如中山會報、中常會，表達其對重要法案的態度和推動立場，而其發言次數甚至高於政府官方場合和黨政平台，且其發言內容的強度（要求法案三讀通過的急迫性）也不低（表4-7、表4-8）。[11]

如果就兼任黨主席時期，再就其任期區分第一任時與第二任時做比較，研究發現，在第一任時，馬英九在黨內機制的發言高於政府場合，黨內的中山會報（13次）與中常會（17次）的表達次數共計有30次，高於包括

表4-7　馬英九總統第一任任期的法案推動：兼任黨主席時

偏好強度	表達場合							
	政府官方		政黨內部		府院黨高層會議（五人小組）	其他黨政機制	民間	合計
	總統府	其他	中山會報	中常會				
1	7	5	1	4	0	0	2	19
2	8	1	8	6	6	2	6	37
3	5	1	4	7	5	2	4	28
次數	20	7	13	17	11	4	12	84
平均強度	1.9	1.4	2.2	2.2	2.5	2.5	2.2	2.1

說明：本表由作者自製。

資料來源：立法院國會圖書館《新聞知識管理系統》；中華民國總統府新聞稿。

---

[11] 關於總統兼任黨主席對於其推動法案三讀通過有無影響，也受到研究者關注，馬英九總統執政時期之研究請參閱陳宏銘（2012），陳水扁總統執政時期之研究請參考李鳳玉與黃建實（2015）。

表4-8　馬英九總統第二任任期的法案推動：兼任黨主席時

偏好強度	表達場合								
	政府官方		政黨內部		府院黨高層會議（五人小組）	其他黨政機制	民間	個人臉書專訪	合計
	總統府	其他	中山會報	中常會					
1	20	3	2	5	0	3	22	3	58
2	18	5	10	10	2	11	6	5	67
3	15	8	11	13	9	8	8	1	73
次數	53	16	23	28	11	22	36	9	198
平均強度	1.9	2.3	2.4	2.3	2.8	2.2	1.6	1.8	2.1

說明：本表由作者自製。

資料來源：立法院國會圖書館《新聞知識管理系統》；中華民國總統府新聞稿。

總統府（20次）和其他政府場合（7次）。在第二任時，馬英九在政府場合尤其是總統府的發言次數（69次）則反過來要高於黨內機制（51次）；另外府院黨高層會議的次數在第二任也下降，相對的民間和臉書增加。府院黨高層會議的次數之所以下降，一個合理的解釋原因是2013年發生「九月政爭」後，一段時間內該會議不再召開。整體而言，在兼任黨主席時期，馬英九雖然常透過黨的機制貫徹意志，但愈到後期，這樣的情況相對於其他場合是不增反減。

再就總統未兼任黨主席時期來看（表4-9、表4-10），共涵蓋吳伯雄、朱立倫與洪秀柱三位黨主席任內。先就總體情況來看，由於總統未兼黨主席，所以完全沒有總統在透過黨內機制貫徹立法意志的案例，其推動行為集中在政府官方或府院黨高層會議以及民間場合。

進一步的，再以第一任與第二任兩個階段來做比較，研究發現雖然兩個階段中總統同樣都未兼黨主席，都需藉由政黨內部以外的渠道和場合表達和貫徹立法意志，但兩者的模式亦有差異。在第一任的2008年執政初期，總統運用府院黨高層會議的表達法案推動態度次數達21次，是所有場合中最高者，高於總統府（13次）與其他場合。但從第二任2014年12月之後的第

表4-9　馬英九總統第一任任期的法案推動：未兼任黨主席時（吳伯雄任黨主席）

偏好強度	表達場合							
	政府官方		政黨內部		府院黨高層會議（五人小組）	其他黨政機制	民間	合計
	總統府	其他	中山會報	中常會				
1	3	0	0	0	0	0	2	6
2	4	0	0	0	4	1	2	11
3	6	3	0	0	17	3	3	31
次數	13	3	0	0	21	4	7	48
平均強度	2.2	3	0	0	2.8	2.8	2.1	2.5

說明：本表由作者自製。

資料來源：立法院國會圖書館《新聞知識管理系統》；中華民國總統府新聞稿。

表4-10　馬英九總統第二任任期的法案推動：未兼任黨主席時（朱立倫、洪秀柱任黨主席）

偏好強度	表達場合								
	政府官方		政黨內部		府院黨高層會議	其他黨政機制	民間	個人臉書專訪	合計
	總統府	其他	中山會報	中常會					
1	2	4	0	0	0	0	3	0	10
2	2	0	0	0	0	0	12	0	14
3	0	1	0	0	0	0	4	1	6
次數	4	5	0	0	0	0	19	1	30
平均強度	1.5	1.4	0	0	0	0	2.0	3	1.7

說明：本表由作者自製。

資料來源：立法院國會圖書館《新聞知識管理系統》；中華民國總統府新聞稿。

二次未兼任黨主席階段，情況有所轉變，從表4-11中發現，竟無府院黨高層會議和其他黨政機制的次數，相對的民間非官方的場合次數最多，並明顯高於政府官方場合。[12]確實，在朱立倫擔任主席時，府院黨高層會議重要性也

---

[12] 關於府院黨高層會議和其他黨政機制的次數為零，並不表示馬總統事實上完全沒有表達法案態

更趨降低，朱立倫也有段時間不怎麼出席。至於洪秀柱主席時間因爲時間較短，但確實也未聞此一期間府院黨高層會議的重要機能。

四、馬英九與陳水扁兩個時期之比較

本文以下將進一步比較陳水扁與馬英九兩個案例，呈現其中的同與異。陳水扁與馬英九在總統任期之初均以全民總統自居爲由而未兼任黨主席，卻在執政的任期中踏上兼任之路，這是兩者相同的部分，而究其因，可從宏觀的歷史的與制度的因素加以理解。

所謂歷史的因素係指台灣曾經歷過一段長期的黨國不分、以黨領政的威權統治，在黨國體制時代，與其說是總統兼任國民黨黨主席，不如說是正因爲能成爲國民黨的最高領袖，也才可能成爲國家的最高領導人——「總統」。這個情況在蔣中正、蔣經國，甚至是李登輝時期，都是鐵的定律和法則。總統兼任黨主席在當時是常態，未兼任（嚴家淦任總統時）反而才是異常。此一歷史遺緒在台灣政治民主化後，逐漸受到各方的質疑：「總統作爲國家元首，是否應該不涉入政黨事務，而維持超然的身分？」

以上述角度來觀察陳水扁的全民總統以及馬英九「退居第二線」，都源自於總統身兼政黨領袖並不是一件可以贏得人民讚許的事。這並非指他們主觀上不想在政權和黨權上同時兼而得之，而是有客觀環境的因素。這種客觀的環境，主要是來自人民對總統掌黨權的觀感與超出黨派的期待。譬如，根據一項針對陳水扁與馬英九兼任黨主席的民調顯示，認爲兼任黨主席是「不適當」的受訪者，分別有46.8%與59.6%，相對的，認爲這是「適當」的，僅分別爲21.4%與20.8%。[13]此外，若以「自由之家」（Freedom House）的評比中屬於「完全自由」（free）的國家與「部分自由」（partly free）做比較，在屬於完全自由國家的50個總統個案中，兼任黨主席者僅9位，占18%

度，因爲數字並非絕對的，而是檢索新聞報導和總統府新聞稿結果所示。由於我們所採取檢索的方法一致，所以即便數字是相對的，但可一窺不同場合的相對多寡。

[13] 台灣指標民調發布（2013年7月1日），分別在2004年6月針對陳水扁（當時係由年代民調所設計與執行），2013年7月針對馬英九所做之調查。

表4-11　自由之家評比下半總統制國家總統與總理兼任黨主席情形

國家類型	總統是否為黨主席次數（百分比）		總理是否為黨主席次數（百分比）			
			總統與總理同黨時		總統與總理不同黨時	
	是	否	是	否	是	否
完全自由國家	9(18)	41(82)	16(16.3)	29(29.6)	33(33.7)	20(20.4)
部分自由國家	24(64.9)	13(35.1)	4(4.1)	42(42.9)	20(20.4)	32(32.7)

本表由作者自製。

資料來源：World Statesmen.org網站、NationMaster網站。

（表4-11），一面倒的多數情況是未兼任。本文雖然不欲對民主程度與總統兼任黨魁的相關性遽下結論，不過由這些數據來看，我國總統兼任黨主席仍背負外界對於其維持超然的國家元首的質疑。

　　再者，陳水扁與馬英九當選之初都有不利兼任黨主席的因素，陳水扁面臨民進黨在國會中居於少數的劣勢，且同時當時是台灣首次政黨輪替，他有需要淡化民進黨一黨執政的色彩，其所籌組的全民政府內閣閣員多非民進黨人士，甚至包括了若干非黨派成員。根據一項針對半總統制國家的研究指出，內閣組成中，非黨派的成員愈多，表示總統對於內閣的影響力愈大（Schleiter and Morgan-Jones, 2010）。全民政府的出現，也顯示陳水扁當時對政府人士的決定權達到高峰。相對的，馬英九則是因為行政和立法多數一致的完全執政優勢，也無兼任黨主席的迫切需要，況且吳伯雄的黨主席任期也未到。

　　陳水扁與馬英九任期中是否兼任黨主席也深受制度的影響，即實權總統的政府體制對黨政關係的牽引作用。在本文中，我們使用總統國會制來指稱台灣半總統制的次類型，並納入總理（行政院院長）是否兼任黨魁以及其負責對象之討論，有別於過去的研究。與陳宏銘（2009）之研究相似，雖然該研究使用總統優勢的半總統制概念，但同樣都傾向於指涉總統相較於總理（在我國即行政院院長）權力較大的類型。確實，在兩位總統任期內，除了

因為任期之初或扛敗選責任，又或是特殊情況下未兼黨主席外，主要時期仍傾向是兼任的。並且在未兼任的時期，無一是由行政院院長擔任執政黨黨主席。很明顯的，若是行政院院長兼任黨主席，其將是執政黨的最高領袖，這是傾向議會內閣制的特色：由多數黨黨魁擔任總理，這與總理須向總統和議會負責的總統國會制下之權力邏輯是相背的。因此，我國歷任總統傾向兼任黨主席，乃深受我國半總統制結構之影響；換言之，憲政體制對於黨政關係的型態所產生的作用，從本研究對兩個總統案例的比較和歸納，再次獲得確信。這項研究結論，也符合本研究30個半總統制國家經驗的歸納結果。

　　我國半總統制的設計，除了可以解釋兩位不同黨籍的黨主席以及不同府會關係下〔陳水扁處於分立政府（divided government），馬英九處於一致政府（unified government）〕的總統，任期的多數時候都接任黨主席，也同樣可以解釋兩者為何都不約而同建構了多層次的非體制內的黨政互動平台，包括同樣都在總統府召開的府院黨高層會議，只是參與人數略為不同而已。其原因，即由於形同內閣制內閣會議的行政院會議係由行政院院長主持，我國憲法並未賦予總統正式的政策決定機關，國家安全會議僅是總統做成國家安全大政方針的諮詢機關，總統除了緊急命令的發布之外，亦無發布具有法律效力的行政命令或總統令之權。在此情況下，陳水扁和馬英九會設法在體制外尋求黨政互重平台的建置，也是迫於制度的約制使然。但陳水扁的「九人小組」府院黨高層會議在2002年他兼任黨主席後，便停止運作，因他既已身兼黨主席，進行「黨政同步」，無需再多此一舉。相對的，馬英九的五人（亦曾六人）府院黨高層會議終其任期並未完全停止其運作。

　　除了上述相同之處外，兩位總統的經驗同中也有異，其中不同的府會黨派結構因素，以及民進黨和國民黨政黨組織屬性因素的差異扮演了關鍵作用。首先，關於府會關係，陳水扁面對的是民進黨在立法院持續未能掌握過半席次的分立與少數政府難題，而馬英九則是立於行政和立法由國民黨掌握多數的一致政府和「完全執政」優勢。陳水扁和馬英九是否兼任黨主席以及黨政關係的強化，都是為了順利的執政，前者主要目標在於「突破少數的困境」，而後者在於「鞏固多數的優勢」。為了突破少數困境，陳水扁執政之

初刻意創設前所未見的「全民政府」，並且未兼黨主席以示超然。為了鞏固多數，馬英九則不得不在上任一年半後接任黨主席，從第二線站到第一線。

　　其次，政黨的屬性也影響其與政府之間的關係，民進黨相較於國民黨，從其政黨的起源開始即具有選舉專業型政黨（electoral-professional parties）以及派系共治的特性；[14]國民黨是革命政黨起家，組織內部的核心人士並非選舉專家，相對的政黨本身係一龐大的官僚系統，且國民黨有其黨營事業和不容低估的黨產，相對的具有大眾官僚型政黨（mass bureaucratic parties）的特徵（陳宏銘，2013）。民進黨是選舉起家，黨民選公職人員在黨內的地位甚高，加以派系共治和山頭菁英的群雄並起，更容易弱化黨中央和黨領導人的權威。歷來民進黨內部菁英便沒有如國民黨般官僚層級，這對陳水扁欲藉由掌握黨權來突破國會中的少數困境並非絕對順利。然而，我們觀察到，也正是因為少數政府的困境，以及陳水扁為民進黨首度贏得中央執政權，其聲勢和黨內權力在任期的前期和中期處於高峰，於是黨內派系也被迫弱化其影響力，甚至通過了解散派系的決議。陳水扁的意志，多數時候是能夠貫徹到行政部門和立法院黨團的。根據李鳳玉與黃建實（2015）的研究，民進黨雖然在立法院並未掌握過半席次，但陳水扁透過兼任黨主席，能夠使政府提案的通過率較之於未兼任期提高。

　　不過，民進黨作為執政黨，雖然當陳水扁兼任黨主席時中央黨部黨工的地位顯著提升，但中常會仍非陳水扁賴以做成政策決定的重要機制。根據對陳水扁對法案表達態度和推動的實證研究顯示，在第一個任期未身兼黨主席時，他以政府與民間為主要場合，直至2002年7月就職黨主席後，政黨內部的機制如中常會、中執會等才成為他傳達法案態度的可能管道。陳水扁第二任時，總統府和民間場合更明顯成為他表達法案態度的主要場合，而中常會的法案表達次數非常有限，透過政黨和黨政平台表達態度的次數較第一任少

---

[14] Panebianco（1988: 264-67）曾提出「選舉專業型政黨」（electoral-professional parties）與「大眾官僚型政黨」（mass bureaucratic parties）的分類。所謂「選舉專業型政黨」，係由職業性的專家擔任政黨核心角色以完成專業化的工作。同時，政黨是一種選舉的政黨，訴諸選民中的意見分子，組織內垂直的連繫較弱。

很多。推測其因有三：一是此任期中總統兼黨主席時間甚短，僅約十個月的時間；二是陳水扁的決策模式漸漸成型，即他主要不是透過黨內正式決策機制或黨政協調平台做成，而是在此之前他已有所定見；三是民進黨政府在此一時期被許多政治議題的討論占據議程，陳水扁在此針對特定法案的討論就少很多（陳宏銘，2014）。

相對的，馬英九所屬的國民黨在立法院雖握有過半數席次，如果國民黨黨團和行政部門合作無間，國民黨立委與黨籍總統立場一致，則不會發生要黨政關係改善的問題。但從若干重要法案的立法挫敗，如2009年底至2010年1月初「美牛案」中涉及的《食品衛生管理法》第11條修正案以及2010年12月間「二代健保」法案（《全民健康保險法》修正草案），可知國民黨黨團並非馬英九能完全掌控。確實，根據陳宏銘（2012）的研究，馬英九即使兼任黨主席，在其推動的重大法案在立法院的通過率並不高，這與前述陳水扁兼任黨主席在立法通過的情況似乎有所不同。馬英九也意欲突破國民黨既有的官僚和決策體制，例如創設了在中常會召開前的另一機制：中山會報，以求更有效率的決策。然而，他仍未能有效令國民黨黨團貫徹其立法意志，甚至無法取得同黨籍國會議長王金平的有力配合。由於其聲望的下降，在其第二任任期的中後半段，有無兼任黨主席，府院黨高層會報是否召開，似乎已經不再是其統治權行使的關鍵了。

伍、結論：兼論台灣案例的思考

本文針對半總統制下總統兼任黨魁與否之問題，建立在最多國家經驗基礎以及半總統制次類型概念，分析台灣馬總統執政時期案例，同時也比較了陳水扁執政時期的經驗。本文的研究發現，可以歸納為以下幾方面。

首先，在馬英九總統八年任內，儘管曾出現未兼任國民黨黨主席的情況，不過相對上多數時期仍是由他兼任。對於此一情況的解釋，可以從憲政

體制的因素來加以理解。根據跨國資料顯示，雖然在半總統制國家中，出現總統兼任黨魁的比例居於相對少數，但若考量半總統制之下有不同的次類型，那麼情況可能有所不同。本文藉由Shugart與Carey提出的總統國會制與總理總統制的分類比較發現，總統國會制下總統較易兼任黨魁，具體而言有過半數的總統兼任，而台灣的憲政體制傾向具有濃厚的總統國會制特點，因此是符合跨國比較下的模式。

　　其次，如何解釋總統國會制下總統較易兼任黨魁？可能的一項重要原因是在此種體制下總統掌有對總理去留和行政權的較大控制權，是故總統若擔任黨主席更有助於前述權力的運使以及對政黨的領導。進一步而言，在此種總統優勢的半總統制類型下，倘總統未兼任黨主席，則他除了因為無法同時兼任行政院院長，而須費心選擇一位忠於其理念和聽話的代理人之外，又必須同時在政黨中建立代理人，在治理上何其不方便。尤有甚者，總統無法出席行政院會議，憲法缺乏賦予總統常態性的政策決定機制，其需要費力建立體制外各種決策諮詢機制和黨政聯繫平台，再加上總統若無法有效掌控政黨，會發生總統意志與黨意可能的落差等現象。若總統兼任黨主席，則剩下只需尋找他領導行政權的代理人，即行政院院長。

　　這可以解釋為何國民黨一如民進黨一樣，修改黨章讓擔任總統的黨員同時擔任黨主席。但並不是每個總統優勢的半總統制國家都如此，換言之，一定還有其他因素必須考量，諸如該國的憲政傳統對總統所設下的角色期待，或與政黨體系特質或政黨本身特性有關，以致總統無需兼任黨魁，因並不妨礙其實質上就是黨的領導人。整體而言，即便我們無法從半總統制（及其次類型）的特性單獨解釋這些現象，但憲政體制變項確實提供一項核心而重要的解答。

　　再者，總統兼任黨魁對於政黨的掌控只會更強而不會更弱，甚至對黨政關係的運作有可能有所助益，但總統亦可能要付出代價，除總統作為國家元首的中立角色被認為有所損傷外，主要的在於其作為黨的領袖必須承擔黨的成與敗之責任。換言之，兼任黨魁的總統會出現隨著其所屬政黨在國家重要選舉中的勝與敗而有所進退；這可以解釋馬英九在2014年底卸下黨主席一

職，也可以解釋陳水扁執政時的相關案例。

　　此外，由於總統是否同時為執政黨的黨魁，位居黨政關係體系金字塔中的頂端，具有牽引其他次級體系的作用，因此馬英九有沒有兼任黨主席，其黨政運作模式自然有所變動。具體而言，馬英九身兼黨主席時，透過黨的機制直接領導國民黨，譬如他延續之前自己所創設的中山會報，黨主席才可以主持這個會議，也可以主持中常會，並以黨主席身分透過各種黨內機制直接對從政黨員下達黨的命令，這是未兼任時無法採取的作為。

　　最後，本文也納入陳水扁執政個案與馬英九個案加以比較，他們分別代表民進黨和國民黨，也分別處於分立政府與一致政府之不同府會結構下，這可以提供我們更進一步驗證半總統制在不同的個案下的制度效果。經由兩個個案的比較，本研究再次確認，無論是陳水扁或是馬英九之執政，半總統制的制度因素對於總統是否兼任黨主席以及相關的黨政運作型態，扮演重要的牽引作用，架構了其中基本的發展軸線。我國半總統制的設計，除了可以解釋為何兩位不同黨籍的總統，其任期內多數時候均兼任黨主席，也可以相當程度地解釋為何他們都不約而同建構了多層次的非體制內之黨政互動平台和機制。當然，細部的比較，兩位總統的經驗，同中亦有異。比如他們處在不同的府會黨派結構下，以及分屬民進黨和國民黨之不同政黨組織體之下，相關的黨政關係操作亦有所差異。

　　從本研究思考整體台灣案例的經驗，若未來能再擴增新的總統個案，則能更進一步驗證上述研究發現。以目前來看，2016年5月民進黨重新取得中央執政權，蔡英文在就任總統後自始即兼任民進黨黨主席，此一現象也符合本研究對於實權總統傾向兼任黨主席的預期。同時，蔡英文於2016年10月間嘗試在憲政體制之外定期召開黨政高層會議「執政決策協調會議」，作為總統府、行政院與民進黨重大決策討論常態化之機制。不過，由於外界對於在總統府召開「執政決策協調會議」有不同的聲音，因此在2017年2月後便改為不定期召開。由於蔡英文執政時期迄今（2017年6月）剛滿一年，未來任內是否會持續兼任黨主席，其具體的黨政運作模式是否定型，都有待未來進一步的觀察以及學術界的研究。

沈有忠

壹、前言：當代的半總統制研究

　　關於憲政體制的研究中，半總統制（semi-presidentialism）備受關注的程度日益增加，主要的原因之一，就是愈來愈多的民主國家先後設計了一部半總統制架構的憲法。雖然不同的研究者對於半總統制可能有不同的定義，但是大抵上而言，這些定義幾乎都可以將Duverger最原始的定義視爲最大公因數。而在這些不同的定義下，被歸類爲半總統制的國家數目都相當可觀。[1]有些研究甚至指出，採用半總統制的國家已經超過採用總統制或議會內閣制的總數，成爲目前全世界最多國家採用的憲法架構。[2]在這一波半總統制研究的浪潮中，依據對半總統制研究的主題來區分，大致上可以分爲三類。第一類就是延續Duverger對於半總統制的定義持續加以細緻化或是釐清相關的爭議（例如Sartori, 1997; Elgie, 2007; Shugart and Carey, 1992等）；第二類則是以單一個案的分析或是少量個案的比較研究；[3]第三類的研究嘗試建構半總統制運作的一般性理論，但這類的研究並不多見，主要是集中在以其他變數（例

*　本章曾刊登於《臺灣民主季刊》，〈半總統制「權力總統化」之比較研究〉，2012年，第9卷第4期，頁1-36。本章資料均更新至2017年，並略有增修。

1　依據Robert Elgie於2008年的統計，約有55個國家歸類爲半總統制國家；依據Yu-Shan Wu同年的統計，約有34個國家。

2　依據Samuels與Shugart的統計，至2005年爲止，81個民主國家中，有29個國家歸類爲半總統制；28個國家歸類爲議會內閣制；24個國家歸類爲總統制。這表示有65.4%的民主國家有一個直選總統，而半總統制是三個類型中最多國家的一個類型。請參見Samuels and Shugart（2009: 6）。

3　針對單一半總統制國家的討論文獻較爲豐富，最具代表性的屬於Robert Elgie所彙編的一系列叢書，分別針對歐洲地區（1999）、非歐洲地區（2007）以及中東歐地區（2008）等的半總統制國家進行討論。請參見Elgie ed.（1999）；Elgie and Moestrup eds.（2007）；Elgie and Moestrup eds.（2008）。

如政黨體系、總統權力等）來對半總統制運作的過程進行次類型化的比較。[4]第二類與第三類的文獻經常是一種相互補充的情況，而受到個案增多，加上半總統制本身運作具有高彈性的影響，整體來說相關的理論仍處於初始建構的階段。

另外一種對既有文獻的分類方式，是將制度研究依據不同階段分成三個部分來討論。如果鎖定在制度本身，也就是研究制度的設計、運作與影響，則所有的憲政類型都可以將相關研究分為上、中、下游的階段研究。以半總統制研究為例，所謂的上游研究，指的是研究這些國家在哪些變數影響下設計出半總統制的憲法（例如Elgie, 2008）。而中游研究指的是半總統制運作的特殊性，也就是比較這些半總統制國家在其他變數影響下（例如政黨體系、選舉制度、府院會三角關係等），憲政運作的特殊性或穩定程度（例如吳玉山，2002；Lin, 2008；林繼文，2006；Wu, 2003；沈有忠，2004等）。下游研究指的則是制度影響或轉型，也就是討論為何有些半總統制國家（例如芬蘭、摩爾多瓦）會朝向議會內閣制轉型（例如Nousiainen, 2001; Raunio, 2004; Roper, 2008等），有些甚至崩潰（例如歷史上的威瑪共和，Skach, 2005; 沈有忠，2009）等。亦有些文獻嘗試透過一些中介變數，先分析半總統制的穩定程度，再由此推論兩岸關係的可能發展（Lin, 2002）。這三個階段的文獻之中，第三個階段受到實際個案數目的影響，實證的研究只能集中在已經發生轉型（或民主崩潰）的國家，大多屬於單一個案的分析，較欠缺對於半總統制轉型一般性的理論探討。[5]不僅如此，在經驗上也因為僅發生了往議會制轉型，或依照議會制原則運作的國家，而尚未出現徹底往總統制轉型的個案，因此往總統制偏移的研究也相對較少。從以上對半總統制文獻的分類可以發現，這一波的研究確實受到實際個案逐漸增多的影響，較多的研究在於回到定義去釐清半總統制的概念，或是針對甫進入此一類型

4　對於這三類文獻的比較與討論，可以參見沈有忠（2010：2-6）。

5　亦有文獻嘗試針對半總統制上游與下游（設計與轉型）進行少量個案的比較，但屬於非常少見的研究。例如陳宏銘、梁元棟（2007）。

的國家進行單一個案或少量個案的討論。而針對理論意涵上或是半總統制轉型的部分，目前看來較爲單薄。

如前文所述，半總統制國家迄今鮮少有徹底轉型爲總統制國家的實際經驗，但如果把轉型的概念視爲一個連續的過程，則有些國家已經在不同的程度上出現行政權單向朝向總統集中的情況，也就是出現「總統化」的發展特徵。本文所謂的「權力總統化」，在半總統制下有兩個意涵。首先，就行政權內部而言，權力總統化意味著總統具有比總理更強的主導地位；其次，就行政與立法的互動而言，權力總統化也意味著總統比國會具有更強的優勢，也可以說國會無力對總統制衡，或是制衡僅具表面與形式化。[6]基於此，本文研究的焦點如果依據上述對文獻的歸類來說，可以視爲偏重在半總統制轉型的部分，尤其是討論半總統制行政權力集中於總統而非議會化的過程。這可以補充在半總統制研究中，在下游的轉型文獻中，除了往議會制以外，相反方向往總統化移動的情形。此外，必須說明的是，權力的總統化是一個憲政運作的實然現象，並非只制度典範的轉移。因此，權力集中於總統的情況，不一定形成單向性且持續深化，有可能隨著本文分析的自變項產生變化，而隨時減緩總統化的發展，甚至逆轉爲議會化的發展方向。換言之，本文指涉的權力的總統化，是在一些條件配合之下特定的發展情境，而非持續的在體制上朝向總統制來做轉移。

前文以兩種分類方式簡略歸納了半總統制研究的相關文獻，本文於後文分析時，也將逐一與先前探討的部分文獻作進一步的對話。本文第貳節將先就半總統制中行政權二元化的概念，與既有的半總統制定義做一釐清；第參節則探討爲何有些國家出現總統化的運作過程，這樣的過程和第貳節所探討的二元化架構有何延續性或關聯？在實際的理論意涵上有無通則化的可能？

6　總統化的憲政運作可以藉由一些客觀的指標來衡量。Rudalevige在論述美國總統權力的擴張時，即分析白宮提出的法案規模、立法主導權、政府人事主導權、幕僚規模等等。請參見Rudalevige（2002: 105）。半總統制雖然和總統制不相同，但這些指標也可以提供分析半總統制下總統化的參考指標。本文對於總統化的討論，是將其置於依變項的位置，並礙於文章的規模，因此總統化以既定的前提概念化處理，並不另外在後文個案分析時，精確界定總統化的程度。

第肆節則以幾個已經出現朝向總統領導的半總統制國家為個案，例如俄羅斯、台灣、南韓等國家，進一步討論實證的經驗。簡而言之，在問題意識上本文意圖討論的議題就是，為何有些半總統制的國家在運作的特徵上會出現行政權集中於總統領導，且逐漸擺脫國會制衡的趨勢？這樣的研究議題有幾個意涵，首先是補充了半總統制相關研究中較欠缺的轉型研究。雖然權力總統化的運作趨勢無法直接視為徹底的轉型結果，但仍可以視為中游憲政運作特徵與下游憲政運作影響與轉出的一個連結。尤其是在相對多數研究議會化的文獻中，總統化的研究也能做對照的比較研究。其次，基於對台灣憲政運作的關懷，我國從1997年修憲進入半總統制的類型以來，無論總統所屬政黨在國會有無多數，政局都是偏向總統領導的趨勢。究竟哪些因素使得台灣的半總統制無法朝向議會化移動，也不曾出現共治或換軌為行政院長領導政府，而是始終維持總統主導？這是本文研究半總統制個人化的第二個意涵。以下將分別從半總統制的二元行政架構、個人化的傾斜內涵進一步討論，並輔以少量個案來討論解釋通則化的可能性。

貳、總統的制度性與非制度性權力

　　依據Duverger最早對半總統制的定義，總統和總理構成的雙元行政架構是此種憲政類型最顯著的特徵，也是在定義上最具爭議之處。[7]在這樣的定義下之所以具有爭議，最主要的原因是來自於如何定義總統的「實權」，而這也是影響雙元行政如何運作的關鍵變數之一。[8]因此，為了避免這個爭議

7　Duverger對半總統制原始的定義為：1.存在一個具有普選（universal suffrage）基礎的總統；2.這位總統具有一定程度的實權（considerable political powers）；3.另外由總統任命總理，而總統及各部部長行使行政權，並且只有在國會不表示反對下得以持續行使其職權。請參見Duverger（1980: 166）。

8　總統和總理的權力關係可能是分權式的，也可能是分時式的。分權之下呈現的是在相同的時間橫切面上相互競爭或合作；分時則是依據不同的政治環境與條件決定政府的領導者。在本文分析的框架下，係討論分權式半總統制的總統化過程。關於分權式與分時式的比較，請參見沈有忠（2009）。

帶給半總統制概念運作的不確定性，Elgie就將半總統制的概念簡化爲「一個民選而有固定任期的總統，和一個對立法權負責的總理及內閣並存的狀態」（Elgie, 2007: 6）。Sartori則是採取不同作法，把具有爭議的特徵細緻化，他指出半總統制是一種「具有雙元權威架構的體制，行政權之間的平衡或是轉換是基於各自擁有獨立的潛在權威性」（Sartori, 1997: 131-132）。換句話說，依據Sartori的界定，半總統制之下的雙元架構，總統實權的範圍不應該含括了政府組成正當性的元素，例如獨立的任命權或是撤換權。除了放寬或是嚴謹的處理「總統的實權」之外，第三種作法是將半總統制依據總統權力的大小再區分爲兩個不同的子類型。Shugart與Carey兩人進一步將半總統制區分成「總統國會制」（president-parliamentarism）和「總理總統制」（premier-presidentialism）兩種次類型（Shugart and Carey, 1992: 24）。兩個子類型關鍵的差異之一，也在於總統的權力究竟及不及於政府的組成。從以上三種對於原始定義衍伸出的不同討論可以看出，半總統制之下最可能產生實際運作上的差異之處，就在於如何定義總統這個角色，而這也是直接影響雙元行政如何運作的制度條件。觀察總統實際的政治影響力通常藉由兩個指標，其一是總統的憲法權力，也就是實質的、規範性的制度性權力；其二是總統藉由政黨發揮的影響力，也就是非正式的、個人威望式的非制度性權力（Shugart and Mainwaring, 1997: 40）。若是Shugart與Carey所謂的總統國會制，總統可以從制度性權力發揮對政府的影響力；而若是總理總統制，則只能靠非制度性的權力透過政黨間接影響政府（Samuels and Shugart, 2010: 30）。簡而言之，從半總統制的架構觀察，影響雙元行政中，總統領導政府的制度性權力主要在於對政府（任命權）與對國會（解散權）兩個部分，可以歸納並簡稱爲總統的課責權力。非制度性權力則是觀察總統是否爲政黨實質領袖（總統的威望）以及該黨在國會的強度等。以下針對這幾個變數進一步比較。

　　就制度性權力而言，可以從課責的角度來觀察總統權力的獨立性與強度。半總統制既然擁有雙元行政的架構（總統與總理及其領導之政府），兩個行政權在組成與運作上便可能產生各自獨立的政治責任，也可能出現相

互課責的制度設計。就課責架構的角度而言，依據上述對半總統制定義簡短的討論，在雙元行政的架構下，至少有兩條看似獨立的課責途徑是半總統制憲政運作的必要條件，分別是：1.總統透過直選直接向人民負責；以及2.總理領導的政府必須對國會負責。然而，產生爭議之處便在於這兩個行政權之間是否也存在課責管道？亦即，總理領導的政府除了必須對國會負責之外，是否也必須直接或間接對總統負責？另外一點則在於，即使制度沒有安排兩個行政權的課責管道，總統有無可能間接的對總理及政府產生影響力？從這些問題出發，可以發現半總統制的雙元行政架構，提供了多種相互課責的可能，而這些課責的設計也成為政治權力擺盪的重要依據。以下本文分別比較這些不同課責設計的可能情況。

首先，在制度上觀察總理是否必須對總統負責，可以由總統是否具有獨立的任免權作為比較的依據。第一個基本的假設在於，若總統有獨立任免總理或撤換閣員的權力，此時總理及政府不僅需要向國會負責，在制度上總統也因此具有對政府課責的能力。相反的，如果總統僅具儀式上的任免權，總理及閣員的任免僅依據國會信任與否，則總理及政府就僅維持向國會負責的課責管道。然而，總統的實質任免權仍必須搭配其他權力的設計才能較完整的比較總統對總理與政府的課責能力，尤其是總統是否具有解散國會的權力。這個權力的重要性是來自於總理及政府既然必須對國會負責，那麼總統有無權力解散國會，便有可能間接的影響國會對政府課責的過程。因此，第二個基本的假設在於，若總統有解散國會的權力，便有間接對政府課責的影響力。相反的，若總統無解散國會的權力設計，則國會對政府的課責過程便可不受總統影響。事實上，如果總統兼具這兩項權力的制度設計，其實就是Shugart和Carey所謂的「總統國會制」，若總統兩項權力都沒有，就是「總理總統制」。這兩項制度性權力的配置，除了兼具或皆無的組合外，還有另外兩種分別是有內閣任免權無解散國會權，或是有解散國會權無內閣任免權的類型。這兩種類型總統因為只具有影響政府組成的其一權力，因此在使用上也都必須考量另一個權力欠缺下的行使成本。例如，若總統有任免權卻無解散權，那麼任免過程也必須顧及國會的多數狀態，否則即使能夠獨立任

命，國會也能在不受解散的威脅下加以抗衡，甚至行使不信任投票。相反的，如果只有解散權卻無任免權，總統也只能被動的接受由國會選出的總理，即使動用解散國會權，總統在政府組成的過程中仍然處於被動狀態。小結上述四種制度安排的類型，第一種是總統兼具獨立任免權以及解散國會權，也就是典型的總統國會制；另一個極端是總統兩項權力均無，也就是典型的總理總統制；另外兩種分別是總統有內閣任免權卻無國會解散權，或是有國會解散權卻無內閣任免權的折衷類型，這四種類型請見表5-1。

這四種類型是透過制度比較所提供的客觀條件，然而制度僅具政治運作必要條件之特徵，因此要能較為準確的討論憲政運作的過程，仍需要與其他條件一起分析。在半總統制之中，總統與總理的關係是形成二元行政的主要變數，藉由任免權以及國會的立場構築出兩者之間動態的關係。就政府組成或改組的面向上來看，一般而言，無論總統有無自主組成政府的能力，國會都具有不信任投票要求政府進行改組的設計。換言之，國會在政府運作的過程中，即使沒有主動介入組成的權力，也至少具有提出改組要求的力量。因此，即使總統具有自由意志來組成政府，國會是否能藉由穩定多數來影響總統的意志，就成為總統在組成政府時不得不考慮的關鍵因素。因為國會是一個透過政黨體系集體行動的行為者，因此政黨體系成為分析國會這個權力元素的核心變數。加入政黨體系分析總統與國會的關係有以下幾種可能，其一是國會具有高度凝聚力（有明確多數），且和總統黨派立場一致；其二是國會具有高度凝聚力（有明確多數），但和總統黨派立場不一致；其三是國會不具有高度凝聚力（無明確多數），此時不僅總統的黨派在國會沒有多數，即使是在野黨也沒能凝聚一個多數來抗衡總統。如果結合這幾種類型再搭配

表5-1 總統的國會解散權與內閣任命權

	有自主任命權	無自主任命權
有解散國會權	內閣決策必須雙向負責	總統可藉解散國會影響決策
無解散國會權	總統可藉政府組成影響決策	內閣決策僅向國會負責

資料來源：作者整理。

前述對總統制度性權力的組合，可以得到以下假設：一個高度凝聚並且和總統立場不一致的國會，搭配一個制度上較爲受限制的總統，則憲政運作會壓制總統化的發展。相反的，一個不具高度凝聚的國會搭配一個制度上有強大權力的總統，憲政運作則容易偏向總統個人化。[9]值得討論的是，如果一個有高度凝聚的國會，黨派立場和總統一致，是否仍有可能因爲總統不具對總理的課責權力，或是因爲總理具有這個國會的信任，而轉由總理領導政府而非總統化呢？

在國會高度凝聚且立場和總統關係一致的情況下，有些時候仍然是總理領導政府，而不一定出現總統化的現象。一般來說，這是因爲總理也可能藉由作爲實質上政黨的領袖，影響力穿透這個高度凝聚的國會，而得到實質領導政府的正當性。這種情況往往是因爲政治菁英對於半總統制二元行政的憲法架構，是朝向一種分時式的理解，也就是將總理視爲平常時期的政府領導人，僅將總統定位爲代表人民而非代表政黨，且僅於非常時期的過渡領導者。因此政黨的領袖實質競爭的職位是總理而非總統。這種情況外顯的結果是，總理作爲政黨的領導者，透過國會的凝聚力而使半總統制偏向議會制的軌道運作。相反的，如果政治菁英以分權式的角度實踐這部憲法，那麼總統這個職位的意涵不僅是代表人民，更是代表政黨的領導地位，而也必然成爲政黨的領導者。因此，從掌握黨權的角度來觀察，本文的假設是：總統在政黨內的影響力愈高（黨權愈高），憲政運作也愈有可能偏向總統化來發展。藉由上述兩項非制度性權力：政黨體系表現在國會的多數凝聚程度以及黨權的掌握程度的討論，可以發現總統的黨權愈高，且該黨在國會內凝聚多數的能力愈強，憲政運作總統化的情況愈顯著；相反的，總統的黨權愈低，且該黨在國會內也沒有凝聚多數的能力，則愈不易朝向總統化發展。[10]以上兩項

9　透過總統的制度性權力大小以及政黨體系的配套來比較總統的實際政治影響力是常見的研究途徑。Shugart與Mainwaring在比較拉丁美洲的總統制時，就是從總統制度性的權力和政黨體系來區分不同程度的總統強度。本文雖然關注的焦點在半總統制，但就總統化的情況而言，引藉對總統制的研究指標亦有可取之處。關於拉丁美洲不同強度的總統對憲政運作的比較，請參見Shugart and Mainwaring（1997: 40）。

10　Shugart從國會多數與黨權關係來觀察總統與內閣的從屬關係也有類似的結論，他指出在排

非制度性權力的運作情況在半總統制之中各有不同意涵。國會內的凝聚情況
如果和總統立場相左，意味著運作上容易出現行政與立法雙元正當性的二元
化；如果是來自於黨權的因素而影響同一政黨的總統和總理相互關係，則意
味著行政權內部的二元化，此時的二元化影響的是由總統或總理來領導政
府，但不一定會有緊張關係。此外，行政權內部的二元化雖然也有可能因爲
國會凝聚了一個和總統立場相左的多數，並同時支持一個和總統立場不同的
總理而引發（即法國模式的共治），但就憲政運作的內涵來說，這種二元化
在正當性來說仍舊來自於總統與國會的緊張關係。

　　本文所欲討論的情況，在於雙元行政的總統化趨勢，亦即總理難以在行
政權和總統競爭，而國會也失去或不實際履行對行政權監督與制衡權力的狀
況。由以上對總統制度性與非制度性權力的討論可以發現，制度提供總統形
式上動用權力介入政治運作的合法性管道，但非制度性權力則是觀察總統在
所屬政黨的地位，以及該政黨在國會的強度。當然，總統的非制度性權力還
可能因爲其他因素獲得擴張或縮小，例如個人因素（任期、健康、對憲政價
值的心理認知……）；或是例如特殊狀況（有無特定事件發生影響總統或總
理的威望）；其他甚至例如憲政慣例、政治文化、國家的歷史傳統等。[11]但
這些變數的存在是依個案而異，並不屬於常態性影響總統化發展的變數，更
有甚者，有些變數在分析上不具操作性，容易流爲主觀（例如總統的意志、
政治文化等）。換言之，上述三項變數的比較，無論在哪一個半總統制國家
都可以成爲較爲客觀且一致性的比較標準。不僅如此，上述三項自變數的判
定，也都有客觀標準可以定義，具有高度的操作性。儘管各有程度上的差
異（例如國會多數的強弱、黨權的強弱等），但頂多也是在不同類型之間有
些微差異，而無損於總統化在類型上的比較和排序。以下針對三個變數的搭

除制度的影響之後，就實際的行爲面來觀察，內閣成爲總統的隸屬單位一般而言是出現在以
下兩種情況：總統和國會的多數立場一致，並且由總統實際領導政黨。請見Shugart（2005:
334）。

11 呂炳寬與徐正戎將影響憲政體制運作的變數歸納爲內在與外在因素。內在包括歷史、慣例、文
化、憲法因素、選舉制度與政黨體系等；外在則是國家處境與國際因素。請參見呂炳寬、徐正
戎（2005：153-162）。

配，進一步針對總統化的類型和強弱來比較分析。

參、變數界定與總統化的類型比較

前文對於總統制度性與非制度性權力的討論中歸納了三個比較的變數，分別具有對總統化發展有不同程度的影響。其中，總統的黨權是判斷總統化與否最關鍵的指標。原因在於藉由掌握黨權與否，可以判斷總統是否能夠駕馭黨機器作為其統制的工具。由於總統本身已經具有直選的民意基礎，如果再控制政黨，則可以藉由政黨進一步影響國會以及政府，即使沒有制度性權力介入國會運作或組閣過程，也能透過黨權的掌握來發揮影響力。因此，黨權的掌握與否意味著總統是否有透過政黨影響國會與政府的非制度性權力，也是權力總統化的最重要關鍵。[12]黨權的強弱本身是一個連續變數，為了避免分析上的複雜，本文以概念類別化，僅分析所謂的黨權強與黨權弱兩種類型。雖然如此，黨權的強與弱卻不是一個容易測量的指標。儘管可以先由是否兼任黨魁來做初步的判斷，但實際上有些總統在不兼任黨魁的情況下，仍然坐穩黨內第一把交椅，例如法國。本文的作法是，仍先以黨魁與否加以判斷，兼任黨魁的歸類為黨權掌握強；若是沒有兼任黨魁的情況，輔以歷史事件、文獻分析來做進一步的推論。有些較為顯著的情況是，雖然有些政治人物不擔任特定政黨的黨主席，但這個政黨卻是在該政治人物的號召下所組成，這種情況本文即歸類為該政治人物擁有較強的黨權。另外可以輔助推論的資料也包括社會意向，如果有充分的民意調查提供佐證，也可以藉此論述政治人物黨權的強與弱。

第二個變數是政黨體系表現在國會內多數與否的凝聚程度，這是扮演次

12　有些類似的研究也指出，實權總統在任內會發展成兼任黨魁或掌控政黨的方向發展。例如陳宏銘（2009：43）。事實上，政治人物是掌握了政黨進而參選總統，或是成為總統後進而掌握政黨，這兩種情況可能兼具。無論總統與政黨領袖何者為先，重要的意涵都在於，總統和黨的領袖只要由同一人扮演，就很容易出現政黨個人化，或是憲政運作總統化的情況。

要的影響變數。總統如果掌握了黨權，加上該黨掌握了國會的多數，等於總統也掌握了國會的運作，此時無論制度性權力的強弱，立法機關和總理代表的另一個行政權都會被這個多數黨所影響。[13]但這個變數的影響力沒有黨權的掌握來得直接，因為即使總統所屬政黨在國會是多數，但黨權不在總統手上，則總統也難以駕馭這個多數黨來貫徹其統治意志。或是依據分時式的憲法精神，總統所屬政黨雖然是國會多數，但如果實際的政府領導人是總理，這個國會多數也不會導致總統化的出現。換言之，總統所屬的政黨在國會是否為多數，唯有在總統領導政黨的前提下才會進一步發揮影響力，因此本文將此變數置於黨權的比較之後。在分析變數的操作上，國會的多數凝聚也是一個連續變數，也就是觀察總統所屬政黨在國會裡的席次率。即使類別化，就總統化強度而言，也可以依序概略分為總統政黨單獨過半、總統政黨是過半聯盟中相對大黨、總統政黨屬於多數聯盟成員、國會無多數聯盟、總統政黨不屬於多數聯盟，以及國會有和總統不一致的單一多數黨。如果逐一視為獨立變數，將大幅增加分析上的複雜性，因此本文也僅用概念二分法，以國會凝聚高與國會凝聚低兩種類型。簡單來說，國會凝聚高意指總統所屬政黨在國會對決策權有高影響力，無論這個多數的組成狀態；凝聚低則是總統所屬政黨在國會內且影響決策權力偏低。[14]

　　第三個變數，也是影響力相較之下更形被動的變數，就是總統制度性權力的大小，但這仍是影響憲政運作總統化與否的變數之一，甚至是觀察是

---

[13] 依據總統所屬政黨在國會是否有穩定多數為變數，進一步分析半總統制憲政運作特徵的研究也不在少數。例如Wu（吳玉山）以府會關係、政黨體系和總統權力為變數，將半總統制運作的穩定程度做了八個級數的比較。參見Wu（2000: 13）；或見吳玉山（2002：233）。和本文不同之處在於，吳玉山的研究關心的是憲政運作的穩定度，本文則是比較總統化的程度；而吳玉山的變數使用政黨體系、府會關係以及總統權力，本文則是從總統的黨權、和國會多數的關係以及總統權來分析。

[14] Moldova的案例證實了在比較總統的權力時，政黨具有比制度性權力更重要的影響力。在2000年修憲後，Moldova在憲法制度上移除了總統的一些權力和直選的正當性，改為間接選舉。可以說在概念上從半總統制轉進了議會內閣制。但隨後在2001年國會選舉後，總統所屬政黨（Party of Communists of Moldova, PCM）在國會控制71%的席次單獨過半，而總統Voronin則是該黨的黨主席，因此憲政構架即使是議會內閣制，但總統的影響力更甚以往。證明了總統的制度性權力能否有效發揮，深受政黨體系、黨權掌握的影響。請參見Roper（2008: 113-126）。

否在合乎制度的框架下朝向總統化運作的重要依據。總統的制度性權力要能
發揮影響，必須兼具黨權與政黨在國會凝聚多數與否的條件，這是因為總統
動用制度性權力時，如果沒有政黨的奧援，無論是任命權或是解散權，都很
容易招到國會的反制。無黨權的總統，影響力不僅穿透政黨，也難以對國會
產生影響，如果所屬政黨又不具多數，又強行依個人意志動用制度性權力來
對抗國會，成本不僅相當高，對總統個人統治形象的風險也很高。針對總統
的制度性權力而言，前文依據對政府與國會的課責狀態分出四種權力組合，
然而在後文分析時，也是以概念上的二分法來歸類，分為制度性權力強與制
度性權力弱兩種類型。據此，本文依據上述三個變數進行八種分類來比較總
統化的強弱，數字愈低的類型表示總統化程度愈高。首先，掌握黨權的總統
分別是總統化程度1-4的類型，沒有黨權的總統則是5-8的類型；而後視總統
的政黨在國會的凝聚程度來決定1-2與5-6四種類型；最後是制度性權力的搭
配來決定1、3、5、7與2、4、6、8的排序。這八種類型與總統化程度如表
5-2。[15]

　　在第一種總統化程度最高的類型中，總統掌握了國會多數黨的黨權，而
且有實質的制度性權力，因此是行政權實質的領導人。這種情況下的總統，
比總統制之下的總統更具有權力，也因為掌握政黨，所以呈現高度的總統化
領導，是半總統制中總統化程度最高的運作類型。第二種總統化的情況，是
總統身兼國會最大黨的實質領袖，但沒有制度性的權力；不過因為黨權的掌
握，因此即使權力集中在國會，總統仍可以輕鬆的透過政黨控制國會，間接
的掌握對行政權的支配權，因此總統化程度也偏高。第三種類型的總統化，
總統握有黨權，不過該黨並無法凝聚國會多數，雖如此，總統卻有制度性
的權力能夠選擇性的在部分的議題上和國會的多數相抗衡，可以視為一種和
不同陣營下的總理競爭性的強共治狀態。第四種類型是總統雖握有黨權，但

15　雖然三個變數在本文都是概念上進行較粗略的二分法，但即使用連續變數來處理這些變數的搭
　　配，在總統化的類型上也不會出現強度排序相互矛盾的情況。因此，為了分析上的簡潔性，本
　　文選擇三個變數都採用二分法，一共八個類型的比較。

表5-2　總統的黨權、國會凝聚、制度性權力與總統化的比較

黨權	國會凝聚	制度權力	總統化程度與案例
有	高	強	1-台灣1997-2000；2008-今 / 俄羅斯2003-2008；2012-今 / 南韓2004-今
有	高	弱	2-法國非共治時期[16]
有	低	強	3-台灣2000-2008 / 南韓1993-2004 / 俄羅斯2000-2003 / 芬蘭1980前
有	低	弱	4-法國共治時期 / 烏克蘭
無	高	強	5-俄羅斯2008-2012 / 奧地利 / 冰島 / 芬蘭1980-2000
無	高	弱	6-芬蘭2000後 / 斯洛維尼亞 / 馬其頓 / 蒙古
無	低	強	7-德國威瑪 / 俄羅斯1993-2000[17]
無	低	弱	8-波蘭

資料來源：作者整理。

該黨在國會是少數，總統也沒有抗衡國會的制度性權力，因此已經不能稱之為總統化，總統無力與國會支持的總理競爭，是一種標準的軟共治。第五種類型的運作，總統雖握有制度性權力，該黨也掌握國會多數，不過總統卻非政黨領袖。因此，政黨領袖往往擔任總理一職來領導政府，如果是分權式的二元架構，總統反而退居第二位，如果是分時式的狀態，則是一種準議會內閣制的運作。第六種類型則是總統既無黨權，也無制度性權力，只是該黨仍是國會多數黨。此種類型之下，總統影響力已經非常薄弱，僅可能透過政黨來間接影響政治，影響力也因為沒有黨權而不夠強有力。第七種類型略為特殊，總統具有課責權力，但由於政黨在國會非多數，本身也無黨權，國會也沒有多數支持政府運作，總統的權力便有可能直接關係到民主的存亡。如果總統堅持民主理念，這些權力可能徒具形式而無實際的影響力；但如果總

---

[16] 本文依據Shugart與Carey對總統立法權與非立法權的計算來比較總統權力。依據Shugart與Carey的研究，法國總統的制度性權力僅四分，雖然擁有主動解散國會權，但仍界定為弱。

[17] 在這個類型之下，總統擁有強大的制度性權力，卻沒有國會多數，甚至政黨的奧援。如果總統強行使用這些權力，將憲政體制拉向總統主導，不僅會造成總統與國會的緊張關係，也會出現不完全的政黨政治。威瑪在1930年以後，俄羅斯在Yeltsin執政時期，都屬於此類。

統有意動用權力，則一方面跳脫政黨政治（無黨權），另一方面國會無力制衡，則甚至有可能危及民主。第八種類型則是既無黨權、該黨也非多數，甚至總統連形式上的權力都沒有；這種類型再加上國會的疲軟，往往國家治理的效能偏於低落，政局也略爲不穩定。

　　很清楚的可以發現，八種類型下雖然是類型分析，但對總統化程度仍有一個相對的連續概念。前二種類型相較之下是極容易偏向總統化發展；第三種和第四種類型總統保有一定的影響力；第五種以後，總統幾乎退居二線，即使有意介入政治，也必須有國會的配合，否則實質的政治運作幾乎與議會內閣制無異。在理論上進行類型的描述與比較後，下一段將進一步透過實際的個案，來觀察部分國家總統化發展的過程與經驗。

肆、個案分析

　　就半總統制在實際運作的情況而言，個案數雖然持續增多，但就轉出的部分嚴格來說卻並不常見。其中又以制度上與實質上議會化發展的個案較多，例如2000年以後的芬蘭、由前南斯拉夫獨立出來的的摩爾多瓦等，是制度上與實質上都偏向議會化調整的個案，而其他如愛爾蘭、奧地利、葡萄牙、冰島、斯洛維尼亞、斯洛伐克等，則是實質運作議會化的情況。[18] 相較於此，總統化的個案就顯得較不常見，1990年以前的芬蘭、Putin時期的俄羅斯、南韓與台灣可以被視爲總統化最典型的個案。因此，本文也以這四個歷史上的或目前持續總統化的個案爲分析的對象。

一、芬蘭（1956-1981年）

　　在芬蘭，半總統制的憲政架構從二戰之後迅速的朝向總統化發展直到

---

[18]　其中愛爾蘭、冰島、奧地利等三個國家，Sartori甚至認爲根本就應該視爲議會內閣制的國家。
　　請參見Sartori（1997: 126）。

1990年左右爲止。主要的原因在於總統掌握了制度性的權力，並且欠缺一個穩定的國會加以制衡，依據本文的分類來說，是屬於程度三的總統化類型。芬蘭在二戰以後總統化發展最顯著的時期就是Urho Kekkonen從1956年起至1981年止長達二十五年的總統任內。這段時期確立了戰後的憲政體制由總統領導政府的局勢，直到1990年蘇聯瓦解後才慢慢出現變化。從本文分析的三個變數觀察Kekkonen執政時期總統化發展的原因如下：首先，Kekkonen隸屬於芬蘭農民黨（Agrarian League，也就是後來的芬蘭中央黨，Finnish Centre Party），雖然在總統任內並非該黨黨魁的身分，但卻是該黨的實質領導人（Nousiainen, 1971: 222）。因此，具有領導該黨的實質權力，屬於黨權較強的類型。其次，芬蘭的政黨體系在這段時間內呈現較爲破碎的情況，總統所屬政黨在國會的凝聚力雖然不高，但也沒有一個高凝聚力的反對陣營和總統相抗衡。相反的，在其任內經歷的22任政府中，扣除5任的看守內閣，剩餘的17任政府中，其領導的農民黨也加入聯合內閣高達16次，其中有11次是多數政府。僅有一次由社會黨組成了少數內閣，壽命也僅僅只有七個月。[19]這顯示了在Kekkonen擔任總統期間，國會要不就是和總統同一陣線的脆弱多數，要不就是看守內閣。由不同陣營組閣的情況，在二十五年期間僅占了七個月的長度。1982年以後，由Mauno Koivisto續任總統，也逐漸結束總統化發展的高峰，慢慢將權力移轉至國會與總理。Koivisto擔任總統的九年期間，其所屬的政黨社會黨（Social Democrats）黨權集中在黨魁Sorsa手中，Sorsa也在期間擔任了五年的總理一職。和Kekkonen時期相較之下，可以對比出總統化與否的情況。這段期間芬蘭的政府型態、總統與總理、國會有效政黨數等資料，請見表5-3。

---

[19] 該次內閣由社會黨的黨魁Paasio組閣，在200席國會議員中僅掌握55席，任期從1972年2月至同年9月。

表5-3　芬蘭總統、總理、組閣政黨與政府類型（1956-1991）

時間	組閣政黨	總理 （政黨／黨魁與否）	總統 （政黨／黨魁與否）	政府形式
1956	SDP, CE, LIB, SW	Fagerholm II (SDP/N)	Urho Kekkonen (CE/N)	majority
1957/5/1957	CE, LIB, SW	Sukselainen (CE/N)	Urho Kekkonen (CE/N)	minority
1957/11/1957	Non partisan	von Fieandt (inde.)	Urho Kekkonen (CE/N)	caretaker
1957/4/1958	Non partisan	Kuuskoski (inde.)	Urho Kekkonen (CE/N)	caretaker
1957/8/1958	SDP, CE, LIB, SW, CON	Fagerholm III (SDP/N)	Urho Kekkonen (CE/N)	majority
1959	CE	Sukselainen II (CE/N)	Urho Kekkonen (CE/N)	minority
1961	CE	Miettunen (CE/N)	Urho Kekkonen (CE/N)	minority
1962	CE, LIB, SW, CON	Karjalainen (CE/N)	Urho Kekkonen (CE/N)	majority
1963	Non partisan	Lehto (inde.)	Urho Kekkonen (CE/N)	caretaker
1964	CE, LIB, SW, CON	Virolainen (CE/Y)	Urho Kekkonen (CE/N)	majority
1966	SDP, FPDU, SDL, CE	Paasio (SDP/N)	Urho Kekkonen (CE/N)	majority
1968	SDP, FPDU, SDL, CE, SW	Koivisto (SDP/N)	Urho Kekkonen (CE/N)	majority
1957/5/1970	Non partisan	Aura (inde.)	Urho Kekkonen (CE/N)	caretaker
1957/7/1970	CE, FPDU, SDP, LIB, SW	Karjalainen II (CE/N)	Urho Kekkonen (CE/N)	majority
1971	Non partisan	Aura II (inde.)	Urho Kekkonen (CE/N)	caretaker
1957/2/1972	SDP	Paasio II (SDP/Y)	Urho Kekkonen (CE/N)	minority
1957/9/1972	SDP, CE, LIB, SW	Sorsa (SDP/N)	Urho Kekkonen (CE/N)	majority
1957/6/1975	Non partisan	Liinamaa (inde.)	Urho Kekkonen (CE/N)	caretaker
1957/11/1975	CE, FPDU, SDP, LIB, SW	Miettunen II (CE/N)	Urho Kekkonen (CE/N)	majority
1976	CE, LIB, SW	Miettunen III (CE/N)	Urho Kekkonen (CE/N)	minority
1977	SDP, FPDU, CE, LIB, SW	Sorsa II (SDP/Y)	Urho Kekkonen (CE/N)	majority
1979	SDP, FPDU, CE, SW	Koivisto II (SDP/N)	Urho Kekkonen (CE/N)	majority
1982	SDP, FPDU, CE, SW	Sorsa III (SDP/Y)	Mauno Koivisto (SDP/N)	majority
1983	SDP, CE, FRP, SW	Sorsa IV (SDP/Y)	Mauno Koivisto (SDP/N)	majority
1987	CON, SDP, FRP, SW	Holkeri (CON/N)	Mauno Koivisto (SDP/N)	majority
1991	CE, CHR, SW, CON	Aho (CE/Y)	Mauno Koivisto (SDP/N)	majority

資料來源：主體資料來自芬蘭官方網站，其餘部分之兼任黨魁與否、多數與少數政府、入閣資料等補充自*European Journal of Political Research*各年度政府組成與國情報告；政府類型為自行計算各政黨於國會的席次後整理。

第三，芬蘭憲法賦予了總統相當強勢的權力。依據1919年的芬蘭憲法來觀察總統在對國會與政府的課責權方面，總統不僅擁有主動的任命或撤換政府的權利，也擁有主動的解散國會權，制度性的課責權力非常強。在1990年之後，芬蘭開始修改其憲法，組織政府的權力修改為被動的諮詢國會黨團後執行；解散政府的權力也交由總理與國會執行；而解散國會權更改為被動的經總理提出後總統才得以執行（Paloheim, 2003: 225），制度性的課責權力大幅下降。對比芬蘭從總統化轉型為議會化的過程可以發現，就黨權、國會凝聚程度以及總統制度性權力等三個變數觀察1990年以前的芬蘭，憲政運作高度總統化的結果是來自於總統掌握黨權、欠缺國會多數制衡以及極強的課責權力。[20]

二、俄羅斯（Putin時期）

在俄羅斯，Vladimir Putin從2000年至2008年擔任總統的八年是總統化發展最顯著的時期。[21]其中，2003年的國會選舉又可以將俄羅斯的總統化分成兩個不同的階段來觀察。2003年國會改選以前，總統化的原因是來自於總統具有強大的制度性權力，以及一個疲軟的國會；2003年至2008年更因為總統也獲得國會穩定多數的支持加上對政黨的影響力，而使總統化達到高峰。首先觀察俄羅斯總統的制度性課責權力。依據俄羅斯憲法規定，總統具有任命總理的權力，但國會可以加以否決，惟當國會第三次對總統的任命案行使否決權之後，總統可以行使解散國會的權力。這使得總統儘管在組閣過程中較為被動，但搭配上有條件的解散國會權之後，總統對政府和國會的課

---

[20] 也有部分學者認為芬蘭面對蘇聯強大威脅可以視為憲政發展總統化的非制度性與外部因素。搭配本文分析的三個變數，也補充說明了芬蘭總統在1980年以前扮演強勢領導政府的角色。討論芬蘭外交處境提供總統化發展的論點可以參見Nousiainen（2001: 101）；Paloheimo（2001: 88）。

[21] 在Putin之前，Boris Yeltsin就已經建立了總統化的發展方向。主要的背景因素在於Yeltsin藉由改革的形象建立了個人威望；制度設計使得政府依靠總統的信任而非國會的支持而存在等。請參見White（1997: 57-60），不僅如此，在Yeltsin擔任總統期間，俄羅斯的政黨體系極其紛亂，也間接使得國會疲弱無力抗衡。請參見Moser（2001: 73）。個人威望與制度因素這兩項條件後來在Putin時期都持續存在，而2003年以後政黨體系不僅逐漸穩定，而且在Putin領導之下，更穩固了Putin時期總統化的發展。

責權力仍舊非常強大。在非制度性權力方面，2003年以前和以後是兩種不同的類型。Putin於1999年當選總統，直到2003年改選國會這段期間，國會呈現的是非常破碎的多黨體系，沒有一個具有高凝聚力的多數能夠支撐政府或是和總統相抗衡。因此，Putin儘管沒有政黨的奧援，也沒有掌握黨權作為統治工具，但僅需制度性的課責權力就可以相當輕易的發揮實質領導政府的影響力。[22]2003年俄羅斯國會進行改選，以Putin為號召力的統一俄羅斯黨（United Russia）在總數450席的第四屆國會選舉中獲得了310席，其他席次分別由眾多小黨或是獨立候選人稀釋分配，沒有任何一個反對黨獲得60席以上的席次。統一俄羅斯黨以絕對的優勢支配了國會的運作，其立場則是和Putin維持一致，意味著Putin在國會內約獲得68%席次的支持。在取得國會多數支持的條件後，更加強化了俄羅斯朝向總統化的發展。

　　在黨權方面，Putin個人在總統任內雖然沒有參加統一俄羅斯黨或是其他的政黨，但卻是統一俄羅斯黨的精神領袖，具有無形但卻關鍵的影響力。統一俄羅斯黨之所以成為國會第一大黨，並非因為其政黨基礎的穩固或是依靠其力量獲得人民的支持。相反的，這個政黨之所以迅速成長，是因為Putin的支持。也因為如此，第五屆國會改選時，統一俄羅斯黨更把Putin列為候選人名單第一位，順利憑藉Putin的人氣贏得大選，Putin更在2008年總統任期屆滿後，馬上接任該黨黨主席。由此可知，Putin儘管在總統任內並無兼任黨魁身分，但對統一俄羅斯黨來說，卻具有極高的威望與影響力。因此，若將俄羅斯Yeltsin時期和Putin時期的發展做一比較，Yeltsin是憑藉個人威望來領導政府，並且和國會頻頻發生衝突，因為國會的形象不佳加上破碎化的多黨體系使得Yeltsin有了強勢領導的機會。而Putin是透過個人威望領導政黨，再透過政黨的力量領導國會，因此得以在同時控制行政、立法兩權的情況下，更有效率的朝向總統化發展（Chaisty, 2008: 425）。俄

---

22 事實上，在Putin重整統一俄羅斯黨以前，政黨的形象和影響力在俄羅斯就非常低落。政黨體系在早期民主化階段並未扮演重要的角色，使得政治運作個人化的情況也非常顯著。亦有學者認為，俄羅斯的政黨無法在民主化初期控制候選人，使得政黨被國內政治孤立且邊緣化。請參見許菁芸（2010：139）。

羅斯的總統化在2008年以後產生變化，由於國會多數黨仍舊穩定且持續支持Putin，但Putin已經受到連任屆數限制而轉任總理一職，對於新任的總統Dmitry Medvedev而言，儘管維持多數黨支持，也維持制度性權力，但在黨權仍由Putin控制的情況下，總統化的程度就大幅下降許多。因為Putin掌握了實質的政治權力，使得2012年總統選舉時，Putin再次參選，並在首輪投票就獲得超過63%的選票直接當選，其所領導的統一俄羅斯黨在2016年國會選舉也拿下343席，更創下該黨在國會取得最高席次的紀錄，維持了穩定的多數一致政府的狀態迄今。俄羅斯半總統制的運作，權力高度集中於Putin個人身上，影響了民主評比，判斷憲政運作的擺盪，甚至可以將俄羅斯形容為「Putin化」的狀態，權力不是依據職位來界定，而是依據Putin的意志。

三、南韓（金泳三時期迄今）

　　南韓也是一個總統化程度相當高的半總統制國家，其總統的強勢領導甚至使得有些學者認為南韓憲政運作上根本就是一個總統制的國家。[23]南韓之所以出現政體在定義上的混淆，主要的原因在於總統一職不僅制度上擁有極強大的權力，在實踐上也一直是實際的領導人。然而，依據半總統制的定義來說，南韓除了直選而有實權的總統之外，也同時賦予國會經由一定程序可以建請總統撤換總理及相關官員的權力。就制度上廣義的定義而言，南韓確實滿足了Duverger對於半總統制的定義，但憲政體制的實際運作過程中，南韓沒有出現如Sartori所形容的雙元行政潛在的獨立自主性之架構，這也突顯出南韓的半總統制在運作上是一個高度總統化的特質。依據本文分析的三個變數，在制度性權力中，南韓的總統雖然不似前列國家有著對政府與國會極強的課責權力，但在憲法第66條卻明確表示總統是行政部門的最高領導人。這個條文規範，載明了總統領導行政權的法源地位，因此儘管沒有課責，其作為行政首長卻是無庸置疑的。然而，制度設計畢竟要求總統領導

23　例如Shugart就認為南韓儘管就定義來說符合半總統制的要件，但本質上是一個總統制的國家。請見Shugart（2005: 327）。

的政府也同時需要對國會負責，因此，國會內的政黨體系以及總統對政黨的掌握就成為總統化與否決定性的因素。在政黨體系方面，韓國的政黨體系從民主化以來一直被視為政治人物的附庸，這種個人化的發展使得政黨被貼上「菁英政黨」的標籤，再加上低度制度化，更造成政黨體系不穩定的狀態（Kim, 2000: 58）。韓國的有效政黨數雖然一直都在2-4之間，看似政黨數目不多，但受到政黨解組與重組速度過快的影響，使得政黨的凝聚與在選舉時的表現，絕大多數是受到總統選舉的牽引，這也使得國會即使有多數，也是因為總統選舉的影響。這樣的背景使得政黨在國會無論有無高度的凝聚力，都是在總統個人的威望與影響之下，也突顯了南韓總統化最主要的因素，在於總統個人的威望凌駕了政黨與國會之上。

南韓在1987年民主化之後，第二任總統金泳三確立了總統作為最高行政首長的原則，是南韓的總統化最為顯著的時期。在民主化初期，當制度化程度還處於萌芽階段的時候，金泳三可以說是憑藉著個人魅力與威望來達成其擔任總統所欲達到的政治目標（Lee, 2007: 118）。這樣的個人魅力與威望，除了反映在當選的正當性與高支持率之外，也連帶使得政黨體系受到金泳三的執政而產生洗牌效應。原本在金泳三領導下的民主自由黨（Democratic Liberal Party），在選後因為黨內出現部分菁英立場與金泳三歧異，使得金泳三在1995年對該黨進行改組並更換黨名為「新韓國黨」（New Korea Party），由金泳三掌握全部的黨權。新韓國黨可以說是金泳三掃除黨內歧異後成立的政黨，幾乎是依附在金泳三個人之下，成為在政府中實踐金泳三意志的執政黨（Lee, 2007: 120）。在1996年，新韓國黨一舉拿下139席（總席次299席）成為國會第一大黨，雖然沒有過半，但卻提供了金泳三鞏固其領導權力的依據，在本文類型中為總統化程度三的情況。金泳三與新韓國黨的例子可以看到半總統制在總統掌握黨權並擁有制度性權力之後，儘管在國會沒有過半的多數，但仍舊迅速朝向總統化的發展過程。

接替金泳三之後的金大中總統，在當選總統之前也是政黨領袖。其所屬的新政治國會黨（National Congress for New Politics）原本就是為了金大中在1992年參選總統時所組成的，因此這個政黨也是依附在金大中的威望

之下。在1996年該黨於國會改選中獲得79席成爲第二大黨。1997年金大中贏得總統大選，該黨聲勢也隨之上漲，2000年因應國會改選，新政治國會黨結合其他小黨並更名爲新千年民主黨（Millennium Democratic Party）。2000年改選後，該黨在國會仍爲第二大黨（115席，次於大國家黨的133席），在金大中掌握黨權的情況下，韓國半總統制總統化的運作仍維持在程度三的類型。2002年盧武鉉代表新千年民主黨贏得總統大選，隔年脫離新千年民主黨，並在其意志下另外組成了開放國民黨（Uri Party）。這個經驗和金泳三當選後組成新韓國黨相當類似，開放國民黨的黨權也當然的完全由盧武鉉所掌握。2004年開放國民黨在國會改選中一舉過半（總席次299席之中掌握152席），韓國總統化的情況也從程度三的類型進一步往程度一移動，總統不僅掌握黨權，該黨在國會也取得過半席次，而總統的制度性權力也相當高。

　　2007年李明博以壓倒性姿態當選總統。2008年雖然國會通過了對李明博的彈劾，但社會聲望不降反升，最後憲法法庭沒有通過彈劾案，李明博恢復了總統職權，其所屬的大國家黨也在稍後的國會大選中取得過半的勝利（總席次299席中掌握153席），持續維持了極高的總統化運作模式。2012年12月，朴槿惠以將近51.6%的得票率，當選爲南韓史上首位女總統。朴槿惠所屬政黨新世界黨（前身爲大國家黨）在稍早於2012年4月的國會選舉取得152席的絕對多數（總席次300席）。2012年的總統與國會選舉屬於反蜜月選舉，仍舊形成了一致多數政府，維持了總統優勢的運作。朴槿惠執政後期出現貪腐的問題，所屬政黨在2016年國會選舉席次下滑至122席，成爲第二大黨。貪腐加上所屬政黨國會改選的敗選，朴槿惠的領導地位嚴重動搖，稍後在2017年更遭到國會的彈劾而下台。總統改選提前至2017年5月舉行，由共同民主黨的文在寅勝選，共同民主黨在國會雖爲第一大黨，但並未過半（總席次300席中掌握123席），即使如此，並未動搖文在寅做爲國家元首與最高首長的憲政地位。韓國的經驗不同於俄羅斯與芬蘭，尤其政黨重組與解組的頻率，幾乎都是隨著總統大選在進行著。這顯示出總統幾乎都能掌握絕對的黨權而凌駕於政黨之上，再加上總統強大的制度性權力，總統化的程

度只會受到其政黨在國會內表現而有些微的差異。在朴槿惠執政後期，曾經提出修憲的構想，欲將總統任期由五年一任不得連任改爲得連任。文在寅上台後，也重新提出相同的修憲主張，獲得所有政黨的同意，預計將在2018年啓動修憲。這個修憲一旦通過，基於總統得連選連任的變化，總統的影響力也將持續提高，南韓的憲政秩序在實質上幾乎已經和總統制無異。

四、台灣（1997年迄今）

台灣是東亞地區另一個總統化程度極高的半總統制國家。從1997年起，台灣經由修憲進入了半總統制的憲政框架，迄今（2017年）先後歷經李登輝、陳水扁（兩任）、馬英九（兩任）以及蔡英文等四位總統。其中，在陳水扁擔任總統的八年期間，儘管所屬政黨民主進步黨（Democratic Progressive Party）在國會內並非多數，政府的組成仍舊依據總統的意志，總統化的發展非常明顯。依據本文比較的三個變數來進一步觀察，在制度性權力方面，台灣的總統擁有對行政院較強的課責力量，但對國會的課責能力則相對較弱。依據憲法增修條文第3條規定，行政院院長由總統任命，刪除了原憲法第55條需經國會同意的門檻，這使得總統掌握了不受制衡的行政院院長任免權。儘管在增修條文第3條也賦予國會可以經由不信任投票令行政院院長去職，但總統也得以因此而獲得解散國會的機會。依據本文比較的制度內容來說，總統和國會可以說都擁有對行政院的課責能力，總統是表現在積極的任命過程，而國會是表現在消極的解組過程，並同時承擔國會被解散的成本。在制度配套的影響下，不信任投票帶來總統得以解散國會的後續效應，大大提高了國會發動不信任投票的成本，也使得行政院的負責對象在實際上比較容易傾向總統，而非國會。[24] 由此可知，總統在制度上對政府的課責能力是比國會強的，而國會對政府的課責能力則是同時牽動著總統對國會，也因此而獲得課責的可能。

---

[24] 事實上，許多研究均指出2000-2008年國民黨之所以沒有發動倒閣，均是受到避免解散國會重新改選的考量。例如Liao and Chien（2005: 55-59）、沈有忠（2006：207-208）等。

在非制度性權力方面，首先比較黨權的掌握程度。在台灣的憲政經驗中，總統身兼黨主席是常態現象（陳宏銘，2009：30），這個情況是受到過去以來黨國威權統治的歷史傳統所影響。民主化以後雖然偶有例外，但總統身兼黨主席也幾乎成為慣例。1996年首次總統直選後，擴大了總統的威望與統制的正當性，當選之後掌握黨權，或是競選時推派最有影響力的黨員來參選總統，成為理性的考量。從1997年進入半總統制的框架以來，在執政黨的角度而言，影響力較大的都是總統而非行政院院長。無論是李登輝、陳水扁、馬英九或是現任的蔡英文，在擔任總統前或是當選總統後，都迅速擴大或是鞏固了對所屬政黨的影響力，甚至直接透過兼任黨主席的身分掌握了政黨。[25] 歷任總統兼任黨主席的情況請參見表5-4。

表5-4　台灣1997迄今總統兼任該黨黨主席情況

總統	時間	兼任黨主席情況	其他
李登輝 （中國國民黨）	1997-2000	兼任黨主席	自1988年起即以總統身分兼任主席
陳水扁 （民主進步黨）	2000-2002	未兼任黨主席	主張建立超黨派政府並宣布退出政黨活動
	2002-2004	兼任黨主席	主張黨政同步
	2004-2006	未兼任黨主席	因立委選舉不如預期改由同派系且被視為嫡系的游錫堃接任
	2007-2008	重新兼任黨主席	游錫堃因特別費被起訴，陳水扁重新兼任黨主席
馬英九 （中國國民黨）	2008-2009	未兼任黨主席	吳伯雄擔任黨主席
	2009-2014	兼任黨主席	93.9%的得票率當選
	2014-2016	未兼任黨主席	因2014年基層選舉國民黨敗選而辭去黨主席，改選後由朱立倫接任
蔡英文 （民主進步黨）	2016迄今	兼任黨主席	2016年當選為總統，並兼任黨主席

資料來源：李登輝與陳水扁整理自陳宏銘（2009：29-31）；馬英九與蔡英文為作者整理。

---

25 在陳水扁任內，雖然也曾經出現未兼黨主席的情況，但仍舊掌握了一定程度的黨權。詳細的過程可以參見陳宏銘（2009：28-35）。

　　除了黨權的掌握以外，政黨在國會的凝聚程度是另一個影響總統化程度的非制度性因素。在1997年以來，四位總統所屬政黨在國會內凝聚多數的情況各有所異。李登輝和馬英九兩位總統在總統任內，國民黨在國會內不只是第一大黨，更清楚的掌握了絕對多數的席次，總統透過身兼黨主席掌握黨權的影響力，也是憲政運作總統化程度最高的情況。陳水扁任內的情況略有所異，民進黨在國會內並無絕對多數，但從2001年改選之後直到2007年改選爲止，都是國會內的第一大黨。不僅如此，這段期間也是「泛藍陣營」內國民黨、親民黨和新黨分裂較爲嚴重的時期，「泛綠陣營」則相對穩固。對照於陳水扁從2002年起身兼民進黨黨主席的時間點，也可以發現這是總統化發展更形確立的階段。2000年至2008年的八年期間，總統雖然沒有國會絕對多數的支持，但掌握了第一大黨的黨權，加上制度性的權力，使得這八年期間儘管總統和國會關係緊張，總統化發展仍舊沒有太大改變。2016年蔡英文就任總統，並兼任黨主席，民進黨同時贏得立法院的多數，鞏固了總統化的發展趨勢。

　　小結以上四個國家的經驗後發現，這些高度總統化的半總統制國家，在本文所分析的三個指標上都具有類似的情況，那就是在制度性權力的配置上，總統都握有對政府課責的權力，也握有對國會直接或間接的解散權（南韓總統雖然沒有解散國會權，但卻賦予總統更直接的領導政府權），都可以視爲握有強大的課責權力。其次在非制度性權力方面，這些國家的總統都掌握了相當高的黨權，有些甚至透過兼任黨主席的身分將政黨作爲執政的工具。而就國會內的情況而言，這些國家總統化的發展，也都搭配著總統至少獲得國會內第一大政黨支持爲基礎的條件，或是國會內呈現一種欠缺穩定多數以制衡總統的狀態。因此，儘管在歷史遺緒、政治環境、總統的統治形態、或是政治菁英的心理因素等，也會影響總統化發展的因素上可能各有所異，也可能無法使用相同指標進行比較，但透過本文所關注的三項比較指標來看，可以發現一些總統化發展的客觀因素。除此之外，在東亞的南韓和台灣，總統化的半總統制也有另一個共同的現象，那就是權力集中在總統職位上，也會隨著總統聲望的高低而影響行政與立法關係，更有甚者，亦有可能

因為任期尾端而出現權力的跛腳。在南韓，李明博、朴槿惠在總統任期的最後一年，受到弊案影響，支持度大幅下降。朴槿惠的弊案甚至引發國會的彈劾以及後續執政黨的分裂。在台灣，2007年陳水扁開始深受個人與家族的弊案所影響，正當性陡降；2014年馬英九總統因為馬王政爭的挫敗、太陽花學運，以及基層選舉的敗選，也出現提早跛腳的現象。台灣與南韓憲政運作維持總統化的現象，而近幾任的總統在任期尾端的跛腳，以致於憲政運作付出高度成本，是否會衝擊總統化的持續發展，也值得吾人所關注。

伍、結論

半總統制已經成為後冷戰時期大多數新興民主國家所採用的憲政架構，當代對於半總統制運作的相關研究，在理論上針對憲政運作的不同階段，逐漸呈現多元發展的時期，在個案研究上也已經從法國模式跳脫出來。在目前已經累積的研究成果中，大致上區分為半總統制的定義、半總統制的設計、運作與轉出等四個部分。在這四個部分中，就實然面的憲政運作特徵而言，對於半總統制轉出的相關研究在眾多文獻中是較為欠缺的一部分，主要的原因在於已經徹底轉出半總統制的經驗個案非常少。然而，若將轉型視為一個連續的過程，不難發現在這些半總統制國家中，仍舊存在持續朝向「議會化」或「總統化」的國家。而針對這些國家的研究，可以定位為半總統制的運作與轉出這兩大區塊的連結。基於此，本文針對「總統化」的發展特質，討論半總統制國家在哪些客觀因素的影響下，會出現總統權力朝向總統集中發展的情況。

「總統化」在本文分析的框架下，其具體意涵在於半總統制的雙元行政中，逐漸發展為由總統領導政府的情況。除此之外，半總統制在行政立法的二元關係上，存在和總統制的巨大差異，總統化的發展，不僅表現在二元行政中，政府向總統負責；也可能表現在行政立法中，總統有權向國會課責的

可能性。因此，一個在運作上高度總統化的半總統制，其總統的政治威望和憲政影響力，很可能比總統制之下的總統要強得非常多。總統化的發展依據不同個案有很多不同的因素可以探尋，例如政治文化、憲政慣例、特定的政治事件牽引、甚至政治人物的個人領導特質等。這些自變項雖然重要，但卻不容易在不同個案中進行比較。這些因素對於不同的個案而言，可以定位為朝向總統化發展的主觀條件。相較於這些在比較上不易標準化的主觀條件而言，總統化的因素還存在一些可以標準化進行比較的客觀條件，亦即本文所比較的總統制度性權力、黨權和政黨在國會的凝聚能力等三項指標。

由於本文關注的焦點在於總統化的發展過程，尤其側重於總統在二元行政中以及在行政立法的關係中所能發揮的影響力，因此制度性權力的部分僅比較總統對政府以及對國會的課責能力。雖然不同國家在相關的制度設計各有程度上的差異，但大致來說，仍可以依據總統對總理與閣員的任免權，以及對國會的解散權來進行課責能力的比較。其次，本文將黨權與政黨在國會的凝聚情況定位為總統進行課責時非制度性的權力。在黨權的強弱方面，兼任黨魁與否可以是其中一項指標。此外，若有些政黨是依附在總統的威望下，於選舉後出現政黨重組或改組的情況，也可以視為總統對重組後的政黨掌握了相當程度的黨權。黨權的掌握是一個連續變數，亦即在不同情況下黨權的控制也有程度上的差別。但以相對概念而言，仍可以進行黨權強或弱的比較。第三個變數是政黨國會凝聚力，這是比較總統所屬的政黨在國會的表現。依據國會多數組成與否的各種狀態，有利於總統化的條件可以粗略分為總統所屬政黨單獨過半、總統所屬政黨屬於過半聯盟中的相對大黨、總統所屬政黨屬於過半聯盟的政黨之一、沒有政黨或政黨聯盟過半、存在一個反對的多數聯盟以及有一個單一並過半的反對黨等幾種類型。和黨權的定義類似，凝聚力的強弱雖然也有程度上的差異，但也可以用相對的概念進行凝聚力強或弱的比較。

總統表現在課責方面的制度性權力；與透過黨權、政黨國會凝聚力所發揮的非制度性權力，是三個可以在不同歷史背景、政治文化等半總統制國家中，使用同一標準來比較總統化程度的指標。本文比較的三項指標中，

尤以黨權的掌握影響總統化與否最爲關鍵，兩者之間甚至略具相互強化的影響力。黨權之所以在這三個變數之中對總統化的影響最爲重要，是因爲透過黨權的分析，可以觀察總統是否能夠有效的將政黨作爲治理與課責的工具。在總統與國會的關係上來看，因爲政黨是國會內運作的核心單位，如果欠缺黨權，無論總統所屬政黨在國會是否爲多數，都無法讓總統的意志在國會內直接被實踐。在總統與總理的關係上來看，如果是同一政黨同時控制這兩個職務，掌握黨權者和另一方所構築的雙元行政就會出現層級關係的互動。因此，無論就總統與國會或是總統與總理的角度來看，黨權都是影響總統化發展的核心因素。比較完黨權之後，政黨國會凝聚力這個變數在本文界定爲影響總統化的次要變數，這是因爲和制度性權力相較之下，總統所屬政黨在國會的凝聚程度會影響著總統制度性權力使用的有效性。如果總統所屬政黨在國會爲少數，且面對一個擁有多數的反對力量，即使總統動用制度性權力也容易遭到國會的反制。相反的，即使沒有制度性權力，總統仍舊可以因爲掌握黨權加上透過政黨在國會的高凝聚力而影響國會的運作。最後，制度性權力爲半總統制總統化的第三個變數。總統在擁有制度性對政府與國會課責權力的情境下，能夠在體制內成爲最具影響力的行爲者，若沒有制度性權力的搭配，則總統化的發展也難以透過制度而深化。

　　基於以上的討論，幾種總統化的可能性可以歸納如下：首先，一個擁有強大黨權、該政黨在國會有高凝聚力、而制度也賦予總統強大課責能力的半總統制，憲政運作愈容易傾向總統化的發展。例如台灣在1997-2000年以及2008年迄今；俄羅斯在2003-2008年或是南韓在2004年迄今的情況。在這種類型下，憲政運作雖然高度總統化，卻也意味著在總統聲望低落、任期將屆、甚至個人因素而導致執政挫敗時，會出現憲政運作權力短暫眞空的現象。這種情形出現在南韓朴槿惠、台灣的陳水扁與馬英九執政後期。

　　其次，擁有黨權，但總統卻欠缺較強大的課責能力，其總統化的情況就僅能表現在該黨掌握國會多數時，透過政黨來實踐個人意志。例如法國的非共治時期。再其次，總統掌握黨權和制度性權力，但在國會卻無多數支持時，就容易出現和國會對抗的情況，總統化發展就不若前兩者平穩。此時若

國會有一個明顯的反對力量，容易出現總統和國會的對抗，例如台灣2000-2008年的情形；若國會也沒有多數與總統抗衡，則總統化的情況也仍舊顯著，例如1990年以前的芬蘭或1993-2004年的南韓等。最後，總統化的發展也可能在總統具有制度性權力卻無黨權，但國會也無力制衡的情況。這種類型如果總統有意領導政局而出現的總統化，依據個人的權力脫離政黨的概念進行統治，在根本上侵蝕了政黨政治的基礎，甚至有可能危及民主的運作。例如德國威瑪時期、俄羅斯在Yeltsin領導時期等。

　　半總統制的運作因為混雜著總統制與議會內閣制的元素，因此充滿多變的可能。在不同因素的拉扯下，有些國家轉往議會制發展，有些則出現總統化的趨勢。本文藉由黨權、政黨國會凝聚力以及制度性權力進行對總統化的比較分析，希望能提供半總統制相關的研究，以及其他正在面對轉型的國家一些參考。

蔡榮祥

壹、前言

　　一個國家民主運作的輪廓涉及憲政體制的選擇，例如總統制、議會制或半總統制以及憲政體制與其他制度，例如選舉制度或政黨體系的配套。[1]首先，以政黨體系作爲分類標準，可以簡略分成兩黨制或多黨制。搭配憲政體制的組合有兩黨總統制、多黨總統制、兩黨議會制、多黨議會制、兩黨半總統制以及多黨半總統制。憲政體制中的半總統制國家根據其憲法條文的特徵還可以細分成總理總統制和總統國會制（Shugart, 2005; Shugart and Carey, 1992）。[2]因此，其與政黨體系的配套還可以再組合成兩黨總理總統制、兩黨總統國會制、多黨總理總統制和多黨總統國會制。本文聚焦在多黨總理總統制國家。首先，根據半總統制研究的傳統智慧，總理總統制比總統國會制更容易運作，且其民主的表現較好或是較利於民主鞏固（Elgie, 2011）。其次，一般而言，多黨體系的運作比兩黨體系的運作更爲複雜，原因是當無任

---

*　本章曾刊登於《東吳政治學報》，〈多黨總理總統制民主的政府類型與憲政運作的衝突：以斯洛維尼亞、斯洛伐克、克羅埃西亞、立陶宛爲例〉，2013年，第31卷第3期，頁65-116。本章中略有增修。

[1]　國內相關的研究有政府體制、選舉制度與政黨體系的配套（林繼文，2006）、總統權力、府會關係和政黨體系的配套與政治穩定的關係（Wu, 2000）、政府類型與內閣穩定（李鳳玉、藍夢荷，2011）、選舉時程與政府型態（陳宏銘、蔡榮祥，2008；郝培芝，2010）、總統和國會的選舉制度對於政黨體系的影響（蘇子喬、王業立，2012）。

[2]　總理總統制的特徵爲總統由民選方式產生、總統擁有重要的權力以及總理和內閣執行行政功能並向國會負責；總統國會制的特徵爲總統由民選方式產生、總統任免內閣閣員、內閣閣員向國會負責、總統有權力解散國會或立法權力或是兩者都有；總理總統制和總統國會制最大的區別在於總理的負責對象；總理總統制的總理向國會負責，而總統國會制的總理則同時要向總統和國會負責（Shugart, 2005; Shugart and Carey, 1992）。

何一個政黨獲得國會過半數席次時，必須經由政黨之間的協商才能組成聯合內閣，而相對地兩黨體系下，通常由贏得過半數席次的政黨組成政府。[3]綜合這兩項觀點，本文的問題意識為多黨總理總統制的政府組成主要是由總統主導或是由國會主導，以及多黨總理總統制中，不同的政府類型如何產生權力機關之間不同程度的衝突。這些問題意識在過去的文獻中比較少被強調，可能的原因是整體來說，總理總統制的民主運作較為穩定，或是認為總理總統制下的總統權力較弱，以及內閣的形成和運作是由國會主導，較不可能產生總統和國會的衝突。本文主要的研究關懷在於分析多黨總理總統制的政府類型，以及多黨總理總統制運作下不同政府類型所產生的憲政衝突。找出這些問題的答案之關鍵性在於我們可以釐清在哪些情況下，多黨總理總統制較難運作。本文不是企圖去挑戰總理總統制與民主表現正相關的一般化論點[4]，而是設法去分析多黨總理總統制為何產生衝突的因果機制。

　　何謂總理總統制？其有三個特徵：第一，總統是由民選方式產生；第二，總統擁有重要的權力；第三，總理和內閣向國會負責並執行行政的功能（Shugart and Carey, 1992: 23; Duverger, 1980:161）。總理總統制運作起來可能會產生幾種的態樣。第一，議會化現象，指涉總統是形式上的國家元首，不運作憲法所實際賦予的權力，而總理是行政首長，負責實際的政治運作，例如斯洛維尼亞和2000年以後的芬蘭（沈有忠，2011）。第二，總統化現象，指涉總統是權力的核心，其所屬政黨或聯盟在國會中掌握過半數的席次，而總理是由同黨的成員所擔任。[5]例如法國總統戴高樂、龐畢度和季斯卡的一致政府時期（Suleiman, 1980）。第三，共治政府，指涉總理是權

3　如果沒有任何政黨獲得過半數的席次時，在議會制國家的經驗中也可能組成少數政府，這種少數政府依賴國會反對勢力的信任，然而當反對勢力對於少數政府通過不信任案時，則必須進行國會改選，相關的討論請參閱Bergman（1993）、Strøm（1990）。另外，兩黨議會制國家也可能會出現聯合內閣的情形。英國在2010年的國會選舉產生了僵局國會的現象（hung parliament），保守黨雖然獲得相對多數的306席國會席次，還差20席才能過半（英國下議院的總數為650席），因此與自由民主黨的57席共組聯合政府，由保守黨領袖卡麥隆（David Cameron）擔任首相，自由民主黨克雷格（Nick Clegg）擔任副首相。

4　在方法層次上，這是所謂的生態謬誤，以一些個案的反面結果來挑戰整體的正面結論。

5　有關半總統制國家總統化程度的研究可以參閱沈有忠（2012）。

力的核心，但是總統仍然可以行使一些憲法所規定的權力。例如法國三次的共治經驗，如左派總統密特朗和右派總理席哈克（1986-1988）、左派總統密特朗和右派總理巴拉杜（1993-1995）、右派總統席哈克和左派總理喬斯班（1997-2002）（Elgie, 2002; Willerton and Carrier, 2005）。第四種可能的類型是總理總統制的少數政府。法國社會黨總統密特朗從1988年到1991年曾經組成少數政府，提名同屬社會黨的羅卡擔任總理（Elgie and Maor, 1992）。總理總統制的少數政府通常會受到國會反對多數的牽制，因之這種型態下，總理負責的對象同時是國會和總統。除了這四種運作態樣的總理總統制之外，其與多黨制的配套下還會產生第五種可能的類型。總統的政黨如果是相對少數，基本上所形成的政府是所謂的國會式政府；或是稱之為分立行政（divided executive），其指涉當總統的政黨沒有掌握國會多數，總統必須任命一個來自不同政黨的領袖擔任總理，而總理所形成的聯盟包含總統的政黨（Francesco and Elgie, 2010: 28）。這種類型的出現主要是因為在多黨總理總統制的情況下，總統黨必須與其他政黨聯合才能組成聯盟政府，且總理是由聯盟中獲得相對多數的政黨領袖所擔任，而相對地總統黨是聯盟內閣中的少數黨。這種類型的運作比較少被討論到，本文企圖彌補這項缺漏。本文主旨在於分析多黨總理總統制的政府組成主要是由總統主導或是由國會主導，以及多黨總理總統制中，不同的政府類型如何產生權力機關之間不同程度的衝突。[6] 例如，分析不同政府類型如共治政府、聯盟多數政府、國會式政府和少數政府在運作上為何會產生衝突。

貳、文獻檢閱

憲政體制與多黨制的配套一直是比較政治學者所關注的研究主題。因

6　這是屬於制度下游的研究，研究的重點在於確認關切的價值與評估制度在實現價值上的表現，
　　這些價值包括政治運作的順暢與穩定（吳玉山，2011：18-9）。

為半總統制是結合部分的總統制特徵，例如民選產生的總統和擁有重要的權力，以及部分的議會制特徵，如內閣和總理必須要向國會負責。因此文獻檢閱的部分可以借鏡於議會制和總統制下多黨內閣的運作和民主政治的關聯等相關的文獻。議會制和多黨制的研究焦點在於聯盟政府如何組成和瓦解。聯盟政府組成的原則可能根據席次多寡、政策位置的遠近以及政黨對政策、職位或選票的考量（Dodd, 1976; Laver and Shepsle, 1996；Müllerand Strøm, 2000）。聯盟政府瓦解的可能原因是政黨的理性策略計算或外生事件或危機的影響（Strøm and Swindle, 2002; Frendreiset al, 1986）。綜合來看，這些多黨議會制國家的研究比較強調聯盟政府的存活和運作，而較少談其與民主表現或民主鞏固之間的關係，可能的原因是相關的研究範圍大部分皆集中在西歐和北歐等先進的多黨議會制民主國家。相較之下，多黨總統制與民主穩定的關係為比較政治學者，特別是拉丁美洲區域研究的學者所側重。在這項研究的傳統中，基本上可以分成兩個陣營。第一個陣營持悲觀的看法，認為多黨體系與總統制難以相容。多黨總統制民主國家中，因為總統沒有掌握國會多數，其被迫需要根據不同的議題建立不同的立法聯盟、組成總統內閣的政黨和其國會議員不一定完全支持政府、政黨之間的聯盟較容易瓦解等現象，因此多黨制和總統制是一個不利於民主穩定的困難組合（Mainwaring, 1993; Mainwaring and Shugart, 1997）。類似地，在多黨制或嚴重對立的兩黨制之下，總統制政府的根本缺點在於總統常常無法確保國會立法多數的支持，甚至會惡化行政和立法部門之間原本的對立（Valenzuela, 1998: 124）。更具體的來說，因為在多黨的情況下，如果總統黨沒有取得國會過半數的席次以及國會其他政黨意識形態強烈且黨紀嚴明的話，總統制將會很難治理，甚至當總統面臨一個反對多數所控制的國會時，總統制將會更難治理（Linz, 1994: 35）。最後，在一項針對1946年到2002年之間的總統制民主國家之經驗研究發現，政黨數目和總統制民主的瓦解呈現曲線的關係，當政黨數目增加到4個的時候，總統制民主瓦解的可能性最高，但是政黨數目超過4個之後，總統制民主瓦解的可能性反而明顯地減低（Cheibub, 2007）。

第二個陣營對於多黨總統制的運作比較持樂觀的看法。例如，針對1946年到1999年所有總統制國家的一項研究發現，在國會愈割裂化（fractionalized）的情形下，亦即國會政黨數愈多時，聯盟政府愈可能形成（Cheibub, Przeworski, and Saiegh, 2005）。這個研究發現駁斥了多黨總統制較難以形成聯盟政府的論點。另外，聯合政府的運作順利與否與其組成政黨的政策立場高度相關。多黨總統制所組成的聯合內閣中如果包含持中間立場的國會政黨（median legislative party）時，其還是可能順利地運作（Colomer and Negretto, 2005）。從比較的觀點來看，總理總統制下，因為內閣需要向國會負責以及內閣的立法需要國會多數的支持，這兩項特徵會強化國會對於政府組成的牽引力。本文將會透過相關的經驗資料來驗證這個假設是否能成立。

半總統制研究的先驅學者Shugart與Carey（1992: 51）認為總理總統制下的總統會有較強的誘因去配合其在國會的支持聯盟之需求，因為總統的地位取決於聯盟的凝聚力。類似地，Elgie（2011: 32）論證指出，總理總統制的國會可能決定去忽略總統願意協商的企圖，而試圖強迫總統接受一個國會所支持的政府，因為在總理總統制下，總統不能解散政府，因此這是國會可以最大化其在政治過程之影響力的方式；然而這是一個高風險的策略，事實上總統會有誘因與國會協商，如果形成一個反對總統的國會式政府，將意謂著後來任何的政府不穩定以及任何不利的政治結果，將會全部歸責於國會以及反對總統的政黨身上，對於國會來說，最好的策略是讓與一些組成政府的權力給總統，因為國會仍然可以持續維持對於政府的影響力，同時可以將政治責任的歸屬分攤一部分給總統。換言之，如果總理總統制較能促成總統和國會透過妥協的方式來組成政府的話，其可以改善多黨制所產生政府較難組成的衝擊。這種論點可以運用在多黨總理總統制的配套中哪一種選舉的結果或政府類型呢？還是實際運作的經驗中出現了半總統制研究者Elgie所指出的高風險現象，總理總統制的國會可能決定去忽略總統願意協商的企圖，而試圖強迫總統接受一個國會所支持的政府，因為在總理總統制下，總統不能解散政府，因此這是國會可以最大化其在政治過程之影響力的方式。

　　多黨總理總統制下的國會選舉結果和政府組成可能有五種情形。第一，當總統所屬政黨獲得國會過半數的支持時，總統會組成一黨多數政府，同時總理在大多數的情況下是來自於總統的政黨。第二，當無任何政黨過半數，且無法組成過半數的聯盟時，此時會形成所謂的少數政府。少數政府可能的次類型是少數一黨政府或少數聯盟政府。第三，當反對黨或是反對聯盟獲得國會多數時，通常會形成所謂的共治政府，總統無法主導內閣的組成。[7]第四，當總統所屬政黨並沒有獲得國會過半數的支持時，總統必須要與國會的其他政黨協商才能組成聯盟多數政府。如果總統黨雖沒有獲得過半數，但仍握有相對多數時，其可能獲得較多的內閣席次以及總理來自於同黨的可能性極高。然而，因為單獨總統黨不能組成政府，必須有其他政黨的加入才能過半，這些聯盟的政黨會針對內閣席次的分配討價還價，甚至有時還可能會與其國會席次不成比例，亦即所分配到的內閣閣員席次多於其國會席次所占的比例。這種情況下比較可能會出現如Shugart與Carey以及Elgie所稱總統和國會朝向協商或合作的向心機制。

　　第五，當其他政黨獲得相對多數的席次時，這時總理是由該政黨的領袖所擔任，總統黨雖然也在聯合內閣中，但其所獲得的內閣席次相對於總理政黨的內閣席次較少或是必須根據個別政黨的國會席次來進行比例的分配。在這個設想情況下，總統與國會政黨的協商過程中，會趨於劣勢。國會中取得相對多數的政黨則較為優勢，在與總統協商內閣席次的安排時，擁有較多的談判籌碼，協商的結果也會對其較為有利，因而產生所謂的國會式政府。這種設想情況比較容易產生總統和國會在內閣組成上的衝突以及總統對於內閣運作的掣肘。在過去的半總統制文獻中較少討論和分析這個部分，本文試圖彌補這個缺漏，透過個案分析來釐清多黨總理總統制運作的理性和困境。

　　Protsyk（2005）研究5個總理總統制國家如保加利亞、立陶宛、摩爾多瓦、波蘭和羅馬尼亞之政府類型如何影響總統和總理之間的衝突程度，例如少數政府比多數政府更容易產生總統和總理之間的衝突，以及多數或共治

7　然而，在波蘭的小憲法運作時期的共治經驗中，總統還是可以影響國防和外交部長的人選。

政府皆可能會產生總統和總理之間的衝突。延續相同的研究議程，Protsyk
（2006）透過更大的樣本數[8]（8個國家）來說明總統和內閣的意識形態差距
愈大以及少數政府的出現時，更可能會產生總統和總理之間的衝突。本研
究與Protsyk（2005; 2006）的區別有四點。第一，本研究延伸到一些Protsyk
之兩項研究所未包含的總理總統制國家如斯洛伐克、克羅埃西亞、斯洛維
尼亞。第二，Protysk的研究運用統計模型檢證政府類型和總統、總理間的
衝突程度之相關性，本研究則進一步透過個案分析來補充其研究的不足以及
同時透過其他總理總統制國家的經驗分析和理論檢證搭建出更廣泛的一般化
結論或描繪出更完整的圖像。第三，本研究比較強調總理總統制下總統和國
會的互動或多黨聯盟內部的歧異，來補充只強調總統和總理之間的衝突之不
足。第四，本研究還關注特殊的國會式政府，以耗盡可能的不同政府類型。
另外，與Protsyk同樣關注中、東歐半總統制國家[9]運作的研究發現，總統和
總理之間的衝突會導致內閣的不穩定以及總理總統制比總統國會制更容易
發生總統和總理的衝突（Sedelius and Ekman, 2010; Sedelius and Mashtaler,
2013）。[10]這些研究試圖將總統和總理的衝突當成自變數，解釋其對內閣運
作的影響，來進行一般化的歸納。再者，國內研究半總統制的學者吳玉山教

---

8 總統國會制國家俄羅斯、亞美尼亞、烏克蘭以及總理總統制國家保加利亞、立陶宛、摩爾多
   瓦、波蘭、羅馬尼亞（Protsyk, 2006）。

9 包含的半總統制國家有8個，如保加利亞、克羅埃西亞、立陶宛、摩爾多瓦、波蘭、羅馬尼
   亞、烏克蘭和俄羅斯。

10 然而這些研究並沒有論述為何總理總統制比總統國會制更容易產生總統和總理之間的衝突之原
   因。本文認為這可能跟有些總理總統制國家的總理同時是國會議員的制度特徵有關。亦即，兼
   任國會議員的總理比較能夠獲得國會中同黨議員或國會中多數的支持，並以此作為政治後盾來
   對抗總統。相對地，在總統國會制下，總理可能不是由國會議員兼任，例如總統國會制的台
   灣，憲法規定立委不能兼任官吏，因之行政院長不能同時是立委，且行政院長人選大多是由非
   國會議員所擔任。當總理是由總統所提名的非國會議員擔任時，總理並無法直接掌握國會中同
   黨議員的支持，所以總理可能會選擇與總統避免衝突，以確保其職位。然而，法國總理總統制
   的運作下，總理也不必然是國會議員，例如法國總統戴高樂曾經提名非國會議員的龐畢度擔任
   總理，戴高樂和龐畢度發生衝突後，戴高樂總統逼迫龐畢度總理去職。法國的例子中，總理不
   是由國會議員兼任以及總理選擇與總統衝突的現象，對於上述的論證而言是個反面的例子，但
   是總統戴高樂對於總理龐畢度的解職還是可以突顯總統相對的強勢以及總理相對的弱勢。整個
   來看，總理沒有兼任國會議員是否影響總理任期的長短之一般性推論可能需要針對所有半總統
   制國家進行研究後才能檢證。

授（2002），運用總統黨是否參與組閣、單一或聯合內閣、多數或少數內閣三個二元變項來解釋半總統制國家政治穩定的程度，其論證指出多數內閣、總統黨參與、單一內閣有利於政治穩定，而少數內閣、總統黨不參與和聯合內閣則不利於政治穩定。本文則透過多黨總理總統制中國會的政治動態因素如總統黨席次、聯盟黨席次、反對黨席次的多寡和總理所屬政黨和負責對象來進行排列組合，進而分析其如何影響不同程度的總統和國會之間的衝突。最後，本文想藉由個案研究的過程追蹤方法（process-tracing），搜尋多黨總理總統制國家憲政運作的明確證據（smoking-gun evidence）來呈現可能的因果機制（Bennett, 2010: 210-1）。

　　以下將討論多黨總理總統制聯盟政府的理論架構、多黨總理總統制不同政府類型出現的次數和機率以及進行個案分析如共治政府、聯合多數政府、國會式政府、少數政府的運作和憲政衝突。具體的個案爲斯洛維尼亞共治政府、斯洛伐克聯盟多數政府、克羅埃西亞國會式政府、立陶宛少數政府。這四個國家屬於總統權力較小的半總統制國家，如果我們可以論證這些國家的憲政運作上總統和國會仍然會發生衝突時，可以突顯總理總統制運作上的困難。另外這四個國家的總統權力相對而言較弱，如果還是會發生總統和總理或總統和國會之間的衝突時，可以某種程度地突顯出多黨總理總統制運作的阿基里斯腱[11]（Achilles' heel）。

參、理論架構

　　在總理總統制的憲法規定中，總理和內閣的負責對象是國會。然而實際運作中，總理總統制與多黨制的配套下，總理負責的對象可能會因政治動態

11　阿基里斯是希臘神話中希臘第一勇士，但是他還是有弱點，即其右腳踝，這裡用來比喻總理總統制頗爲適切，相較於總統國會制，總理總統制的民主表現較好，但總理總統制也不是全然沒有弱點。

的不同而擺盪於總統或國會之間，或同時向總統和國會負責。[12]第一，當反對黨席次為1/2N＋1過半時，總統可能會選擇讓反對黨籌組共治政府，提名反對黨的領袖擔任總理，此時總理負責的主要對象為國會。然而因為半總統制的總統擁有重要的權力，例如外交和國防的權力或是可以行使否決權，因此總統和共治總理之間還是有可能發生衝突。第二，當總統黨席次未能過半時，其必須與其他政黨結盟才能擁有過半數的席次而組成內閣。我們假定N為國會的總席次，總統黨為1/2N[13]、聯盟黨為1席，加起來正好是1/2N＋1過半數，而反對黨是1/2N－1。總理由總統黨的成員擔任，其負責主要的對象是總統。因為聯盟黨的席次較少，總統和國會發生衝突的可能性較小。第三，當總統黨席次約為1/3N＋2、聯盟黨席次為1/3N－1以及同時總理是由總統黨的成員擔任，則總理負責的主要對象是總統。然而，由於聯盟黨的席次與總統黨的席次相差無幾，在內閣決策中聯盟黨對於總統黨有討價還價的實力，或是幾位聯盟黨國會議員之威脅出走都可能影響聯盟的存活，因此總統和國會發生衝突的可能性比第一種情形來得高。

　　第四種情形，當總統黨、聯盟黨和反對黨各掌握1/3N席次以及總理是由總統黨的成員擔任時，總理的負責對象是總統和國會，因為總統擁有提名總理的權力且總統與總理同屬一個政黨，所以總理必須向總統負責，但另外一方面因為聯盟黨的席次與總統黨席次相當，所以總理也必須考量國會中聯盟黨的意見，並對國會負責。整個來看，總理面臨著雙向負責的局面。第五種情形，當總統黨、聯盟黨和反對黨各掌握1/3N席次、1/3N＋1席次、1/3N－1席次以及總理是由聯盟黨的領袖擔任時，總理負責的對象比較偏向於國

---

[12] Shugart與Carey（1992）認為總理總統制和總統國會制的最大差別在於總統的解職權，因此在總理總統制下，總統無正式的權力可以免職總理，總理向國會負責；而相反地總統國會制，總統和國會皆可以發動免職權，因此總理同時向總統和國會負責。事實上，這種觀點只是純粹考量憲法的正式規範，實際運作上，總統對於總理的提名權也包含著默示的解職權，特別是當總統在國會的黨派力量較大的時候，請參閱吳玉山（2011）。相關的討論也可以參閱Samules and Shugart（2010）。

[13] 為何是1/2N，主要是強調總統黨雖獲得一半的席次，但是距離法案通過所需要的過半數還差一票。

會，原因是總理政黨的席次比總統黨多一席或一席以上。[14]然而，這不表示總理不需考量總統的意見，因為總統可能擁有立法否決權以及總統黨擁有支持內閣的國會總席次中接近一半的席次。另外一方面，總統和總理雖然是屬於同一執政聯盟，但是他們所屬的政黨可能會有不同的政策偏好或不同的選民基礎，聯盟黨的總理可能以幾位同黨國會議員欲選擇離開內閣的理由來要脅總統，通過對其支持基礎之選民有利的特定政策方案。不過這種要脅比議會制下聯合內閣的風險更小，因為在議會制中，如果聯盟黨離開內閣，內閣將會面臨解散和重新改選的命運。而在總理總統制中，當聯盟黨離開內閣之後，總統可以選擇少數政府、或與其他的政黨籌組聯盟或是解散國會重新選舉等三種解決方案。換言之，多黨議會制與多黨總理總統制的運作模式不同，多黨議會制的總理在聯盟政黨選擇出走時，只能黯然下台。議會制的總理為了避免失去執政的地位，通常會向聯盟黨所提出的政策進行某種程度的妥協或讓步。[15]而在總理總統制下，總統職位不會受到內閣更迭的影響，當聯盟黨提出過度的要求或是對於聯盟黨的支持選民較有利的政策時（例如工黨主張提高工人薪資或縮短工人工時），總統可以選擇不受威脅和表達反對的立場。在這種情況下會產生僵局，亦即總統和國會之間因為立法或政策的歧異，而形成角力戰或拉鋸戰，甚至發生嚴重的公開衝突。第六種情形，總統黨是少數黨，約占1/6N席次，而聯盟黨占有1/3N + 1席次（聯盟黨的席次約為總統黨的兩倍），同時總理是由聯盟黨的領袖擔任且總統黨是聯合內閣中的少數黨。基本上這種情況下，總理主要的負責對象是國會，總理因為掌握國會較多的席次，會較為強勢地主導政策的制定和通過，相對地總統黨因為是內閣中的少數黨，在內閣決策方面很難有主導的地位。當總統對於聯合內閣中由總理黨主導所通過的政策不滿時，很容易形成總統和國會或是總統

14　這裡的理論推演是聯盟黨只比總統黨多一席，突顯聯盟黨的相對優勢地位。事實上，如果聯盟黨席次與總統黨席次的差距愈大，聯盟黨的總理更可能向國會傾斜，而不是向總統方向擺盪。

15　多黨議會制的運作下，為了避免聯盟政黨之間政策協調的不確定性，通常會在聯合政府組成前簽訂協定，來約束聯盟政黨的行為（Müller and Strøm, 2008）。然而，即使簽訂協定，某些聯盟政黨還是可能會在立法過程中出現反叛的行為，或是讓聯盟政府原先提出來的政策提案與修正通過的政策大相逕庭（Martin and Vanberg, 2011）。

表6-1　三黨國會席次的分配、總理政黨屬性、負責對象和總統與國會的衝突程度

情況	總統黨席次	聯盟黨席次	反對黨席次	總理政黨	負責對象	府會衝突
1	1/2N − 2	1	1/2N + 1	反對黨	國會（共治）	1
2	1/2N	1	1/2N − 1	總統黨	總統	2
3	≧1/3N + 2	≦1/3N − 1	1/3N − 1	總統黨	總統	3
4	1/3N	1/3N	1/3N	總統黨	總統、國會	4
5	1/3N	1/3N + 1	1/3N − 1	聯盟黨	國會	5
6	1/6N	1/3N + 1	1/2N − 1	聯盟黨	國會	6

和總理之間的嚴重衝突，這種情形比先前一種情形衝突的程度更高。整個來看，府會衝突那一欄所代表的數字愈大，表示衝突可能性愈高，數字愈小，衝突可能性愈低。請參閱表6-1。

在總統制中，總統是內閣組成的主導者（*formateur*），除非總統是無黨派的獨立人士，否則不管總統黨控制多少的席次，它都必須在聯合內閣中（Cheibub, Przeworski and Saiegh, 2004: 568）。對於總理總統制而言，總統不必然是內閣組成的主導者，需視總統黨國會席次的多寡而定。當總統黨擁有國會過半數的席次或是相對多的席次時，總統較能主導內閣的安排。當總統黨只擁有相對少數席次，此時組閣任命權可能掌握於擁有相對多數的聯盟黨總理或是擁有過半數的共治總理手中。在多黨制下，當無任何一個政黨或聯盟取得過半數時，總統與聯盟政黨協商時必須要考量內閣席次分配的比例性。理想狀況下，可以根據國會席次的比例來分配，有時總統黨因為總統的權力和資源可以分配到比其國會席次之比例更多的閣員席次，特別是在一些總理總統制國家，國防和外交的部長人選是屬於總統的保留權限（reserved domains），例如法國。有些時候聯盟黨可以透過如果協商破裂政府難產的威脅來要求更多的內閣席次。這種威脅的有效性只有在總統黨無其他的聯盟黨可以被說服而組成聯合政府時，才可能發生。但無論如何，總統黨選擇說服反對總統的政黨加入聯盟政府的可能性相對較低，除非是組成大聯合政府或是所謂的雞兔同籠，立場南轅北轍的兩個政黨共組執政聯盟。

例如，2006年烏克蘭國會選舉後[16]，因為總統黨—— 我們的烏克蘭在總數450席的國會議員席次中只獲得81席，且與第二大黨季莫申科聯盟和第四大黨社會黨的組閣協商過程並不順利，總統尤申科只好提名第一大黨—— 地區黨的政黨領袖，其也是尤申科競選總統時的競爭對手—— 亞努科維奇擔任總理，共組聯盟政府。[17]這種模式的政府稱之為國會式政府。國會式政府的運作出現了總統和總理的嚴重衝突。總理亞努科維奇主張烏克蘭不要加入北大西洋公約組織，而總統尤申科則認為外交政策是屬於總統的職權，不屬於總理的管轄；總理亞努科維奇在國會通過一項強化總理權威的法案，但是總統尤申科認為該項法案違反憲法權力分立的原則，而否決該法案；總統和總理衝突的最高峰在於總統尤申科頒布行政命令解散國會及提前選舉，而總理亞努科維奇認為該命令違憲，訴諸憲法法院進行合憲性的審查，總統尤申科則將兩位憲法法院法官解職，並重新發布另一項行政命令，宣布國會提前選舉（Herron, 2008）。烏克蘭的例子突顯國會式政府的運作困境和憲政衝突。分析完總理總統制存在著三個政黨的可能設想情況之後，下面我們接著推演四個政黨所產生的情形。

假定國會有四黨ABCD、沒有一個政黨獲得過半數的席次、A是總統黨、C是反對總統的政黨，以及政黨兩兩結盟或三黨結盟組成超過半數或所謂的最小贏的聯盟之聯合政府的話，則可能產生的排列組合有以下幾種（兩個政黨和三個政黨的聯盟）：

1. $A + B > C + D$；
2. $A + C > B + D$；
3. $A + D > B + C$；
4. $B + C > A + D$；

---

[16] 2006年烏克蘭國會選舉的結果如下：地區黨186席、季莫申科聯盟129席、我們的烏克蘭81席、社會黨33席、共產黨21席。相關的資訊請參閱International Parliament Union（2006）。

[17] 在烏克蘭這次的聯合內閣24個職位中，總理黨閣員有12位、總統提名的閣員有4位（內政部長、外交部長、司法部長和國防部長）、總統黨的閣員有4位、共產黨2位、社會黨2位。相關的資料請參閱Arktur（2006）。

5. B＋D＞A＋C；

6. C＋D＞A＋B；

7. A＋B＋C＞D；

8. A＋B＋D＞C；

9. B＋C＋D＞A。

　　然後我們假定AC不可能結盟以及包含C的多數聯盟為共治政府的話，我們可以排除2、4、5、6、7、9，其中2、5、7為不可能的AC組合，4、6、9為共治政府。剩下三種情形A＋B＞C＋D、A＋D＞B＋C、A＋B＋D＞C。A＋B＞C＋D、A＋D＞B＋C這兩種情形是屬於意識形態或政策立場相近的政黨之間的結盟，例如法國的左、右政黨聯盟。第三種A＋B＋D＞C則是三黨結盟的聯合政府。我們依照總理政黨是否是總統黨A或是聯盟黨B或D來區分，可以分成六種，請參閱表6-2。

　　表6-2的第一種和第二種情形都是總統黨和聯盟黨合組多黨內閣，總統黨比聯盟黨獲得較多的相對席次，且總理是由總統黨的成員所擔任，其負責的主要對象是總統，府會衝突的來源主要是總統黨和聯盟黨的政策歧異。第三種情形是總統黨和兩個聯盟黨組成聯合內閣，且總理是由總統黨的成員擔任，理論上總理的負責對象是總統，但實際運作上，因為內閣中兩個聯盟黨加起來的席次約為總統黨的兩倍，因此其對於總統黨的討價還價能力較強，總統黨的總理不僅要向總統負責，其同時也要向國會負責，於是在立法過

表6-2　四黨國會席次的分配、總理政黨屬性、負責對象和總統與國會的衝突程度

情況	總統黨席次	聯盟黨席次	總理政黨	負責對象	府會衝突
1. A＋B＞C＋D	A(1/4N＋2)	B(1/4N－1)	A	總統	1
2. A＋D＞B＋C	A(1/4N＋2)	D(1/4N－1)	A	總統	2
3. A＋B＋D＞C	A(1/6N＋1)	B, D(1/6N; 1/6N)	A	總統和國會	3
4. A＋B＞C＋D	A((1/4N－1)	B(1/4N＋2)	B	國會	4
5. A＋D＞B＋C	A((1/4N－1)	D(1/4N＋2)	D	國會	5
6. A＋B＋D＞C	A(1/6N)	B, D(1/6N＋1 or 1/6N)	B or D	國會	6

程中，可能會發生總統和國會的憲政衝突。第四、第五和第六種情形都是聯盟黨的席次比總統黨的席次多且由聯盟黨領袖擔任總理，此時總理向國會負責，當總理選擇執行與總統立場不同的政策時，會產生府、會之間的衝突。芬蘭的總理總統制運作曾經出現過一個類似第六種情形的案例。1958年7月的國會選舉結果，總數200席的國會席次中，芬蘭人民民主聯盟（反對黨）取得50席、社會民主黨48席、農民聯盟48席、國家聯盟29席、瑞典人民黨13席、芬蘭人民黨8席、社會民主反對黨3席和Åländsk Samling獲得1席，國會中較大的三個政黨鼎足而立，而總統UrhoKaleva Kekkonen的政黨是農民聯盟（Wikipedia, 2013a）。1958年8月，總統UrhoKaleva Kekkonen提名社會民主黨領袖Karl-August Fagerholm擔任總理，並與農民聯盟、國家聯盟、瑞典人民黨三個政黨共組聯合政府。此種類型的政府為國會式政府。或稱之為分立行政（divided executive），其指涉當總統的政黨沒有掌握國會多數，總統必須任命一個來自不同政黨的領袖擔任總理，而總理所形成的聯盟政府包含總統的政黨（Francesco and Elgie, 2010: 28）。總理Fagerholm親西方的政策與總統Kekkonen親蘇聯的政策相互衝突，在蘇聯持續升高對於芬蘭的外交壓力之情勢下，總理Fagerholm被迫在1959年1月去職，成為五個月的短命內閣（Arter, 1981: 223）。第六種情形與第四種情形和第五種情形的差異在於兩個聯盟黨聯合起來的政治實力比總統黨要強得多，因之總統和國會間發生衝突的可能性更大。綜合來看，府會衝突那一欄所代表的數字愈大，表示衝突可能性愈高，數字愈小，衝突可能性愈低。表6-1的5、6和表6-2的4、5、6都是所謂的國會式政府或分立行政。另外，少數政府也是邏輯和經驗上可能的現象，基本上總理總統制下的少數政府會面臨雙元負責機制的問題，來自總統黨之總理必須同時要向總統和國會來負責，甚至面臨高風險的倒閣可能性。這種政府類型容易產生總統和國會之間的衝突。最後，總理總統制國家有可能出現5個政黨或6個政黨更複雜的情形，其運作與4個政黨情形類似，差別在於聯盟黨的數目可能增加，不同政黨動態的組合類型可能較多。本文因為篇幅的關係，只討論3個和4個政黨的情形，以下將透過經驗資料來分析多黨總理總統制國家出現的政府類型。

肆、多黨總理總統制國家的政府類型

　　根據Elgie（2011）的研究，目前總理總統制國家有37個。爲了符合本文的研究目的，我們排除兩黨總理總統制國家以及被自由之家（Freedom House）所評估認定爲不自由（not free）的國家[18]之後，最後剩下23個國家，請參閱表6-3。另外，因爲不同的總理總統制國家實施憲法的時間和民主化時間不必然相同，因此研究的範圍也不同，大體上本文的研究範圍爲實施總理總統制憲法且被自由之間評估爲自由和部分自由的年代到2012年爲止。例如法國是從1962年舉行總統直選到2012年。土耳其因爲在2007年將總統選舉方式改爲直選，使得其憲政體制從議會制變成半總統制，所以從2007年到2012年爲本文的研究範圍。我們將多黨總理總統制可能出現的政府類型進行分類，基本上可以細分成七類：一黨多數、聯盟多數、國會式政府、共治政府、少數政府、非黨派政府、看守政府。一黨多數是指由單一政黨在國會取得多數，單獨執政。聯盟多數是指無任何一個政黨過半數，總統黨必須聯合其他政黨才能取得國會多數而組成內閣。這種聯盟多數政府的型態是指總統黨在內閣中握有相對多的席次，總理也由總統黨的成員擔任。國會式政府則是指涉聯盟黨在內閣中有較爲優勢的地位，總理由聯盟黨領袖擔任，而相對地總統黨則是少數黨。共治政府是由反對黨取得國會多數所組成，而總統黨不在內閣之中（Elgie and McMenamin, 2011）。少數政府是指總統黨沒有取得多數，總統任命同黨成員擔任總理形成少數政府。非黨派政府是指總統任命非政黨成員擔任總理，又稱爲科技專家內閣（technocratic cabinet）。最後一種類型是看守內閣，其任期較短，通常是舊內閣瓦解到國會選舉產生新內閣的期間。在265個多黨總理總統制政府的研究個案中，我們發現聯盟多數的政府類型出現頻率最高，約占43%，其次是非黨派政府13%、少數政府是12%、一黨多數政府也是12%、看守政府是9%、共治政府是7%、國會式政府是3%，請參閱表6-3和圖6-1。

---

[18] 因爲憲政制度的運作必須在民主政治的脈絡下才有意義，否則憲法可能只是一個具文，無法實際規範政治人物權力運作的範疇。

表6-3　多黨總理總統制國家政府類型和發生頻率

國家	一黨	聯盟	國會	共治	少數	非黨派	看守
亞美尼亞	0	6	0	0	0	8	1
保加利亞	0	2	0	3	1	0	4
克羅埃西亞	4	0	2	0	3	0	0
芬蘭	0	24	1	0	9	0	7
法國	0	14	0	3	3	0	0
海地	0	2	0	0	0	3	0
愛爾蘭	3	8	0	0	0	0	0
立陶宛	0	5	0	2	2	2	4
馬其頓	0	5	0	0	1	1	2
馬利	4	0	0	0	2	10	0
摩爾多瓦	4	1	0	0	0	4	1
蒙特內哥羅	0	1	0	0	0	0	0
尼日	0	5	0	0	0	1	1
波蘭	5	4	0	4	9	0	1
葡萄牙	0	3	0	4	0	0	0
羅馬尼亞	0	3	3	0	0	2	1
聖多美[19]	1	12	0	0	0	2	0
塞爾維亞	0	3	0	0	0	0	0
斯洛伐克	1	5	0	1	0	1	0
斯洛維尼亞	0	6	0	1	0	0	0
東帝汶	2	2	0	0	0	1	0
土耳其	1	0	0	0	0	0	0
烏克蘭	0	1	4	0	8	1	2
總數	33	112	10	18	32	36	24
比例	12%	43%	3%	7%	12%	13%	9%

資料來源：World Statesmen, http://www.worldstatesmen.org/; Wikipedia (2013b); Sedelius and Mashtaler (2013).

---

[19] 全名為聖多美普林西比民主共和國。

　　一黨多數政府的意涵是指多黨選舉的結果最後還是由總統黨一個政黨獲得過半數，因此總統可以主導政府的組成。看守政府是屬於臨時政府的形式，其目的是爲了舊政府解散之後以及新政府產生之前所可能出現的空窗期而設立。爲了分析的方便，我們排除一黨多數政府和看守政府這兩種情形。請參閱圖6-1。圖6-1中呈現非黨派和少數政府加總之後爲25%[20]、聯盟多數政府44%、國會式政府3%和共治政府7%。首先，如果以總統主導政府組成或國會主導政府組成的牽引力互相拉扯的觀點來看，非黨派政府和少數政府可以突顯總統決定內閣組成的完全權威，因爲總統以不形成國會多數的方式來籌組政府，而選擇提名非黨派人士（科技官僚）和獲得國會少數支持的總

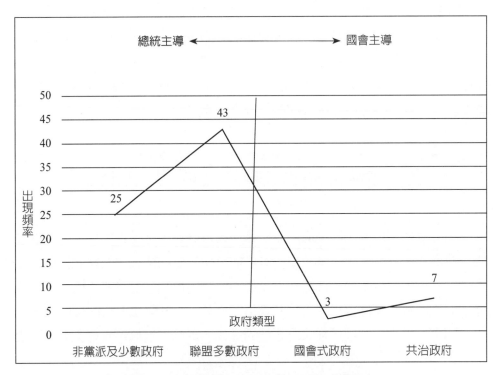

圖6-1　多黨總理總統制政府類型與出現頻率

20　之所以加總的原因是這兩個政府類型的組成都是由總統主導。

理來組成內閣。[21]其次，總統選擇籌組聯盟多數政府時，總統必須與其他聯盟政黨協商內閣職位的分配，因為總統黨獲得相對多數的席次，所以總統擁有決定內閣組成的相對優勢權威，但另一方面聯盟黨也掌握內閣組成的一部分權威。再者，在國會式政府的情況下，聯盟黨因為其國會席次的相對多數以及總統黨席次的相對少數，內閣的組成主要是由聯盟黨的總理來主導，而總統對於內閣組成的權威則相對地遞減。最後，當反對黨或是反對聯盟獲得國會的多數而籌組共治政府時，其完全是由總理主導內閣的人選和職位的分配，總統對於政府組成較無法置喙。綜觀之，如果我們以總統主導或國會主導兩種牽引力的拉扯來看，多黨總理總統制的經驗中，總統主導政府組成有69%，相對地國會主導政府組成只有10%。這個結果顯示在多黨總理總統制的運作經驗中，大多數的情況還是由總統來主導政府的組成，總理負責的主要對象是總統。這個經驗事實與總理總統制的憲法規定如總理向國會負責的原則相悖，突顯多黨總理總統制下總統的優勢地位。本文的發現否證了總理總統制中因為內閣需要向國會負責，以及內閣的立法需要國會多數的支持的特徵強化了國會對於政府組成的牽引力之觀點。

伍、多黨總理總統制政府類型與憲政衝突

　　總理總統制所產生的不同的政府類型在實際運作上是否出現了不同程度的憲政衝突。理論上，一黨多數政府可能出現較少的衝突，因為當由單一政黨控制國會多數時，總統或總理可以透過政黨的機制來統整或化解可能的衝突。假如總統和總理可以經由政黨管道來協調時，其發生衝突的可能性會減少。因之，本文不討論這種政府類型的運作。當反對黨取得國會多數而形成

21　相關的研究Schleiter and Morgan-Jones（2010）主要是以內閣中的非黨派閣員之比例多寡來界定總統對於內閣的影響力，非黨派閣員愈多，總統影響力愈大。本文主要是以內閣總理如果是非黨派人士所擔任時，可以突顯總統對於內閣組成的完全權威。

共治政府時，不同黨派的總理和總統之間會產生公開的衝突。因為國會多數和內閣都是由總理掌握，總統只能根據憲法所賦予的權力來運作或表達對於總理所推行的政策之反對意見。聯盟多數政府主要的問題在於如何協調聯盟政府中的政黨，例如如何透過政策或利益的分配讓聯盟黨願意繼續留在內閣中。然而，當總統黨認為分配給聯盟黨誘因之成本太高，不願意與聯盟黨妥協或是聯盟黨認為如繼續參加內閣可能對未來的選舉不利時等原因，都可能讓聯盟黨出走，導致內閣瓦解，此時總統黨只能選擇以少數政府或重新選舉的方式來延續內閣的存活。當出現國會式政府時，聯盟中的相對多數黨會主導政府的決策，而總統黨較為弱勢，特別在總統和總理出現政策歧異時，國會式政府可能會擺盪於總統和總理的政治立場之中。最後，當少數政府出現時，少數內閣的總理會面臨雙重責任的問題，一方面總理是由總統提名，需要向總統負責，另外一方面因為總理的政黨在國會是少數，必須向國會多數的政黨負責，法案的通過也必須依賴國會多數的結盟，因此總理可能必須與其他政黨進行談判和妥協。

　　多黨總理總統制中不同的政府類型產生憲政衝突的可能性取決於是否有出現國會多數以及總統黨的席次分配比例。共治政府比較可能會出現總統和總理之間的衝突。聯盟多數政府不僅可能會出現總統和總理之間的衝突，還可能會出現聯盟內閣中的分歧和衝突。國會式政府會比聯盟多數政府出現更多衝突的原因在於總統黨的國會席次或內閣席次較少，因此較容易形成總統和總理之間的衝突以及多黨內閣的不穩定或分歧。少數政府因為沒有掌握國會多數，其出現憲政衝突的可能性最大。非黨派政府的運作與少數政府的運作很類似，本文因為篇幅的關係只以少數政府的經驗來做說明，以下將透過個案來分析不同政府類型的衝突程度，依序從共治政府、聯盟多數、國會式政府到少數政府。

一、斯洛維尼亞共治政府與憲政衝突

　　根據斯洛維尼亞的憲法，總統是採取直接選舉方式產生（憲法第103條第1款）。總統擁有委任立法權，當國會因為緊急狀態或戰爭不能召集時，

總統可以根據政府的提議，制定行政命令來執行法律，這些行政命令可以限制個人權利和基本自由，在國會可以召集之後，總統必須將這些行政命令交由國會審查（憲法108條）。斯洛維尼亞總統的委任立法權是屬於緊急狀態下才能使用的憲法權力，而不是在非緊急狀態下可以運作的權威。斯洛維尼亞的總統擁有總理的提名權。在諮詢國會團體的領袖後，總統可以向國會提出總理候選人，經由國會同意權的確認投票通過後任命（憲法第111條第1款和第2款）。同時，總統擁有被動的解散國會權力。當國會無法產生總理人選時，總統可以解散國會重新選舉（憲法第111條第4款）。總統和國會的關係有三個面向：第一，根據憲法規定國會可以要求總統在特定的議題上表示總統的意見以及在國會沒有要求的議題上，總統也可以表示自己的看法；第二，總統和國會一起任命總理；第三，在戰爭或緊急狀態下，國會可以針對總統所提的行政命令批准或撤銷（Boban, 2007: 171）。

斯洛維尼亞的內閣需要向國會負責。國會可以經由十位國會議員連署，過半數投票的情況下通過不信任案，但需要同時選出新的總理（憲法第116條）。此項規定與德國議會制的建設性不信任投票之設計如出一轍。另一方面，總理可以針對某項法律或決議，提出信任案，假如信任案沒有獲得過半數國會議員的支持，國會應該在三十天內選出新的總理或是在新一次的投票中表達對於現任總理的支持，如果國會都沒有採取這兩項行動時，總統可以解散國會，重新選舉（憲法第117條）。整個來看，斯洛維尼亞的憲政制度是屬於總理總統制、內閣和國會是權力的核心、總統的權力相對於國會的權力來說是較弱的。

斯洛維尼亞的總理總統制運作在2004年的國會選舉後，第一次經歷共治政府（cohabitation）的經驗。2004年國會選舉結果，右派政黨Slovenian Democratic Party（SDP）獲得國會相對多的席次，聯合三個中間偏右的政黨如New Slovenia – Christian People's Party（NSi）、Slovenian People's Party（SPP）、Democratic Party of Pensioners of Slovenia（DPP）一起執政[22]，而總統Janez Drnovšek則來自於國會最大的左派反對黨Liberal Democ-

---

[22]　右派聯合政府在國會總數90席中控制49席，請參閱Fink-Hafner（2005）。

表6-4　2004年斯洛維尼亞國會選舉結果

政黨	席次
Slovenian Democratic Party (SDP)	29
Liberal Democracy of Slovenia (LDS)	23
Social Democrats (SD)	10
New Slovenia – Christian People's Party (NSi)	9
Slovenian People's Party (SPP)	7
Slovenian National Party (SNP)	6
Democratic Party of Pensioners of Slovenia (DPP)	4
Hungarian and Italian ethnic minorities	2
總數	90

資料來源：International Parliament Union (2004).

racy of Slovenia（LDS）。請參閱表6-4。總理Janez Janša的右派政府持反共產主義的立場且在經濟政策方面採取自由主義的模式，而總統Drnovšek所領導的左派反對黨，傾向支持共產主義的立場以及在經濟政策方面採取社會民主的模式（Fink-Hafner, 2006: 1264）。

　　總統Drnovšek和總理Janša的共治經驗中經常性地出現公開的衝突。在外交議題上，總統Drnovšek選擇介入非洲國家蘇丹Darfur地區所發生的內戰衝突，但是總理Janša批評總統的外交企圖並沒有成功，甚至總統所派的特使還被拘禁在蘇丹，同時批評總統只是片面地執行其外交政策，並沒有與外交部長進行協調，最後總理Janša甚至凍結總統出國旅行的預算（Bartolj, 2007）。另外，總統Drnovšek支持科索沃從塞爾維亞獨立，與總理的政策明顯的不同（Fink-Hafner, 2007: 1111）。內政議題上，總統Drnovšek譴責政府在處理一個吉普賽家族遭受地方人士驅逐的事件不夠完善以及總理Janša調查總統所使用的一項秘密基金（Bartolj, 2007）。在人事任命權上，總統Drnovšek提名中央銀行總裁的人選被總理拒絕，總理Janša並且提另外

的人選來代替總統的人選（Slovenia News Agency, 2007）。

如果從斯洛維尼亞憲法中有關總統權力的大小來觀察的話，其左右共治的經驗應該會出現較少的衝突，原因是總統的權力較小。過去對於半總統制的共治經驗之研究發現，總統權力愈大，共治衝突的可能性也愈大（張峻豪，2011）。然而，斯洛維尼亞的共治經驗正好成為反例，因為即使總統正式權力不大，其還是可以介入政治的運作。主要的原因是總統是全國選舉所產生的，其民意的正當性很容易讓總統介入外交事務領域以及對於政府施政的批評，特別是不同意識形態的總統和總理的共治情形。[23]最後，從斯洛維尼亞的個案中，我們觀察到共治政府經常發生總統和總理之間的衝突，然而因為共治總理控制著國會多數，總統通常只能對總理的政策表示反對意見，無法透過制度上的權力來凌駕總理，政府運作的主導權還是掌握在共治總理的手中。

二、斯洛伐克聯盟多數政府和憲政衝突

1990年代初期，蘇聯瓦解後，捷克斯洛伐克共和國也隨之解體，分割成捷克和斯洛伐克兩個獨立的國家。斯洛伐克在1992年制定新憲，規範國家政府體制運作和人民權利的基本原則。首先，根據1992年斯洛伐克憲法的規定，總統是由國會選舉產生，其必須獲得五分之三的國會議員的票數才能當選（憲法第102條）。斯洛伐克國會議員總數為150位，因此需要91票才能當選總統。其次，斯洛伐克的總統擁有任命總理和解職總理的權力，解職總理的條件是當國會通過對於總理的不信任案時，總統才能對於總理解職（憲法第102條和憲法第115條）。同時，當國會在大選後的六個月內，連續三次不通過政府所提的總預算案時，總統可以諮詢國會議長，解散國會，重新改選（憲法第102條第4款）。再者，總統可以在國會的法律案通過

---

[23] 總理總統制國家波蘭也出現過類似的經驗。2007年波蘭總統Lech Kaczyński（the Law and Justice party）與總理Donald Tusk（Civic Platform Party）形成共治政府，兩位領袖在外交政策方面例如對於歐盟里斯本條約批准的議題上出現了公開的衝突，相關的討論請參閱Jasiewicz and Jasiewicz-Betkiewicz（2009）。

十五天之內，行使否決權（憲法第102條第12款），以及總統可以出席和主持內閣會議（憲法第102條第15款）。這顯示出總統擁有重要的權力（considerable powers）。另一方面，憲法第115條規定，當國會通過不信任案或是否決政府所提的信任案時，總統必須解散內閣。這項條文主要是指內閣需要向國會負責。斯洛伐克的國會權力相當大，當總統否決國會的法案時，國會只需要二分之一的多數便可以進行反否決（override）（憲法第87條第3款）。綜觀之，雖然斯洛伐克的總統是間接選出，但是根據其他的憲法規定如總統權力以及政府向國會負責的機制，其還是屬於半總統制或總理總統制的國家。

斯洛伐克獨立之初，經歷了一段顛簸的憲政發展道路。其總理總統制的運作出現了聯盟多數政府的不穩定、總統和總理之間的衝突、總理獨裁等現象。1992年國會選舉後，由Vladimir Meciar領導的民主斯洛伐克運動黨（Movement for Democratic Slovakia）和斯洛伐克國家黨（Slovak National Party）聯合執政。總理Meciar通過針對私有化政策的法律修正案來集中總理的權力以及讓私有化計畫的推動減緩（Zifcak, 1995: 62）。總理集權化的現象招致意想不到的後果，如國會多數通過不信任案來行使倒閣權。國會中有70位的執政黨國會議員棄權，使得贊成和反對不信任投票的票數為78比2，因此倒閣案得以通過（Strecanska, 1994），總理Meciar只好辭職下台。之後，1994年再次舉行國會選舉，其結果如表6-5。因為無任何一個政黨過半數，由Meciar所領導的民主斯洛伐克運動黨、工人協會政黨（Union of the Workers of Slovakia）和斯洛伐克國家黨三個政黨共83席組成聯盟多數內閣（Goldman, 1999: 71）。另外，1994年也同時舉行總統選舉，根據憲法規定總統是由國會選舉所產生，民主斯洛伐克運動黨提名總統候選人Michal Kováč參選總統，在反對黨的支持下，順利當選總統，但必須接受反對黨所提出的條件，如退出民主斯洛伐克運動黨（Malová, 2001: 365）。總統Kováč和總理Meciar之間出現了嚴重的政治衝突。例如總理Meciar藉由其掌握的國會多數立法終止一些前任政府所通過的私有化政策，而總統Kováč拒絕簽署該項法案，並行使否決權，將法案退回國會，但總理Meciar所控制

表6-5　1994年斯洛伐克國會選舉結果

政黨	席次
Movement for Democratic Slovakia	61
Common Choice Coalition	18
Hungarian Parties Coalition	17
Christian Democratic Movement	17
Democratic Union of Slovakia	15
Union of Workers of Slovakia	13
Slovak National Party	9
總數	150

資料來源：International Parliament Union (1994).

　　的國會多數又再次地通過該項法案，總統Kováč和反對黨只好申請憲法法院釋憲，最後憲法法院宣告該項終止案違憲（Goldman, 1999: 72）。而總理Meciar的反擊方式是在國會通過對於總統的不信任案（Zifcak, 1995: 63）。

　　總理和總統之間持續的衝突對於斯洛伐克的民主產生了複雜的意涵：總統Kováč挑戰總理Meciar的政策使得總統府成為反對政府政策的中心；行政內部容易滋生衝突的雙元主義破壞了原本脆弱的民主秩序之可信度，而總理Meciar不信任現任總統和弱化斯洛伐克的總統職位損害了憲法中對於政府的制衡；因為為了要削弱總統職位的影響力，Meciar遂行總理獨裁，這對於缺乏西方國家有限政府和尊重個人權利原則之斯洛伐克來說，是個危險的發展（Goldman, 1999: 73-4）。因為有先前執政黨國會議員的棄權導致不信任案通過的前車之鑑，總理Meciar尋求特殊的機制來防堵執政黨議員的反叛。Meciar再度擔任總理之後，設法強化黨紀和避免政府不穩定，甚至是使用違憲的方式來壓制國會政黨團體的反叛，例如所有民主斯洛伐克運動黨的國會議員必須簽署一個沒有附上日期的辭職信，以便於當同黨的國會議員欲離開政黨時可以使用。1996年有一位民主斯洛伐克運動黨的國會議員決定離開

執政黨，結果他辭去國會議員身分的信出現在國會之中，好像是他自己所提出的，但這位國會議員否認送出過這樣的信，且想要繼續完成他的任期；然而執政黨選擇接受他的辭職，以另外一位忠誠的黨員來代替該位國會議員的席次。最後憲法法院宣告國會已經侵犯了該位國會議員的憲法權利，然而國會拒絕回復其職位的要求（Rybár, 2006: 153）。總理Meciar選擇以非民主的方式來鞏固政黨內部的凝聚力，一方面可能損害其統治的合法性，另一方面反而增強反對勢力或總統的正當性。

另外，總理Meciar所領導的內閣，出現了聯盟維繫的危機，特別是在對外關係的議題上。總理為了與匈牙利之間雙邊協定的批准一案，受到聯盟政黨之一斯洛伐克國家黨的牽制，甚至總理Meciar必須通過另一項法律如共和國保護法，來交換斯洛伐克國家黨對於與匈牙利之間雙邊協定批准的同意票；再者，兩個聯盟政黨對於總理Meciar申請加入歐盟和北大西洋公約組織的外交政策持反對的立場，甚至堅持有關斯洛伐克加入北大西洋公約組織的政策必須舉行公投（Pridham, 2002: 91）。這些爭議顯示聯盟政府的組成只是一種便利的結合，而非政策接近的政黨之間的結盟（Pridham, 2002: 88）。

整個來看，當總理過度集中權力時，可能導致總統和國會多數的反對。另外，聯盟多數的總理必須透過政策的誘因來凝聚聯盟黨的支持，以及運用非常的手段來鞏固同黨的國會議員之忠誠。當總理過度濫權時，可能會出現其他憲政機關如總統和憲法法院的制衡或是總理和國會之間的衝突，斯洛伐克個案顯示總理總統制下聯盟多數政府可能產生的憲政危機和衝突。

三、克羅埃西亞國會式政府與憲政衝突

根據1990年所通過的憲法，克羅埃西亞是屬於總統國會制國家。總統是採取直選的方式，任期五年（1990年憲法第95條）。總統可以任命和免職總理（憲法第98條第1款）。國會可以對於政府提出不信任投票以及政府可以提出信任投票，當不信任投票案通過的話，總理應該辭職（1990年憲法第113條）。假如國會通過不信任案或國會無法在國家預算提出後

的一個月通過預算的話，總統可以在政府的提議和總理的連署下以及諮詢議長之後，解散國會；但是總統不能在解散國會後的一年中再次解散國會（1990年憲法第104條）。總統可以召集及主持內閣會議，討論其考慮的議題（1990年憲法第102條）。憲法規定政府同時向總統和國會負責（1990年憲法第111條）。綜合來看，克羅埃西亞民主轉型之後所運作的憲政體制是總統國會制，因為其總統可以任免總理以及總理需同時向總統和國會負責。2001年克羅埃西亞經由修憲將總統國會制改成總理總統制。主要的差異在於取消總統對於總理的免職權，規定總統只能提名取得國會多數的政黨領袖擔任總理（2001年憲法第97條）。因此根據這個條文的精神，克羅埃西亞的總理只向國會負責。

　　從1990年到2000年以前，克羅埃西亞的政府型態一直都是一黨政府，由克羅埃西亞民主聯盟（Croatian Democratic Union）連續執政，2000年國會選舉結果如表6-6。因為無任何一個政黨過半，因此由社會民主黨聯合克羅埃西亞社會自由黨、克羅埃西亞農民黨、克羅埃西亞人民黨以及伊斯特里亞民主議會和自由黨等六個政黨，組成共91席的聯合政府。總理由社會民主黨領袖Ivica Račan擔任。整個內閣25個席次中，社會民主黨占有10席、克羅埃西亞社會自由黨有6席、伊斯特里亞民主議會4席、克羅埃西亞農民黨3席、克羅埃西亞人民黨1席、自由黨1席，與聯盟黨在國會席次的比例相去不遠（Kasapovič, 2003: 60）。總統是由克羅埃西亞人民黨的政黨領袖Stjepan Mesič擔任。半總統制學者指出總統的政黨如果是相對少數，基本上所形成的政府是所謂的國會式政府；或是稱之為分立行政（divided executive），其指涉當總統的政黨沒有掌握國會多數，總統必須任命一個來自不同政黨的領袖擔任總理，總理所形成的聯盟包含總統的政黨（Francesco and Elgie, 2010: 28）。在克羅埃西亞的例子中，總統黨參加聯合內閣，但由聯盟中掌握最多席次的政黨來籌組內閣並由其領袖擔任總理，因此其屬於國會式政府的類型。因為總理黨的國會席次相對較多，總理主導內閣的運作，而總統黨的國會席次只有2席，接近我們先前所提到表6-1中的第六種類型。更重要的是，克羅埃西亞的國會式政府顯示總理總統制下，國會並沒有讓與部

表6-6　2000年克羅埃西亞國會選舉結果

政黨	席次
Croatian Democratic Union (HDZ)	46
Social Democratic Party (SPH)	43
Croatian Social Liberal Party (HSLS)	25
Croatian Peasant Party (HSS)	17
Istrian Democratic Assembly (IDS)	4
Alliance of Primorje-GorskiKotar (PGS)	4
Croatian Party of Rights (HSP)	4
Croatian People's Party (HNS)	2
Liberal Party (LS)	2
Slavonia-Baranja Croatian Party (HBHS)	1
Croatian Christian Democratic Union (HKDU)	1
Serb People's Party (SNS)	1
總數	151

資料來源：International Parliament Union 2000(a); Kasapovič(2008:55).

分政府組成的權力給總統，與Elgie（2011）有關總理總統制的論點相反。政府組成的權力取決於總統黨席次和國會多數黨或相對多數的政黨之席次的消長變化，當總統黨是國會中相對的少數黨，總統必須讓與國會中相對多數黨來組閣，總統黨所占的閣員席次較少，與總統黨的國會席次比例相當。然而，因為在總理總統制下，總統擁有全國民意的正當性以及憲法賦予總統一些重要的權力，總統可能會對於政府的運作表示反對意見，因之國會式政府還是可能會出現總統和總理或總統和國會之間的衝突。

　　克羅埃西亞國會式政府的運作出現了總統與總理有關修憲議題的衝突、聯盟黨離開多黨內閣、總理與總統黨的內閣閣員之間的衝突。第一，總統Mesić對於總理Račan所主導的修憲草案內容不滿，例如取消總統關於情

報和安全機構領袖的任命權，以及有關外交機構的設置、大使的任命、國會的解散、執行法律的相關決議皆需要總理的同意或簽署，修憲的結果讓總統的職位成為一個形式的機構以及讓總統無任何真正的權力（Croatian TV Text of Report, 2000）。當修憲的議題攸關總統權力的縮減時，很容易引起現任總統的反彈，浮現總統和總理以及總統和國會多數的衝突。根據1990年憲法的規定，憲法修正案可以經由五分之一的國會議員以上或共和國的總統或政府提出（憲法第136條）。總理Račan因為掌握國會多數，可以積極主導修憲，總統相對上較為弱勢，只能表示反對意見。第二，2000年總理Račan領導的聯合內閣到了2002年7月出現了嚴重的內部分歧。聯盟政府中的第二大黨克羅埃西亞社會自由黨選擇離開執政聯盟，主要的原因是與總理的政黨社會民主黨有意識形態和政治上的爭執，克羅埃西亞社會自由黨認為社會民主黨窒息或破壞他們的政黨認同或是危及他們在政治領域上的存活（Kasapovič, 2003: 62）。聯盟中的第二大黨離開導致Račan領導的內閣瓦解，必須重新改組。改組後的聯盟政府剩下五個政黨。第三，總理Račan提到在2003年國會選舉之前，他會將宣傳成功政績的部長解職，其主要的批評對象是針對總統黨（克羅埃西亞人民黨）出身主管公共建設部門的內閣大臣Radimir Cacic宣傳興建高速公路的政績一事，此時總理Račan的角色比較是社會民主黨的主席，而不是總理的角色，主要的原因是因為總理Račan擔心克羅埃西亞人民黨的支持度會影響其政黨——社會民主黨的選舉命運（Pleše, 2003）。從這個事件來看，聯盟中的政黨還是有個別的理性考量，擔心其他政黨會奪去自己政黨的光彩，甚至可能讓其在選舉上失利。國會式政府的運作下，總統黨不是聯盟中主導的政黨，當接近國會選舉時，總統黨和總理黨的衝突會愈趨於明顯。[24]另外，聯盟政府的脆弱性在於聯盟的政黨可能會因為政策的歧異而選擇離開，總理如何促進自己政黨的力量之餘，又不危及聯盟的穩定，是每位聯合內閣的總理治理政府的重要課題。

---

[24] 其他的總理總統制國家如烏克蘭和羅馬尼亞，也曾經出現過國會式政府的類型以及總統和總理之間的衝突，相關的討論請參閱蔡榮祥和石鵬翔（2011）。

四、立陶宛少數政府與憲政衝突

立陶宛的憲法規定總統由直選方式產生，任期五年，得連任一次（憲法第78條）。總統在國會的同意下，任命總理組成政府以及總統在國會的同意下，可以對於總理免職（憲法第84條第4款和第5款）。總統在收到國會所通過的法律案後的十天內，必須簽署和公布該項法律，或是行使否決權，退回國會重新考慮（憲法第71條）。但是如果國會經由二分之一多數的國會議員重新通過該項法律，總統必須簽署和公布該項法律（憲法第72條）。國會可以經由過半數的國會議員通過對於總理的不信任案（憲法第61條）。立陶宛的憲法符合總理總統制的相關特徵。從憲法的形式規定來看，總統對於總理並沒有解職權，但是實際運作上，立陶宛的總統可以迫使總理去職。例如，1996年左派民主勞工黨的總統Algirdas Brazauskas迫使同時擔任民主勞工黨黨魁的總理Adolfas Šleževičius下台，以及1999年無黨派的總統Valdas Adamkus迫使基督黨的總理Gediminas Vagnorius下台（Talat-Kelpša, 2001: 166）。

2000年10月的國會選舉結果，並無任何一個政黨獲得過半數，請參閱表6-7。獲得最多席次的第一大黨是社會民主聯盟、第二大黨是自由聯盟。總統Adamkus籌組新政治（New Politics）聯盟，這個聯盟包含自由聯盟和社會自由黨（Krupavičius, 2008: 74）。最後，總統Adamkus選擇不提名第一大黨及反對黨——社會民主聯盟的領袖Algirdas Brazauskas來籌組政府，反而提名自由聯盟的領袖Rolandas Paksas籌組少數聯盟政府，聯盟中的政黨有自由聯盟、社會自由黨、中央聯盟和基督教民主黨，一共是64席，離過半的72席，還差了8席。另外，國會議長由另外的聯盟黨——社會自由黨的領袖Artūras Paulauskas擔任（Matsuzato and Gudžinskas, 2006: 164）。爲何總統在內閣組成上會有較多的裁量權之原因，來自於國會政黨的零碎化。社會民主聯盟雖然是第一大黨，但是離過半還差20席，因此總統得以策略操作選擇其所屬意的政黨來組成少數聯盟政府。

少數聯盟政府的憲政衝突來自於聯盟黨之間的政策歧異、總統和國會

表6-7　2000年立陶宛國會選舉結果

政黨	席次
Social Democratic Coalition	51
Liberal Union	33
Social Liberals	28
Homeland Union	9
Lithuanian Peasants' Party	4
Lithuanian Christian Democrats	2
Lithuanian Centre Union	2
Electoral Action of Poles in Lithuania	2
Christian Democratic Union	1
Union of Moderate Conservatives	1
Lithuanian Liberty Union	1
Union of Young Lithuania	1
總數	141

資料來源：International Parliament Union (2000b).

之間的衝突、總統和總理之間的衝突。首先，內閣中的聯盟黨——社會自由黨的國會議員Rolandas Pavilonis和一半的社會自由黨國會議員主張增加教育和文化的預算，總理Paksas迫於無奈只好先接受，最後再以政府無錢為理由，不執行該項的追加預算（EECR, 2001a）。其次，總統Adamkus和總理Paksas的關係變得緊張之緣故是總統Adamkus在一個農民代表大會的場合上，提到不應該再繼續發放農業的補助金，因為國家已經無能力支付一些失敗的農業，且這是立陶宛加入歐盟的必要措施；接著總統後面講話的總理Paksas反而承諾繼續發放農業補助金，儘管政府的預算短缺；之後，總統Adamkus在2001年4月19日的國會演講中提到，自由聯盟和社會聯盟是駕駛國家這部車子的新手，他們正經歷嚴重的困難（EECR, 2001b）。再者，總統Adamkus也曾經針對國會所通過的私有化的法案否決，表示其反對的意

見，雖然國會多數最後還是再次通過該項法案（EECR, 2001a）。這個事件
突顯總統和國會之間的衝突和對抗。壓垮少數聯盟這個駱駝的最後一根稻草
是立陶宛最大的國家煉油廠Mažeikių Nafta的交易案，主要的交易競爭對象
是美國的Williams公司和俄羅斯的Lukoil公司；立陶宛總統Adamkus和俄羅
斯總統Putin最後發表共同聲明，由俄國的Yukos公司（美國Williams公司的
合作對象），獲得該項交易案，而總理長期是由俄羅斯另外一家Lukoil公司
所資助，總理Paksas自失立場，同時屬於社會自由黨的國會議長Paulauskas
也向其施加壓力，最後總理Paksas只好選擇辭職下台，結束少數聯盟的執政
（Matsuzato and Gudžinskas, 2006: 164）。綜合來看，少數聯盟政府的總理
Paksas腹背受敵，一方面來自於總統的反對，一方面來自聯盟內部政黨的齟
齬，使得少數政府成為短命內閣，只存活了九個月（2000年10月～2001年
6月）。少數政府容易產生總統和總理之間、總統和國會之間以及總理和國
會之間的憲政衝突，所以其是多黨總理制下最容易出現憲政衝突的政府類
型。過去的研究指出，如果半總統制出現分立少數政府（divided minority
government），同時總統權力很大的時候，比較容易出現憲政危機和衝突，
如威瑪共和興登堡總統和俄羅斯葉爾欽總統時期（Skach, 2005; Colton and
Skach, 2005）。總理總統制的總統權力雖然沒有很大，但是在少數政府時
期，其仍然會出現嚴重的憲政衝突。

陸、結論

　　本文的研究關懷在於多黨總理總統制的政府組成主要是由總統主導或是
國會主導，以及多黨總理總統制中，不同的政府類型如何產生權力機關之間
不同的衝突程度。本文的研究發現如下：首先，以總統主導或國會主導兩種
牽引力的拉扯來看的話，在多黨總理總統制的政府組成經驗中，總統主導的
比例遠高於國會主導的比例。這個結果顯示在多黨總理總統制的運作中，大

多數的情況下，還是由總統來主導政府組成，總理負責的主要對象是總統，而不是國會。其次，政黨國會席次的分配、總理政黨屬性和總理負責對象的不同，會影響多黨總理總統制中不同政府類型運作下總統和國會的衝突程度。以發生憲政衝突的程度高低來進行排序，少數政府衝突程度較高、國會式政府次之、聯盟多數接續、共治政府衝突程度較低。相較於兩黨總理總統制，多黨總理總統制較可能會產生憲政衝突，不僅會出現總統和總理之間的衝突，同時也會出現聯盟內部的衝突和競爭或是總統和國會之間的衝突。在個案分析方面，在斯洛維尼亞的共治政府經驗中，我們觀察到總統和共治政府的總理在外交議題、內政議題和人事任命權上曾經產生衝突。斯洛伐克憲政衝突的原因是聯盟多數政府的不穩定、總統和總理之間的衝突、總理獨裁等現象。克羅埃西亞國會式政府的運作出現了總統與總理有關修憲議題的衝突、聯盟黨離開多黨內閣、總理與總統黨的內閣閣員之間的衝突。立陶宛少數聯盟政府的衝突來自於聯盟黨之間的政策歧異、總統和國會、總統和總理之間的衝突。

　　再者，憲法上權力較弱的總統還是可能對於半總統制國家的運作，例如內閣的組成或法案的通過有否決權，進而與總理或國會多數發生衝突。雖然這些總理總統制國家的政府或國會是權力的核心，但我們也不應該忽視總統的角色和權力，因此這些國家不能被歸類成是議會制國家，必須以半總統制的權力運作邏輯來分析才合適。總理總統制是半總統制次類型中較容易運作的類型，其與多黨制的配套，會呈現多樣化的政府型態。不同的政府類型會導致不同程度的憲政衝突。最後，本文並非全面主張多黨總理總統制很難運作，而是分析在什麼條件和情況下，多黨總理總統制可能會面臨運作上的困難。

　　台灣過去在1997年之前，曾經運作過總理總統制。由於國會（立法院）是由國民黨掌握多數，其他席次則由民進黨和新黨分別掌握，近似於兩黨總理總統制。台灣兩黨總理總統制的運作相對穩定，總統的立法影響力取決於總統或行政院長與執政黨國會議員之間的互動或協商，與多黨總理總統制的運作不同。然而，因為當時國會議員的選舉制度是單記不可讓渡投票法

（SNTV）所產生，使得國會議員必須以地方選區利益和勝選為考量，造成
總統或行政院長必須經由資源分配才能交換國會議員在立法上的投票支持。
甚至，當國會議員反對特定總統或行政院政策時，會讓立法形成空轉或議事
效率不彰。質言之，半總統制或是總理總統制下的總統，不管是兩黨制或是
多黨制的配套，都需要透過總統權力的行使才能讓國會支持其法案或政策。
總理總統制中不同的政府類型，決定了總統的立法影響力和總統與總理之間
的衝突程度。總統和國會之間的合作或衝突，取決於制度和行動互動所產生
的結果。總理總統制被認為是半總統制中運作較好的體制，但其並不是憲政
體制的萬靈丹，運作上與多黨體制的配套下還是會造成憲政的衝突。本文透
過多黨總理總統制運作經驗的比較分析，希冀能夠掌握總理總統制運作的因
果機制和運作態樣。

沈有忠

壹、前言：半總統制的議程發展與本文問題意識

　　憲政體制的研究向來是政治學門中比較政治的核心議題之一。伴隨著第三波民主化的浪潮以及新制度論研究途徑的崛起，憲政研究在過去二、三十年間始終受到一定程度的關注，尤其是將政府體制、選舉制度、政黨體系……等諸多影響憲政運作的變數綜合比較，形成所謂的「憲政工程」（constitutional engineering）之研究。對於台灣而言，憲政工程的比較研究不僅在理論上受到重視，同時也具有實用性與本土關懷。儘管我國從民主化以後歷經了多次的修憲，也經歷過政黨輪替，迄今幾個主要政黨對於台灣的憲政體制依舊各自有其主張與具體改革的願景。2014年基層選舉結束之後，修憲議題再次受到關注，甚至排進立法院的議程，一時之間營造出了「憲法時刻」（constitutional moment）的契機，讓各界再次對此議題加以討論。在諸多相關的修憲議題中，不乏對行政與立法關係的核心議題，例如閣揆同意權等。雖然最後因時間過於急促無法在立法院達成共識進而成案，但也證明了我國的憲政架構仍舊存在許多具有爭議之處。因此，憲政體制的比較研究，無論是政治學、比較政治的研究議程，或是對我國民主憲政發展的自身關懷，都具有其重要性。

　　當前對憲政體制的分類而言，依據行政與立法的權責關係做分類標準，總統制（presidential system）、議會內閣制（parliamentary system）與半總

---

*　本章曾刊登於《政治科學論叢》，〈政黨菁英或官僚菁英？台灣半總統制下的行政院院長類型與立法影響〉，2016年，第69期，頁75-102。本章資料均更新至2017年，並略有增修。

統制（semi-presidential system）是最常見的三個類型。其中總統制與議會內閣制的相關研究發展較早，而半總統制的研究在過去二十餘年來才逐漸被重視，但也已經累積出多樣的研究成果。半總統制在過去一段時間內迅速發展的主要原因，主要在於此一制度具有理論上的特殊性以及實務上研究的價值。首先是理論上的特殊性，從Duverger的定義出發，Sartori（1997）進一步針對總統與內閣的雙元行政做了一些釐清。首先，Sartori將總統的產生界定為人民直接或間接的選舉，建立了總統應具有獨立於國會之外，甚至直接來自於人民的具體要求。其次，也是較為重要的在於，雙元行政中的總理，其正當性不僅是來自於國會多數的支持（或至少不存在多數的反對），更應該被界定於獨立於總統之外。換言之，Sartori所界定的半總統制，其雙元行政之間應該是保有平行的制衡架構，而不存在相互隸屬的可能性。其中，總統的正當性來自於人民直選，而政府的正當性則是基於國會積極的多數支持，或消極的不存在多數的反對。依據Sartori的定義，半總統制最大的特殊性，就是具有「二元行政」（dual executive system）的憲政架構，這也是與總統制和議會內閣制最大的差異。二元行政在理論上，可能出現總統主導，也可能偏向由國會多數支持的內閣領導政府，因此具有「憲政兩軌」的特性（吳玉山，2012：1）。過往累積了部分的文獻即著重於憲政兩軌的分類。例如Shugart與Carey依據內閣僅對國會負責，或是同時向總統與國會雙向負責，進而區分成「總理總統制」（premier-presidentialism）與「總統國會制」（president-parliamentarism）兩種類型。具體操作的指標在於觀察總統是否具有獨立的內閣任命權以及主動解散國會的權力（Shugart and Carey, 1992: 24）。又例如吳玉山教授依據內閣人事權歸屬以及總統與國會多數是否一致等變數，將半總統制的實際運作區分成「準內閣制」（quasi-parliamentarism）、「換軌共治」（alternation/cohabitation）、「分權妥協」（compromise），以及「總統優越」（presidential supremacy）四種類型（吳玉山，2012：9）。Shugart與Carey的分類是依據制度設計的應然面，而吳玉山教授的分類則是依據運作的實然面。儘管有所不同，但都呼應了半總統制雙元行政以及憲政兩軌的特性。尤有甚者，因為二元行政架構搭

配國會所呈現的三角互動，造成半總統制在實際運作上出現了非常多的次類型。[1]簡言之，半總統制對於眾多傳統的比較政治研究議題而言，提供了一個新的理論建構的空間。

　　其次是實務上的研究價值，則是指目前符合半總統制定義的國家，已經是民主國家之最，多過了總統制與議會內閣制的國家。[2]這個群組裡面包括了一些歐陸成熟的民主國家；一些殖民地獨立的國家；以及一些從前蘇聯瓦解後民主轉型的前共產國家（吳玉山，2012：4-8）。基於理論與實務的研究價值，半總統制成為憲政研究中一個新的、正在崛起的、結合傳統研究與創新議題的研究主題。憲政體制研究學者Robert Elgie針對過去二十多年來的憲政體制研究，歸納出三個發展階段。第一個階段是在1990年代左右，由Juan Linz與Horowitz等學者開啟的針對總統制與議會內閣制，何者有利於民主體制運作所展開的論戰。這個階段是當代憲政研究的萌芽階段，以單一變數的方式將總統制、議會內閣制當作自變項，將民主存續當作依變項來進行討論。第二階段隨著這樣的辯論接續發展，開始豐富憲政研究的相關素材，例如將政黨體系、選舉制度、總統權力等等其他因素結合憲政體制的特徵來進行分析。此外，依變項也不僅是民主存續，而是以治理的效能、民主的深化等更豐富的概念來討論。值得一提的是，半總統制異於總統制和議會內閣制，成為一個新的分析類型，也在第一階段對總統制與議會內閣制的優劣辯論之後受到注意。而憲政體制研究的第三個階段則是在方法論上的多元

1　例如Skach將之分類為總統與總理一致，總理並享有國會多數的鞏固多數、總統與國會多數支持的總理不一致的分立多數（也就是共治政府），以及總統和總理不一致，總理亦無國會多數支持的分立少數三類（2005: 15-21）。稍後，Shen從理論的周延性以及台灣的實證經驗，補充了總統和總理一致，總理無國會多數支持的鞏固少數類型（2011: 140）。此外，沈有忠以黨權歸屬、國會凝聚程度，以及總統制度性權力論述總統化的程度（2012：13-15）。搭配選舉的部分，陳宏銘與蔡榮祥從四種選舉時程、兩種總理產生方式為變數，討論半總統制下八種政府組成的趨勢（2012：233）。林繼文比較台灣與法國在共治成為慣例與否的差異原因，屬於二元行政的討論（2012：367）。蘇子喬則是結合大法官釋憲討論憲政運作軌跡（2012：331）。前述文獻皆顯示出半總統制雖被視為一個憲政類型，卻有多變的運作可能。

2　有學者統計，至2005年為止，在81個被統計的民主國家中，有29個國家被歸類為半總統制；28個國家被歸類為議會內閣制；24個國家被歸類為總統制。這表示至少有65.4%的民主國家有一個直選總統，而半總統制則是三個類型中最多國家的一個類型（Samuels and Shugart, 2010: 6）。

發展，將理性抉擇、新制度論、否決者理論（veto players theory）、委託－代理人途徑（principle-agent theory）等各種研究途徑與方法帶入憲政體制研究（Elgie, 2005: 106-122）。由上述簡短的文獻背景分析可以發現，半總統制已經有了類型學的理論基礎，而在此基礎之上，對於不同類型的半總統制所造成的制度影響，例如從「治理效能」的概念做依變項的延伸比較，相較之下仍有很大的研究空間。

　　以半總統制的概念或次類型為基礎，延伸至其他研究議題的連結是半總統制研究議程的趨勢。例如Samuels與Shugart兩人所著之《Presidents, Parties, and Prime Ministers》一書，探討總統與總理在不同的政黨組織下權力分配的關係。他們兩人在書中提到，權力分立的原則，其實已經隱含了政黨在不同憲政體制下對於首長選擇、競選策略的兩難。在直選總統的氛圍下，總統有助於分配職位與決策的權力，因此政黨的行為、組織會與憲法架構類似，亦即有可能發展為「總統化的政黨」（presidentialized parties），而這個趨勢在總統制下如此，在半總統制亦然（Samuels and Shugart, 2010: 15）。不僅如此，Samuels與Shugart亦指出，在半總統制之下，總理可能會受到國會與總統的雙重影響而遭到撤換，因此與政黨的關係會較不容易穩固，總統化政黨的發展趨勢比議會內閣制的國家仍舊偏高（Samuels and Shugart, 2010: 99）。依據Samuels與Shugart的推論，在總統無法影響總理去留的國家，總統化政黨的發展就可能比較弱。總統化政黨的研究是以憲政體制為因，政黨的組織、行為是否總統化為果，進行體制影響政黨的分析。此外，陳宏銘（2009）亦以專文討論了台灣半總統制的黨政關係；李鳳玉與黃建實（2015）則是以陳水扁總統為研究對象，討論陳水扁擔任總統時期，兼任黨主席與否對提升政府法案的影響力。這些研究都是以半總統制為背景，討論其他相關議題的作品。在研究議題的結合方面，對於立法效能的討論便是一個值得研究的議題。在這一波研究中，半總統制下的立法效能相關研究，尤其是總統在立法過程的角色與相關討論，相較之下較晚受到注意

（陳宏銘，2012：3）。[3]在半總統制的框架下，總統和閣揆分別具有程度不一的立法影響力，彼此和國會之間形成互動，呈現出特殊的三角關係。過去針對台灣的經驗討論政府類型和立法影響力的文獻，多聚焦於一致與分立政府的比較（例如盛杏湲，2003；黃秀端，2003；楊婉瑩，2003，邱訪義，2010等），或是比較行政機關與立法機關的立法實力，例如通過率、天數、法案規模、涉及利益等（盛杏湲，2014）。而一致與分立的標準在於總統所屬政黨以及國會的多數黨是否一致。然而，總統與行政院院長是否領導政黨，或是具有完整的黨政經歷，是否也對法案產生一定的影響力？以二元行政爲分析對象，討論行政權的黨政密合度對立法效能的影響，這一類的研究則相對較少。

　　據此，本文擬從半總統制最核心的運作特性：二元行政爲基礎，並延伸與立法研究做結合，依據台灣從1997年進入半總統制以來的憲政經驗探討兩個核心問題。首先，台灣的總統與行政院一直以來都是維持一致的狀態，但仔細觀察歷任行政院長，其黨政背景有著顯著的差異。有些是黨政背景歷練完整，甚至代表政黨參加過大型選舉，例如民進黨的蘇貞昌、謝長廷，或是國民黨的吳敦義，本文謂之爲「政黨菁英型」行政院長。也有些在出任行政院長時並無厚實的黨政背景，也沒有選舉歷練，例如國民黨的江宜樺、陳冲等，本文謂之爲「官僚菁英型」行政院長。這兩類的行政院長在理論上最大的差異性，在於政黨菁英有其黨政基礎，尤其是政黨脈絡下的正當性。雖然由總統任命，但本身的政治資源也相當豐沛，領導政府以及與立法院的互動，可以和總統分進合擊。相反的，官僚菁英因爲沒有政黨基礎，領導內閣以及與立法院的互動上，自身的獨立性較弱，其正當性需要仰賴總統。這兩類的行政院長與總統構築的二元行政，在理論與實務上有何意涵？是本文第一個要回答的問題。

---

[3]　陳宏銘另外指出，立法行爲的研究甚少觸及半總統制雙重行政領導的結構特質，使得在探討行政和立法機關的立法影響力和相關立法行爲時，多未能將總統的角色獨立看待。整體而言，我國的半總統制研究與國會的立法研究是脫鉤的（2012：3）。

　　其次，以行政院長的不同背景為依據，不同類型的二元行政，對於政府在推動重要法案時，與立法院的互動是否也因此有不同成效？我國雖為總統主導的半總統制，但總統在立法過程中的制度影響力偏低，在法案審查的過程中，「黨團協商」是我國立法過程中備受關注的一個特殊設計，只能透過政黨或非制度性權力來發揮影響力，行政院和立法院才是形式上對於法案具有影響力的兩個憲政機關。因此，總統藉由兼任黨魁以透過非制度性權力來發揮立法影響力，成為影響決策的重要手段。[4]除此之外，由於我國立法院的法案審查程序中，還包括了黨團協商機制。黨團協商是在第三屆立法院為了促進議事效率所做的改革。最初將協商制度化的用意，是在於兼顧議事專業化、平衡政黨政治與委員會專業審查的立法功能（楊婉瑩、陳采葳，2004：113）。然而，實際運作之後卻遭受廣大批評，例如過程黑箱、弱化委員會功能等。[5]雖然如此，學者針對第四屆、第五屆立法院黨團協商的法案數目與類型對比之後發現，黨團協商並沒有完全取代委員會，而是針對具有朝野爭議的法案進行協商。換言之，黨團協商的法案一般代表高爭議性或是朝野歧見較大的法案，再配套行政部門的提案，則可以看出行政部門提案中，具有爭議的法案或是透過協商以提高通過機率的法案所占比例。據此，本文關注的另一個問題即在於，政府法案送進黨團協商的機率是否受到政黨菁英型或是官僚菁英型的行政院長而有所差異？而法案的通過與否是否也會受到不同類型的行政院院長所影響？

　　回到半總統制的研究議程和其他研究議題的結合來看，前述兩個問題意識在理論上的意義在於，依據台灣的經驗進一步觀察二元行政的本質，並且從二元行政的本質為基礎，往立法研究做研究議題的結合。一方面檢視台灣半總統制的實際運作經驗，二方面在研究議程上希望能對半總統制的憲政研

4　有些針對台灣立法過程研究的文獻亦指出，台灣因為總統的憲政角色定位不清，加上推動法案的過程中往往是非正式的，這些都增加了討論總統法案影響力的困難（楊婉瑩，2003：62）。

5　楊婉瑩與陳采葳歸納了若干對黨團協商機制的批評，包括少數否決、阻礙議事時程、過程不透明、弱化委員會等（2004：120-121）。另外王業立（2002）；黃秀端與何嵩婷（2007）等，也有類似的討論。

究以及立法研究兩個領域相互補充。

貳、變數界定與研究假設

在實際的運作上，我國半總統制的二元行政從未有過分立的狀況，也就是類似於法國共治（cohabitation）的經驗，行政院長與總統均維持一致的關係。然而，總統所屬政黨在國會卻不一定能獲得多數席次。依據前文對Skach的分類以及Shen的補充，台灣從1997年至2016年的實際運作可以分成鞏固多數（consolidated majority）以及鞏固少數（consolidated minority）兩個次類型。所謂的鞏固多數，即指總統與行政院長立場一致，而所屬政黨同時在立法院為過半的多數。這種情況發生在1997年至2000年國民黨籍的李登輝，以及2008年至2016年國民黨籍的馬英九擔任總統的時期。而鞏固少數則是指總統與行政院維持一致，但所屬政黨在立法院無法獲得絕對多數的席次，儘管有可能為相對大黨，但仍舊面對類似總統制下分立政府的狀態。這種情況發生在2000年至2008年民進黨籍的陳水扁擔任總統的時期。在這兩個最基本的分類下，再進一步依據本文的研究議題來界定各項變數。

在實際運作上，我國的二元行政始終維持一致，是反映了我國憲法其實並未賦予總統實際上的決策權力有一定的關係。對此，林繼文（2012）曾經指出，總統在共治時權力愈小，愈可能失去對政策的影響力，愈沒有採取共治的誘因。綜觀我國憲法的設計，總統既沒有主持行政院院會（內閣會議）的權力，也沒有法案的提案權。因此必須透過行政院來實踐其競選政見或是落實決策。也因此，行政院雖然在實際運作上成為總統意志的實踐者，但也突顯出行政院在行政立法關係中，具有將行政部門的意志轉換為具體的法案，並與立法院直接接觸的關鍵角色。但在既有文獻中，學者多關注於總統的影響力，而忽略了行政院其實有可能影響法案的通過或是進程。例如陳宏銘（2011）探討總統的法案推動與立法影響力、李鳳玉與黃建實

（2015）探討總統兼任黨魁的立法影響力等。另外，像是邱訪義、李誌偉（2016）探討影響行政部門提案三讀通過之制度性因素時，自變項設定為總統角色（總統滿意度、總統立場、兼任黨主席與否、任期、跛腳與否）、行政部門運作（失業率、跨部會提案）、一致或分立政府、立法院審查制度等四類，就沒有進一步探討行政院院長的類型是否也對法案三讀與否產生影響。因此，本文在自變項上嘗試瞭解行政院院長的類型是否也對法案通過與否產生影響。行政院院長的類型界定上，所謂的「政黨菁英型」行政院院長，指的是行政院長在就任前曾經擔任黨主席或是代表所屬政黨參加過總統、縣市長、區域立法委員這三種類型的選舉；其餘黨職或是層次較低的選舉（包括擔任副總統候選人）則不包含在內。反之即為「官僚菁英型」的行政院長。選舉的部分僅界定總統、縣市首長或是區域立委，是因為這個層級的選舉較具政黨競爭的格局，因此選舉過程中動員政黨資源而累積政黨實力較為直接。其餘縣市議員或是鄉鎮里長的層級，競選時政黨對決的張力較低，所累積的政黨實力相對較小。而副總統基本上在選舉時是依附總統競選，因此也不視為政黨菁英。在黨職的部分，黨主席自然是累積黨政實力最顯著也最重要的黨職。其餘為了分析上標準的一致與簡化，各層級與各類型的黨職均不歸類為本文所謂的政黨菁英。依此標準，歷任行政院長的分類如表7-1。

　　區分為政黨菁英與官僚菁英，和總統一起構築出不同的二元行政關係。若是政黨菁英，依本文的界定標準，勢必具有豐沛的政黨經歷，並且參加過重要選舉，對於操作黨務甚至立法院的立法行為而言，會有一定的經驗。相反的，若是官僚菁英，可能來自學界或民間，通常僅有官僚、政務系統的經驗累積。可能完全沒有政黨經驗或是經驗薄弱，也沒有代表政黨參加選舉，對於黨務以及立法實務而言相較之下可能較為生澀。這兩個類型的行政院長和總統構築的二元行政，理論上本文推估政黨菁英會比官僚菁英有更強的法案推動能力。

　　其次，在依變數的部分觀察行政部門提案在立法院的審議狀態。主要包括：1. 政府提案送進黨團協商的數目；2. 政府提案通過數目。其中，政

表7-1　1997年至2017年歷任行政院長的類型

時間	行政院長	總統	類型	行政立法關係
1997/09-2000/05	蕭萬長	李登輝	偏官僚菁英	鞏固多數政府
2000/05-2000/10	唐　飛	陳水扁	官僚菁英	鞏固少數政府
2000/10-2002/02	張俊雄		政黨菁英	鞏固少數政府
2002/02-2005/02	游錫堃		政黨菁英	鞏固少數政府
2005/02-2006/01	謝長廷		政黨菁英	鞏固少數政府
2006/01-2007/05	蘇貞昌		政黨菁英	鞏固少數政府
2007/05-2008/05	張俊雄		政黨菁英	鞏固少數政府
2008/05-2009/09	劉兆玄	馬英九	官僚菁英	鞏固多數政府
2009/09-2012/02	吳敦義		政黨菁英	鞏固多數政府
2012/02-2013/02	陳　冲		官僚菁英	鞏固多數政府
2013/02-2014/12	江宜樺		官僚菁英	鞏固多數政府
2014/12-2016/01	毛治國		官僚菁英	鞏固多數政府
2016/01-2016/05	張善政		官僚菁英	鞏固多數政府
2016/05-2017/09	林　全	蔡英文	官僚菁英	鞏固多數政府
2017/09-	賴清德		政黨菁英	鞏固多數政府

資料來源：作者整理。

府提案僅查詢行政院的部分，考、監兩院所提草案不予以編碼分析。另外，觀察政府提案通過數目的資料時，再區分經黨團協商與未經黨團協商兩個類型。換言之，依變項想要瞭解的，是政府法案通過與否的總體概況，以及黨團協商在所有法案和完成三讀的法案所占比例。資料來源與編碼的依據是採用「立法院議事及發言整合系統」，由於第四屆以前尚未完成資料的數位化，因此立法院圖館僅能查詢到第五屆以後（2002年2月至今）的資料。此外，由於立法過程中該資料庫並未有「黨團協商」的類型，僅有「二讀－廣泛討論」。依作者訪談若干位黨團與國會助理，所謂的廣泛討論雖未完全等同於黨團協商，但兩者的重疊率極高。因此，在分析上遂以「二讀－廣泛討論」作為黨團協商編碼的依據。依據前述編碼說明，從第五屆至第八屆的資

表7-2　立法院第五屆至第八屆審議政府所提法案進度表

法案進度	游錫堃 910201-940201	謝長廷 940201-950125	蘇貞昌 950125-960521	張俊雄 960521-970520	劉兆玄 970520-980910	吳敦義 980910-1010206	陳冲 1010206-1020218	江宜樺 1020218-1031208	毛治國 1031208-1050201
一讀	110	16	24	51	9	49	27	53	29
委員會	94	15	14	14	14	28	17	21	5
二讀廣泛	70	17	17	14	14	106	68	13	2
二讀逐條	0	1	0	1	1	2	0	0	0
完成三讀	445	129	62	65	151	216	133	176	33
退回	9	0	3	3	1	0	0	2	6
撤案	25	0	0	0	0	0	0	0	0
覆議	0	2	3	46	16	12	7	0	0
不予審議	4	3	0	0	0	1	0	0	0
複議	1	0	0	0	0	0	0	0	0
小計	758	183	123	194	206	414	252	265	75
經廣泛討論三讀	97	27	16	23	36	115	71	41	6

資料來源：作者按院長任期個別搜尋與彙整。來源為「立法院議事及發言整合系統」。

料，依據行政院長的任期搭配後結果如表7-2。

　　依據表7-1與表7-2的交叉比對，本文將分析13任行政院院長與總統的二元行政類型，但在法案的部分則分析游錫堃（2002年2月1日接任行政院長）以後，亦即第五屆至第八屆立法院的法案審議概況。依屆期來看，其中第五屆、第六屆與第七屆2008年5月20日以前為鞏固少數政府，第七屆2008年5月20日以後與第八屆為鞏固多數政府。

　　本文的問題意識主要在於釐清台灣不同類型的二元行政關係，並據此觀察是否對行政部門所提法案形成影響。依據過去對行政效能的研究，自變項大多關注府會關係，本文將把府會關係進一步控制，觀察不同府會關係之下，二元行政的次類型對法案的影響。而在對法案造成的影響方面，主要回答兩個問題：完成三讀的法案比率以及進入黨團協商的比率。依據前述自變

項與依變項的界定，本文的主要假設如下：

一、在二元行政的組成方面，鞏固多數政府之下，基於總統政黨掌握立法院的多數，總統較偏向任命官僚菁英型行政院長，二元行政偏向幕僚關係。反之，在鞏固少數的情況下則偏向任命政黨菁英，二元行政偏向夥伴關係。

二、以政府類型比較行政部門所提法案的立法效能，總體而言，鞏固多數將比鞏固少數有較高的法案通過率。

三、以行政院長類型比較行政部門所提法案的立法效能，總體而言，政黨菁英的行政院長，其任內所提法案的三讀通過率法案經黨團協商的比率會高於官僚菁英。

以下將分別依據鞏固多數、鞏固少數兩個類型，先界定個別行政院長的類型，然後依據不同政府與不同的二元行政來分析政府提案的法案狀況。

參、鞏固多數政府時期

我國從1997年第四次修憲之後，憲法增修條文調整了行政院長的任命方式及其與立法院的權責關係，在形式上吻合了學界對半總統制的定義。從1997年至2000年，基於國民黨同時掌握總統與國會的多數，因此政府型態屬於「鞏固多數」（二元行政一致、總統與國會多數一致）。而2008年至2016年也屬於此一政府類型。以下先就行政院長的類型做界定，再討論立法過程的特殊性。

一、鞏固多數時期的行政院長類型

在李登輝擔任總統時期（1997年至2000年），任內僅任命了蕭萬長擔任行政院長，直至任期結束。蕭萬長先生出任行政院長之前有過豐富的官僚歷練，包括外交部、經濟部、經建會以及陸委會。在中國國民黨內則擔任過

中央委員與中央常務委員。此外，也在1995年於嘉義選區代表國民黨贏得立委選舉。若依據本文的變數界定，基於代表政黨參選區域立委的資歷，形式上可以歸類為政黨菁英，但事實上細數蕭萬長先生的從政經驗，可以發現其本人長時間在官僚體系之下歷練，擔任立委僅一年的時間，本質上較接近官僚型菁英。在分類上本文將其歸類為官僚型菁英。

　　在馬英九擔任總統時期（2008年至2016年），迄今共任命劉兆玄、吳敦義、陳冲、江宜樺、毛治國、張善政等六位行政院長。六位院長的背景與分類簡述如下：第一位為劉兆玄先生，劉兆玄為學界出身，出任院長前的經歷包括大學校長、國科會、交通部等，並無政黨歷練也無選舉資歷，屬於標準的官僚菁英。第二位吳敦義先生出任院長前的經歷包括議員、南投縣長、高雄市長、三屆立委、國民黨中央常務委員等，政黨資歷完整，是典型的政黨菁英。第三位陳冲先生為金融界出身，出任院長前長時間在財政部任職，沒有選舉與黨務經驗，與劉兆玄相似，為典型的官僚菁英。第四位江宜樺先生亦為學界出身，任職過研考會與內政部，亦為典型的官僚菁英。第五位毛治國先生亦為學界出身，後服務於交通部，亦屬官僚菁英。目前擔任行政院長的張善政先生出身學界，長時間於民間機構服務，後任職於科技部，也是官僚菁英。因此，在六位行政院長中，僅吳敦義為政黨菁英，其餘皆為官僚菁英型的行政院長。

　　馬英九擔任總統任內，除了張善政之外，其餘皆是面對國會穩定多數的一致政府狀態。在選擇行政院長時，馬英九總統大多強調的是功能取向，包括首任的劉兆玄以及後續的陳冲、江宜樺、毛治國，考量的重點都是執行政策的能力，而非協調。例如首任院長劉兆玄被馬英九總統形容為「全方位內閣」，擇其組閣的考量在於財經、社會、教育、清廉。在任命陳冲接任院長時，馬英九總統在記者會對陳冲的介紹是：「……行政團隊中，副院長陳冲以其財經、法律專業，以及民間和政府的歷練，穩健推動各項政策，與吳院長合作無間，使政府與人民得以成功因應金融海嘯，且有推動兩岸金融MOU簽署、開放陸銀來台、穩定台股等實績，相信未來定能持續發揮長才，憑藉專業、能力與經驗，妥善面對歐債風暴可能帶來的經濟衰退」（總

統府，2012）。接替陳冲的江宜樺在出任行政院長時，馬英九總統在茶會中指出：「總統同時高度肯定江副院長推動多項政策及改革的傑出貢獻，包括在行政院研究發展考核委員會主任委員任內推動組織改造，在內政部長任內推動土地正義系列改革，以及在行政院副院長任內穩定物價及推動年金改革等，均著力甚深。尤其是江副院長用人格局強調領導能力及通才，要求政務官除了具備專業，亦須重視品格，殊值肯定，相信未來江副院長定能承繼陳院長的既有成果，帶領政府持續向前邁進」（總統府，2013）。

在2014年國民黨於基層選舉慘敗之後，馬英九辭去國民黨黨主席一職，江宜樺也辭去行政院長。在面對黨內檢討聲浪四起的狀況下，馬英九任命了毛治國接替江宜樺出任院長。在新聞稿中總統府對毛治國接任院長做了如下說明：「總統府發言人馬瑋國表示，毛治國擔任行政院副院長一年十個月，對於政務的掌握相當嫻熟。因此，毛治國接掌行政院，能在最短的時間讓政務銜接無縫接軌，將有助穩定內閣。她說，毛治國對跨部會溝通協調經驗豐富，接任行政院長，將能在最短時間迅速上手、一展長才。此外，馬瑋國表示，毛治國為成功大學土木工程學士、美國麻省理工學院運輸管理博士，歷任交通部主任秘書、觀光局局長、高速鐵路工程籌備處處長、民航局長、交通部常務次長、中華電信董事長、交通部長等職務，行政歷練完整，對於交通電信有所專才，對產業脈動、管理經營，都相當熟悉」（總統府，2014）。雖然如此，毛治國接任院長的時機點是基層選舉敗選，直接由副院長接替院長的人事案遭到許多同黨立法委員的批評，例如丁守中、李慶華、孫大千、謝國樑、林國正等（東森新聞，2014）。毛治國的人事案也可以反證馬英九總統在任命院長的過程中欠缺與黨籍立委的溝通，而僅著重於個人對院長人選的評價。

在鞏固多數政府中，吳敦義是唯一一位歸類為政黨菁英的行政院長。雖然吳敦義被定義為政黨菁英，但馬英九總統擇其組閣的考量，仍是「執行大於溝通」。在吳敦義出任行政院長的記者會上，馬英九總統將吳敦義領導的內閣定位為「行動內閣」，強調執行力、競爭力跟軟實力；還要著重在災後重建、拚經濟、新流感疫情的防治，以及推動立法等重要

目標（NOWnews，2009）。顯示其考量點仍舊在於執行政策的能力。亦有媒體評論吳敦義組閣，是為了能準確貫徹馬英九總統的意志（自由電子報，2009a），因此即使同黨立委亦有多人持不同意見（自由電子報，2009b）。

二、鞏固多數時期的立法過程

再進一步依院長類型觀察任內的法案提案與立法院審議進度，本文的基本假設，在於政黨菁英基於過去在黨內累積的政黨實力與基礎，以及與同黨立委的熟稔，黨政協調會較為順暢，也會有利於行政院所提法案在立法院的審議進度與通過比率。相反的，官僚菁英因為欠缺黨政資歷，在與同黨立委的溝通與互動上會比政黨菁英生疏，也會反映在行政部門所提法案在立法院的審議進度與通過比率。以劉兆玄為例，記者形容「劉揆初期黨裡沒有機制可以協調行政院和立法院的歧異，黨政協調平台很少打開。從劉兆玄帶著閣員第一次與立委的座談會裡，可以看出閣員與立委的生疏及隔閡。……立法院國民黨黨團書記長指出，每天早上立委得自行蒐集報紙輿情，行政院的資料到十一點才來，想替政策背書都很難」（楊艾俐，2015：28-29）。劉兆玄本人接受訪談時也表示，領導內閣初期沒有致力於媒體與立法院的運作，而學者出身的閣員對於立法委員也較不會應對。此外，依據本文的推論，政黨協商在立法過程中更能反映立法過程中的協調與溝通，因此不同類型的院長，藉由協商來加速立法的表現也會有所不同。

接著具體比較鞏固多數時期，不同院長類型對於法案審議的表現。政黨菁英（吳敦義任內）所提法案總數為414條，進入廣泛討論的法案數為221條，比率為53.4%。亦即，有約半數的法案在審議過程中進入廣泛討論。最後完成三讀的法案數為216條，其中經廣泛討論而後完成三讀的法案數為115條，比例為53.2%。亦即，完成三讀的法案中，有約半數是經過廣泛討論而完成立法。而所有政府提案完成三讀立法的比率則為52.1%。官僚菁英（劉兆玄、陳冲、江宜樺、毛治國四位院長任內）的部分，所提法案總數為798條，進入廣泛討論的法案數為251條，比例為31.4%。亦即，僅約三成的

法案在審議過程中進入廣泛討論。最後完成三讀的法案數為493條，其中經廣泛討論而後完成三讀的法案數為154條，比例為31.2%。亦即，僅約三成的法案是經廣泛協商後完成三讀立法。而所有政府提案完成三讀立法的比率則是61.7%。資料請參見表7-3。

　　從表7-3資料可以看出，就提案通過率而言，政黨菁英的行政院長並沒有優於官僚菁英，提案完成三讀的比率甚至略低。但就完成三讀的法案來看，政黨菁英的行政院長有逾五成的法案是經由廣泛討論（協商），則高於官僚菁英的三成。這點符合本文的假設，也就是政黨菁英相對於官僚菁英更熟悉政黨運作、甚至立院的黨團運作模式，因此藉由政黨平台或是同黨立委將法案送進協商以提高立法效能的機率相對較高。必須進一步說明的是，由於個案數相當有限，政黨菁英僅吳敦義院長一位，而官僚菁英也僅劉兆玄、陳冲、江宜樺、毛治國四位，因此是否具有理論上的通則性，仍需要未來更多資料的加入。若就個別院長的立法過程來看，毛治國任內的法案通過率以及協商比率是最低的。前文曾提及，由於毛治國接替江宜樺出任行政院長的時機，是黨內面對敗選，部分同黨立委也對於江宜樺團隊提出檢討與批判。在這樣的時機下，毛治國作為江宜樺內閣的副院長，接任院長也遭到眾多同黨立委的質疑，因此在其任內行政部門所提法案不止協商比率偏低，通過率也偏低。若和鞏固少數時期相較，法案通過率僅略高於陳水扁最後一任的行政院長張俊雄。而送進協商的法案數更是本文所分析九位院長中最低的一

表7-3　鞏固多數下不同院長類型所提法案在立法院審議概況

法案進度	政黨菁英	官僚菁英	小計
提案總數	414	798	1212
完成三讀	216（52.1%）	493（61.7%）	709（58.49%）
協商總數	221 （占所有提案53.3%）	251 （占所有提案31.4%）	472
經協商完成 三讀法案數	115 （占三讀法案53.2%）	154 （占三讀法案31.2%）	269

資料來源：作者彙整。

位。

　　小結多數鞏固時期的五位行政院長類型與立法過程可以看出，控制了府會一致性、單一總統這兩項變數之後，仍可以看出院長背景與立法效能、立法過程的些許端倪。在鞏固多數所呈現的資料概況中，也印證了本文假設一和假設三。亦即，鞏固多數的二元行政下，官僚菁英出任行政院長的機率偏高，政黨菁英在立法過程中透過協商完成三讀的比例會高於官僚菁英。

肆、鞏固少數政府時期

　　2000年我國在總統選舉上首次出現政黨輪替，由民進黨籍的陳水扁贏得總統職位，並在2004年贏得連任。在國會方面，在2001年與2004年兩次立法院選舉中，民進黨雖然為相對多數，但卻未能取得過半席次。而行政院長的部分，一共歷經六位行政院長，全數由陳水扁總統依其意志任命，因此可以定義為「鞏固少數」的政府型態（二元行政一致、總統所屬政黨無法取得國會多數）。與前段相同，本段將先界定鞏固少數時期的行政院長類型，再討論立法過程。

一、鞏固少數時期的行政院長類型

　　六位行政院長中，第一位為國民黨籍的唐飛。黨籍雖為國民黨，但在任命與組閣過程中，並非經由政黨平台，而是以個人身分接受陳水扁總統的任命而出任院長一職，因此仍可以界定為二元行政一致的關係。唐飛為職業軍人，在出任院長以前服務於軍旅，擔任過空軍總司令，退伍以後出任國防部長，是其唯一非軍人身分的政務官經歷。其特殊的身分背景，不僅未代表政黨參加過選舉，也未曾出任任何黨職，自然不屬於政黨菁英。依本文分類的標準，雖然官僚的經歷也很少，但仍歸類為官僚菁英。唐飛任期相當短暫，僅四個半月，隨後因核四續建與否與陳水扁意見不合而遭到撤換。接替唐飛出任扁政府第二位行政院長為張俊雄先生，是民進黨創黨元老。張俊雄在

出任院長以前，有豐富的政黨資歷，並從1983年至2000年擔任了十七年的立法委員，包括民進黨立法院黨團幹事長，是標準的政黨菁英。第三位爲游錫堃先生，出任院長以前曾任省議員、兩任宜蘭縣長，也曾任四屆的民進黨中常委以及秘書長，政黨歷練完整，屬於政黨菁英。第四位院長爲謝長廷先生，曾任台北市議員、立法委員、兩屆高雄市長，選舉資歷豐富。在政黨資歷方面，出任院長以前連任六屆民進黨中執委，甚至擔任過民進黨黨主席，政黨資歷完整，屬於政黨菁英。第五位院長爲蘇貞昌先生，曾任省議員、屏東縣長、台北縣長、立法委員，政黨資歷則是秘書長、黨主席，政黨歷練與謝長廷先生相近，均相當完整，屬於政黨菁英。第六位院長爲張俊雄先生第二次回任，也是歸類爲政黨菁英。因此，在陳水扁總統任內的六任行政院長，除了首任的唐飛以外，其餘四位、五任的行政長均屬政黨菁英。

就二元行政的關係上來說，陳水扁擔任總統任內，始終面臨無法掌握立法院多數席次的「朝小野大」之困境，對於選擇行政院長的考量來說，除了能夠合作並執行總統的決策之外，也需要具有協調、協商能力。在游錫堃、謝長廷、蘇貞昌等三位行政院長的任命記者會上，分別談到了與游錫堃建立夥伴關係、推崇謝長廷的姿態柔軟與溝通手腕、強調蘇貞昌完整的政黨歷練與人氣。在任命游錫堃出任院長時，陳水扁總統的介紹是：「游錫堃先生來自後山的蘭陽平原，和阿扁、很多人一樣是貧苦的農家出身，歷經艱困的成長過程，具備樸實敦厚、堅毅耐勞的特質。曾經擔任兩屆省議員、八年宜蘭縣長、台北捷運公司董事長、民進黨秘書長、行政院副院長、總統府秘書長等職務。豐富的歷練以及卓越的政績不僅證明游秘書長足膺接棒組閣的重任，爲人津津樂道的宜蘭縣政經驗，更是未來中央與地方建立夥伴關係的最佳基礎。此外，游秘書長謙虛不爭的個性、折衝調和的長才，也讓我們期待未來行政立法與朝野政黨之間，能夠有一新耳目、良性互動的諧和氣象」（總統府，2002）。可以看出陳水扁對於行政院長的選擇，著重的是合作以及借重其協調朝野的能力。再以任命謝長廷擔任行政院長爲例，在任命院長的新聞稿中陳水扁總統特別強調：「……由謝市長接下院長的棒子，代表協商的重要。謝市長曾經是體操選手，柔軟度沒有話講，更重要的是，過去

在高雄市歷經朝小野大的議會生態，仍然能夠注重協商溝通，為市政開啓一條和諧坦途，創造脫胎換骨的耀眼政績，未來要開啓協商對話的安定新局，謝市長可以說是最佳人選⋯⋯」。而謝長廷接任院長後也表示：「⋯⋯這一、二十年來，一直推動台灣新文化運動，其中的主體思想就是共生、合作，其所信仰的是雙贏、合作，人類在地球上有合作的義務，也有共生的責任，因此對於總統『開啓協商對話的安定新局』的元旦談話具有強烈的使命感，認同總統所提出的理念── 政局安定應由執政者做起、應由行政院做起、應由行政院長及其整個團隊做起。願意以更多的耐心及時間，解決台灣的各種矛盾，化解台灣內部的各種對立，也有信心以共生、和解作為基本思想、以協商、對話作為運作的方式，來組成安定內閣，以追求並維護兩岸、社會及人心的安定⋯⋯」（總統府，2005）。而在任命蘇貞昌出任院長時，陳水扁則是強調：「⋯⋯謝院長上任之初，以柔軟而謙卑的身段提出『和解共生』的施政理念，希望能夠化解對立內耗的朝野僵局，但是非常遺憾的，過去一整年，歷經在野政黨前進中國的熱潮、黨主席更迭的變局、加上去年年底三合一選舉的因素，使得朝小野大的困局愈縮愈緊，幾乎讓政府難有伸展的空間。95年度中央政府總預算遭到史無前例的大幅刪減與凍結，便是最明顯、最極端的例證，也讓謝院長『和解共生』的初衷承受嚴重的打擊。⋯⋯謝院長所留下來的沈重使命和艱難任務，我們要拜託民主進步黨另一位優秀的同志── 蘇貞昌前主席，以及未來的執政團隊共同來接續承擔。從過去擔任省議員、屏東縣長、立法委員、台北縣長、總統府秘書長、到民進黨黨主席，從民意代表到行政首長，從地方到中央，歷任黨政要職，蘇貞昌前主席可以說是從台灣尾拼到台灣頭，長期累積的紮實政績和豐沛人氣就像一顆最耀眼的『電火球』。不論是耐力衝勁、經驗智慧，以及品格操守都通過最嚴格的考驗，所以，阿扁對未來的蘇院長有信心，相信國人同胞也對新的內閣團隊有最高的期許與絕對的信心」（總統府，2006）。從這三位行政院長的任命過程與陳水扁的新聞稿可以看出，在面對無法掌握立法院多數的情況下，行政院長的人選著重於黨政資歷，具有協調能力並能與總統一同鞏固行政權為首要考量。

在鞏固少數時期值得補充的一點，是在於行政院院長的任命上，多為政黨菁英，原因也可能來自於2000年是我國首次的政黨輪替，因此民進黨政府在沒有執政的經驗下，官僚菁英也相對匱乏。雖然如此，民間賢達，例如大學教授、企業主管也可能獲得任名成為行政院長，[6] 但最終除了首任的唐飛以外，其餘皆為民進黨的政黨菁英。就前述的任命過程來看，除了當事人（李遠哲）拒絕接受任命之外，陳水扁總統在當時面對民進黨在國會仍未過半的條件下，最終基於政黨菁英的黨內整合能力以及政黨、選舉的資歷，仍是重要的考量。

二、鞏固少數時期的立法過程

在法案提案與審議方面，本文分析的資料是從第五屆立法院開始，因此僅能就游錫堃、謝長廷、蘇貞昌、張俊雄四位院長加以分析。由於四位皆屬於政黨菁英，因此也僅能就整體資料加以描述，無從進行鞏固少數下的政黨菁英與官僚菁英之比較。值得一提的是，鞏固少數意味著行政部門的正當性來自於總統而非國會多數，因此黨團協商更成為行政部門在立法院推動法案的重要工具。[7] 盛杏湲針對第六屆立法院（鞏固少數時期）進行的立法研究中，發現了審議法案的過程中，提案以後若經協商，則有助於法案的推動，若無協商則命運多舛（盛杏湲，2014：51）。四位政黨菁英任內，政府的總提案數為1258條，進入廣泛討論的法案數為281條，比率為22.3%。亦即，僅有約兩成的法案在審議過程中進入廣泛討論。最後完成三讀的法案數為701條，其中經廣泛討論而後完成三讀的法案數為163條，比例為23.2%。亦即，完成三讀的法案中，有約兩成是經過廣泛討論而完成立法。而所有政府提案完成三讀立法的比率則為55.7%。資料請參見表7-4。

6　例如2000年選後，一度傳出由李遠哲組閣。若是由李遠哲組閣，即使無法界定為官僚菁英，但也不會是政黨菁英。

7　例如黃秀端、何嵩婷（2007）即指出，第五屆立法院雙方實力相當，執政黨略居下風，政黨之間的協商必要性會增加。此外，依據黃秀端與何嵩婷對第五屆立法院的立法研究亦指出，經協商完成三讀的法案，比例高於未送協商而完成三讀，意味著政黨協商確有提升立法效能的效果。

表7-4　鞏固少數下政黨菁英型行政院長所提法案在立法院審議概況

法案進度	政黨菁英
提案總數	1258
完成三讀	701（55.7%）
協商總數	281（占所有提案22.3%）
經協商完成三讀法案數	163（占三讀法案23.2%）

資料來源：作者彙整。

　　就表7-4搭配表7-2來看，因爲行政院長全數皆屬政黨菁英，無法進行鞏固少數下兩種類型行政院長立法過程之比較。但整體而言，雖然是政黨菁英，但送進協商的法案比例並不特別突出，最高僅蘇貞昌的26.8%，最低是張俊雄的19.1%。而任內行政部門所提法案，完成三讀的比率也不算偏低，特別強調和解共生，以及朝野協商的謝長廷擔任院長時期，法案完成三讀的比例甚至高達70.5%，而陳水扁總統最後一年進入跛腳狀態所任命的張俊雄則如預期最低，僅33.5%。本段最後針對鞏固多數與鞏固少數的立法狀態進行整體的比較。首先，就法案完成三讀的比例來看，鞏固少數雖然無法獲得立法院多數的支持，但法案通過率爲55.7%，僅略低於鞏固多數的58.5%。[8]但這是總體資料所呈現的結果，包括許多低度爭議法案，或是僅具形式意義的修正案。若將法案進一步定義分類，區分爲實質政治意涵與象徵型法案來看，或許結果就會大不相同。這也有待後續累積更多實證經驗加以驗證。其次，若不區分鞏固少數與鞏固多數，僅區分行政院長類型，則政黨菁英（游錫堃、謝長廷、蘇貞昌、張俊雄、吳敦義）和官僚菁英（劉兆玄、陳冲、江宜樺、毛治國）兩組資料對照後，將出現與本文假設相反的情況。亦即，官僚菁英提出法案完成三讀的比率是61.7%，高於政黨菁英的54.8%。且官僚菁英所提法案送進協商的比率爲31.4%，也略高於政黨菁英的30.0%。當

8　邱訪義、李誌偉也有類似的發現。依據他們的研究，從第二屆至第六屆立法院審議的法案來看，一致政府的政府提案，並未比分立政府下的政府提案來得有優勢（2013：30-31）。

然，這樣的結果也可能是受到政黨菁英大多集中鞏固少數的政府類型，而官僚菁英全數集中在鞏固多數，因此整體資料的情況多少會受到扭曲。

伍、代結論：個案的檢視

在進入結論以前，本文選擇游錫堃以及江宜樺作為黨政菁英與官僚菁英比較的個案，作為敘述統計在分析上的補充。選擇游錫堃作為黨政菁英分析的原因，在於游錫堃是歷任行政院長中，任期最長的行政院長，其任期甚至比一致多數政府之下的六位行政院長都要來得長。這也突顯了我國憲政運作上，行政院院長的任期不受院會關係所影響，反而是依靠總統的意志。此外，游錫堃在擔任院長以前，有兩屆省議員、兩任縣長，以及民進黨秘書長的經歷，是黨政菁英的代表之一。另一方面，選擇江宜樺作為官僚菁英的代表，是因為江宜樺在出任行政院長以前，完全沒有選舉經驗，也沒有任何的黨籍資歷，其正當性完全來自於馬英九總統的授權，是官僚菁英的代表性人物。

游錫堃擔任行政院院長是2002年2月1日，也就是配合第五屆立法院就職日期。陳水扁總統在游錫堃接任院長時的介紹用詞中特別提及：「游秘書長謙虛不爭的個性、折衝調和的長才，也讓我們期待未來行政立法與朝野政黨之間，能夠有一新耳目、良性互動的諧和氣象」。在此，所謂的謙虛不爭指的是在1998年立委選舉中，游錫堃禮讓陳定南代表民進黨角逐立委一職，是當時唯一一位卸任縣市長不爭取選立委選舉的政治人物。在游錫堃擔任行政院院長期間，經協商折衝而通過的重大法案，當以「擴大公共建設投資條例草案」為代表。此案當時被形容為「新十大建設」，由於金額高達五年五千億，被當時在野的國民黨批判為2004年總統大選的政策買票。在游錫堃提出立案構想之後，在2003年11月25日將草案送進立法院以前，游錫堃就親自拜會立法院院長王金平。隨後，立法院於2003年12月通過一讀，

最初遭到國民黨與親民黨兩黨黨團杯葛。在進入立法院的議事程序之後，游內閣多次與國民黨、親民黨黨團交換意見。期間又因民進黨立委李俊毅主持程序委員會，在過程中引發國民黨的不滿，後來王金平院長對游錫堃表示，只有李俊毅表達道歉才有可能將此案進入協商。[9]在民進黨立委李俊毅道歉之後，一連四週召開四次朝野協商，最後於6月11日完成三讀。在法案完成三讀之際，王金平院長特別在完成立法程序後對此法表達意見，指出此法經過多次折衝、協調、終於排除萬難順利立法。而所謂的折衝、協調就是指朝野協商的機制。「擴大公共建設投資條例草案」立法程序請參見表7-5。

　　在官僚菁英的部分，本文以前行政院長江宜樺為代表個案。江宜樺為大學教授，在出任院長以前，曾任行政院研考會主委與內政部部長。沒有任何的政黨資歷，也未有任何層級的選舉經驗，是典型學者從政的官僚菁英。

表7-5　「擴大公共建設投資條例草案」立法過程

時間	事件／立法程序	對應院會會期
2003/11/25	游錫堃拜會王金平院長	
2003/12/19	完成一讀	第5屆第4會期第16次會議
2003/12/22	交付委員會審查	委員會
2004/01/09	民進黨提案改列議程未通過	第5屆第4會期第19次會議
2004/04/30	王金平院長要求李俊毅委員道歉，方始同意排入協商	
2004/05/07	第一次協商	第5屆第5會期第15次會議
2004/05/14	第二次協商	第5屆第5會期第16次會議
2004/05/21	第三次協商	第5屆第5會期第17次會議
2004/06/08	第四次協商	第5屆第5會期第20次會議
2004/06/11	完成三讀	第5屆第5會期第21次會議

資料來源：作者整理。

---

[9]　王金平院長在4月30日要求李俊毅道歉，李俊毅在當日即召開記者會公開道歉，此案遂順利在隔週5月7日排入協商。在經過連續四次協商後，終於在6月11日完成三讀。李俊毅的道歉可以視為此案進入協商的轉折。新聞報導請參見自由新聞網（2004）。

在江院長任內，因為欠缺政黨資歷，因此在黨務以及與立委的溝通上經常出現爭議。最具代表性的，就是任內與內政部長李鴻源多次產生溝通問題。在與立法委員的溝通上，江宜樺院長甚至公開表示要閣員多努力與立委溝通，這在多數一致政府的情況下並不常見，也突顯出行政院與立法院即使由國民黨完全執政，在法案的共識上仍因溝通不利而存有差距。[10]不僅如此，在多數一致政府的情況下，江宜樺院長在任內甚至提出兩次的覆議案，分別是「會計法」與「地政士法」。在地政士法的覆議過程中，一方面江宜樺院長與內政部長李鴻源對是否提出覆議就已經有不同意見，而決定提出覆議以後，國民黨立法院黨團黨鞭林鴻池則表示：「提醒行政部門，未來要特別注意，覆議案是憲政層次的大刀，大刀不能動不動就拿出來，應該要向立法院說明『不得不這麼做』的理由。」[11]由前述幾個例子可以看見，江宜樺院長任內，若干重大法案因溝通不良而爲能如期通過，亦有立法院通過之法案遭行政院提出覆議，顯見法案審議的過程中，行政院內部、行政院與立法院之間，都欠缺完善的溝通機制。儘管這些法案引發的爭議不能單純歸咎於江宜樺院長的學者背景與官僚資歷，也不能過度推估若江院長具有政黨資歷就可以避免這些問題，但因為欠缺溝通而導致法案引起爭議，已是不爭的事實。

　　二元行政是半總統制在憲政運作上與總統制、議會內閣制最核心的差異。半總統制之下，總統有獨立於國會之外的正當性來源，也可能成為提供政府組成的正當性之依據。此外，政府組成的正當性也可能獨立於總統之外，而是來自於國會。因此，二元行政的關係便有多樣的可能性。以台灣第四次修憲進入半總統制的框架以後，由於總統對行政院長掌握了不受國會限制的任命權，實際運作上這個任命權也延伸為對行政院長的罷黜權，二元行政一直具有明顯的從屬關係。雖然如此，總統在不同的府會關係下仍舊有不

---

[10] 在2013年6月6日的行政院院會上，江宜樺院長就公開表示：「行政院所提具時效性法案，包括組改、核四公投、證所稅、附屬單位預算案、十二年國教、年金改革、兩岸互設辦事處等，尚未能完成立法程序，請相關部會首長加強與立法委員溝通，以利法案早日通過。」

[11] 爲了降低覆議案造成行政院與立法院的隔閡，國民黨立法院黨團也決議邀請江宜樺院長到立法院進行說明。在採訪林鴻池時，做了前文的表示（風傳媒，2014）。

同的任命考量，而不同類型的行政院長，對於行政部門所提法案在立法院中的審議表現也有所差異。本文就台灣為例，一方面討論行政院長的黨政屬性，另一方面再依據不同的黨政屬性觀察行政院所提法案在立法院的審議表現。

首先，就行政院長的屬性而言，依據就任前的政黨資歷或是官僚經驗，分為政黨菁英與官僚菁英兩個類型的行政院長。在經由實際資料的對照後，本文發現在一致政府的條件下，總統偏向選擇官僚菁英出任行政院長。2016年民進黨首次完全執政，總統蔡英文也選擇了官僚菁英背景的林全，符合了本文的推論。反之，在分立政府時期，總統大多選用政黨菁英出任行政院長，而強化與立法院的「溝通」，則是選擇政黨菁英的主要考量。其次，本文的第二個假設在於政府類型所表現出來的立法效能。經由實際資料的分析後發現，鞏固多數下的法案通過率為58.49%（提案1212則，通過709則），雖高於鞏固少數的55.7%（提案1258則，通過701則），但差距並不大。在這個部分，也有可能是因為本文並未對立法院審議的法案進一步分類，以致於無法區辨重大法案是否在兩種類型的政府型態下會產生差異。這需要更精確的法案分類標準，逐一重新編碼後才能得知。最後，關於黨團協商的部分，本文假定政黨菁英的行政院長，基於豐富的政黨歷練，甚至也具有立法院的資歷，可能有較多法案協商的操作。經實際資料分析後，在鞏固多數的類型下，即使同黨掌握立院多數，政黨菁英的行政院長任內，法案送進協商的比率仍明顯高於官僚菁英（53.3%：31.4%）。而通過的法案在審議過程中有經過協商的比率也是一樣的情況。在鞏固少數的情況下，因為全數為政黨菁英，因此無法做比較。但若跨政府類型做比較，政黨協商僅22.3%，則低於鞏固多數下的政黨菁英與官僚菁英。關於此點，未來可以進一步將法案依不同類型分類後做進一步的比較來觀察是否會有不同的結果。

在蔡英文政府上台之後，是民進黨首次完全執政。林全內閣迄今（2017年6月），在立法院已經經過三個會期。檢視這三個會期的資料，行政院提案共339則，撤案115則，進入審議共224則。其中完成三讀為109則，比例為48.67%。有兩個現象值得提出觀察。首先，這三個會期撤案共

115則，創下自2000年以來最高記錄。過往最高的撤案記錄，是游錫堃院長任內，也僅25則，其餘數位院長均無撤案的記錄。林全院長在三個會期的撤案數就高達115則，期間原因值得探索。其次，這三個會期是鞏固多數時期，行政部門的法案通過率卻不及於一半，僅48.67%，低於過去鞏固少數時期。關於此點，也要等第九屆立委結束後，有了整體資料才便於進一步的分析。

重大法案的審查與通過，影響的原因甚多。逐條法案來看，甚至可能受到一人、一事之影響。「人」的因素在個別法案審查過程中尤其難以通則化加以討論。重大法案的通過與否，可能是因為總統的特定條件（聲望、任期等），也可能是因為社會外部壓力與期待，或是立法委員的立法行為、立法院院長主持的協商過程……等。有諸多因素可能扮演關鍵的影響。若逐條法案加以討論，則擴大每條法案的特殊性，並難以通則化加以討論系統性的因素。本文的兩個嘗試，其一是脫離總統角色，在半總統制的二元行政下改以行政院院長的角度分析；其二是放大樣本數，將總數為2470條的法案依不同行政院院長的背景加以分類，希望能看出一些總體的、趨勢性的現象。這兩個嘗試具有理論上與實務上的雙重意涵，希望能進一步引起半總統制研究與立法研究的討論。

張峻豪

壹、前言

　　法國作為歷史悠久的單一制國家，其中央集權的背景傳統乃是理解政治發展不可或缺的重要內容。從君主專制時期開始，法國政治上的集權成為建構中央與地方關係的重要依據；法國地方建制的樹立除了與「鞏固行政權」、「代行行政權」密不可分，在歷經了兩波「地方分權」（或稱去中央集權化）（decentralization）後，更走上了中央集權與地方分權並進的治理結構，且展現「權力下放」（deconcentration）之意義。[1]

　　第五共和時期伊始，總統戴高樂（Charles de Gaulle）在穩定行政決策機制的企圖中，形塑了行政權對於政治穩定的重要功能，以及「強行政、弱立法」的政府體制特色。隨著憲政經驗的累積，總統一職在行政權的穩固性，不但弱化總理政策主導性，也造成國會制衡能力下降；而歷經修憲所導致的「體制大總統化」（presidentialization）結果，[2] 更是具體表徵了總統的優勢

---

* 本章曾刊登於《問題與研究》，〈法國優勢行政權的成因與影響之研究〉，2016年，第55卷第2期，頁93-124。本章中略有增修。

1 法國學者多認為，「權力下放」並不與地方自治劃上等號，而是中央政府將行政管理權讓出一部分，以授與其外部機構一定權力。至於「地方分權」，則意味著以法律形式授與地方團體自治權，是中央政府某權力被取消，且轉向給獨立的地方團體。因此，在具體意義上，權力下放之概念不但是中央集權的一部分，也成為探討法國中央地方關係不可忽略之觀點。本文基於法國中央集權對地方分權之深刻影響，故認為「權力下放」乃是闡述中央集權與地方分權並進之重要概念，故本文所強調中央集權與地方分權並進的中央地方關係架構，目的即在於同時體現「權力下放」之意義。有關法國地方政治的概念說明，以及制度設計對地方分權與權力下放之細節，可進一步詳閱：行政院研考會，我國行政區劃之研究（2009年7月），頁102-123。

2 參閱Robert Elgie, and Sophia Moestrup, *Semi-presidentialism outside Europe: A Comparative Study* (London: Routledge Press, 2007)；郝培芝，「法國半總統制的演化：法國2008年修憲的憲政影響分析」，問題與研究，第49卷第2期（2010年6月），頁65-98；沈有忠，「半總統制『權力總統

地位。

行政權朝向總統集中，使得「總統化」的制度發展成為當前分析法國憲政運作的重要面向；然而，正因法國政治上的集權乃中央集權之結果，故在總統與總理、國會互動之憲政因素外，有關總統在整個政治體系中所表徵的行政權優勢性討論，似也無法脫離中央地方關係此一面向。如同近年許多文獻所指出，更多元的制度性或非制度性因素，其實都應成為重新界定一國憲政運作意涵的重要基礎。舉例來說，Andrew Roberts分析東歐後共產國家的新憲法或修憲案便發現，在23個國家中僅有9個國家是在擴張總統權力，其中有關司法獨立機制的建立、地方政府權限提升，更成為限制總統權力的重要原因，[3]而顯示了在憲政體制外尚存有理解政治權力的重要面向。另外，半總統制研究者Robert Elgie也注意到，近年由於「治理」研究成為主流，使得包含經濟議題、經濟成長、內閣穩定、人權保障等各種依變項相繼成為分析半總統制國家治理能力的目標，並形成自變項更形多元之結果，以及研究焦點轉移的現象。[4]因此，若論者將焦點置於全國性的中央政府層級，並據以理解權力關係，可能難以真正解釋一國的憲政運作，甚至產生無法衡量民主品質及其內容之現象。職是之故，本文首先認為，法國作為一個中央集權的典型國家，同時也是廣被認定的半總統制（semi-presidential system）「標竿」（archetype）案例，對其優勢行政權意涵之解釋，若能同時結合憲政運作因素和中央集權的歷史發展背景，不但有助於理解法國優勢行政權的成因，更能藉由研究面向之擴張，而明晰法國優勢行政權的影響，以成為共同評估法國未來政治走向的重要基礎。

法國在大革命後所建立的單一國原則，使地方建制成為中央行政權下的內政組織考量，而從拿破崙二世創設至今依然維持的中央行政長官（préfet/

化』之比較研究」，台灣民主季刊，第9卷第4期（2012年12月），頁1-36。

[3]　Andrew Roberts, "The politics of constitutional amendment in postcommunist Europe," *Constitutional Political Economy*, Vol. 20, No. 2 (2009), p. 110.

[4]　Robert Elgie, "Semi-Presidentialism: Concepts, Consequences and Contesting Explanations," *Political Studies Review*, No. 2 (2004), p. 320.

prefect）角色，亦展現了中央行政權對地方事務的持續影響，以及與地方行政首長共同治理的結果。因此，從中央地方關係此一面向來看，源於中央集權所形塑的制度結構，除了將牽動地方團體權力行使，也因地方首長一方面代表中央，一方面代表地方民眾，致使其推動事務的行動模式，或者尋求政治互動平衡之作為，亦將回過頭賦予優勢行政權意義。同樣地，基於中央與地方共同治理結構的複雜性，在優勢行政權影響面上更值得注意之處，乃是法國國會議員同時兼任地方職（dual mandate/ cumul des mandats）的規定。[5]依據2012年法國參議院的報告，法國高達八成以上國民議會議員及七成以上參議員，皆至少擁有兩個以上的地方職，其可能是地方政府首長、政府官員，也可能是地方民意代表，[6]造成法國國會議員具有將地方利益帶入政府決策之能力，及藉國會議員權力以嘉惠地方的企圖。從第五共和時期開始，隨著總統的憲政優勢地位逐漸被強化，體制總統化的結果，加深了國會議員在憲政運作中的無力感，進而導致其不願投入中央政府事務，以及利用地方職來展現影響力之可能。因此，優勢行政權和國會議員權力行使的交互關係，使得中央地方關係的結構和憲政運作之總統化因素亦同樣存在綜合討論之意義。

　　循之，中央地方關係與憲政運作因素的交纏，展現了法國優勢行政權對中央與地方層級在治理過程的影響，地方首長與國會議員角色之形塑除了來自中央地方關係的制度結構，亦與總統憲政地位有關。

　　因此，首先，本文對於優勢行政權的成因面，將從法國第五共和的憲政運作出發，展現當前總統行政權優勢地位的體制意義；接續，本文回顧中央集權歷史脈絡，由優勢行政權的歷史意義析論法國政治集權與地方團體的權力關係；其次，就優勢行政權的影響面，本文透過中央與地方層級的治理結構，分別闡釋總統與地方首長在市政推動過程之互動，並就國會議員兼任制的現況，共同探討優勢行政權的影響與挑戰。本文以法國的主要都市──

5　本文以下所論及的法國國會兼任制乃是指由直選產生的國民議會。
6　吳志中，「法國半總統制下國會制度之探討：以多重職務的改革為例」，發表於第六屆國會研究學術研討會（台北：東吳大學政治系主辦，2014年6月13〜14日）。

巴黎市──爲資料分析來源。在歷史上，巴黎市作爲法國唯一同時具備「市鎭」（commune）與「行政省」（département）雙重法定地位的都市，其市長與議會之權能兼有兩者，在市政發展的高度自主性，以及行政首長、地方議員和中央政府的連結性，將有助於從中發現優勢行政權在此中央地方互動關係下的運作邏輯。[7]本文將說明，法國一方面受到中央集權的歷史背景，以及法國第五共和憲政運作之影響，建構了總統成爲主導中央政府運作與地方事務的主角；另一方面，正是基於優勢行政權的政治發展特徵，使得法國地方行政首長與中央政府的政治角力、國會議員兼任地方職等因素，也連帶牽動了行政權運作，與行政、立法互動關係。

貳、法國優勢行政權的成因與意義

由於權力分立與制衡原則向來爲民主憲政國家政府組織的圭臬，故學界對政府體制的研究，便常集中在中央政府不同權力機關間之互動。其中幾項重要議題如：依據行政立法關係而衍生的總統制、內閣制、半總統制之比較；依據選舉制度、政黨體系衍生的多數原則與比例原則之比較；依據司法審查制度衍生的單一與多元司法體系等。不過，在這些有關「水平分權」的討論中，卻少見與地方政府層級的比較研究，或是結合治理層面之分析。事實上，由於受到「地方分權」的潮流影響，當代政府治理的議題多同時涉及全國性和地方性利益，因此，若將「垂直分權設計」加入憲政運作的討論，則有助於將政府運作特徵帶入中央地方關係的面向，並展現更豐富之觀點。本文認爲，法國優勢行政權的特徵，正因同時涉及憲政運作及中央地方關係

7　本文主要選擇巴黎市作爲分析案例，其重要原因除在於認爲此乃探究中央與地方權力關係展現之「標竿」案例；另外也因作者就此主題曾赴巴黎進行兩次田野調查，透過訪談諸多學者後，更深感巴黎市的案例有佐證法國中央集權與地方分權並進與優勢行政權相關性的研究價值，故有此個案研究的觀點。當然，作者也需坦承，法國尚有許多不同類型的都市型態，並存有類型研究的價值，本文期望能將巴黎市的探討作爲一個研究出發點，而在後續能產生分析框架與比較實益。

的背景因素，故對此間相關概念的釐清，將有助於「水平分權」與「垂直分權」兩面向之結合。職此，本節便從當代關於法國優勢行政權的理論探討出發，析論總統憲政地位的「體制意義」，以及政治領導權的「歷史意義」，進而建構優勢行政權和中央地方關係制度結構的相關性。

一、總統權力與優勢行政權的體制意義

自第五共和憲法實施以來，由於總統逐漸加強對行政部門及議會的控制，使得法國多數研究者認為立法權乃相對不重要的制度，行政權研究遂成為大宗。[8]對於法國優勢行政權，論者多是以總統領導之核心地位為分析基礎；而有關行政權向總統集中的探討，則經常是藉體制的「總統化」加以闡釋。總統化之意義主要有二：首先，就行政權內部互動來說，權力總統化意謂總統具有比總理更強的主導地位；其次，就行政與立法的互動而言，權力總統化表示總統比國會具有更強的優勢，亦即產生國會無力制衡總統，或是制衡僅具表面與形式化的現象。[9]在此觀點上，法國總統在行政權運作的優勢性，便是以憲政體制及憲政運作為焦點，並相對於國會與總理之權力而得到確立。

在避免重蹈第三、第四共和時期倒閣頻仍、政府權限不彰的歷史背景影響下，1958年經由公民複決通過的法國第五共和憲法，創造出「強行政、弱立法」的制度特色，即是討論體制總統化的重要起點。在第五共和憲法規定中，總統不但可單獨任命總理，毋須國會同意（憲法第8條第1項），亦有解散國民議會之權（憲法第12條第1項）。另外，憲法第5條規定總統的憲政責任：確保憲法實行；依其中立仲裁的地位，維護公權力的正常運作與國家延續；以及保證國家的獨立、領土的完整與國際和約的遵守，都表現必須賦予總統實權，否則無法克盡其功的原則。[10]因此，繼之在1962年修憲完

8　Olivier Costa, "Introduction: Parliamentary Representation in France," *The Journal of Legislative Studies*, Vol. 19, No. 2 (2013a), pp. 129-140.

9　沈有忠，「半總統制『權力總統化』之比較研究」，頁4。

10　至於所謂「保留領域」（Domaineréserve）的權限，更是源自於憲法上總統在外交與國防事務上的職權，其中亦包含核子武器啟動權。關於此討論，可進一步參閱徐正戎、呂炳寬、張峻

成的總統由人民普選之規定（憲法第6條），[11]更完整化總統在行政統治中樞的正當性，進而確立法國政府體制的核心特色。

Maurice Duverger以法國憲政體制為主要藍本，提出半總統制憲法之定義，[12]其中最常被討論即為法國第五共和時期總統所展現的「相當顯著的權力」（quite considerable power）。戴高樂在重掌政權並進行制憲的過程中，即一再強調總統職權及民意基礎必須被強化；例如，其在1964年1月的記者會中，不但指出法國並不適合英國的內閣制，亦不適合美國的總統制，同時也明確說明總統與總理之間的「隸屬」關係。[13]在擁有相當顯著憲政權力，並且是經由兩輪投票而具高度民意基礎所產生下，第五共和時期總統的憲政定位深刻影響著其他憲政機關之權限。

首先，從總統與總理於行政權運作中的關係來看，在強權總統因素下，法國憲政運作經常是總統獨占或與總理共享行政權之情形。於「府會合一」（同黨或同一政治聯盟）時期，學者多將體制運作稱為「高度總統化的半總統制」（highly presidentialized semi-presidentialism），[14]總統基於民意支持和強烈的政治使命感，不但實質進行總理任命、享有國防外交的特權、主持部長會議，亦可拒絕簽署行政法令，造成總理向其負責之結果。而在「府會分立」時期，即使法國曾出現三次共治（cohabitation），看似落實了總理做為政府首長的制度意義，[15]但強權總統在其中的角色同樣無

豪，「半總統制何去何從：以法國為例」，發表於2006年中國政治學會年會暨「憲政、民主與人權」學術研討會（台北：國立政治大學，2006年9月16～17日）。

[11] 第五共和憲法中，總統由選舉人團選出的規定很快地就受到挑戰。在戴高樂總統主政四年中，發生了Petit Clamart遇刺未果事件後，戴氏順勢推動修憲將總統改由全民直選，至此奠定了總統職位的民意基礎，也不讓國會再獨享長久以來人民名器之尊。戴氏瞭解唯有經過民意洗禮，總統政策的實踐才具正當性，總統方能成為國家真正的領航者。而憲法第5條總統為「仲裁者」的規定至此才顯露出制憲者的原意：是具有啟動賽局、監督過程、懲罰球員與終局吹笛的裁判。

[12] Maurice Duverger, *Institutions Politiqueset Droit Constitutionnel,* 11th ed (Paris: Presses Universitaires de France, 1970), p. 277.

[13] 張台麟，**法國政府與政治**（台北：五南圖書出版公司，2007年），頁8-9。

[14] 在法國半總統制運作類型的討論中，研究者多以此名詞指稱法國在府會合一之樣態。對此，可進一步參閱張峻豪，「半總統制運作類型的跨國研究」，**問題與研究**，第50卷第2期（2011年6月），頁107-142。

[15] 法國第五共和憲法第20條規定：「政府制訂並執行國家政策；政府支配行政機構與軍隊」、第

法被忽略。在法國第五共和歷史上，季斯卡（Giscard d'Estaing）、席哈克（Jacques Chirac）兩位總統都曾選擇與其不同政黨或聯盟的人士出任總理一職，然總統在其中對國政的主導、憲政權限的爭取，使得共治類型難以和實質改變總統、總理隸屬關係劃上等號。總統權力經由憲政慣例建立的統治優勢，在民眾觀點中廣被認為是溝通者、協調者、聆聽者或救濟者等角色，而與民眾認為總理是在政黨政治下產生、不斷需要涉入及解決政治紛爭、經常在民意與行政專業兩難中尋求方向的角色有明顯切割。[16]總統「事前積極主導」或「事後表態反對」總理管轄範圍之情形，[17]即成為共治運作一大特色。

再者，有關總統與國會的互動，亦同樣彰顯強權總統之憲政優勢地位。自第五共和時期開始，由於制憲者決定擺脫過去總統長期受制於國會的困境，故設計出總統不再單由國會兩院議員選舉產生，而是由一個包含中央與地方各級民意代表約4萬人組成的選舉團選出之規定。1965年法國進行總統首次普選，人民毋須像過去經由被指定的代表產生總統，此不但使政黨體系重整，也導致國會失去過往獨占選民代表性之地位，同時，亦造成國會選舉旋即由地方層級轉移到全國性層級，並與國家的代表──總統──有明顯區別。根據數據顯示，法國國會議員和公民間的鴻溝（gap）長期以來居全歐洲首位，甚至被認為反映意見的能力只限利益團體，即與總統直選制度有明顯關聯。[18]1981年、1988年、2002年與2007年一共四次在總統選舉之後的國會選舉，總統所屬政黨或聯盟皆取得勝利，顯示出法國總統雖不兼黨魁，但猶然對政黨或聯盟內部具有實質影響力；而法國在2000年修憲將總統任

21條：「總理指揮政府行動，負責國防，並確保法律之遵行」。

[16] 法國在2008年增修憲法第6條，規定任何總統不得超過兩任連續之任期。這是自2000年修憲總統任期從七年改為五年之後，對於總統權勢的再一次改革，後續對法國總統因民選建立的權力有何質變影響，值得觀察。

[17] 徐正戎，法國總統權限之研究（台北：元照，2002年），頁267。

[18] Olivier Costa, Pierre Lefébure, Olivier Rozenbergm, Tinette Schnatterer, and Eric Kerrouche, "Far Away, So Close: Parliament and Citizens in France," *The Journal of Legislative Studies*, No. 18 (2012), pp. 294-295.

期與國會任期改爲一致後，甚至未曾再出現共治局面，更展現總統優勢地位
之效果。

　　隨著總統的優勢行政地位備受肯認，法國2008年進行的大規模修憲更
與各界倡議走上「第六共和」，以及認爲應彰顯總統領導權等緣由密不可
分。[19]國會在近十餘年支持度大幅下滑，使政府對國會議程的控制更爲直
接，[20]而隨此情況日益明顯，國會議員在同時兼任地方議員或地方行政職的
因素下，更將重心轉回選區事務，甚至，形成國會議員每週平均僅有2.5天
在巴黎處理國會事務，其他時間都投入在選區事務中的情形。[21]因此，對
於總統化在當前影響面愈形擴大之現況，法國多數學者認爲，自2000年至
2008年以來的修憲結果更表徵了「大總統主義」（présidentialisme）之意
義。[22]

　　爲了更豐富總統優勢地位之解釋，對於大總統主義的性質，法國學者主
要從憲政制度及政治體系等不同面向來理解與界定。[23]首先，由憲政觀點來
看，大總統主義泛指以總統爲憲政運作中心，強調總統代表國家權而具有憲
政優勢地位，並限縮議會功能、使總理成爲從屬角色的體制。此外，從政治
體系角度而言，如吉格爾（Jean Gicquel）所認爲，大總統主義之意義應結
合憲法形式條件與政治情勢條件，總統掌有國會多數及其具備民意高度等因
素，導致了權力集中於總統的結果。再者，也如杜哈梅（Oliver Duhamel）

19　徐正戎、呂炳寬、張峻豪，「半總統制何去何從：以法國爲例」，發表於2006年中國政治學會
　　年會暨「憲政、民主與人權」學術研討會（台北：國立政治大學，2006年9月16～17日）。

20　法國民眾對國會的不信任度尤其體現在2002年、2007年與2012年間，其數據甚至差不多等同
　　於1994年至1995年間的支持度，不過，這也可能與時值就業及福利政策的艱困時期有關。參
　　見Olivier Costa, Pierre Lefébure, Olivier Rozenbergm, Tinette Schnatterer, and Eric Kerrouche, "Far
　　Away, So Close: Parliament and Citizens in France," p. 301.

21　Olivier Costa, "Conclusion: Challenging the Conventional Wisdoms about Parliamentary Representa-
　　tion in France," *The Journal of Legislative Studies*, Vol. 19, No. 2 (2013b), p. 283.

22　法國的2008年修憲以調整總統與國會權力爲主要內容，不過，大多數學者認爲該次修憲雖引進
　　了全新的憲法，其中改變了很多國會的組織及權力，但總體而言，到目前爲止，對法國政體的
　　整體影響不大。參見郝培芝，「法國半總統制的演化：法國2008年修憲的憲政影響分析」，頁
　　81。

23　郝培芝，「法國半總統制的演化：法國2008年修憲的憲政影響分析」，頁81。

主張大總統主義須掌握「總統政黨」（presidential party）之意義，亦即政黨從屬於總統，且總統成為眞正的國會多數領導者等因素，乃創造總統優勢性的重要來源。

　　職此，在更多元的變項引介中，大總統主義不但能展現優勢行政權在憲政體制意義之外的觀點，其中，有關非制度性因素逐漸受到重視，使得對總統非正式的、個人威望式的權力也更爲學者所強調。[24] 就此部分，如同許多研究者從總統的領導風格、角色期待[25] 或政治的個人化（personalization of politics）等面向探討法國行政權之意義，即可見一斑。[26] 依此，本文認爲，基於總統一職的統治高度，以及統治權在政治體系的定位，或許正是造成法國許多文獻不以半總統制界定政治體制的重要原因之一。而基於法國總統的優勢地位，使得更多學者直指法國是一「超總統體制」（ultra-presidential system）或「超級總統制」（hyper-presidentialism）；[27] 甚至有學者認爲，當代法國政治運作在朝向個人化的特色發展下，以「總統化的共和國」（presidentialised republic）、[28]「總統政治」（presidential politics）形容當前法國的政治運作樣態更爲貼切，原因應也在此。[29]

　　就以總統權力的優勢性及其所創造議會的弱勢性來看，法國第五共和憲法建構的「強行政、弱立法」特徵在結合政治體系之面向後，將可產生更多

24　Matthew Soberg Shugart and Scott Mainwaring, "Presidentialism and Democracy in Latin America: Rethinking the Terms of the Debate." In Scott Mainwaring and Matthew Soberg Shugart eds., *Presidentialism and Democracy in Latin America* (New York: Cambridge University, 1997), pp. 12-54.

25　Alistair Cole, "The Fast Presidency? Nicolas Sarkozy and the political institutions of the Fifth Republic," *Contemporary French and Francophone Studies*, Vol. 16, No. 3 (2012a), pp. 311-312.

26　John Gaffney, "Leadership and style in the French Fifth Republic: Nicolas Sarkozy's presidency in historical and cultural perspective," *French Politics*, 10 (2012), p. 348.

27　Jack Hayward, "'Hyperpresidentialism' and the Fifth Republic State Imperative," In David S. Bell and John Gaffney eds., *The Presidents of the French Fifth Republic* (Palgrave Macmillan, 2013), pp. 44-57.

28　John Gaffney, "Leadership and style in the French Fifth Republic: Nicolas Sarkozy's presidency in historical and cultural perspective," pp. 348-349.

29　David S. Bell and John Gaffney, "Conclusion: the Study of Political Leadership in France," In David S. Bell and John Gaffney eds., *The Presidents of the French Fifth Republic* (Palgrave Macmillan, 2013), pp. 196-205.

元討論。事實上，對於弱勢國會導致國會議員角色定位之改變，近年研究即經常指出，國會議員在中央政府體制運作的相對弱勢，導致國會議員回歸地方選區經營反能形成個人滿足感，[30]而產生議員投入地方事務程度高低與優勢行政權呈現「正相關」的情況。按Olivier Costa等人的分析，儘管國會議員需要仰賴政黨提名，國會議員仍多投入地方事務和參與地方活動，以獲得較大成就。[31]當然，議員為尋求連任而積極於選區工作，乃其經營地方基層的主要原因；然而，總統在統治地位的優勢性，使國會議員普遍認為國會在政策制定和監督無法有具體作為，更加強其轉向經營地方的意願。例如，一項在2010年對國會議員所進行之調查，其結果便顯示，在「以下哪個地方的工作給你較大的滿足感？在國會？在選區？兩者皆是？」的問題中，43%的議員回答選區工作，37%回答兩者皆是，而僅有19%回答是國會工作。受訪者表示，在選區的工作讓他們感到充滿效率、被認同、有影響力，相形之下，國會層級的工作較少有成就。[32]

因此，進一步來說，優勢行政權與弱勢國會議員的相關性，在政治體系運作之意義上，國會議員如何透過經營地方而充實其在中央的權力地位，甚至進一步從地方利益之展現以牽動行政權與立法權互動，不但關係到政治權力是否集中於總統，在此當中，國會議員藉其兼任地方職而對中央政府權力發生之影響，亦同樣突顯中央地方關係的制度結構與優勢行政權之連結。職此，本文便主張，總統的權力優勢，雖可藉憲政體制及憲政運作體現優勢行政權之意義，然而，若能將總統權力擴展到其在政治體系之意義，則藉著政

---

[30] Olivier Costa, Pierre Lefébure, Olivier Rozenbergm, Tinette Schnatterer, and Eric Kerrouche, "Far Away, So Close: Parliament and Citizens in France," pp. 296-297.

[31] Olivier Costa, Pierre Lefébure, Olivier Rozenbergm, Tinette Schnatterer, and Eric Kerrouche, "Far Away, So Close: Parliament and Citizens in France," p. 297.

[32] 在此項調查中，學者又發現，許多國會議員的行動如地方經理，並且是在「社會行動者」、「地方代表」及「國家行政代表」的多元角色中，共同推動計畫及解決問題。正如一位受訪的國會議員所言：「我是一個心理學家、銀行家、社會工作者，或任何職業……最重要的是，我是公民的連結點（connectedness）。」參見Olivier Costa, Pierre Lefébure, Olivier Rozenbergm, Tinette Schnatterer, and Eric Kerrouche, "Far Away, So Close: Parliament and Citizens in France," p. 298.

治權力如何集中、爲何集中的討論，以釐清政治集權的歷史意義，將有助於掌握優勢行政權在政治體系的定位。更重要地，本文也認爲，透過政治集權的理解，並分析其間相應產生的制度結構，始能體現行政權在當中的實質影響，以及政治體系在運作上所產生對優勢行政權的挑戰。

二、政治集權與優勢行政權的歷史意義

至第五共和時期爲止，法國共歷經了兩個帝國、一個維琪政體、五個共和，以及十六部憲法；[33] 其君權專制的歷史背景，形塑了中央集權的制度架構，[34] 拿破崙時代建立的集權概念——「單一行政者」，不但蘊含於法國政治運作中，歷史上高度濃厚的軍事思想，更加強中央政府對行政命令貫徹之要求。基於此，學者普遍認爲，法國政治上權力的集中乃中央集權之結果，故有關政治領導權與中央集權的歷史意義，即爲探究法國政治集權的重要面向。如法國學者Gerard Marcou所強調，欲理解法國政治必須從中央集權的歷史背景切入，法國目前存在諸多地方分權的法律未能有顯著實施效果，正是因爲過往中央集權的脈絡影響了政治權力移轉。[35]

自法國大革命後，由於民主共和體制的建立，使法國逐步確立了中央地方關係之內容。不過，基於強勢國家的政治傳統，法國長期樹立的中央集權意義，也同時形塑了中央行政權與地方團體建制之間的緊密關係，此即爲法國地方團體——大區（région/ region）、行政省、市鎮——廣被認爲是歷史產物的重要緣由。[36] 而受到集權歷史因素的影響，法國大革命雖作爲

---

[33] 李國雄，比較政府與政治（台北：三民，2013年），頁88。

[34] 國內以法國地方制度爲研究主題的文獻並不多見，主要是從法學或政治學的角度，分析法國的地方制度分析中央與地方分權內涵。參見徐正戎，「法國地方制度之剖析——擺盪於中央集權制與地方分權之間」，東吳大學法律學報，第13卷第1期（2000年8月），頁1-39；張壯熙，「法國地方自治制度」，當代青年，第2卷第4期（1992年5月），頁55-57；梁崇民，「法國『行政區』的定位與發展」，國家政策雙週刊，第149期（1996年10月），頁14-17。

[35] 作者於2013年6月曾至法國進行本項主題之訪談。Gerard Marcou是法國巴黎第一大學（Université Panthéon-Sorbonne Paris I）公法教授，同時也是法國國內專精地方政治的權威學者。

[36] 法國1958年第五共和憲法對於「地方公共團體」的基本內容主要是：1.共和國的地方公共團體是市鎮、省及海外領地，所有其他地方公共團體經由法律設立之。2.地方公共團體由民選議會依據法律規定實施自治。3.在各省及各海外領地內，政府所派代表確保國家利益、行政監督與

法國政治發展的分水嶺，但大革命後所召開的國民制憲會議依然可見制憲者對地方分權的諸多猜忌，並直接牽動當代法國憲法上有關中央地方關係的制度建構。藉由相關文獻考察，本文發現，制憲者在當時不但決定加強中央箝制力，使中央集權難以被撼動，[37] 並且重新切割地方行政單位，除了大幅依據中世紀起建立之「教區」（paroisse），將最基層之地方行政單位改制為「市鎮」，亦將法國古制的「省」（province）分為83個「行政省」，從而顯示出奠基國家領土單元的制度精神，[38] 以及使地方建制作為中央行政權下內政組織的作法。[39] 依當時理念，市鎮具有雙重性質，一為代表中央行使行政權，二則透過民意代表身分管理轄區，展現此最基層地方行政單位乃是以民選長官為首、由民選議決機關輔助，進而能達成穩固政權之目標。時至今日，法國基層地方團體的府會互動機制，仍繫於此「穩固行政領導」之邏輯，而市鎮首長——即「市長」（maire）——至今也依法具備「代表中央」與「代表市鎮住民」的雙重權責。1800年，在保留行政省之前提下，時為共和國首席執政（premier consul）的拿破崙重設舊制總督為「中央行政長官」（省長），直接由首席執政（即帝制下之皇帝）指派，行政省各轄區（arrondissement）則設中央行政次級長官（sous-préfet），其下市鎮層級設市長，亦皆為中央指派；其中，有關中央行政長官與次級長官的指派規定，更是至今未曾變動。[40]

　　法國中央地方關係的制度遺緒，顯現出地方團體自治權限並未隨政體移轉而產生顯著轉變，[41] 而是到了第五共和法國社會黨第一次執政時才開始

法律之遵守。參見吳秦雯，「法國地方自治團體之角色——垂直分權之制衡？」，思與言，第47卷第3期（2009年9月），頁71。

[37] 劉文仕，「立足統一，邁向分權：法國地方分權制度的嬗變與前瞻」，東吳政治學報，第25卷第2期（2007年6月），頁74。

[38] Hellmut Wollmann, "Local Government Reforms in Great Britain, Sweden, Germany and France: Between Multi-Function and Single-Purpose Organisations," *Local Government Studies*, Vol. 30, No. 4 (2004), p. 655.

[39] 翁燕菁，「地方府會爭議類型與處理機制之研究期末報告（法國部分）」，內政部委託研究計畫，計畫編號：102JCD02，台北：內政部（2013年），頁5。

[40] 同上註。

[41] 事實上，若更詳盡考察，法國的地方自治改革在1982年前便已有啟動，如Gerard Marcou的研

有所不同。在密特朗（François Mitterrand）總統主導推動的「關於市鎮、行政省與大區權利與自由法」（Loi 82-213 du 02 Mars 1982 Relative aux Droits et Libertés des Communes, des Départements et des Régions）（即多數文獻所稱之「地方分權法」，本文亦使用此名稱）於1982年3月制訂後，[42] 成爲論者普遍認爲的法國地方分權基礎，[43] 以及法國地方分權實踐之起點。[44] 由於這項將政治與行政責任由國家機構分權至地方層級的重要制度改革，更是與因應法國政治體系現代化及面對國際政治環境、經濟環境的挑戰密不可分，[45] 故有關此制度能否脫離國家角色在深厚歷史因素中的定位，長期以來也同樣受到關注。

　　「地方分權法」在強化地方分權以建立地方認同的論述驅使下，最重要的革新便是按照法國古制的「省」，奠定了「大區」的法定地位，[46] 而確認了當前三級地方團體的制度架構。在此制度下，分權所標示者，乃是大區、行政省、市鎮彼此各具權限，並以功能界分。[47] 從職能劃分來看，大區的職責在於推動經濟發展與地區布局之調整；行政省的職責著重在社會補助與保障政策；至於市鎮，則提供最基本的公共產品與服務等。[48] 當時的地方建制

究便認爲，法國地方自治的第一階段始自1830年代，重新建立市鎮議會和省議會的選舉和管轄機制，另外，至1871年省議會法擴大並強化省議會權限、1884年市鎮法建立、1960創設區域省長以及1972年區域建立代議機構等，都與地方自治改革有關，詳見紀和均譯，「法國地方自治的現況與展望」，中國地方自治，第66卷第1期（2013年1月），頁53-70。譯自Gerard Marcou 於2012年「直轄市治理國際學術研討會」演講稿。

[42] 條文陸續在1982年至1986年間通過。

[43] 即便在1946年法國第四共和的憲法中，有關法國地方團體的自治定位開始出現「地方團體自由行政原則」（principe de libre administration des collectivitésterritoriales）與「行政省行政權自中央行政長官移交至行政省議會主席原則」等用語，但學者仍普遍認爲，眞正的轉變趨勢出現應溯自法國第五共和時期密特朗總統上任後。

[44] 翁燕菁，「地方府會爭議類型與處理機制之研究期末報告（法國部分）」，頁7。

[45] Hellmut Wollmann, "Local Government Systems: From Historic Divergence towards Convergence? Great Britain, France, and Germany as Comparative Cases in Point," *Environment and Planning C: Government and Policy*, No. 18 (2000), p. 42.

[46] 法國自1956年開始，劃分22個行政區（administrative region），當時是行政上作爲國家計畫實行的單元，和後續正式定義的大區有所區別。

[47] Andy Smith and Paul Heywood, *Regional Government in France & Spain* (London: Constitution Unit School of Public Policy, 2000), p. 10.

[48] 黃凱斌，「1982-2004年法國分權改革述評」，東南學術，第3期（2010年5月），頁25。

架構如表8-1所示。

　　由職權規定以觀，法國地方團體間並不存在明確之上下階層關係，反倒是一種「多層次治理」（multi-level governance）的架構。[49]大區、行政省與市鎮雖被認爲是三級地方團體，但事權區分未盡完備，例如「大區發展」與「都市發展」的差異便難以二分，使得彼此治理功能的實踐常有賴於其他層級的地方團體完成之，此情形以大區尤爲明顯。在立基於國家計畫單元而與中央層級直接相關聯的大區，其預算編列常是與中央政府交涉後確認，而與另兩個地方團體相較，大區所占的預算也是最少；即使大區有權設定及形成政策，卻可能經常是在行政省或市鎮的事務推動下而完成，以實踐其地方團體定位，致使其治理能力被認爲依然薄弱。[50]

表8-1　地方分權法與地方團體的事權劃分

大區	大區發展 經濟發展 環境（大區內的自然公園） 教育事務（高中） 訓練 觀光事務
行政省	社會照護 都市發展（都市公共建設與地方發展） 教育（國中） 環境 觀光事務
市鎮	文化行動 社會照護 教育（小學或保健） 城鎮計畫

資料來源：Smith and Heywood, *Regional Government in France & Spain*, p. 10.

---

[49] Ibid.

[50] 此外，也如Marcou所認爲，地方分權法是在實踐法國第五共和憲法第72條將大區作爲地方團體的觀點。「地方分權法」雖將原省長之行政職權分別移轉給行政省的議會議長與大區議會議長，但省長作爲中央派駐在省之監督意義，對大省議會、大區議會之行政事務仍有干涉權；再者，在大區內，中央也下設行區專員公署，有經濟組、預測及計畫組、土地治理規劃組等，均顯示法國的中央集權和地方分權當前並存之現象。此內容是作者於2013年6月與Marcou的訪談內容。

　　至於市鎮層級之首長——市長，以及中央派駐於行政省之中央行政長官——省長，同樣在制度中表現了中央集權的歷史意涵。如前所述，在拿破崙一世建立的「單一行政者」觀點影響下，地方首長在威權集中的制度結構中，形成了彼此隸屬關係；因此，當地方自治被引進，市鎮的權力依然存在於市長之手，其不但掌握市鎮事務執行權，議會也無權解職市長。另外，省長作為國家的傳統代表，大區政府所在地的省長更兼任大區行政長官，不但延續至今，中央政府的權力委託更使省長始終行使對地方團體之監督。[51]因此，論者也進一步認為，在「地方分權法」確立的地方自治基本架構下，雖廢除過去中央對地方的事前行政監督以落實地方自治，但並非免除各種監督，反之還要藉由省長角色強化事後監督，這也是該法特別維持傳統中央派駐地方之行政長官，由其作為發動司法監督的國家代表人之原因。[52]

　　至2003年，隨著憲法條文新增，相關地方團體的法律被制定以落實憲法新規定，使法國的地方政治發展從而進入新階段。[53]此賦予地方分權更具實質意義之改革，被稱為「第二次地方分權運動」。[54]2003年的修憲，改變了法國自我定義，除承認了國家分權之特色，亦首次提供憲法保證。[55]其中，除了大區直接被憲法確認，從而獲得憲法效力，地方團體的自治地位及自治機關也得到確立。[56]大區由於權限擴大與地方民主化的實施，正式成為

---

[51] 紀和均譯，「法國地方自治的現況與展望」，**中國地方自治**，第66卷第1期（2013年1月），頁38-39；譯自Gerard Marcou於2012年「直轄市治理國際學術研討會」演講稿。

[52] 陳淳文，「從法國法論地方政府之財政監督」，人文及社會科學集刊，第16卷第1期（2004年3月），頁46。

[53] 法國在2003年8月進行的憲法增修，在第72條之中規定了地方團體的法制定位：「共和國的地方團體為市鎮、行政省、大區、特別行政區和第74條適用的海外地方團體。如需創建任何其他地方團體取代本款所規定的一或多個地方團體，應依法創建。」引自吳秦雯，「法國地方自治團體之角色——垂直分權之制衡？」，思與言，第47卷第3期（2009年9月），頁76-77。

[54] 上官莉娜、李黎，「法國中央與地方的分權模式及其路徑依賴」，**法國研究**，第4期（2010年12月），頁85-86。

[55] 黃凱斌，「1982-2004年法國分權改革述評」，東南學術，第3期（2010年5月），頁65。

[56] 法國第五共和憲法第72條亦規定：「地方團體可自決其所有行權相關事項，做出該層級可落實最佳的決定。」「這些地方團體應以法規規定條件為前提，由選舉產生的議會落實自治，並有權對其管轄範圍內事項制定條例。」「地方團體行權不可凌駕另一地方團體之上。然，當行權需數個地方團體聯合行使，其一地方團體可經法授權，統籌聯合行動。」

一個新層級的地方政府，享有與其他地方團體相同的自治；不過，也由於大區的設置仍與其他建制共存，故在此體制下，地方分權依然擺脫不了過去被認為是在中央集權影響之下所產生的多層次運作，而展現「權力下放」之意義。在2003年新修正之憲法第72條規定下，包括大區、行政省、市鎮，都能努力爭取行使過去專屬中央政府或其他公共機構的責任，此所帶來的改革層面在於，法國的垂直分權制度設計，將同時展現中央集權與地方分權的制度設計意涵，進而給予地方自治團體不僅只是唯命是從的關係，也多了談判及平等協商的空間。有關此架構，可透過圖8-1表示之：

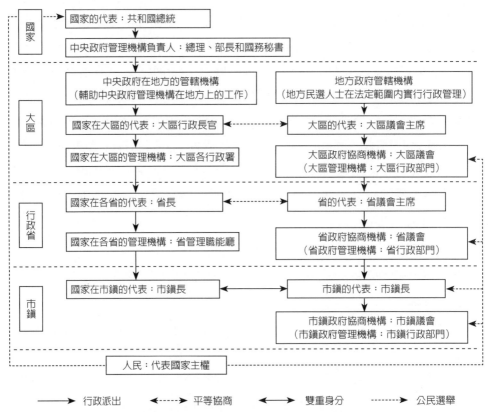

圖8-1　法國中央地方關係與治理架構

資料來源：修改自趙信敏，巴黎現行政治——行政體制特徵及其成因探析，頁10。

從上述歷史發展過程來看，法國的中央地方關係建立，以及其間的權力下放過程，都表現出與傳統專制背景的對話、突破或挑戰。而在傳統痕跡依然被保留之際，中央集權與地方分權攜手前進之現象將如何影響法國地方政治之演變？自成爲研究者感興趣之議題。特別是，在這些重要的制度變革歷程中，由於法國地方團體基於功能劃分而產生的「複製性」，使法國的地方自治存在許多中央政府權力涉入空間；[57]另外，立法者在地方制度改革中，雖造成權力移轉的效果，但因過程中地方政府管轄權不斷被修正，卻也形成不同層級地方政府共同介入其中，以致於法律不斷修正地方政府權限與監督方式，更形成國家行政機關在移轉權限之中保留了部分管轄權，例如：都市計畫問題、教育問題、大巴黎計畫問題等，[58]凡此，都顯現行政部門的優勢地位乃其中重要因素。故爾，又如Marcou認爲，即便總統歐蘭德（François Hollande）宣示要達成徹底的權限轉移，並落實2003年新修憲法規定之「地方自治享有命令制訂權以實現其權限」，而進一步擔保地方自治團體要依此推廣「試驗性法律」，以眞正落實地方分權，但在過去制度變遷的歷史經驗下，政府若未眞正有效規範地方權限以及合作要件，將決定權交由地方處理，則諸如地方自治團體意見不一致，或者公共利益和地方利益衝突等問題，能否在中央集權與眞正的地方分權共存之下得到解決，便是當前法國政府治理過程的最大隱憂。[59]

因此，在預測法國地方自治前景之外，關於行政權運作與中央地方關係的連結，特別是總統角色在地方治理過程可能產生的影響，不僅應成爲將來

---

[57] 紀俊臣，「臺灣直轄市與法國巴黎市、日本東京都之區制比較」，中國地方自治，第65卷第6期（2012年6月），頁5。

[58] 紀和均，「巴黎市治理總移植──以歐債危機處理爲例」，中國地方自治，第65卷第12期（2012年12月），頁53。

[59] 另外，作爲釋憲機關的憲法委員會，在「地方分權法」施行後，雖然也曾作出許多關於地方團體的判決，如自治原則的憲法效力，國家監督自治之行政措施的合憲性及其監督密度，自治財政的獨立性及其範圍等；但由於憲法委員會從未直接和正面地解釋「地方團體」之概念內涵，也沒有明示它與其他相關概念的區別，使得地方分權的精神在法制面始終難獲得明確界定，亦展現地方分權的實踐依然存在高度挑戰的現象。對此，可進一步參閱王建學，「法國公法中地方自治團體的概念」，東南學術，第1期（2010年4月），頁129-137。

探討法國地方制度發展的重要問題，同時也是評估在整個政治體系中，優勢行政權如何產生效果以及如何產生回應的重要內容。如同法國學者主張，法國中央地方關係的權力結構乃是「地方分權之單一制國家」，[60]即在強調地方團體同時具備中央政府下級單位／中央政府代理人（agency）雙重身分的特徵。一方面來說，憲法所規範的中央地方關係雖逐步使地方自治團體愈有其自主地位；但在單一制的運作基礎下，中央政府卻又因同時作爲發號施令與指揮布局的來源，導致中央與地方政府在治理過程存在各項競合可能。

　　本節分析發現，法國單一制運作源於中央集權傳統，而中央集權的歷史發展更與總統在政治上的權力集中相連結，並共同形塑了優勢行政權的意義。職此，於以下段落，本文將分析法國在優勢行政權的現象下，中央集權和地方分權並行的制度結構將如何影響總統的權力行使，以及與優勢行政權運作產生之連結。

參、法國優勢行政權的影響與挑戰

　　從優勢行政權的體制意義來看，總統不但作爲行政權運作中樞，亦使國會議員偏重地方選區之經營；另外，結合政治集權的歷史意義，則中央集權在中央地方關係制度演化中之角色，也同樣突顯優勢行政權與地方分權內容的連結性。是故，如圖8-2所表示，在憲政體制與中央集權的綜合討論中，中央與地方層級共同構成的治理結構，將同時受到總統、中央派駐地方的長官、地方首長、地方議員，以及國會議員因兼任地方職而同樣涉入其中所影響。是故，在垂直分權與水平分權結合的意義上，憲政發展的「總統化」結果，不但使總統制度性或非制度性的權力優勢更體現在治理過程中；另一方面，地方團體在中央集權與地方分權並進下，也形成與中央政府體制運作的交互關聯。職是，本文於下便以巴黎市爲資料分析來源，從優勢行政權與地

60　引自劉文仕，「立足統一，邁向分權：法國地方分權制度的嬗變與前瞻」，頁94。

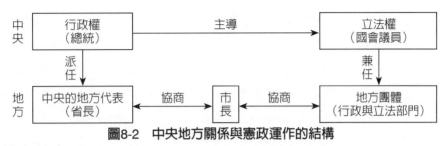

圖8-2 中央地方關係與憲政運作的結構

資料來源：作者自繪。

方行政首長、優勢行政權與議員的地方性兩個面向，共同討論優勢行政權在政治體系的影響及挑戰。

一、優勢行政權與地方行政首長

本文選擇巴黎市進行論述，其原因除了巴黎為法國主要都市之一，更重要的理由在於其特殊的地方政府定位，有助於我們綜合討論中央地方關係。法國無「直轄市」的設計，對於人口密集之巴黎、馬賽、里昂三大市鎮，在1982年訂有《關於巴黎、馬賽、里昂及市鎮間合作公共機構法》（即俗稱之「PML法」），規範其內部行政區劃分。在此法制下，巴黎市成為全法國唯一同時具備市鎮與行政省之雙重法定地位的都市，其市長與議會權能亦跨越兩者界限。[61]一方面，巴黎市因其政經重要性，使主政者常能據其影響力對抗中央政府統治；另一方面，即使作為最主要都市，且有民選市長和地方行政自主之權力，法國的中央集權精神依然體現其中，[62]例如：為避免巴黎市長權力過大，中央政府除任命省長做為中央政府監督地方團體之代表，也任命一位巴黎市警政總監管轄巴黎市的警政安全，可見一斑。[63]

受到中央集權歷史因素之影響，巴黎市的制度設計亦遵循嚴密之中央

---

61 翁燕菁，「地方府會爭議類型與處理機制之研究期末報告（法國部分）」，頁8。

62 Sabine Kuhlmann, "Trajectories and Driving Factors of Local Government Reforms in Paris: A 'Deviant Case' of Institutional Development?" *Local Government Studies*, Vol. 33, No.1 (2007), pp. 13-14.

63 紀和均，「巴黎市治理總移植——以歐債危機處理為例」，頁49。

集權科層行政傳統，由市長如君主體制中的領導者帶領市政府。[64]因此，如前所述，中央集權與地方治理的並進容易陷於兩難，在巴黎市的市政運作中尤爲明顯。巴黎市不但具有雙重行政體制——行政省與市鎮，巴黎市議會也同時享有兩者之權限，巴黎市市長由議員選舉產生，其一方面兼具議員與議長（presidency of municipal council）之身分，另一方面則是支撐巴黎市政府運作的合法性來源。此外，巴黎市下轄20個區（arrondissement），各區設立區議會（conseil d'arrondissement），區議會選舉其區長（maire d'arrondissement），巴黎市20個區的當選議員，各以約三分之一的成員爲代表進入巴黎市議會而同時擔任市議員一職。區議會議員就巴黎市政府對其行政區的全部相關事務，可用書面或言詞向巴黎市議會提出質疑，區議會也可針對巴黎市對該行政區提出的計畫，表示事前意見。至於區長，則在於負責執行區議會的決議事項，而建構中央政府權力下放的功能。[65]綜此，從區議員到區長、市議員、市長，存在著高度的身分連結關係（如圖8-3所示）。席哈克在十八年的巴黎市市長任內（1977～1995），被認爲基於其同時是市議會議長及都市行政主體，而同時兼有「強權市長」、「都市總統」（municipal presidency）甚至是「都市君王」（municipal monarchy）的角色，[66]其理由亦在於此。

---

[64] Sabine Kuhlmann, "Trajectories and Driving Factors of Local Government Reforms in Paris: A 'Deviant Case' of Institutional Development?" p. 12.

[65] 各區議會自行選舉其區長，一般爲獲勝名單之首位。巴黎市20個區的當選議員，各以約三分之一之成員爲代表進入巴黎市議會同時擔任「市議員」。此所謂三分之一，爲各區獲得選票最高者（依名單得票率及其排序計算之）。巴黎市議會共163名議員，組成後，由市議員選出巴黎市長。惟須說明，此固定名單選制中，「領銜」競選者按慣例係未來競選市長或區長者，而選民經常也是以心目中未來市長或區長爲標的而對名單投下自己的一票。然而，因巴黎各區長不得兼任巴黎市長，而預備競選巴黎市長之候選人仍將列名於巴黎其中一區的候選名單，加以區長候選人一般皆列於名單之首，是故，宣布競選巴黎市長之候選人，一般列於名單上的第二或第三位（區長候選人與市長候選人同性別時，則可能列於第三位）。據此，巴黎市長更近於全數20區之「共主」。此資料來源爲作者2013年6月赴巴黎市議會訪談國際處主任Pierre Thomas所獲，以上內容則整理自翁燕菁，「地方府會爭議類型與處理機制之研究期末報告（法國部分）」。

[66] 翁燕菁，「地方府會爭議類型與處理機制之研究期末報告（法國部分）」，頁9。

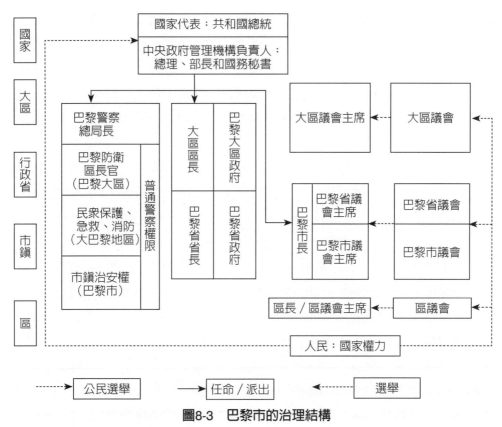

圖8-3　巴黎市的治理結構

資料來源：修改自趙信敏，前引文，頁30。

　　巴黎的市政運作，在行政與立法機關的高度連結中，不只存在一個多層次治理框架，從政治面來看，行為者的重疊導致行為者利益關係（actor-interests）在制度建立上更成為值得研究之主題。學者認為，巴黎市可謂一政黨競爭與權力競爭的場域，對總統來說，其競爭者或潛在繼位者若居於巴黎市的要職，將容易在中央政府政策推動過程中形成政治角力；[67]因此，在

---

[67] 政黨間的競爭更顯示在2001年的巴黎市長選舉，PS黨的候選人德拉諾埃的當選標示了右派對巴黎一百多年的統治告一段落。左派區長增加到12區，右派在各區中或是市議會中都變成少數派。現任市長Bertrand Delanoe將原本只限制在區層級的民主實踐作為巴黎要推動的重要施政之一。

市政運作裡，總統意志、巴黎市政府、市議會、各區議會若呈現各自爲政的情況，便可能導致都市發展的困境。再者，加上省長作爲中央與地方團體的中介角色，又加強了中央政府監督市政的力量，一般而言，具有中央政府代理人地位之省長從法令控制、確保國家利益的主張，以及有權參與都市法案起草等三方面監督市長，此在在使得中央政府與地方團體的互動形成更複雜之樣態。

在中央集權的制度運作中，中央政府對巴黎市政發展的介入自當以法律執行爲之，進而形塑總統與市長之間政治及行政的權力爭奪。如同席哈克在1977年擔任市長後，[68] 即以「巴黎市長最重要」爲口號；然除了時任總統季斯卡不斷企圖削弱市長之權力，繼任總統密特朗所領導的社會黨政府更通過PML法以強化巴黎市下各區的權力，藉著從上而下的方式動搖巴黎右派勢力以減少保守黨領袖同時也是強權市長席哈克的勢力。不過，在市長席哈克方面，爲了減少PML法的衝擊並防止權力從巴黎市行政中心下放，拉攏各區區長便成爲重要策略。席哈克與繼任市長提貝理（Jean Tiberi）不但讓區長在市政府也兼有職位（adjoint au maire de Paris），在市長跟各區區長的互惠關係下，更因1995年以前幾乎是由右派占據巴黎的政治版圖，甚至造成市長與區長達成協議以弱化PML法影響之結果。[69] 這樣的歷程，特別是就密特朗與席哈克之間的競逐，導致巴黎各區在市長率爾對抗中央，而並未眞正成爲具有實質功能或決策能力的地方自治體。席哈克以「完全不作爲」的最低限度實施此項法案，並拒絕發揮法案的分權原則，[70] 使巴黎繼續順著制度傳統和行政文化發展。[71]

---

[68] 1871年後，巴黎市長一直是由中央政府任命。至1977年，法國爲了激發地方的創造力與積極性，就讓巴黎市長改由巴黎市議會選舉產生，任期六年。巴黎市政府對中央政府的獨立性由此大大增強。

[69] Sabine Kuhlmann, "Trajectories and Driving Factors of Local Government Reforms in Paris: A 'Deviant Case' of Institutional Development?" p. 16.

[70] 趙信敏，巴黎現行政治——行政體制特徵及其成因探析，頁38。

[71] Sabine Kuhlmann, "Trajectories and Driving Factors of Local Government Reforms in Paris: A 'Deviant Case' of Institutional Development?" p. 13.

　　另外，從巴黎的都市計畫推動來看，政黨競爭的情況亦顯其中。以2010年7月通過的「大巴黎法」（Grand Paris）爲例，[72]便充分展現中央政府對巴黎市政的主導，以及所引起的中央與地方爭議。該法第1條明文規定：「這是一個國家經濟、社會的都市計畫，用來統一法蘭西島區域的大型土地策略，且推動經濟永續與社會連帶的發展，並創造首都區域的工作機會。」前總理費庸（Francois Fillon）據以提出的「大巴黎計畫」（la métropole du Grand Paris）內容，由於直接涉及土地開發，與過去以地方制度的策略進行都市規劃顯有不同，[73]首先便激起巴黎市內部各區的反彈聲浪。根據法國媒體Le Journal du Dimanche（週日新聞報）所做的調查顯示，面對此「大巴黎計畫」，有52%的區長（其中八成的區居民人數超過10,000人）表示不願放棄固有的住屋及都市規劃權力；[74]並且，由於前總統薩科奇在2007年就大巴黎計畫所提出的「區域鐵路網規劃」以及「多極發展計畫」（multipolar development）（總稱爲Grand Huit），與現有的由大區議會和地方都市交通機構（metropolitan transportation authority）提出的Arc Express鐵路計畫完全不同，故不但激起巴黎地方團體強烈不滿，[75]當時的市長Bertrand Delanoe也曾對前總統薩科奇關於大巴黎計畫之主導表達反對，直指總統「試圖抓住一個充滿活力的都市中屬於地方官員的承諾」。[76]

　　「大巴黎計畫」乃國家施行制度權力以掌握巴黎未來的重要作爲，並顯示都市規劃成爲政治人物與其他利害關係人尋求公衆支持的籌碼。因此，

---

[72] 「大巴黎計畫」是由法國總統薩科奇於2009年4月在建築及國家遺產城的演說中首先提出。計畫內容包括在2012年或2013年，在大巴黎建一條連接巴黎和周邊城市的環城自動地鐵線，工期約十年。該計畫的目地是要將大巴黎建成一個交通便利、經濟發達、高文化、高生活品質的國際都市。

[73] 紀和均，「巴黎市治理總移植──以歐債危機處理爲例」，頁50。

[74] http://www.lejdd.fr/JDD-Paris/Grand-Paris-la-crainte-des-maires-634785。檢索日期：2013/10/02。

[75] 總統的計畫旨在提升巴黎作爲全球經濟中心以及刺激房地產，而地方計畫則志在將原本因交通不便而被孤立的社區們連結起來。參見Lara Belkind, "The Negotiated Urbanism of Grand Paris Express," *Metropolitics* (France), 2013 June, 12. Retrieved September 1, 2013 from http://www.met-ropolitiques.eu/The-Negotiated-Urbanism-of-Grand.html。檢索日期：2013/09/20。

[76] http://grandparis.blogs.liberation.fr/vincendon/2011/10/pour-delano%C3%AB-sarkozy-nest-pas-propri%C3%A9taire-du-grand-paris.html。檢索日期：2013/09/15。

即使地方行動者不擁有法定執行權，但各方掌握巴黎市發展策略之企圖，也極可能彰顯在國家向地方爭權之過程中。[77]如同薩科奇主導的Grand Huit計畫，其後便因中央政府向區政府妥協，而轉向由巴黎區議會與行政部門共同妥協新的計畫內容，展現出「都會民主」（metropolitan democracy）之過程，這與席哈克身為巴黎市長時，以River Gauche計畫突破中央對建築物高度限制有相近之處。而在歐蘭德執政後，政黨輪替的結果，不但使「大巴黎計畫」執行率不彰，2013年10月8日由參議院以156票贊同、147票反對而終於通過的大巴黎計畫，更突顯了巴黎市政發展實為一「談判網絡」（negotiated network），並可藉此說明中央進行政策主導所必須面對的政治現實。

　　當然，在巴黎的市政規劃中，政黨競爭的政治因素亦與國會內部生態息息相關。如前所述，國會議員兼任地方職，也使憲政運作特色被帶入中央地方關係，因此，國會議員對地方利益之強調，將同樣影響優勢行政權和地方層級的角力，以下，便繼續依此脈絡討論之。

二、優勢行政權與議員的地方性

　　在優勢行政權的體制意義上，論者多聚焦於弱勢國會的面向；不過，如本文強調，當結合中央地方關係的討論後，則國會議員涉入地方層級而改變其問政角色，以及投入地方事務而牽動與行政權之互動等因素，將更豐富優勢行政權之意涵。在這個面向上，法國國會議員兼任地方職的規定，即是評估議員地方化與優勢行政權相關性之核心。如同長期關注英國、德國與法國地方政治發展之學者Hellmut Wollmann所認為，法國在中央集權的歷史因素下，維繫法國地方制度最基本的要素就是兼任制；而身負重任的地方政務官，其政治影響力除顯現在與省長的周旋中，更展示於國會決定國家政策之面向。[78]

　　法國國會議員的兼任制規定，來自於兩項法源依據。首先，是「2000

---

[77] Lara Belkind, "The Negotiated Urbanism of Grand Paris Express."

[78] Hellmut Wollmann, "Local Government Systems: From Historic Divergence towards Convergence? Great Britain, France, and Germany as Comparative Cases in Point," pp. 41-42.

年4月5日第2000-294號組織法：關於選舉任期不相容性」（la loiorganique n° 2000-294 du 5 avril 2000 relative aux incompatibilités entre mandats électoraux），其次則是關係到地方、歐洲議員的「2000年4月5日第2000-295號法：關於選舉任期及公職限制及其行使條件」（la loi n° 2000-295 du 5 avril 2000 relative à la limitation du cumul des mandats électoraux et des fonctions électives et à leursconditions d'exercice）。綜合其中內容，兼任制規定了國會議員不得同時身爲參議院、國民議會議員與歐洲議會議員，但對於其他由選舉而產生的職位，則能在大區議員、省議員、巴黎市議員、科西嘉議會議員，以及居民超過3,500人的市鎮議員等五種職位中擇一擔任。而在地方立法職與行政職連結之前提下，[79]據統計，目前國民議會的577位議員中，具有地方兼職者的比例是84%，[80]議員兼任之職務包含大區職務56位：計有大區主席、副主席、議員；行政省職務109位：有省長、副省長、議員、巴黎市議會議員；以及市鎮職務353位：有市長、副市長、議員，以及跨市鎮共同體職務37位。由此可見，法國在中央集權與地方分權並進的過程中，身兼中央與地方角色的國會議員，藉由兼任制而產生的地方性，自當對行政權運作產生高度影響力。[81]

　　以巴黎市選出的國民議會議員爲例，從第九屆國民議會開始，國會議員兼任地方職務的情況是：第九屆（1988～1993）21位有16位、第十屆（1993～1997）21位中有14位、第十一屆（1997～2002）21位中有17位、第十二屆（2002～2007）21位中有14位、第十三屆（2007～2012）的21位

---

[79] 關於地方議員的兼任限制，可以再區分行政首長和議員身分：行政首長部分，現行的地治法CGCT：L. 2122-4、L. 2511-25、L. 3122-3、L. 4133-3、L. 4422-19規定，地方行政首長不得兼任其他地方行政首長，例如，某市的市長不得同時爲行政省或大省議會主席，但此規範不及於部分海外自治領地，像是Nouvelle-Calédonie和Polynésiefrançaise。另外，反之選舉法L. 46-1條規定，地方議會議員可以兼任另一個議會議席，但每人至多持有兩個議席，不得超過。

[80] Sylvain Brouard, Eric Kerrouche, Elisa Deiss-Helbig, and Olivier Costa, "From Theory to Practice: Citizens' Attitudes about Representation in France," *The Journal of Legislative Studies*, Vol. 19, No. 2 (2013), pp. 178-179；廖達琪、陳月卿、李承訓，「半總統制下的國會監督——從法制面比較臺灣與法國國會的監督能量」，問題與研究，第52卷第2期（2013年6月），頁72。

[81] 吳志中，前引文。

中有14位、第十四屆的18位中有12位（2012～）。其中，由於巴黎市議會議員是來自於各區議員或由議員推選之區長，故國會議員同時兼任區長、區議員或市議會議員的情形十分常見，而直接建構了巴黎市政推動與立法工作的連結性。配合前述有關巴黎市政推動歷程，國會議員的兼任角色即成為影響制度上優勢行政權定位之重要來源，並與市長共同牽動中央政府的行政、立法兩權互動關係。舉例來說，在「大巴黎計畫」中有關廣受矚目的「住房」問題，即受地方選區所選出的國會議員大力關心。由於巴黎市內有約25,000戶的房子設計作為觀光出租之用，而大大影響了巴黎居民的居住空間，因此，在原本的「住宅及城市更新草案」中並未列入此議題之情況下，代表巴黎第三區的議員，同時也是國民議會的議員Annick Lepetit，便於2013年9月提出此議題，並將其整合至整體草案。[82] 按法律規定，巴黎市政府無權控管該市中疑似作為觀光出租的房子，因此，Anick Lepetit的主要訴求在於讓巴黎市政府有權能掌控住房供給的問題，期能導向傳統的租賃型態。在此推動歷程，巴黎市議會也配合開放「暫時授權」給有特別需求之案例，使其能改變住屋型態。於此同時，Annick Lepetit便在國會中針對日漸增加的觀光租屋需求推動法案，呼籲訂定巴黎市房東與房客間收費和財產清單的標準，而在其推動下，此法已獲得通過。[83]

　　雖然，巴黎市案例僅是在眾多國會議員地方行動之中的部分例證，但眾多研究皆指出，目前國會議員不但普遍認為選區服務十分重要，並且多因此強調和選民的「地方連結」（local connection）。在兼任地方職的意義下，國會議員與選民面對面的直接互動，遠比在迢迢國會進行少數人理解之立法工作來得有效用。[84] 根據Vincent Tiberj以及Eric Kerrouche的研究，法國國會

---

[82] 資料來源：http://www.lesechos.fr/entreprises-secteurs/service-distribution/actu/0203003909368-les-locations-de-meubles-touristiques-vont-devenir-beaucoup-plus-difficiles-605268.php。檢索日期：2013/10/10。

[83] 資料來源：http://www.annicklepetit.net/2013/09/17/la-cle-de-voute-du-logement-et-de-lurbanisme/。檢索日期：2013/10/10。

[84] Olivier Costa, Pierre Lefébure, Olivier Rozenbergm, Tinette Schnatterer, and Eric Kerrouche, "Far Away, So Close: Parliament and Citizens in France," p. 309.

在制度上的弱勢，展現在約四分之一法國人民對國會表示既不信任也不懷疑之冷漠態度；不過，相較於對國會信任度不高，法國人民對法律體系的信任度卻接近四成，此不但顯示法國人民對國會的觀感混淆，[85]更突顯國會被視為和行政部門乃一個整體之現象。在兼任制意義下，國會議員不但具有更大機會為選民謀福利，身兼地方首長的國會議員更能藉著在中央政府的權力而強化地方團體自治權。[86]

在法國地方團體建制中，市鎮層級逐步發展出的聯合體型態，便是因兼任國會議員的市長強勢主導所成立，而此也成為當前市鎮相較於大區與行政省層級更成為強而有力自治體的濫觴。按照Wollmann的研究，法國政府於1971年針對市鎮層級進行限縮行政權與預算權的改革，即是在市長利用其身兼國會議員權力的強勢抵抗下，依法確認了「跨市鎮單一業務聯盟」（syndicats à vocation unique），以及「跨市鎮多元業務聯盟」（syndicats à vocation multiple）的設置，以聯合處理不同市鎮間的特定任務，並實踐市鎮層級在地方任務之結合。

其後，按照1999年修正的「地方政府法典」（Code Général des Collectivités Territorales）規定，地方政府可按照協議依法建立合作組織並進行公共合作，更創造了「跨市鎮共同體」（Établissements publics de Coopération intercommunal）的多元合作形式，進而確認了市鎮層級的自治能力，以及與大區、行政省的顯著區別。根據法典第L. 5210-1條，「跨市鎮共同體」著重在區域周邊的聯合發展計畫，依不同群體組成各有特色，包括：市鎮聯盟（syndicats de communes）、市鎮共同體（communauté de communes）、大都會共同體（communautés d'agglomération）、都市共同體（communautés urbaines）與新市鎮聯盟（syndicats d'agglomération nou-

---

[85] Vincent Tiberj and Eric Kerrouche, "Up and Down, Old and New: Values and Value Systems of MPs and Voters in France," *The Journal of Legislative Studies*, Vol. 19, No. 2 (2013), p. 161.

[86] HellmutWollmann, "Local Government Reforms in Great Britain, Sweden, Germany and France: Between Multi-Function and Single-Purpose Organisations," p. 655.

velle）等。[87]市鎮聯盟是一公共合作機構，無自己的稅收，負責市鎮間一般事務或利益服務。[88]市鎮共同體是由數個市鎮組織而成，在1999年修法以強化與簡化跨市鎮合作形式。另外，大都會共同體則是為強化與簡化跨市鎮合作組織而創建，由一區塊內的市鎮集結而成，重點在於都市區域間的合作；按法典規定，該區域至少須有50萬名居民，並包含至少一個多於15,000位居民的中心市鎮。至於都市共同體，則是由具地緣性的市鎮集結而成之公共合作機構，同樣規定至少須有50萬名居民，領導都市發展聯合計畫並進行其土地規劃；都市共同體是一整合度最高的稅務系統，故市鎮不能隨意退出都市共同體。

從1999年推動市鎮改革以來，法國已達到重組36,000個市鎮為2,611個共同體，2010年12月，法國也進一步修法，強化共同體的職能、加強共同體的形式以及市鎮委員會之普選。論者認為，市鎮的重要改革歷程，事實上也回應了法國人民傳統上認為市鎮層級具有最直接貼近生活的價值，[89]而在市鎮層級的演進中，更顯示法國中央地方關係與議員兼任制的相關性。循之，Wollmann便直指：「在地方層級的行政省，以及中央代表之主控下，法國大部分市鎮依然能成為強而有力的地方團體，正是因為兼任制的存在。」[90]綜合本文所述，當前法國跨市鎮共同體在權限劃分的定位（詳如表8-2），體現出市鎮層級在兼任制的影響下，市長因同具國會議員身分所產生的權力，使之與法國中央地方關係衍生實質連結。

---

[87] http://www.interieur.gouv.fr/Archives/Reforme-des-collectivites-territoriales。檢索日期：2014.11.30。

[88] SIVU於1890年立法創建，係以市鎮為組成單位的聯盟，且不侷限於市鎮間的地緣關係，僅提供跨市鎮利益的單一服務，通常較小；SIVOM於1959年立法創建，與SIVU相似，差異在於其可提供多種服務。

[89] 不過，由於城鄉的差異，許多市鎮人口稀少、幅員遼闊，要真正回應該地的傳統價值與需求，並提供資源，常仍有賴行政省、大區作為中間組織加以指導或協助，例如行政省層級設有地方合作委員會，以及跨市政議題的委員會，主導市鎮所提的合作建議、對象，甚至有權停止數個市鎮議會所做成的地區合作方案。

[90] Hellmut Wollmann, "Local Government Reforms in Great Britain, Sweden, Germany and France: Between Multi-Function and Single-Purpose Organisations," p. 655.

表8-2　跨市鎮共同體與法國的中央地方權限劃分

		大區*	行政省	市鎮／跨市鎮共同體	國家
經濟發展		經濟活動協力、一些國際行銷、投資補助款	間接投資補助	間接投資補助	經濟政策
基礎建設	國土規劃	與國家共同制定大區計畫	提出建議與同意	提出建議與同意	全國方案（須諮詢大區）
	都市計畫			地方都市計畫、營建執照	具全國性利益之計畫與作業、國土規劃綱領
	基礎設施	河港	海港：商港、漁港	地方碼頭	自治港與國家級港埠
	交通	鐵路運輸服務	市區外道路交通運輸（含學校交通運輸）	市區道路交通／公共運輸、學校交通運輸	管制
	道路	大區方案	行政省道	市鎮道路	國道
環境	能源			能源供給	能源政策
	自然公園	大區公園			國家公園
	廢棄物		行政省計畫	執行廢棄物回收及處理	
	水資源	與國家和下面二級機關共同承擔保護區和水資源之責任	水資源與保護區權力共享	水資源與保護區權力共享、水資源公共衛生與分配	水資源計畫與監督管理
住宅		補助款	社會住宅	地方公共／社會住宅管理	國家住宅政策
社會照顧			組織與管理，包括最低收入補助	任擇社會照顧	社會照顧組織工作、殘障補助、社會安置等
教育	各級學校	高中建設與維持	國中建設與維持	小學建設與維持、托兒所與遊戲中心	高教機構、教職人員、教育政策
	技職培訓／專業發展	依國家政策定義與應用大區政策			定義全國性計畫並推行之
文化		大區博物館、圖書館、文資等	行政省博物館、圖書館、文資等	市鎮博物館、圖書館、文資等	文化政策、國家級文化機構等

	大區*	行政省	市鎮／跨市鎮共同體	國家
其他	體育、旅遊	一些安全相關事項（道路安全、消防、緊急狀況）	體育（設施與補助）、旅遊、市級警力、交通與停車場地	

資料來源：http://welections.wordpress.com/guide-to-the-2014-french-elections/；Cole（2012a）；翁燕菁（2013）。

*說明：1. 大區的例外：Corsica與5個海外大區（Guadeloupe, Martinique, Guyane, Reunion, Mayotte），Mayotte沒有區議會但視為一個大區。

 2. 總統歐蘭德在2014年將大區數目從22個減為14個，藉以強化其在歐洲政治舞台上的聲音，並增強其權限。未來，僅大區可協助商業活動、實行就業與職訓政策還有負責交通運輸業務（包括區域鐵路與公車、道路、機場以及港口）；大區亦負責中等教育、社區計畫與多數基礎建設。[91]

　　法國在兩輪選舉制的實施下，國會議員選舉結果不但呈現朝向兩大黨鞏固的趨勢，[92]自2002年至今的國會與總統選舉，更清楚顯示總統勝選者的「衣尾效應」（coattail effect）。[93]長期以來，僅有少數國會議員能以無黨籍身分當選，[94]使得以總統為首的政黨勢力直接貫穿在議會運作中，導致國會議員基於「多數決原則」而產生與行政部門的一致性，[95]令個人表現難被突顯。然而，當地方層面逐漸成為選區選民關心的焦點，[96]且地方團體具備重要自治體意義後，國會議員為避免擴大與地方選民之間的距離，將更發揮其地方性角色的意義，進而影響與行政權的互動關係。

---

[91] 關於此改革方案的介紹，可參閱：http://www.euractiv.com/sections/regional-policy/french-territo-rial-reform-bigger-regions-greater-eu-influence-302595。

[92] 郝培芝，「法國半總統制的演化：法國2008年修憲的憲政影響分析」，頁86。

[93] 衣尾效應並非法文專有名詞，但本文延續國內半總統制研究者的做法，將之視為總統勝選者帶動同黨（或同聯盟）國會議員勝選之效應，並認為此可成為解釋法國在2002年之後均未出現共治局面的重要原因之一。

[94] Olivier Costa, Pierre Lefébure, Olivier Rozenbergm, Tinette Schnatterer, and Eric Kerrouche, "Far Away, So Close: Parliament and Citizens in France," p. 299.

[95] 有關於此，作者曾赴法國進行的訪談也顯示，總統權力、多數決原則，乃是法國憲政運作的重要基石。特別是，就國會議員的訪談，其也普遍強調多數決原則之重要性，也就是，內閣制其實才是法國的憲政體制精神。

[96] Sylvain Brouard, Eric Kerrouche, Elisa Deiss-Helbig, and Olivier Costa, "From Theory to Practice: Citizens' Attitudes about Representation in France," pp. 192-193.

　　因此，以優勢行政權為軸，國會議員兼任制與憲政體制總統化、中央集權歷史背景，以及中央地方共同治理結構的相互結合，使之成為論述當前法國政治體系運作的重要議題；然而，國會議員對地方利益之強調，自可能牽動全國性事務推動，甚至損及總統的權威，這也使得正反意見長期以來僵持不下。贊成兼任制者認為，地方職位是國會議員能深嵌於地方事務的一項保證；然而，反對派則強調，兼有地方職使國會議員在國會的出席率與委員會出席率皆嚴重下降。總統歐蘭德在競選時，直接提出了反對兼任制的主張，[97]而這項競選政見在2014年1月22日得到通過（2014-125號組織法），並於次月正式經憲法委員會認可。其內容規定：「國民議會議員與參議員不得兼任地方首長，議員在當選後應辭去先前不得兼任之職位。若中央與地方選舉在同天舉行，則在選舉結果同時當選的情形下，議員應辭去人口較少的選區議席；若逾期未辭職，則喪失較早取得之議席。」對這項新變局，雖然須待2017年國會改選始能瞭解實質影響，但值得關注的是，由於此項法案未就國會議員擔任地方立法職加以限制，故有學者認為，從地方行政立法融合的制度來看，若國會議員在之後輸掉國會職位，他們或許會回去市政府表示「要原本的市長下台」，甚至造成許多地方職位會變得很高度熱門，[98]而可能成為兼任制的意外效果。

　　在2008年修憲後，學者研究顯示，多數國會議員因本身意識到國會作為弱勢制度的現象，甚至將此當作理由以正當化其對國會工作缺乏興趣，因此，2008年的修憲，儘管其中很大部分是為增強國會權力，卻可能形成一種「惡性循環」；[99]未來，對於兼任制的限制能否增進國會議員將焦點轉

---

[97] Olivier Costa, "Conclusion: Challenging the Conventional Wisdoms about Parliamentary Representation in France," p. 282.

[98] 並且，除了立法職位以外，本法案亦未禁止國會議員擔任其他職位，例如公務員或律師、醫生等專業職業。有關此資料來源，參考自Oliver Rowland, "How many jobs should an MP have?" *Connexion* (Monaco), 2013 May. http://www.connexionfrance.com/MPs-France-jobs-cumul-mandats-reforms-15159-news-article.html。檢索日期：2013/10/15。

[99] Sylvain Brouard, Olivier Costa, Eric Kerrouche, and Tinette Schnatterer, "Why do French MPs Focus More on Constituency Work than on Parliamentary Work?" *The Journal of Legislative Studies*, Vol. 19, No. 2 (2013), pp. 156-157.

移至國會，將是法國政治發展的重要課題。除此之外，在議員投入地方工作以形塑立法意見的過程中，政黨政治在法國的影響能否持續以「總統政黨」等觀點來理解，也同樣是本文透過國會議員的地方角色而進一步突顯出的問題。更甚者，由於國會議員多重角色使其在不同時間所關切的議題龐大且眾多，已經不僅是依附政府或政黨所訂的會議議程討論而已，[100]故在其間，隨著議員的地方資源持續增加、能力逐漸增強，則是否真正會回過頭改變行政權與國會的互動關係，同樣是後續探討法國政治運作的重要議題。

肆、結論：兼論對台灣的啓示

李帕特（Arend Lijphart）在其論著中，[101]曾經由「內閣與政黨的分布情形」、「單一制或聯邦制」兩大面向之整合，提出了「多數決民主」與「共識型民主」的分類。大抵來說，其主張，行政部門的優勢加上單一制國家的特徵，創造了政府決策過程難以滿足力求「盡可能多數」的共識型民主。從這樣的觀點來看，本文所提出的法國優勢行政權分析，在憲政運作和中央地方關係的整合討論中，便期望未來能進一步導引有關法國民主發展的思考。作為一個單一制國家，同時也是強權總統的代表案例，法國未來在中央集權與地方分權並進、地方首長與中央政府的互動，或者國會議員的地方利益與全國利益相互折衝之政治體系中，應如何實踐民主，將與其優勢行政權的特徵息息相關。

在以巴黎市爲例的地方制度運作中，本文發現了優勢行政權對政黨競爭及權力角逐的影響。法國總統與潛在之下任候選人間的競逐，在其干預巴黎市政發展事務中清楚可見；然而，也因爲巴黎的行政體制一方面是在中央政

---

[100] Olivier Costa, "Conclusion: Challenging the Conventional Wisdoms about Parliamentary Representation in France," p. 282.

[101] Arend Lijphart. 1999, Patterns of Democracy: Government Forms & Performance in Thirty-six Countries (New Haven: Yale University Press, 1999).

府的規劃考量範疇中，另一方面又受到地方政治背景的牽制，再加上中央與地方政治人物個人關係等因素，使得中央地方關係顯現出國家與地方利益調和之重要性。相關法律修改與後續制度運作，都證明巴黎市改革乃政黨競爭之結果，由密特朗所提的PML法，最初版本是欲使巴黎20個區各自有完全獨立之行政與決策權，但最後通過的內容卻導致20個區更趨近由市長領導的聯合市鎮；社會黨人士期望藉此影響戴高樂派在巴黎的勢力，卻是進一步強化了巴黎市長的優勢地位，致使巴黎市政的集權傳統被維持下來，這並非單由中央地方關係的制度面向即可理解。

　　另一方面，本文也發現，立法權之定位更與中央地方關係的結構相連結。歸納國會議員對選區投入熱衷之原因，除了經常可見從中央政府體制的角度、政黨體系或選舉制度進行分析外，法國單一制國家型態與地方分權並進的現況，更與兼任制所形塑的國會議員高度相關。[102]國會議員兼任地方職，使得法國在強勢總統的運作憲政運作中，仍有可能受到國會議員偏重地方利益而被改變。雖然，這個改變不一定劇烈，但過往論者從政黨勢力推論國會的弱勢性，目前看來可能過於簡化；尤其，在有關法國憲政體制總統化的研究中，對於法國走上總統優勢行政地位的單向解釋，則更有相互關係說明之必要。

　　席哈克曾說，2000年的修憲將總統任期縮減為五年，將導致法國走向「總統制」；杜哈梅也曾表示，由於「共治」與「超級總統制」的類型乃第五共和體制的主要弊病，故其主張建立朝向內閣制的「第六共和」。2008年的大規模修憲，在薩科奇的主導下，產生了同時加強總統與國會權力的制度設計，而這樣的內容，又可能貼近半總統制之意義。在2008年大規模修憲前，多數學者從國會立法範圍被限定於特定領域、立法過程中的政府法案優勢、政府在兩院聯席會議中的優勢、憲法明文規定國會兩院常設委員會之

---

[102] Sylvain Brouard, Olivier Costa, Eric Kerrouche, and Tinette Schnatterer, "Why do French MPs Focus More on Constituency Work than on Parliamentary Work?" pp. 141-142.

數目以六個爲限等原因，指陳立法權之弱勢。[103]直至2008年修憲，始產生對
國會職權內容之強化，其中包括國會對總統重要人事任命的諮詢權、國會具
有公民投票提起權、規範總統的緊急命令權等。但是，對於這項攸關法國未
來民主發展的憲改，學界卻普遍認爲並未根本改變法國第五共和的基本框
架，由於這項憲改也同時強化了總統權力內容並弱化總理權力，使得有關總
統與國會的互動，並未能眞正造成強總統與強國會的並存。[104]不過，本文在
分析優勢行政權的成因與影響後，認爲法國以總統爲權力核心的政治運作特
徵，正因政治集權與中央集權的緊密相連，衍生出行政權和立法權同時受到
中央地方關係的因素所牽動，故爾，未來有關對優勢行政權的挑戰及回應，
將成爲探究法國政治運作之關鍵。

　　最後，從本文觀點來談台灣憲政發展，作者認爲，正由於法國長期以
來乃是半總統制研究的「比較典範」，因此，對於法國中央集權背景爲憲政
發展帶來的顯著影響，也應同步受到關注。事實上，台灣同時作爲一個單一
制，且足以稱上「強權總統」的半總統制國家，在諸多的政府治理實務上，
我們常可見總統因貫穿行政權運作，進而支配地方政治發展的情形；不過，
也就是因爲如此，在「多數決民主」的框架中，我們同樣發現，政府對地方
基層或公民社會的政策反應，若無法將之吸納至政治體系中，則社會力量對
憲政運作的反撲勢必難以小覷。近年，台灣發生諸多社會運動如「太陽花學
運」，甚至，法國在當前走上一個超越左派右派的新局面，都可說是顯明的
例子。

　　另一方面，從法國國會議員的兼任制所牽動的行政、立法互動來看，國
會議員將重心轉移至地方選區，甚至因此能爲選民謀取更多福利，和優勢行
政權之間可說是一種互爲因果的關係。雖然，台灣的國會議員無法擔任地方

---

103 陳宏銘，「新權力分立與民主半總統制國會：以芬蘭、法國與波蘭之經驗爲例」，中華人文社
　　會學報，第13期（2010年9月），頁54。
104 對此「民主代表性危機」（crisis of representative democracy）的現象，呈現在Sylvain Brouard
　　等人近年的調查統計中，其發現，高達三分之二的受訪者不認爲國會議員能在國會反應其主
　　張，三分之一的人答不出其選區議員的名字或答錯。

層級職位，但在與強勢總統的互動上，也表現出同黨議員基於地方利益或政治考量而非對總統要求照單全收之現象；所以，我們同樣可以進一步思考的是，一個藉著憲政運作而強勢的總統若無法體察民意，並與國會議員進行良性互動，使國會能貼近政府政策制訂，則立法權對行政權的掣肘，甚至引發行政權的恣意行為，都可能使憲政僵局演變為憲政危機。因此，身為最高領導人，在追求執政效率時，更應思考執政能力與憲政民主的同步提升，如此才得以真正體現「民知所欲、常在我心」的重要價值。

蔡榮祥

壹、前言

　　半總統制是結合部分總統制特徵和部分議會制特徵的一種新的憲政體制，其運作方式與總統制或議會制的運作方式是迥然不同的。[1]首先，半總統制與總統制或議會制在行政和立法關係的運作上，最大差異是存在著總統、總理和國會的三角關係，而總統制是總統和國會的平衡關係，議會制則是內閣與國會的信任關係。其次，半總統制國家中，總統和國會不是相互獨立的，總統可以解散國會[2]，或是國會可以對於總統所提名的總理和內閣進行不信任投票，所以半總統制結合了總統制和議會制的特徵之後，所展現的輪廓全然異於組成的個別制度。在半總統制的國家中，選舉結果所產生的不同政治動態會影響總統、總理和國會三角權力關係的布局。首先，當總統所屬政黨同時掌握國會多數時，會形成一致政府。總統、總理和國會多數的三角關係可能趨近於直線的關係，如國會多數支持政府所提出的法案以及總理執行總統所偏好的政策，三個機關連成上下從屬的直線。其次，當反對總統的總

---

* 本章即將刊登於《東吳政治學報》，〈半總統制下總統、總理和國會的三角關係：比較觀點下的台灣運作經驗〉，2017年，第35卷第2期。本章中略有增修。

[1] Skach（2005a: 348）認為，沒有一個總統制國家結合總統直選和內閣向國會負責這兩項特徵，也沒有一個議會制國家結合這兩項特徵，在抽象的層次上，半總統制是一個不同的分析類別和憲政類型。法國1958憲法的催生者，也是第五共和的第一位總理Michel Debré（1981: 17）提到其設計法國第五共和憲法的三個理念，總統有實質權力和權威、國會多數支持的內閣來領導行政以及國會可以控制內閣。從憲政體制的定性和經驗的運作來看，半總統制是一種新類別的憲政體制。

[2] 有些半總統制國家總統可以直接解散國會，如法國；有些國家是被動解散國會，只有當國會通過不信任案之後，總統才可以解散國會，如台灣的規定。

理掌握國會的多數時，會形成共治政府，由總理負責政府運作，而總統只能表示反對的聲音或否決國會所通過的法案。總理可以行使的行政權力比總統的行政權力還大。最後，當國會無法形成多數時，總統可以選擇組成少數政府，此時少數政府的總理需同時向總統和國會負責。這三種不同的權力安排，可能會產生總統主導、總理主導或是國會主導等不同態樣的憲政運作結果。半總統制運作多樣的變化性使得傳統運用議會制的分析視野以及總統制的研究框架來適用半總統制時，可能會面臨侷限，因之必須以全新的分析架構運用在這個新的憲政體制之上，才能掌握其核心。對於半總統制的理解應該從不同半總統制國家制度上的比較，以及具體運作的內涵作深入的觀察，才能描繪出完整且清晰的憲政圖像。

過去的研究指出，法國半總統制的運作出現所謂的總統化政黨現象，如鼓勵政治的個人化、降低意識型態的重要性，以及政黨組織在競選過程中出現邊緣化現象（Samuels, 2002: 472）。具體而言，在政策形成、人員安排、政策擬定和競選活動方面，政黨必須聽命於總統的指揮（Clift, 2005: 225）。法國總統的影響力，除了改變了政黨的權力和組織結構之外，也強化了國會立法行為的黨紀。法國總統透過其掌握的龐大資源交換國會議員的立法投票支持、國會議員因為支持總統而增加連任的機會，以及政黨補助是國會議員競選資金的重要來源等因素，讓執政黨的國會議員在大部分的國會中的記名投票都是依循政黨的決定（Sauger, 2009）。整體而言，法國執政黨的國會議員在大多數的情況下，不會倒戈與反對陣營站在同一陣線，基本上還是會支持政府的提案。然而，總統的權力和資源雖然可以讓政黨變成其個人的選舉機器，但是不表示總統的手可以完全伸入國會或是掌控國會的執政黨黨團。總統的立法影響力取決於行政和立法機關的協商機制，以及執政黨議員的自主性。例如，1976年，法國總統Giscard d'Estaing推動資本所得課稅的法案，多數的國會右派議員經由審議的過程，反對右派總統所屬意的法案內容（Suleiman, 1980: 103）。換言之，總統化政黨的現象導致政黨受到總統的影響，但不表示國會是總統可以完全操控的地盤或是讓國會成為總統的橡皮圖章。如先前所提到，總統和總理還是會面臨到國會掌握關鍵席

次的議長或同黨的國會領袖所牽制，而無法遂行其所有的施政意志。總統或總理與黨內其他的政治領袖的關係成為決定行政和立法關係和諧或衝突的關鍵原因。類似地，在總統制之下，民選總統與其自己的政黨或是同黨的部分國會議員發生衝突是屢見不鮮的；當衝突發生時，總統會將國會議員帶往一個與國會政黨領袖相反的方向，分裂了政黨和聯盟（Carey, 2009: 178）。縱使總統和國會的政策偏好有重疊的地方，總統制下因為行政和立法機關的存活是相互獨立的，所以不保證總統和國會能夠協力一致的行動（Samuels, 2007: 706）。學界常常忽視即使在一致政府的情況下，總統和同黨的國會議員還是可能會分道揚鑣或是相互較勁（Samuels and Shugart, 2003: 44）。[3] 如果總統制的行政和立法的互動和半總統制的行政和立法的互動模式是近似的話，總統與其國會的政黨領袖同床異夢，甚至是出現公開衝突，都不是少數的例外，而是會發生的常態。

　　總統制中執政黨國會議員在面臨總統和國會的雙重壓力的情境下，會影響政黨內部的凝聚力。一項研究指出，當掌握龐大行政資源的總統和國會中執政黨領袖的立場南轅北轍時，執政黨國會議員在立法投票上的凝聚力就會鬆動或是變得不穩固（Carey, 2007）。在半總統制下，也會出現相同的結構性限制。總統和國會執政黨領袖在特定的議題上有不同的意見，使得執政黨的國會議員分成支持總統的陣營和支持國會領袖的陣營。當然，如果總統兼任黨主席的情況下，可以透過政黨的組織來凝聚國會黨團的支持或是要求遵守嚴格的紀律。換言之，總統透過國會的政黨黨鞭可以控制國會議員的投票支持。然而，這可能只是分析上的理想狀況。實際上，執政黨國會議員可能會聽命於國會議長，或是部分的執政黨國會議員可能會因為選區或是選民的壓力，不遵守黨的紀律，維持個人投票的自主性。簡言之，執政黨國會議員的忠誠或反叛涉及到黨政協調機制的良莠，以及選舉制度對於國會議員

3　類似的觀點是，總統制下總統和國會多數即使屬於同一政黨或是總統是政黨名義上的領袖，也無太多意義，假如該政黨缺乏黨紀或同質性時，可能會出現立法上的衝突，相關的討論請參閱 Carroll and Shugart（2006: 67）。

的制約和影響。首先，以黨政協調機制的連結程度來看，議會制的黨政關係最為緊密，而總統制的黨政關係最為鬆散，半總統制的黨政關係則介於中間（Blondel, 2000: 97-99）。其次，單一選區相對多數決的選舉制度比較容易促成國會議員進行個人化的投票傾向，而相對地比例代表制的選舉制度比較容易強化國會議員遵守政黨投票的紀律（Carey and Shugart, 1995）。結合來看，總統權力、黨政機制和選舉制度三種不同的需求或壓力會影響半總統制下執政黨國會議員的投票傾向和立法支持。

開啟半總統制研究的法國憲政學者Duverger（1980）認為憲法的規則、國會多數的組成、總統與國會多數的關聯性，以及國家的特定因素會影響半總統制的權力運作。依循這樣的方向，本文主要的研究關懷在於釐清上述這些因素的組合或安排如何影響半總統制下權力機關的運作。什麼樣的制度特徵或輪廓比較可能產生總統、總理和國會三角關係的衝突，什麼樣的制度特徵或輪廓比較容易維繫總統、總理和國會的三角關係。本文同時透過九七修憲後台灣半總統制運作的實際經驗來說明：特定的制度原因如何制約憲政體制運作的結果。主要的研究問題是為何一致政府下的總統、總理和國會的關係不是直線的關係，反而成為三角關係？為何特定半總統制國家之制度特徵或安排會形成總統、總理和國會的向心三角關係？為何特定半總統制國家之制度特徵或安排會促成總統、總理和國會的離心三角關係？總統和總理的權力運作如何影響政府和國會的關係？本文的問題意識在於釐清半總統制下獨有的總統、總理和國會的三角關係運作，並透過對於波蘭和台灣個案的比較和分析，搜尋或診斷半總統制或是總統國會制運作的本質性缺陷，以期對於未來台灣修憲時，可以提供一些處方和解決之道。

貳、文獻檢閱

過去的研究認為半總統制的運作結果或態樣會形成所謂的制度擺盪。

法國半總統制的運作是一個彈性的雙元結構，當總統掌握國會多數時，總統的權威凌駕於總理之上，然而當總理控制分立的多數時，其可獨立指揮政府的運作（Sartori, 1997: 124-125）。類似的看法是，法國第五共和的憲法產生了一個安全瓣，讓總統和國會兩個普選所產生的正當性可以避免危機和衝突，政治體制有時候運作成總統制，有時候運作成議會制（Suleiman, 1994: 151）。易言之，總統和國會多數一致的時候，傾向總統制的運作；總統與國會多數對立的時候，傾向議會制運作。[4]然而，半總統制運作起來像總統制的意涵是指國會雖然由同黨多數所掌控，但是國會卻可以自主運作其民主正當性，無法受到總統的操控，還是總統可以透過政黨的工具或是資源的分配，讓國會可以保證總統所支持的法案輕騎過關。國會同黨的議員是支持總統施政或是立法的第一縱隊，還是國會同黨的議員屬於自走砲部隊，有時可以獨立行使其立法職權，不支持政府的提案。這些不同的結果取決於總統如何透過政黨來達成其立法上的影響力，以及特定的制度安排如何形塑或是制約國會議員的立法行為。另外，半總統制運作起來像總統制的觀點是否只側重總統權力的匯聚，而忽視其他政治制度或黨派因素對於總統和國會複雜的互動關係之影響。總統的政黨具有國會多數，會使其權力的行使面對較少的外部障礙，但總統可以提名和指揮總理，並不表示總統必然可以號令國會的多數。總理和國會多數的關係取決於政黨的黨鞭是否可以貫徹執政黨的意志，讓國會議員可以服從紀律，支持政府的提案，而不是成為紀律鬆散或是特立獨行的跑票國會議員。

　　半總統制下總統和總理的關係是委任和代理的關係。半總統制的憲法通常規定總統有提名總理的權力。[5]因此總統是委任人，總理是代理人。然而，這種委任和代理的關係具有高度不確定的性質。因為有些半總統制國家

4　然而，比較政治學者Shugart（2006: 358）認為半總統制與總統制的差別在於半總統制中，總理可能被國會解職以及總統有解散國會的權力，這兩項特徵不僅區別半總統制和總統制，也可以區別半總統制和議會制。

5　有些半總統制國家總統提名總理之後，還需經由國會同意才能任命，例如俄羅斯；有些半總統制國家的總統可以直接提名總理，不需要經由國會同意，就可以任命，如台灣的規定。

如總統國會制國家，總統在憲法上有免職總理的正式權力（Shugart and Carey, 1992: 24）。有些半總統制國家如總理總統制國家，雖然總統在憲法上沒有免職總理的權力，但是實際運作上總統可以運用非正式的權力來免職總理。例如1968年法國右派總統De Gaulle免職同黨總理Georges Pompidou，以及總統Georges Pompidou在1972年免職同黨總理Chaban-Delmas；1991年法國左派François Mitterand總統免職同黨總理Michel Rocard（Thiébault, 2003: 333）。法國之所以可以形成總統政府（presidential government）凌駕總理政府（prime ministerial govenment）的原因是總統擁有憲法上提名總理以及總統可以解散國會的權力[6]，這兩項權力讓總統可以任命內閣部長、決定政府的政策和任意地更換總理（Elgie and Machine, 1991: 71）。一些關注法國內閣輪替的研究指出，法國半總統制運作下內閣呈現不穩定的狀態，內閣不穩定的兩項驅動因素是總統掌控內閣的組成和單一政黨或聯盟控制國會多數，使得總統不需面臨其他聯盟政黨的牽制，因此法國內閣的部長類似美國總統制下的部長，不是議會制下的部長；法國的總理或內閣很容易成為總統施政不力的避雷針，總統透過更換總理或部長來轉移焦點或是推卸責任，導致內閣常常面臨改組的命運（Grossman, 2009；郝培芝，2013）。法國半總統制內閣不穩定的關鍵因素是總統權力的獨占性以及制度運作的必然結果。

　　本文認為半總統制下總理職位的揮發性或是延續性取決於總理的政黨權力的大小。當總理同時是國會中執政黨的領袖，或是國會議員同時兼任閣員時，總理可以透過政黨的權力控制國會多數的意志，因此較不容易被總統恣意免職。當總理不是執政黨的主席或實質領袖，內閣閣員也不具有國會議員身分時，總理較難控制國會的立法，甚至是同黨國會議員對於總統所偏好的政策或是政府支持的法案有所反叛時，總理很容易被牽連成政策推動不力

6　例如，1962年法國總統Charles de Gaulle欲推動總統直選，但是遭到同黨的多數國會議員反對，甚至要提出不信任投票來使當時的總理George Pompidou去職，總統de Gaulle運用憲法上的國會解散權，讓人民投票決定總統直選的修憲案和產生支持總統的新國會多數，相關的討論請參閱Elgie and Machine（1991: 70-71）。

或是成為究責的對象。從另一種角度來看，制度特徵或是政治實踐制約了總理的立法影響力，讓總理面對總統和國會的雙重壓力下，無法施展其政策能力。總統可以選擇撤換總理的方式來回應危機，但是卻不能任意換掉反叛的國會領袖或是國會議員，因此不團結的危機不會因換總理而拆解，執政黨內部強的反對勢力也可能會讓總統的施政陷入泥沼而動彈不得，即使總理可能會先被泥沼淹沒而辭職下台。

　　政黨或聯盟贏得選舉和取得國會的多數之後，並不保證黨內的政治領袖能夠和諧同調。法國半總統制運作的歷史經驗中，執政黨黨內的總統、總理、國會議長或國會領袖常常發生鬩牆的情形。1976年，法國右派總統Giscard d'Estaing和右派總理Raymond Barrey受到國會中同是右派的前總理Jacques Chirac對於政府法案的阻擾和刁難，因為Chirac所屬政黨掌握了國會多數聯盟中的多數席次（Cole, 1993: 56）。在1988年到1992年，同屬左派社會黨的國會議長Laurent Fabius是抗衡社會黨總統François Mitterrand提名的社會黨總理Michel Rocard的黨內巨頭；在1993年至1995年的共治時期，右派聯盟的國會議長Philippe Seguin對於右派總理Edouard Balladur也多所掣肘；同樣在1997年至2002年的共治時期，社會黨的國會議長Laurent Fabius再次上演了制衡同屬社會黨總理Lionel Jospin的曲目（Lazardeux, 2009: 293-94）。換言之，行政、立法的關係不會因為是同一政黨同時掌控就會琴瑟和鳴、毫無雜音。法國半總統制的演化結果讓總統成為政黨的實質領袖，而非單純中立的憲法仲裁者，特別是在2002年之後，修改選舉法規，先舉行總統選舉，接著才國會選舉的選舉時程配套，使得總統所屬政黨因為蜜月選舉的關係，較容易取得國會多數，更加支持並強化總統在政黨內部的支配影響力（Grossman and Sauger, 2009）。例如，法國在2007年總統和國會選舉期程調整後，選出了右派總統Nicolas Sarkozy以及右派政黨UMP（Union pour un Mouvement Populaire）在國會577席次中占有313席，超過半數的席次，勝選結果強化了總統Sarkozy的權威，其透過非正式的G7部長會議[7]來

---

[7]　根據法國憲法第9條，總統主持部長會議。然而，總統Sarkozy又召集七位部長的非正式會議，

控制內閣的運作[8]。然而好景不常，總統Sarkozy在一連串改革失去民心，聲望降到谷底之後，總理的自主性以及執政黨黨內的紛擾兩項原因，導致總統的權力無法施展（Cole, 2012: 317-8）。總統Sarkozy和執政黨國會議員的關係最終走上了一段顛簸的道路。大部分執政黨的國會議員基本上在總統Sarkozy選上總統之前，就擔任國會議員，執政黨國會議員的選舉命運並不是靠總統的衣尾效應，於是部分執政黨國會議員不支持總統所推行的特定政策，甚至企圖想自立新主，如推選總理François Fillon或是前總理Alain Juppé成為2012總統選舉的右派總統候選人（Knapp, 2013: 41-2）。

從法國半總統制的經驗來看，憲法上強的總統權力，不必然會出現強的總統權威。權力行使的擴大或緊縮隨著正當性基礎的多寡而有所轉換。[9]一位具有高民意基礎的總統，比較能夠施展其理念或政策，微弱的反對聲音不足以成為政策執行的障礙，總統權力因為其民意正當性而擴大其權威。相反地，一位失去民心的總統可能同時會面臨腹背受敵或是後院失火的窘境，因此權力和資源過度集中於總統個人身上的負面效果是總統必須肩負所有的政治責任，一旦總統失去民意的支持，會形成反向的回饋，縱使其後來想推動立意良善的政策，也難以振衰起弊，力挽狂瀾，甚至要面對槍口向內的執政黨國會議員的開火和掃射。

傳統的研究智慧指出，半總統制中不管是總理總統制國家或是總統國會制國家，總統和總理之間皆可能產生衝突，其結果是導致內閣的不穩定（Sedelius and Ekman, 2010; Sedelius and Mashtaler, 2013）。是哪些因素造成半總統制國家的總統和總理容易發生衝突，形成政府的危機，受到半總統研究學者密切的關注。根據一項比較半總統制國家的研究指出，多黨體系、總統和國會非同時舉行選舉，以及總統對於所屬政黨或是聯盟較沒有影響力

破壞政府的集體性責任（Cole, 2012: 317）。

[8]　研究法國憲政體制的學者Suleiman（1980）曾經提到法國第五共和初期，總統同時掌握國會多數時，其屬於總統政府（presidential government），而不是總統和總理的雙元行政，總統是真正的政府領袖，其會繞過總理來控制部長。

[9]　比較政治學者Skach（2005: 16）提到，單純總統權力的測量不能解釋總統權力隨著時間變化的運作和濫用。換言之，總統權力的運作是動態的過程，而不只是靜態的指標或分數的呈現。

等制度安排下，較容易產生總統和總理之間的衝突（Sedelius, 2008）。換言之，總統黨沒有單獨掌握多數的國會席次或是總統必須面對新民意的國會時，總統會與掌握國會關鍵席次的總理發生衝突。從反面推論來看，總統及其政黨如果同時掌握國會多數以及總統和國會是同時選舉時，總統和總理之間的衝突是較不可能出現的。然而，從上述法國半總統制的經驗顯示，即使總統和總理的政黨屬性一致或是同屬一個聯盟，也不能保證總理的任期能夠持續到下一次國會的選舉。因此，半總統制國家，總理任期的高揮發性必須由其他的因素才能解釋。另外，傳統文獻的觀點較可以解釋多黨半總統制國家，而對於兩黨或是兩個聯盟的半總統制國家之分析效度相對較為薄弱。

　　過去有關半總統制行政結構的研究曾經指出，總統和國會多數一致時，較容易產生階層式的政府；所謂的階層式政府是指總統運用國會多數的支持和同黨總理的執行配合，形成一個上下的結構，使得政府的決策較集權化（Passarelli, 2010）。[10]階層式政府的運作隱含著總統和總理之間的衝突較不檯面化。然而，總統擁有穩定的國會多數並不保證總統和總理的關係協合一致或是免於衝突。黨派屬性的不同會影響總統和總理之間衝突的可能性。總統和總理來自聯盟中不同的政黨或是黨內不同的派系時，容易出現總統企圖支配總理，而總理力圖反抗總統在行政事務上介入的情形（Baylis, 1996；Protsyk, 2005: 148-9; Skach, 2005b）。[11]另外，一項相關的研究指出，半總統制可能出現兩種衝突模式：一、總統和國會多數支持的總理發生衝突：當憲法規定只有國會具有倒閣權時，總理有誘因傾向與國會合作，而沒有誘因與總統合作，因此會發生總統和國會多數所支持的總理之間的衝突；二、總統和總理聯合起來對抗國會的衝突：當憲法規定總統和國會都有倒閣權時，總理面臨雙重的壓力，因此很可能會出現總統和國會多數支持

---

[10] 這裡的上下從屬關係是前面所提到的直線關係，主要是指總統、總理和國會多數因為政黨的連結所形成的關係。

[11] 假如總統和總理是來自不同的政黨或是黨內不同的派系，總統和總理極可能發生衝突（Skach, 2005b: 16）。另外，總統和總理之間可能會在憲法上有關行政權力的界定、行政命令的制定、總統參加內閣會議以及內閣閣員的去留等議題上發生衝突，相關的討論請參閱Protsyk（2005: 143-144）。

的總理發生衝突或是總統和總理聯合一起對抗國會的衝突（Protsyk, 2006: 221-222）。

換言之，總理總統制和總統國會制的衝突模式是歧異的，總理總統制國家較容易出現總統和總理行政內部之間的衝突，而總統國會制國家較可能會出現總統和總理之間的衝突或是總統與總理一起對抗國會的衝突。[12]然而，以憲法的解散政府的權力或是倒閣權來解釋總統和總理或是行政和立法的衝突，可能會面臨一些解釋上的困境。首先，雖然總理總統制的總統在憲法上沒有解職總理的權力，但是實際運作上，總統還是會透過非正式的權力來免職總理（Samuels and Shugart, 2010: 102）。總理即使有國會多數的支持，其有關行政的重大決策還是需要與總統諮商。如果總理擁兵自重，企圖以國會多數的支持來對抗總統時，總統可能會迫使總理辭職下台。其次，解職總理或是倒閣權對於國會來說，是一種核子武器，如果貿然使用，也可能會遭致報復。例如，如果國會通過不信任的投票，總統可能會解散國會，重新選舉。[13]因此，國會的倒閣權，可能只是備而不用，無法發揮實際嚇阻的效果。再者，如果總統、總理和國會多數屬於同一政黨或是聯盟時，國會多數行使倒閣權的機會更是微乎其微。[14]

---

[12] 半總統制次類型中總理總統制和總統國會制的制度差異在於總統國會制下，總統和國會都有倒閣權或是所謂的解散政府的權力，相關的討論請參閱Shugart and Carey（1992）、Shugart（2005）。

[13] 例如，我國憲法增修條文第2條第5項規定，總統於立法院通過對行政院院長之不信任案後十日內，經諮詢立法院院長後，得宣告解散立法院。換言之，國會通過對於政府的不信任案時，可能會面臨被解散和重新改選的命運。另外，在西方議會制國家，總理提前去職基本上與黨內或是聯盟內部的壓力有關，與不信任投票無關，請參閱Baylis（2007: 91）。例如，英國保守黨在每年國會期一開始時會進行由保守黨國會議員對於首相續任與否的投票，1990年英國首相Margaret Thatcher儘管有先前連續領導保守黨兩次贏得大選以及執政長達十一年的光榮紀錄，但是部分的保守黨國會議員認為她無法取得下一次選舉的勝利，於是在第一輪投票未過半數而需要進入第二輪時，迫使她下台，以延續保守黨的勝選機會（Weller, 1994: 135-136）。從這個事實可以觀察到，雖然英國沒有國會對於內閣行使同意權的制度，但是執政黨黨內對於首相所行使的同意投票，其實質意義等同於同意權的效果。更關鍵的是，英國保守黨的國會議員可以運用投票程序決定其首相的去留，經由這種民主程序讓國會議員對於首相人選可以表達支持或反對。

[14] 當然，如果半總統制國家的政府是聯合內閣時，可能會因為某些聯盟政黨離開內閣，導致不信任投票的通過，相關的討論請參閱蔡榮祥（2013）。

相對來說，總統免職總理的權力，宛如空軍飛機上的飛彈按鈕權，其行使之後，不會影響總統任期或存活。亦即，總理必須取得總統的信任，否則總理可能隨時地位不保，必須辭職下台。然而，當總理是國會議員且同時是國會多數黨的政黨領袖時，總理對於總統的議價能力增強。總理等於有反飛彈防空的能力，可以經由國會多數議員所組成的盾牌來防禦總統的攻擊或介入。反面來看，總理非由執政黨國會議員的國會領袖所擔任時，通常其只能聽命於掌握內閣提名權的總統，同時對於國會的立法支持沒有直接的影響力，行政和立法關係之連結較為鬆動或是脆弱。簡言之，總理總統制下的總統和總理之間的策略互動，受到國家特定制度或權力安排的影響。在正常的情況下，總統國會制下的國會與總理總統制下的國會也同樣沒有誘因行使倒閣權或是免職總理。然而，總統在憲法上擁有正式解職總理的權力，且當總統和國會多數有不同意見時，總理會選擇與總統靠攏而與國會多數疏離，因為總理如果失去總統的信任，其職位可能朝不保夕，迫使總理只能選邊站。當然，總理與國會多數的政策意見不同時會使得行政和立法的關係擱淺，最後由國會多數來主導政策的制定。綜合來看，單純從倒閣權或解散政府的角度來分析，皆無法衡量總統、總理和國會複雜的三角關係，特別是總統、總理和國會多數都是同一政黨控制下，為何還是會出現行政和立法機關之間的衝突。因之，我們必須關注憲法規定之外的其他政治制度。分析什麼樣政治制度的配套較容易產生總統和總理的衝突，以及什麼樣的制度安排比較容易促成總統和國會的關係貌合神離。

參、研究架構：半總統制的三角關係

首先，半總統制國家因為具有議會制特徵，所以其政府與國會的關係或國會的立法運作可以和議會制國家進行對照和比較。以議會制之濫觴英國為例。在英國，國會立法紀律維繫的主要人物是內閣閣員中的下議院國

會領袖（Leader of the House）以及黨鞭（Chief Whip），其透過國會立法
程序如逕付表決（guillotine）確保法案的通過，以及程序動議（programme
motion）來設定法案辯論和通過的時間；當國會議員自行提案時，任何其他
的一位同黨國會議員皆有否決權，甚至黨鞭控制了委員會委員的提名，以此
來強化國會議員的紀律或是懲罰不聽話的國會議員（Qvortrup, 2011）。整
個來看，英國議會制已經從所謂的國會至上變成內閣至上，國會無法獨立自
主地行使其立法職權。半總統制國家葡萄牙的經驗可以與議會制國家英國的
經驗進行比較。葡萄牙的政府並無所謂的逕付表決權力，以及政府所提的法
案與國會所提的法案可以一起被表決，看哪個法案可以獲得國會過半數同
意，以及政府會透過信任投票的程序，將特定的法案宣布成是信任案，以凝
聚過半數的支持或總統可以行使否決權來否決國會通過的法案（Conceição-
Heldt, 2011）。與英國比較，葡萄牙國家的行政和立法關係較為平衡，以及
國會仍維繫一定程度的自主性，不是橡皮圖章或是無牙齒的老虎。

　　其次，半總統制與總統制的國家都存在總統和國會的關係，因此我們
也可以衡度兩種憲政體制下行政和立法的關係以及國會定位的差異性。基本
上，美國國會的議程是由國會多數黨所設定的，基本上國會多數黨可以決定
委員會的主席、眾議院議長的職位以及各項委員會中的超額席次（Cox and
McCubbin, 2005: 26）。另外，美國憲法上對於總統和國會的權力分立的安
排，使得總統和國會面臨不同的選舉命運以及出現意識形態上的差異，這些
因素使得一致政府下總統和同黨多數控制的國會的互動也會出現緊張關係，
例如對於特定的法案持彼此對立的立場（Sinclair, 2006: 239-241）。如果我
們把三種憲政體制下的國會擺在同一個天平之上的話，議會制是政府設定國
會議程[15]，總統制是國會自行設定議程，而半總統制是政府和國會都可以設
定議程。當政府和國會都可以設定議程時，政黨成為行政和立法關係的重要
樞紐或是傳送帶。如果總統可以透過政黨如兼任黨主席來控制多數的國會議
員時，行政和立法關係的互動會相對平順；但是如果總統透過政黨強行推動

---

[15] 這裡指涉的是英國西敏寺（Westminister）的模式，不是多黨議會制國家的運作經驗。

國會議員不支持的法案或政策時，國會議員也可能出現反叛的情形。即使是連英國這樣強調黨紀的議會制國家也曾經發生，工黨內部有122位國會議員反對工黨首相Tony Blair決定與美國一同出兵伊拉克之政策（Qvortrup, 2011: 91）。換言之，政黨的連結不足以保證行政和立法關係的合作無間，特定政策對於總統或是國會議員選舉命運的影響才是決定團結或是分裂的關鍵因素。

最近一項針對42個議會制國家的研究指出，國會對於選擇政府愈有權力，如具有國會同意權（investiture）時，內閣通常被賦予更強的權力，如立法議程的設定可以讓政府法案更容易通過（Cheibub, Martin, and Rasch, 2015）。立法議程的設定是指內閣或政府可以決定哪些提案優先排入議程，當這些提案經由國會多數同意後，便成為法律。為何國會多數的議員願意優先支持政府的提案？比較政治學者Cox（1987）對於英國議會制歷史發展的研究談到，有三個因素可以解釋為何國會議員在政府提案上的投票凝聚力或是團結度較高：第一，一方面，內閣或政府的提案被排定在特定日期的議程中，其討論或通過的機會較大；另外一方面，國會議員的提案則因為數目眾多，曠日費時，立法效率慢，多數國會議員會以政府之提案為標竿。第二，國會議員對於內閣的職位（portfolios）都存在某種程度的野心，而總理可以運用內閣職位的分配來進行恩寵的分配，因此想謀求內閣職位的國會議員會依循黨鞭的指示投票，支持政府的提案。第三，當重要的法案無法通過時，國會可能面臨被解散的命運以及國會議員必須重新改選，因此在面臨被解散之前，對於國會議員的最佳策略是支持政府或是政黨的法案，特別是執政黨的國會議員認為解散國會反而可能會使得反對黨贏得選舉。我們可以將議會制國家的經驗引申到半總統制的運作上，觀察國會具有同意權以及內閣閣員兼任國會議員兩項制度特徵，是否可以影響政府法案的通過率或是支持度。

在這樣的制度脈絡下，總理同時也是國會中的政黨領袖或是國會中最大的黨鞭時，國會多數黨的國會議員反對政府提案的自由度相對較低。總理會成為強權總理。反之，如果國會無法行使同意權或是內閣閣員不能由國會

議員兼任，國會多數黨議員的自主性會增強，政府的提案不必然能夠順利過關，或是有些政府的提案，最後所通過的版本是國會多數黨議員所主張的立場或修正的內容。當國會多數黨議員的自主性增強時，會弱化總理的立法影響力，使得總理屬意的重要施政無法推展。特別是總理不具有政黨領袖身分的情況下，無法直接號令同黨的國會議員。另外一方面，施政不利的總理很容易成為總統的代罪羔羊，因為其正當性基礎是來自於總統的提名和授權。弱權總理會同時面臨總統和國會的夾擊，進退兩難。東歐國家的經驗顯示，強勢總統主導政府的運作以及強勢國會自主運作立法過程兩項因素交互作用之後，較容易出現弱勢總理的現象（Baylis, 2007: 88-91）。

　　本文主要的論點是具有議會制的特徵，如同意權的行使和國會議員兼任閣員的半總統制國家，較容易出現強權總理、總統行政權力之行使受到限制以及府會關係較為和諧的現象；相反地，不具議會制特徵，如同意權的行使和國會議員不能兼任閣員的半總統制國家，較容易出現弱權總理、總統行政權力之行使較無限制、立法權力較有自主性以及府會關係容易發生衝突的結果。換言之，半總統制中，具有愈多議會制特徵的國家，總統、總理和國會的三角關係較容易運作，屬於向心三角關係，如圖9-1所示。反之，半總統制中，具有愈少議會制特徵的國家，總統、總理和國會的三角關係反而較困難運作，屬於離心三角關係，如圖9-2所示。呈現這兩個圖的目的在於說明不同三角關係的強烈對比如何造成總統在國會中立法支持凝聚度的差異。實線的部分主要是說明權力機關之間的影響，如總統提名總理以及總理執行總統屬意的政策、總統或總理提出相關的法案需要國會支持、國會最終通過法案，讓總統簽署及交由總理執行。虛線的部分是指權力機關之間可能產生的衝突，如總統與總理在政策制定或政策執行上的衝突、總統與國會之間的衝突或總理與國會之間的衝突。圓框的大小突顯權力運作的大小。在圖9-1向心模式中，較可能出現強總理，因此總理的圓框相對地較大。在圖9-2離心模式中，較可能出現強總統和強國會的衝突以及弱總理的現象，因此總統和國會的圓框較大，總理的圓框相對較小。最後，圖9-1向心模式中的總理和國會之間的距離比之於總統和國會的距離相對較近，可以突顯總理和國會之

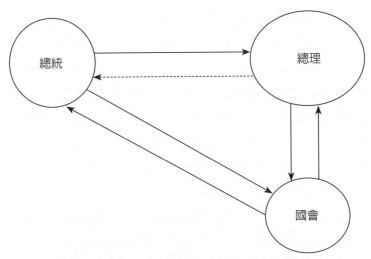

圖9-1　總統、總理和國會之向心三角關係

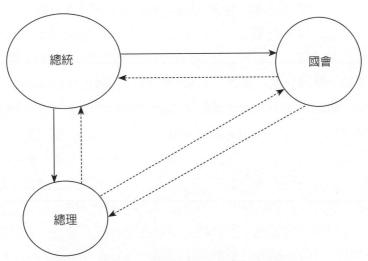

圖9-2　總統、總理和國會之離心三角關係

間比總統和國會之間爲更緊密的連結。圖9-2離心模式中的總統和總理之間的距離相較於總統與國會之間的距離爲近，可以說明總理向總統負責或是或總理向總統傾斜，而與國會的距離較遠的情形。

　　不同的制度不僅規範著行動者不同的選擇範圍，同時不同的制度也會形塑出不同的運作結果。例如，半總統制下，如果存在著總統提名總理，需要國會同意（investiture）的制度設計的話，總統可能必須衡諸國會中政黨勢力的分布，選擇國會可以接受的總理人選。[16]政治動態中，如果總統的政黨同時也掌握國會的多數時，對於總理的同意權行使相對地較容易通過。然而，因為同意權的行使需要國會議員的支持，總統所提的總理人選至少不要面臨國會議員的強力反對。如果總統的政黨只掌握相對多數的席次，此時總統所提名的總理人選不僅要獲得總統黨的國會議員之信任，同時其也要取得聯盟政黨國會議員的支持，否則最後可能無法跨越過半數同意的門檻。如果憲政制度規定總統提名總理完全不需要由國會同意時，總統可以單方面決定總理的人選和政府的組成，國會無法行使確認或是同意權。

　　有關內閣閣員的身分組成之制度規範也會影響總統、總理和國會的三角關係。如果半總統制憲法規定內閣閣員是由國會議員所兼任時，內閣閣員的身分具有單一性，內閣閣員的提案或政策較容易被國會所接受或通過。如果半總統制憲法規定，國會議員不能兼任內閣閣員時，內閣閣員的提案或政策只能依賴同黨國會議員的支持和協助才能順利通過。針對半總統制國家的研究指出，內閣組成中，非黨派的成員愈多，表示總統對於內閣的影響力愈大（Schleiter and Morgan-Jones, 2010）。然而，從反面的面向來看，非黨派人士愈多的內閣與國會之間的連結程度要比黨派人士愈多的內閣與國會之間來得弱，因為其是間接與直接的對比。另外，如果國會議員都是內閣閣員時，總理的權力也會因此強化，其可以透過國會紀律如信任案來維繫內閣的集體性和一致性。相對地，如果總理不是由國會議員兼任，同時閣員的任免都是由總統決定時，總理只是同等中的第一人（first among equals），內閣運作中並無任何制度性的機制可以約束內閣成員，甚至內閣成員可能選擇聽

16　具有國會同意權的國家是指總理人選需要國會多數的同意，同時表示總統提名人選需要考量國會的意見。如果是完全由國會決定人選，而總統無任何置喙空間，則不是本文討論的範圍；因為總統接近於虛位元首，對於實際政治運作無法介入，如奧地利、愛爾蘭等半總統制國家。

命於總統，而不是聽命於總理。

綜合來看，將同意權的行使之有無和內閣閣員與國會的連結之強弱這兩個指標組合起來，可以得出四種不同的互動模式。這四種模式（向心、競爭、脆弱、離心）之間的差異在於總統和執政黨國會議員之間的連結強弱的程度不同，愈強的連結，總統愈可以控制執政黨國會議員的支持；愈弱的連結，則執政黨國會議員的自主性愈高。一般來看，向心模式下，總統較可以控制國會議員的立法行為，但在競爭模式下，總統對於國會議員立法行為的控制力相對來說較弱。脆弱模式和離心模式之差異是總統對於國會立法較無法控制的程度差別。脆弱模式下，國會的執政黨議員會出現自主性的現象，總統較無法掌控。離心模式下，國會的自主性程度最大，較容易形成總統和國會之間的衝突。第一種向心三角關係模式，國會具有同意權以及內閣閣員同時兼任國會議員時，會出現強權總理，甚至總理可以透過國會中多數的支持基礎來與總統進行權力抗衡。總統和總理之間可能會產生權力的衝突，總統權力的行使會受到制約，如其想要通過屬意的政策，必須與總理協商。雖然總統的權威萎縮，但由於其受到任期的保障，當政策推動失敗或是政府出現危機時，失去國會支持的強權總理也難逃最後被總統逼迫去職的命運。換言之，強權總理也需要肩負政策成敗的責任，總統權力雖然較為限縮，但是任期保障的總統並沒有提前下台的制度規範。這種情形下的國會被總理所控制，總理主導立法議程的設定和立法提案的順利通過，而以犧牲國會的自主性作為代價。圖9-1的實線箭頭是指權力機關之間較不會發生衝突，虛線是指權力機關之間較容易發生衝突。

第二種競爭三角關係模式是國會不具有同意權而內閣閣員同時兼任國會議員時，基本上還是會出現強權總理。理論上，國會不具有同意權的情況下，總統可以不提名國會議員擔任內閣總理。但是由於憲政規定或是國家慣例，內閣閣員都是由國會議員兼任的話，總統還是會提名國會中多數黨領袖擔任總理。如果總理所屬政黨掌握國會多數的席次，則此時總理具有強的權力。如果總理所屬政黨只掌握國會相對多數或是少數的席次，總理的權力相對地減弱。從本質來看，國會具有同意權的制度效果基本上是屬於一次性

的，讓國會議員對於總統所提名的總理人選可以進行投票來同意任命，不過投完票，人選確定當選之後，效果已經完成，無法延續地影響後來國會議員對於各項法案的立法支持。相對地，內閣閣員同時兼任國會議員的制度效果較大，因為國會中執政黨國會議員的立法支持和紀律會因為這個制度特徵而鞏固或是凝聚。因果推演下，這種模式會出現強權總理，透過其國會議員的身分來強化立法的投票支持，總理真正的角色就是國會黨團的大黨鞭。當然，這種模式下，總統不是純粹的國家元首，其透過憲法的權力賦與，例如否決權或是解散國會權或是主持內閣會議等規定，可以與總理爭奪行政的主導權。[17]當總統和總理爭奪行政的主導權時，即是所謂的競爭三角關係。另外，因為總統的總理提名權不需要經由國會的同意通過，總統通常會選擇與其較能配合的同黨出身的國會議員擔任總理。總統和總理之間的衝突相對會較少。也就是說，競爭的三角關係也可能會層昇成類似向心的三角關係。然而，如果是多黨組成內閣的情形下，總理的產生必須與其他政黨合作，相對而言總理因為內閣權力是由多黨共享，比一黨內閣總理的權力相對較弱，當多黨內閣運作出現衝突以及總統和總理分屬不同政黨時，總理較無法透過內閣的權力來與總統抗衡，而總統也可能選擇與內閣其他政黨合縱連橫，企圖削弱總理的實質影響力。這時的競爭三角關係可能會退化成類似脆弱的三角關係。

　　第三種脆弱三角關係模式是國會具有同意權，但是國會議員不能兼任內閣閣員時，總理的權力會形成權變的情形或是產生不確定性。這種模式下，總理的產生是經由國會多數同意通過的，國會中的執政黨議員不管是否全力支持，至少沒有強烈的投下反對票。然而，總理當選之後法案推動的成功與否，與總理是否是執政黨的政黨領袖高度相關。如果總理是執政黨的領袖，雖然其無法直接經由國會議員身分去要求執政黨國會議員的投票紀律，但是

---

[17] 葡萄牙2004年12月左派政黨總統Jorge Sampaio主動解散由右派掌握多數的國會，主要的原因是左派總統Sampaio認為右派總理Pedro Santana Lopes所領導的政府具有低的支持度，即使國會的民意比總統的民意是較新的選舉結果所產生（Jalali, 2011: 167）。這也是少數幾個共治政府被總統解散國會因而瓦解下台的例子。

透過政黨的機制，還是可以進行行政和立法機關之間的協調和折衝，讓法案可以順利通過，甚至是通過行政機關所支持的版本。如果總理是非黨派人士或總理是非執政黨的領袖時，總理與國會之間的協調可能會出現問題，因為國會相對而言較有自主性，總理並沒有重要的武器可以發號施令，讓執政黨國會議員無條件支持總理或行政機關之提案。在這種模式之下，總統的權力行使基本上可以凌駕總理，因為總理無法利用國會的多數來對抗總統。總理如果與總統發生嚴重衝突的結果是總理去職下台，因為總統的民主正當性高於總理的民主正當性，總統會選擇提名新任總理，經由國會投票同意通過。總統和國會之間的關係取決於國會多數的政黨生態。如果國會多數是總統黨所控制，總統擁有最大的立法影響力，如果國會多黨林立，總統有可能面對過半數的反對勢力，其立法影響力相對地萎縮。[18]

　　第四種離心三角關係模式是國會不具有同意權，同時國會議員也不能兼任內閣閣員時，會使得總理人選的產生，國會較無法置喙，總理不具備國會議員的身分屬性與國會的連結也較弱之情況下，會形成弱權總理的現象，甚至總理有時會夾在總統和國會之間，遭受到兩個民主的權力機關之相互擠壓。當然，在這種情形之下，總統可以透過所謂兼任黨主席的方式，來控制國會黨團的立法支持。總統兼任黨主席不必然可以保證國會立法不受到阻礙，這中間需要考量一個關鍵性的中介變數，就是國會議長的身分屬性，國會議長的立場和態度會讓總統的立法影響充滿著不確定性。[19]如果總統與國會議長本身關係良好，合作無間，執政黨國會議員也會比較容易被說服或是堅定支持政府的提案，如果國會議長與部分執政黨國會議員對於特定的政策出現明顯的反對立場時，此時政府的提案可能被大幅修改，偏離原本的主張，縱使最後這個法案還是有通過，不過細究其內容，應該歸屬於國會自

---

18 例如俄羅斯總統葉爾欽與總理普里馬科夫的相互衝突中，總理普里馬科夫因為有國會中反對總統政黨的支持以及聲望居高不下，功高震主，最後讓俄羅斯總統葉爾欽選擇在被國會彈劾前一天撤換總理，化解其去職危機，相關的討論請參閱吳玉山（2000：102-103）。

19 前面兩種國會議員同時是內閣閣員的情形下，總理在國會的地位等於是大黨鞭，而此時國會議長即使是執政黨籍的國會議員，也只能維持主持議事的功能和角色，無法集結部分的執政黨國會議員而成為關鍵力量。

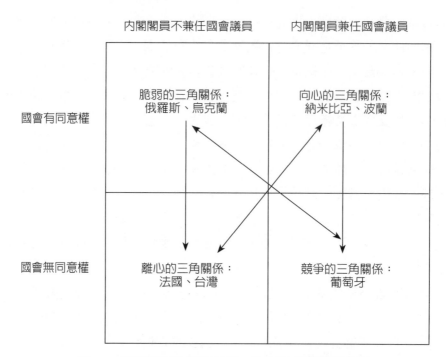

内閣閣員不兼任國會議員　　　　内閣閣員兼任國會議員

國會有同意權

脆弱的三角關係：
俄羅斯、烏克蘭

向心的三角關係：
納米比亞、波蘭

國會無同意權

離心的三角關係：
法國、台灣

競爭的三角關係：
葡萄牙

圖9-3　半總統制的配套制度、運作模式與國家案例

主性的提案。圖9-2權力機關的實線部分表示較不容易發生衝突，虛線的部分表示容易產生衝突。圖9-3呈現半總統制的配套制度、運作模式和國家案例。如果以總理權力行使的強弱程度來區分，向心三角關係模式（納米比亞、波蘭）和競爭三角關係模式（葡萄牙[20]）中總理權力最強，脆弱三角關係模式（俄羅斯、烏克蘭）和離心三角關係模式（台灣、法國[21]）中的總理

---

[20] 雖然葡萄牙沒有同意權的制度設計，然而其憲法規定總統須根據選舉結果，諮詢國會中有席次的政黨之後，提名總理（憲法第187條第1項）。這樣規定強化了國會政黨對於總統提名總理的建議權，同時也使得總統選擇國會內的政黨領袖擔任總理，較不可能提名國會以外的人士來出任。

[21] 過去的研究認為法國第五共和的國會屬於理性化國會，內閣可以透過信任投票程序來主導國會的立法（Huber, 1996）。然而，2008年法國修憲強化國會的角色，如總統任命內閣閣員之前必須諮詢國會、國會具有公民複決權和國會可以將總統的緊急命令聲請憲法法院解釋其合憲性（郝培芝，2010：80）。換言之，法國國會的權力運作比過去更有自主性。另外，法國總統對於同黨國會議員的立法行為，也無法全面掌控，甚至面臨同黨國會議員的反叛。例如，2014

權力較弱。如果以國會自主性的高低程度來區分的話，脆弱三角關係模式和離心三角關係模式中的國會具有較高的自主性，而競爭三角關係和向心三角關係國會具有較低的自主性。[22] 從比較的層次來看，向心三角關係模式和離心三角關係模式的對比，屬於比較方法中的最差異比較法（Przeworski and Teune, 1970: 139）。兩個國家同屬半總統制，但是運作模式和結果出現明顯的差異，在圖9-3中以雙箭頭表示強烈的對比。另外三個箭頭呈現序列的模式，以支持程度的強弱來區分，從向心、競爭、脆弱到離心。

　　以下我們透過半總統制國家波蘭和台灣的對比，來說明國會同意權的有無和內閣閣員的組成方式之不同如何形成不同的總統、總理和國會的三角關係。首先，本文主要比較基礎在於台灣和波蘭在民主轉型初期都是運作總理總統制。然而，台灣在1997年修改憲法，變成總統國會制，而波蘭也同樣在1997年修改憲法後繼續運作總理總統制。以長時間的脈絡來看，最初相同的憲政體制卻產生不同的運作路徑和運作結果。在不同的路徑中，是否存在著一組相對應的原因，造成憲政運作結果的差異是本文方法層次的問題意識。換言之，台灣和波蘭雖然目前分屬於半總統制下不同的次類型[23]，但是兩個國家還是可以進行脈絡化的比較，因為兩個國家同屬於半總統制國家的類別，透過兩個國家的總統、總理和國會的三角關係的對照，解釋兩個國家所產生的憲政結果上的運作差異。其次，從政黨體系的角度來看，兩個半總統制國家最近的國會選舉所產生的有效政黨數都是2個到3個政黨之

年4月，法國社會黨總統François Hollande推動經濟改革方案，如政府穩定計畫，有3位社會黨國會議員投票反對，41位社會黨國會議員選擇棄權；2014年9月，新任總理成立之後的信任投票，有32位社會黨國會議員投票棄權（Kuhn, 2014: 445）。法國的經驗說明，內閣閣員不是由國會議員兼任的情況下，國會的政黨黨紀較不容易貫徹，較可能出現執政黨國會議員反對總統法案的情形。

22　一項針對拉丁美洲總統制國家的研究指出，當國會無法形成多數或是國會完全放棄對於總統的制衡角色時，國會失去自主性的結果，較可能會造成政治體系運作的失敗（Carroll and Shugart, 2007）。國會保有某種程度的自主性可以促進權力的分立和制衡之論點，也可以適用於半總統制的運作上。

23　台灣是總統國會制，而波蘭則是屬於總理總統制。兩國之間的憲法規定的差異在於台灣的總統對於行政院長有免職權，而波蘭總統沒有免職權。有關波蘭總統和台灣總統的角色與憲政運作之比較，請參閱黃秀端（2014）。

間（Laakso and Taggepera, 1976）。政黨體系的相似性可以成為控制比較的
基礎，藉此來分析其他制度的差異如何影響半總統制憲政運作的不同結果。
最後，波蘭和台灣半總統制的特徵正好形成明顯的對照，波蘭具有信任程序
和內閣閣員兼任國會議員的特徵，而台灣這兩項特徵付之闕如，因此運作上
出現明顯的向心模式（波蘭）和離心模式（台灣）的對比。除了這些特徵以
外，波蘭和台灣半總統制憲政運作也存在著其他的脈絡化因素，可以強化兩
種不同模式中一般性原因的牽引力。

　　另外，本文的分析框架主要是從政府產生的方式和政府對於國會的立法
控制來解釋總統權力運作的變化，與過去強調總統權力的研究迥異，本文認
為只有透過其他配套制度的分析，才能解釋半總統制運作核心──總統、總
理和國會的三角關係。過去比較政治學者Shugart與Carey（1992）以憲法上
總統是否具有解職總理的權力，將半總統制區分為總統國會制和總理總統制
兩個次類型，並分析其可能產生的政治效果。他們的分類屬於總體性的分類
架構，在解釋具體的半總統制運作可能會出現侷限。[24]因之，本文認為應該
關注半總統制國家其他的制度配套，這樣才可以更深入地分析半總統制國家
總統、總理和國會的三角運作關係，而不只是把焦點放在總統和總理之間的
任免關係。

肆、波蘭半總統制的運作

　　波蘭半總統制憲政運作的歷史軌跡是從總統和總理的權力分享，轉型
過渡到優勢總理的過程。什麼樣制度的配套和政治的實踐讓波蘭這個半總統
制國家可以弱化總統的權力以及強化總理及內閣的運作是本節分析的主要焦
點。波蘭在1989年被第三波民主化浪潮所席捲，從共產威權轉型成民主政

---

[24] 有關Shugart and Carey（1992）的總統國會制和總理總統制分類架構之評釋，請參閱吳玉山
（2011：20-5）。

體，選擇以總理總統制作爲憲政體制。轉型初期適用共產時期憲法的修正條文，總統擁有重要的權力，如立法提案權、將國會通過的法案提交憲法法院審查其合憲性，以及法案否決權（Sula and Szumigalska, 2013: 107）。波蘭於1992年進行修憲，選擇小憲法（Small Constitution）作爲過渡時期的根本法。1992年波蘭小憲法規定，總統必須在國會第一次會期或是接受內閣總辭後十四天內，提名總理和總理所提出的內閣閣員，並由總理向國會提出施政計畫附帶信任投票的動議，國會必須以絕對多數才能通過信任案（小憲法第57條）。假如絕對多數沒有出現，政府形成和選任總理的責任落在國會身上，國會可以經由絕對多數選出總理，而總統必須接受國會所選出的總理人選（Howard and Brzezinski, 1998: 145）。換言之，總統所提名的總理必須獲得國會絕對多數的同意，如果國會反對總統所提名的總理，必須自行產生絕對多數支持的總理。[25] 這樣的設計讓總統和國會分享了總理人選的決定權。在小憲法時期，內閣名單並不是由總理完全決定，總統可以主導外交部長、國防部長和內政部長的任命（McMenamin, 2008: 123-4）。總括來看，波蘭小憲法運作這個時期比較屬於總統和總理共享行政權力的運作類型。另外，從小憲法的一項規定也可以看出權力共享的體現。小憲法規定總統有發布行政命令的權限，但必須經由總理或是相關部會首長的副署（小憲法第45條和第46條）。總理的副署權讓總統可以行使的行政命令權受到限制，特別是當總統和總理分屬於不同的政黨或聯盟時，這個條文最容易被適用和彰顯。

　　波蘭於1997年修憲，延續部分小憲法總統和總理權力共享的精神，但最終將行政權力移轉至總理職位之上。首先，1997年所通過的憲法規定，總統只能依據國會通過的法律授權制定行政命令，且必須得到總理的副署（波蘭憲法第92、93、142及147條）。總統的行政命令權受到國會制定法的限制，如果總理所屬政黨同時掌握國會多數時，總統不能單獨及片面地制定行政命令。其次，1997年憲法規定總理主持內閣會議（憲法第147條），

25　此種制度設計與德國建設性不信任投票制度一樣，將倒閣的條件設定爲先選出一位新的總理。

只有在特定的事務下，總統才可以主持內閣會議（憲法第141條第1項和第2項）。常態上是由總理主持內閣會議，只有特定事務上，總統才可以主持內閣會議。這個規定與法國半總統制不同，法國半總統制中是由總統主持內閣會議。再者，波蘭1997年的修憲結果，將行政權賦予給總理和內閣，總理可以免職內閣閣員、任命新的繼任者以及改變其責任領域，同時總統無法影響國防部長、外交部長和內政部長的任命案（Wiatr, 2000: 95）。綜合來看，波蘭的新憲法保障總理的行政權力，讓總理可以在行政事務的運作上，擁有較大的決策權。

　　雖然波蘭總統的行政權力行使在憲法上有一定的限制，但不代表波蘭總統完全無權力。波蘭總統擁有總理提名權。波蘭總統應該提名由可以組成內閣的人士擔任總理（憲法第154條）。波蘭政府的組成方式是總統與國會Sejm所有政治勢力的代表諮商，提名總理（the President of the Council of Ministers）以及內閣閣員，而總理必須在國會選舉後的十四天之內向國會提出政府的施政計畫，讓國會進行信任投票，如經由全體國會議員一半以上的出席，過半數國會議員的支持時，信任案才能通過，政府才可以組成；如果信任案沒有通過，則由國會Sejm以過半數的方式自行選出總理和閣員，如國會仍未選出，則交由總統再次提名總理和閣員，交由國會行使信任投票，如果還是沒有通過，總統可以解散國會，重新選舉（波蘭憲法第154條及第155條；Wyrzykowski and Cieleń, 2006: 261-2）。首先，波蘭政府組成雖然是以所謂的信任投票方式產生，而不是直接行使同意權投票（investiture），但從通過的門檻來看，信任投票與國會同意權的行使並無不同，因為兩者都需要國會過半數的支持。其次，波蘭總理的人選是由總統和國會中的政治勢力進行的協商，不管國會中的政黨數目多少，波蘭總統必須與國會政黨領袖協商其總理人選。最後，波蘭總統在第三次無法組成政府的情況下，擁有解散國會的權力。

　　波蘭總統擁有一項被動的立法權——否決權。否決權不是一項主動的權力，而是一項被動的權力，其只能反制國會所通過的法律。1997年憲法第122條第5項規定，總統可以行使否決權，將法案退回國會重新考慮，當

國會超過二分之一的國會議員出席，五分之三的國會議員才能推翻總統的否決。與其他國家如台灣的憲法規定比較，五分之三的門檻比二分之一的門檻高出10%，但仍比美國憲法所規定的國會參眾兩院三分之二的多數可以行使推翻否決的門檻還低。綜觀之，歷經幾次修憲之後，波蘭總統在憲法上的權力被縮減，但是波蘭總統仍然具有重要的權力，可以影響總理或內閣的運作；不過總理在行政的決策上具有較獨立自主的地位和空間。[26]波蘭總統除了擁有否決權之外，也擁有解散國會的權力。例如憲法第98條規定，總統與國會參議院議長和眾議院議長諮商之後，可以縮短參議院和眾議院的任期。總括來看，否決權和解散國會權都是半總統制中的總統制衡國會的憲法武器，特別是解散國會權是專屬於半總統制國家中總統的獨特權力，總統制國家中總統並沒有這項權力。

　　波蘭總統和總理之間的關係雖然在憲法上進行權力的分工以及列舉權力行使的範圍，但實際運作上還是出現雙元行政的衝突。波蘭民主化之後，第一位民選總統由右派的團結工聯（Solidarity）的Lech Wałęsa擔任。Wałęsa從1991年到1995年的總統任期中，所面對的是一個多黨林立的國會，同時與反對聯盟的國會多數所組成的內閣形成共治狀態。總統Wałęsa與共治政府的總理Jan Olszewski、Waldemar Pawlak在總統和總理的權力劃分、經濟政策，以及國防部長的人選等議題上常常出現齟齬，Wałęsa總統的強勢作為[27]以及共治總理的反擊所造成的憲政衝突和危機，最終讓總統權力的縮減及強化總理和國會的權力等議題成為1997年波蘭修憲主要的標的（Michta,

---

[26] 波蘭總統權力縮減的部分如總統否決權門檻的下降，從需要超過三分之二降為少於三分之二，以及從原本總統對於國會行使倒閣權之後，可以直接解散國會，修改成國會必須行使建設性不信任投票，亦即國會倒閣的同時，必須另外提出新的替代性內閣。相關的衡量指標所形成的波蘭九七修憲之前的總統權力和九七修憲之後的總統權力對照表，請參閱Shugart and Carey（1992）與McMenamin（2008: 124, Box 8.1）。根據過去的經驗，波蘭總統常常使用否決權來對抗共治的總理，例如總統Lech Wałęsa和總統Aleksander Kwaśniewski是使用否決權最多次的總統，總統Wałęsa在1990年到1995年，使用過24次的否決權，而總統Kwaśniewski在2001年使用19次的否決權，相關的資料請參閱黃秀端（2014：296，表8-7）。

[27] 在1995年2月，總統Wałęsa以可能解散國會和重新選舉為要脅，迫使共治總理Waldemar Pawlak下台，造成憲政的危機，相關的討論請參閱Michta（1998: 107）。

1998）。1995年總統大選，總統Wałęsa競選失利，總統職位最後是由原屬於民主左派聯盟（Sojusz Lewicy Demokratycznej）中的社會民主黨（Socjaldemokracja Polska）、後來成爲無黨籍的Aleksander Kwaśniewski贏得。1997年修憲當時的國會則是由民主左派聯盟和波蘭農民黨的聯合控制著多數。在國會多數主導的政治結構所進行的修憲，使得波蘭總統權力相對地被減縮，如取消總統對於國防部長、外交部長和內政部長的任命權，朝向以總理爲行政權力核心的半總統制來運作。

波蘭總理行政權力的鞏固得利於另一項波蘭憲政運作的慣例或特徵。波蘭的總理同時兼任國會議員。表9-2是波蘭1997年修憲之後至目前擔任總理的名單，8個總理之中除了Marek Belka不是國會議員之外，其餘7位總理都是兼任國會議員。排除現任總理不算，7任總理平均任期是兩年半。某種程度來看，總理任期的長短可以突顯內閣的穩定度、總統和總理之間合作或衝突程度。另外，在波蘭，政府組成的慣例是內閣成員由國會議員兼任，同時這些內閣成員也是政黨的領袖（Zubek, 2008: 152）。波蘭內閣的成員不必然全部都是國會議員兼任，也可以任用非國會議員擔任閣員，但是重要的內閣成員如果是由國會議員兼任時，總理較容易透過政黨的機制來控制國會立

表9-2　1997年之後波蘭歷任總理、國會屆次、政黨屬性和任職期間

總理	國會議員屆次	政黨屬性	任職期間
Jerzy Buzek	第三屆（1997-2001）	團結工聯選舉行動	3年11月
Leszek Miller	第四屆（2001-2004）	民主左派聯盟	2年6個月
Marek Belka	非國會議員	民主左派聯盟	1年6個月
K, Marcinkiewicz	第五屆（2005-2007）	法律與正義黨	8個月
Jarosław Kaczyński	第六屆（2007-2011）	法律與正義黨	1年4個月
Donald Tusk	第七屆（2011-2015）	公民論壇	6年10個月
Ewa Kopacz	第七屆國會議長	公民論壇	1年1個月
Beata Szydło	第七屆國會議員	法律與正義黨	現任

資料來源：世界政治家網站（www.worldstatesman.org）以及維基百科（www.wikipedia.org）。

法的投票。[28]如同英國議會制的運作機制，內閣閣員的職位安排成爲後排國會議員的晉升獎勵，讓他們在法案投票上不要偏離政黨或內閣的立場，展現對於政黨的忠誠。在政黨控制國會立法的機制中，波蘭國會的議長通常是由最大執政黨的資深領袖擔任，議長可以管理立法的時間表，加速法案的通過或是延宕法案的審查（Zubek, 2008: 154-5）。換言之，議長是國會的最大黨鞭，總理需要與議長合作來完成立法的任務，順利地讓政府的法案通過。另外一項總理可以運用的國會立法程序是執政黨可以建立特別委員會來審查政府的法案，委會員的主席和組成是經由院會多數決通過設立的，特別委員會可以專門處理政府的法案，確保法案是經由支持政府提案的國會議員所審議的（Zubek, 2008: 155）。波蘭半總統制運作的特殊性在於其國會中的多黨體制以及聯合內閣的特性。聯合內閣不保證政府的法案不會被國會議員所修改或是阻擋，主要的反對勢力可能來自於聯合內閣的其他政黨。然而，只要總理可以取得聯合內閣中各政黨的共識時，相關的政府法案不會一直躺在國會中，透過政黨的機制和國會內規的催化，在國會三讀通過並經由總統的簽署，很快的回到總理的桌上，付諸實行。

　　共治政府的出現是測試總統和總理權力平衡之最好的石蕊試紙。2007年波蘭國會大選，Donald Tusk所領導公民論壇（Platforma Obywatelska）贏得國會460席中的209席，成爲國會最大黨（Szczerbiak, 2008: 424），Tusk所領導的公民論壇與波蘭人民黨（Polskie Stronnictwo Ludowe）聯合組成過半數的多黨內閣，由Tusk擔任總理，而總統則是由反對黨——法律與正義黨（Prawo i Sprawiedliwość）的Lech Kaczyński擔任，形成共治運作。在外交議題上，總理和總統常常各吹各的號或是出現公開衝突的情形。首先，總理Tusk批評總統Kaczyński不簽署歐盟的里斯本條約，而總統表達希望與總理一起參加歐盟會議的立場（BBC Monitoring Europe, 2008）。其次，總理Tusk與總統Kaczyński在外交議題上，如北大西洋公約組織的秘書

28　本文的波蘭案例雖然不是所有的閣員都是國會議員，但是如果重要的內閣部門都是國會議員兼任，基本上可以與內閣閣員非國會議員的國家進行對比。

長選舉也出現分歧，總理Tusk支持波蘭外交部長Radoslaw Sikorski參選，而總統Kaczyński卻支持丹麥前總理Anders Rasmussen競選秘書長（PAP News Agency, 2009）。最後，外交政策上不同調的例子發生在2010年。總理Tusk希望在2012年加入歐元行列，而總統Kaczyński卻認為加入歐元需經由公民複決（Cienski, 2010）。除了外交議題上，內政議題也是總理和總統公開衝突的爭執點。首先，整個2008年之中，總統Kaczyński對於總理Tusk所通過的法案動用13次的否決權，其中9次成功維持否決，3次否決被推翻，1次被延期（Jasiewicz and Jasiewicz-Betkiewicz, 2009: 1077）。其次，2010年總統Kaczyński也曾經對於總理Tusk在內政議題，如年金制度、國家電視和農地的法案上行使15次的否決權（Cienski, 2010）。然而，與總統Kaczyński共治的衝突中，擔任總理的Tusk認為自己總是占了上風，甚至他宣布無意參選總統，原因是總統職位並不是最有價值的政治獎品（Bucur and McMenamin, 2014）。波蘭總理對於總統職位的評價可以看出總理權力凌駕於總統權力的端倪。總理與總統在行政上的衝突中之所以可以勝出，其原因在於總理可以透過國會多數來控制立法。另外，因為波蘭的選舉制度是名單比例代表制，這種制度會使得政黨控制提名的人選，特別是總理可以透過國會議員的提名來進行立法投票的動員和強化投票的紀律。特定的選舉制度可以幫助總理凝聚同黨國會議員的向心力，甚至成為對抗不同黨派總統的第一縱隊。

　　波蘭有強權總理，不代表波蘭總理權力集中，波蘭內閣的大臣對於其部門的政策擁有主導權。研究指出，形式上波蘭總理決定政府的工作計畫，實際運作上各部會大臣對於立法議程的內容享有極大程度的控制（Goetz and Zubek, 2007: 521）。內閣決策的分權化是多黨內閣制度安排的結果，因為不同政黨掌握不同的部會時，通常會要求自主的裁量空間來決定部門專屬的政策。總理的角色是統合各部門的政策，提交給國會審議和通過。如果部長的決策自主性獨立於總理或是總統，顯示波蘭政治權力的結構相當分散或是屬於集體領導，會經由協商方式來決定內閣的大政方針。有些特定的半總統制國家，權力全部集中於總統手裡，優點是不需經由太多協商的過程就可以

迅速決策，缺點是權力過度集中，容易引起內閣閣員不願意擔負政策失敗的政治責任；或是內閣閣員馬首是瞻，不願意違背總統的意思推動新的政策；以及執政黨國會議員因爲無決策權力，但又有選舉壓力，只好在國會的法案審議上，表達不滿的聲音或是投票反對政府的提案。

　　總結來看，波蘭半總統制在國會信任投票的制度以及內閣閣員由國會議員兼任這兩項政治制度的配套下，強化和鞏固了總理的權力和地位，同時也限縮了總統權力的行使空間。當然，波蘭總統並不是像內閣制國家中的象徵性元首，其仍擁有被動性的權力，如否決權和解散國會權，可以對抗總理和國會。本文認爲波蘭半總統制的三角關係，呈現總統與具有國會多數支持的總理之平行相對，甚至出現總理權力凌駕於總統權力之態勢。當然，這樣的半總統制類型還是容易出現總統和總理之間的二元行政衝突，但是強化總理權力之後，政府的施政較不容易受到總統的干涉，國會議員較不容易陣前倒戈，來反對總理或總統是這種制度類型的韌性。波蘭呈現所謂的向心三角關係模式，國會具有同意權以及內閣閣員同時兼任國會議員時，會出現強權總理，甚至總理可以透過國會中多數的支持基礎來與總統進行權力抗衡。總統和總理之間可能會產生權力的衝突，總統權力的行使會受到制約，如其想要通過屬意的政策，必須與總理協商。整體而言，特定的制度運作可能會同時產生正向或反向的回饋，沒有一種制度是全然具有優點而毫無缺點的。半總統制中不同類型的憲法存在明顯的差異，但是更重要的是半總統制與其他政治制度的配套是否較容易運作或是否會產生衝突，才是需要探求答案的關鍵議題。

伍、台灣半總統制的運作

　　台灣的憲政體制在民主轉型過程中，歷經了幾次的結構性變遷。1997年第四次修憲的過程中，修改原本行政院長由總統提名，經立法院同意任

命之的規定（憲法第55條），變成行政院長由總統任命（憲法增修條文第3條第1項）。換言之，總統任命行政院院長不需要經由國會同意。九七修憲同時也賦予國會有解散政府的權力和總統擁有被動解散國會的權力。立法院可以提出不信任案，經由全體立法委員二分之一以上贊成，行政院院長應提出辭職，但可以呈請總統解散立法院（具體的規定可以參閱憲法增修條文第3條第2項）。這個規定屬於相互制衡，國會有倒閣權，但總統有解散國會權。九七修憲使得總統在組閣權或是行政權力的運作方面具有排他性的權威，但同時規定內閣需向國會負責，以及總統可以藉由解散國會來訴諸新的民意。行政院院長和內閣必須同時向總統和國會負責。這個修憲規定改變憲政體制的類型，從原本的總理總統制，變成總統國會制。憲法中，從行政院院長和內閣必須向國會負責以及國會負責法律的制訂之精神來看，國會是制衡總統行政權力的重要憲政機關。台灣總統和國會的權力實質分立有點類似美國的總統制，但因為有不信任以及解散國會權的設計，兩者之間還是有本質上的差異。憲政體制的運作與政治動態息息相關。當總統所屬政黨同時控制國會時，經由政黨機制的連結，國會可能成為總統的立法局，負責通過總統屬意的法案。台灣總統除了可以提名行政院院長，還具有國防、外交和國家安全的權限（憲法第36條、第38條和憲法增修條文第2條第4款）。根據大法官會議釋字627號的解釋理由書，總統於憲法及憲法增修條文所賦予之行政權範圍內，為最高行政首長，負有維護國家安全與國家利益之責任以及憲法第53條之規定，行政機關為國家最高行政機關兩項憲政規範來看，總統是國防、外交和國家安全方面的最高行政首長，而行政院院長是一般行政權的最高行政首長（黃昭元，1998：194）。簡言之，行政院院長主要是負責內政相關事務，而總統負責國防、外交和國家安全之領域。然而，因為總統是直接民選，擁有民主正當性，行政院院長人選由總統全權決定，因此台灣的總統屬於超級總統或是超級總理，可以主導所有的行政事務。例如，2012年3月，行政院院長陳冲和經濟部長施顏祥主張外勞的工資與國內勞工的基本工資脫鉤，而勞委會主委王如玄持捍衛本國勞工的立場反對這樣的政策，這項引起內閣內部紛爭的爭議政策，最後由馬總統拍板決定外勞的工資

必須符合基本工資，支持勞委會主委的主張（王政寧、李明賢、許俊瑋，2012）。從這項府院不協調的爭議來看，可以突顯內閣集體責任的矛盾以及馬總統主導行政事務的斑斑痕跡。另外，一項針對馬英九總統立法影響力的研究指出，馬總統所表達態度的法案遍及行政院所轄主要政策權領域，超越國家安全有關大政方針的範圍，屬於總統優勢的半總統制（陳宏銘，2012）。馬英九總統因為單獨掌握行政院院長任免權以及國會多數席次，其可以運用制定法律和頒定命令兩種政策執行工具，來擴大總統原本在憲法上所規定的權威。

台灣內閣的組成，是由行政院院長提請總統任命之（憲法第56條）。從這個條文來看，行政院院長擁有內閣人事的任命權。但是實際運作上，內閣閣員大都是依循總統的決定；即使部分閣員是由行政院院長推薦，但還是需要總統的肯認。另外，因為憲法第75條規定立法委員不得兼任官吏，台灣的行政院院長和閣員都不是由國會議員兼任，如果立法委員擔任行政院院長或閣員，必須先辭職。[29] 綜觀之，從行政院院長和內閣成員都是總統任命權的行使範圍來看，台灣的憲政運作屬於總統優勢（Wu, 2005）。行政院院長是總統的執行長或總統的代理人，向國會負責以及肩負政策的推動和執行。例如，憲法增修條文第3條第2項第1款規定，行政院有向立法院提出施政方針及施政報告之責；立法委員在開會時，有向行政院院長及行政院各部會首長質詢之權；行政院對於立法院所通過的法案有覆議權。憲法增修條文第3條第2項第2款規定：「行政院對於立法院決議之法律案、預算案、條約案，如認為有窒礙難行時，得經總統之核可，於該決議案送達行政院十日內，移請立法院覆議；立法院對於行政院移請覆議案，應於送達十五日內作成決議；如為休會期間，立法院應於七日內自行集會，並於開議十五日內作成決議；覆議案逾期未議決者，原決議失效；覆議時，如經全體立法委員二分之一以上決議維持原案，行政院院長應即接受該決議。」首先，覆議權的

---

29 我國民主轉型後，歷任行政院院長由立法委員出任的有蕭萬長院長、張俊雄院長和吳敦義院長，他們在擔任行政院長前先辭去立法委員。

實際運作等同於其他總統制國家或半總統制國家憲法規定的否決權。從條文的內容來看，覆議案需要總統核可的意涵是指由行政院長發現國會的決議窒礙難行時，必須總統同意行使否決才能移請立法院覆議。[30]從撤銷覆議的門檻如全體立法委員二分之一以上決議來看，不是一個高門檻的設計。相較於美國兩院的三分之二或是波蘭國會的五分之三，台灣反否決門檻相對來說較低。一般來說，在總統制或半總統制國家中，反否決門檻較低時，總統或總理較不願意行使否決權。特別是當國會多數是由敵對政黨所控制的共治情形下，總統即使行使否決權，也可能徒勞無功，國會過半數的反對勢力可以推翻否決。然而，低門檻的設計突顯了國會在法案被否決之後，維持原決議的可能性增強，總統很難運用否決權力來對抗國會的反對意志。最後，在台灣的半總統制憲法框架下，總統和總理（行政院院長）的關係是委任和代理的關係，總統可以隨時將其授予代理的權力收回，例如撤換總理，使得台灣的總理在職位的存活上，充滿著不確定性。這種不確定性可能會延宕政策推動或是出現新人新政的現象。從表9-3，我們可以看出馬總統任內的行政院院長任期平均是1.55年，相較於前任陳水扁總統的行政院院長任期為1.33

表9-3　馬總統任期中行政院院長、任期和下台原因

	行政院院長	在職期間	下台原因
馬英九總統第一任期 （2008-2012）	劉兆玄	一年三個月	天然災難
	吳敦義	二年四個月	擔任副總統
馬英九總統第二任期 （2012-2016）	陳冲	一年	年金改革
	江宜樺	一年十個月	地方選舉敗選
	毛治國	一年	中央選舉敗選
	張善政	四個月	政黨輪替

作者自行整理。

---

[30] 政治學者王業立認為總統只有被動的核可權，沒有主動的命令權來要求行政院覆議特定的法案，相關的討論請參閱王業立（2013）。

年[31]，並沒有特別的長，都沒有超過兩年。波蘭九七年修憲之後，排除目前現任的總理不算，七位總理中，每位平均任期是2.54年。波蘭總理的任期比台灣行政院院長的任期還久，可以突顯在台灣總統國會制下的一致政府時期，總統和總理關係具有較高的揮發性。另外，馬總統任內的行政院院長只有吳敦義院長是立法委員出身，其他五位都不是立法委員。根據一項跨國的研究指出，總理總統制國家中高達三分之二的總理皆有曾經擔任國會議員的立法經驗，而相對地總統國會制國家中只有一半的總理曾經擔任國會議員（Samuels and Shugart, 2014: 9）。總理是不是曾經擔任過國會議員涉及總理在推動立法的過程中，與國會議員的說服和溝通的能力。相較而言，曾經擔任過國會議員的總理，其立法的影響力會較大。馬總統任內的行政院院長與立法院的連結較弱，對於爭議性法案或是執政黨國會議員有反對聲音的法案之立法影響力也相對較弱。

　　從下面兩項法案的歷程，可以說明台灣總統的權力行使如何受到國會自主性的阻撓。2015年9月初，內政部公布修正農業用地興建辦法，規定有農民資格的人才可以興建農舍，辦法的修正需要送立法院備查，然而17位農業區國民黨籍立法委員反彈，認為限制過嚴，並將該修正辦法由備查改為審查（周志豪、丘采薇，2015）。由備查改為審查的意義是從原本只需要行政機關頒布就可以執行的行政命令改為法律案的修正，讓國會議員可以監督政策的執行。農業發展條例修正的始末讓一致政府的行政和立法關係出現不一致的矛盾。部分執政黨國會議員認為行政部門的政策執行與其選區利益相互扞格，強力反對該項變革，不僅反映出國會自主性的聲浪，同時也揭露了黨政協調的失靈。無獨有偶，另外一項法案的通過也可以看出黨政協調失序的狀況。證券交易所得稅的修正案，在馬總統支持課徵證券交易所得稅立場下推動修法，主要的爭議點在於課稅的比例，然而國民黨立院黨團決議廢除證券交易所得稅，完全推翻總統的提案（鄭婷、周佑正、林河民，2015）。證所稅修正的反轉結果可以看出國會執政黨多數議員不願意為政

---

[31] 有關陳水扁總統任內行政院院長的平均任期請參閱蔡榮祥、陳宏銘（2012：147）。

府的政策背書，可能是因為國會選舉將近，增加人民稅賦會阻礙競選連任，另外的意涵是總統任期將至，國會議員必須將其個別的選舉命運與總統的施政成敗脫鉤，甚至在維持現狀可以增加選票的考量下，犧牲總統的政策。執政黨黨團與總統和行政院之同床異夢除了政策立場不同的原因之外，與國會特定的內部規範如黨團協商有關。

國會是法案和政策的集中交易市場。交易的關鍵機制之一是透過所謂的黨團協商會議。[32] 根據立法院組織法第33條規定，每屆立法委員選舉當選席次達三席且席次較多之五個政黨得各組成黨團；席次相同時，以抽籤決定組成之。立法委員依其所屬政黨參加黨團；每一政黨以組成一黨團為限；每一黨團至少須維持三人以上。以第八屆國會（2012-2016）的黨團生態來看，立法院有國民黨、民進黨、台灣團結聯盟和立院新聯盟。根據過去的國會研究指出，送到黨團協商的議案通常是衝突較高的法案，其中一部分可以在黨團協商中解決，但有一半的法案無法解決，顯然衝突仍大無法獲得共識（黃秀端、何嵩婷，2007）。黨團協商制度的特性是採共識決，當四個黨團無法取得共識時，更精確的說是五個黨團，包含院長的一人黨團，法案即無法進行院會三讀，通過黨團協商會議的法案內容基本上會包含執政黨和其他三黨的主張。換言之，黨團協商制度的程序中，國會多數黨如國民黨只是四分之一或是五分之一的黨團協商成員，除非其能說服其他反對黨或小黨的支持，否則協商還是會觸礁。[33] 黨團協商制度改變了國會選舉席次的政治生

---

[32] 黨團協商制度對於台灣總統行使立法影響力上會有關鍵性的影響。本文認為這項原因屬於充分原因，國會無同意權和國會議員不能兼任內閣閣員兩項特徵為必要原因。這些原因綜合起來才能分析台灣個案的特殊性。政治學或社會科學研究很少單一原因造成單一結果，許多結果是多重原因所造成，本文討論個案的過程中，會出現個案特殊性的制度安排，藉此來理解個案的複雜脈絡以及為何產生特定的結果。換言之，本文因為與其他半總統國家進行比較的緣故，聚焦於一般性的制度性結構因素，而台灣獨特的因素如黨團協商是用來說明更導致藍心競爭的脈絡化原因。因此以比較觀點來看，國會無同意權和國會議員不能兼任內閣閣員這兩項特徵為一般性的必要原因，而在台灣必須考量黨團協商制度的充分原因如何強化一般化原因的影響，才能完整分析台灣半總統制運作的現象。黨團協商制度讓國會的自主性空間變大，使得總統對於國會的立法影響力受到限制或挑戰。

[33] 然而，邱訪義和鄭元毓（2014）研究發現國會中多數聯盟藉由程序委員會和立法院院長控制政黨協商之後的院會程序，使得多數黨召集協商的法案比少數黨召集協商的法案更容易通過協商。這種觀點認為多數黨在黨團協商制度中還是可以優勢主導。持平而論，少數黨所召集協商

態，讓國會議長不僅主持立法議事的程序，同時也支配立法實質內容的通過與否。[34]甚至立法院院長王金平因爲長年主持立法院，與國會各政黨領袖進行立法協商，已經成爲部分執政黨國會議員的實質領袖。例如，在第八屆64位國民黨籍立法委員，有40席委員力挺王金平院長列2016年國會大選國民黨不分區立委的第一名（魏嘉瑀，2015）。國會黨團協商制度，讓國會議長成爲制衡總統權力或行政權力的首席要角。政治運作上，權力內部的制衡力量有時比權力外部的制衡力量更爲強大和有效，特別是總統民意基礎低落的時候，國會議長可以借力使力，讓自己反對總統的立場取得正當性來分享總統一部分的政治權力。而個別執政黨國會議員之所以成爲總統的叛軍之最主要原因是當總統或其施政成爲其連任的包袱時，必須要適度的切割與立場的區隔，因爲如果支持選區選民所反對的執政黨法案或是行政命令，選民很可能在下次國會大選不再投票支持，兩害相權取其輕的情況下，黨紀的維繫不是國會議員考量法案支持與否的必要因素（蔡榮祥、陳宏銘，2012）。因之，執政黨國會議員連任的壓力讓國會議長成爲黨內反對聲音的共主，逼使總統透過黨籍撤銷的方式，試圖讓國會議長失去國會議員的資格之後，無法再擔任議長（2013年9月的馬王政爭），總統的如意算盤最後因爲法律的程序瑕疵，而功敗垂成，議長保住了位置，之後政爭並未完全落幕，甚至導致外部更大的社會運動方式來制衡總統的權力，如2014年3月的太陽花學運。

　　1997年修憲取消了行政院長同意權，立法委員對於行政院長的人選或是行政院長的撤換並沒有確認的權力。除非多數立委提出不信任案，否則行政院長一經總統任命，就可以視事執行，不需經由立委投票。在內閣制國

的法案在黨團協商制度中還是有通過的機會，如果沒有黨團協商制度，少數黨所提出的法案，很難完成三讀。另外，協商內容和過程不公開，法案中拿和給的部分是哪些很難細分和確認，所以很可能最後的定案是各政黨讓步的結果，有時很難歸類爲是多數黨所支持的版本。

[34] 黨團協商制度優劣互見，以協商過程的不公開情形爲例，對於主導協商的立法委員而言，外界無法得知協商的經過，自然得以減輕立委的問政壓力，有助於議事快速進行，但對於協助立法的行政人員而言，協商過程未符合公開原則，卻具備推翻委員會審查的效力，對於其專業合法性的質疑，自然使該制度的效益產生爭議，請參閱楊婉瑩、陳采葳（2004：137-8）。

家中，不是每個國家的內閣都需要經由同意權的正式投票，有些內閣制國家
並沒有同意權的設計。當然，同意權的行使不代表國會議員可以自行選出總
理，但是有國會同意權的行使之設計至少讓總理可以取得國會多數議員的信
任。雖然這也會增加國會議員因為有同意權的行使，讓其與行政機關有討價
還價的空間。沒有同意權的行使，會使得行政院長較易選擇聽命於總統，較
不服膺於國會的多數。除了國會無同意權，行政部門和立法部門會秉持機關
本位主義，較少溝通和聯繫。我國行政和立法關係運作的常態是國會議員只
能審議法案，較少參與行政部門制定法案的過程。研究國會的學者指出，民
意代表在法案制定過程中被邊緣化，只有少數並非具有代表性的立法委員得
以事前參與法案擬定，造成議案送到立法院時，立法委員的不悅與反彈（周
育仁等，2011：171）。換言之，行政院的法律提案有時並沒有諮詢多數執
政黨立法委員的意見，對於重大爭議法案，部分的執政黨立委只能磨刀霍
霍，大幅修改行政院提案，讓其通過的結果接近其政策立場或是符合其選舉
利益。另外，多數執政黨國會議員是經由單一選區相對多數決的選舉制度所
產生，這種制度鼓勵國會議員偏重個人投票傾向，較可能出現違反黨紀的自
主性行為（Carey and Shugart, 1995）。

　　整體而言，因為無國會同意權的機制以及國會議員不能兼任內閣閣員
這兩項制度的特徵促使總統和國會（府會關係）之間或是行政院長和國會
（院會關係）之間的互動出現雙頭馬車的現象。雙頭馬車同樣馳騁在同黨控
制的一致政府時期。例如馬英九總統時期，總統和行政院院長是一台馬車，
馬車前面是行政院院長控制韁繩，但是總統在後面運籌帷幄；另一台馬車是
由國會議長負責鞭策，裡面坐著一些支持他的執政黨國會議員，執政黨的立
院黨鞭可能同時被這兩台馬車拉扯。[35] 例如總統與國會多數持不同的政策立
場，國會反而通過總統所反對的法案來孤立總統。一項針對台灣半總統制運

35　一位第八屆國民黨籍的立法委員提到：如果不照朝野協商的結論投票，會被罰款，可是有時執
　　政黨的黨鞭明顯反對朝野協商的結果，因為這與總統所欲推動的法案或政策相反，其常常進退
　　維谷，一方面要督促同黨國會議員投票支持國會協商結果，一方面黨鞭的法案推動只能一讀、
　　二讀，無法走到三讀的最後一哩路，執政黨黨鞭無力改變國會的內規，最終只有掛冠求去。

作的研究指出，國會（立法院）作爲集體的否決者，在設定議題上有後發制
人的優勢，有時會不支持總統屬意的法案或政策，甚至通過總統反對的法
案（Lin, 2011）。執政黨黨政連結的功能因國會內規之黨團協商制度而被阻
斷，國會的黨團無法貫徹總統或行政部門的意志。當總統和行政部門連續受
到國會的作梗時，有時只好選擇制定行政命令的方式迂迴地繞過國會。[36]當
然，國會在大多數的情況下還是會支持政府的提案，但是在特定的爭議性法
案或是反對黨透過政黨協商機制所交換的法案所通過的內容，與總統預期的
立法結果南轅北轍，讓總統的權力無法在國會施展，眞正成爲半總統制下的
「半總統」，而不是「全總統」。台灣屬於離心三角關係的模式。如前面所
提到，離心三角關係模式是國會不具有同意權，同時國會議員也不能兼任內
閣閣員時，會使得總理人選的產生，國會較無法置喙，總理不具備國會議員
的身分屬性與國會的連結也較弱之情況下，會形成弱權總理的現象，甚至總
理有時會夾在總統和國會之間，遭受到兩個民主的權力機關之相互擠壓。

陸、結論：半總統制三角關係的矛盾

　　總統、總理和國會之間的衝突是半總統制結構的本質，甚至這些衝突是
永久的（Colton and Skach, 2005: 116）。半總統制三角關係可能會出現兩種
矛盾，總統和總理的矛盾以及總統和國會的矛盾。首先，半總統制下，總統
和總理之間容易發生衝突的結構性因素是總理權威的自主性、支持政策的不
同以及總統想要有完全控制政府的權威（Suleiman, 1980: 118）。半總統制
下的總統和總理關係存在著一個矛盾的情結。總統和總理之間必須有權宜之

36　上述受訪的國會議員提到行政機關如何繞過國會執行相關的政策，例如以制定行政命令代替國
　　會中以法律提案之方式。行政命令需要送到立法院備查（陳清雲，2003），但只有少數的行政
　　命令因爲有違反、變更或牴觸法律者，或應以法律規定之事項而以命令規定之者，如有國會議
　　員十五人以上連署或附議，即交付有關委員會審查（立法院職權行使法第60條）。依據立法院
　　過去的審議情形，審行行政命令是少數，備查行政命令是多數（陳清雲，2004）。與法案審查
　　的程序相較，行政命令的備查較不會受到國會實質性的審議。

計，當總統欲建立政治上或憲法的優越地位，而選擇免職總理時，總統也必須承認其用人失敗；當總統將重要的權威授予給總理時，總統會冒著失去對於行政機構控制的危險；假如總統給予總理太少的權威，總理也會覺得其受到限制以及可能企圖突破這些限制（Suleiman, 1980: 119）。換言之，總統和總理之間有關權力分配的矛盾會造成弱權總理的結果或是總理對於總統的反彈。其次，半總統制中的總統和國會之間關係與總統制中的總統和國會關係，面臨類似的權力平衡矛盾。半總統制的總理是總統在國會的代理人，除了執行總統的政策，還需要與國會執政黨團溝通，順利通過內閣所制定的草案，當總統和國會各彈不同的曲調時，總理會面對總統和國會的交叉壓力，無法兩邊都討好。例如擁護總統制的學者認為，總統的權力可以彌補立法機關在效率上的不足，但是總統權力的行使必須有所節制，其應該多與國會協商，同時讓國會掌握多數的政黨有不同的聲音以及在立法上保持一定程度的自主性，其可以成為制衡總統權力的一項民主資產，而不是黨政關係失衡的缺點（Carey, 2009）。在某些情況下，半總統制下一黨控制的一致政府時期，其權力的集中程度甚至高於總統制下一致政府的權力集中程度，因為在半總統制下國會不一定成為制衡機關。然而，從權力制衡的角度來看，如果半總統制的國會可以發揮制衡的力量，總統權力的行使會受到抑制，總統的法案或政策推動遭遇到反對聲浪，總統的政治權威僅可以指揮總理，不能指揮國會，這種情形最容易出現在總統第二任期，國會議員無心配合總統的政策或立法指示。

　　半總統制的研究中，總統權力的大小以及總統對於內閣的掌控一直是研究的重要取向。然而，這種研究途徑較無法看到總統權力行使所面對的障礙或是限制。如果從國會和黨政關係的角度來分析，比較容易觀察出總統權力是不是濫用、總統是不是會繞過國會以及總統權力是不是受到制衡。民主國家的國會，通常都具有一定程度的自主性，不可能對於總統或政府的提案照單全收或甘願成為橡皮圖章。即使總統透過政黨的機制如兼任黨主席或指揮國會黨鞭的方式，也不一定能夠取得國會的全力支持或配合。半總統制下總統、總理和國會的三角關係要能夠順利運作必須要有制度和行為的配套，總

統是否將權力分享給國會的議長或是執政黨國會議員，將是半總統制中總統權力順利運作的先決條件。如果總統只在意總理的權力是否逾越或只關注政策執行的最後成果，而一再地忽略國會的聲音和權力的話，很難期待總理會有好的施政表現。當總統的代理人無法有好的施政表現時，總統這個委託人還是要負責所有的成敗。總統選擇更換總理的方式並沒有解決真正的問題，因為新的總理同樣面對著舊的結構性問題。從執政黨國會議員的角度來看，歷經激烈的相對多數決的國會選舉，如果只能當舉手部隊，不能對於法案表達自主的意見或是對於人事任命置喙的話，其比英國議會制下執政黨國會議員的權力還要小。診斷完台灣的半總統制經驗之後，我們可以得出一個結論，權力的適度分享反而可以建立權威，權力的過度集中，反而愈容易失去權威。

1. 分立政府（divided government）

   分立政府的概念來自總統制國家，用以指涉總統與國會多數席次分由不同政黨（或聯盟）掌握之樣態。而在半總統制國家中，若總統所屬政黨（或聯盟）未占有國會多數席次，也可稱為分立政府。

2. 共治（cohabitation）

   半總統制國家的總統與國會皆由民選產生，當總統所屬政黨（或聯盟）與國會多數黨（或聯盟）不同的情形發生時，總統或按其意願、或按憲法之規定，任命一與自己政黨立場相異，並受國會多數支持的總理，稱為共治。

3. 法國國會議員兼任制（cumul des mandats）

   法國的參議院、國民議會議員可同時兼任地方層級的行政首長和議員，目前，法國國會議員兼有它職的比例，是全歐洲採行兼任制國家當中最高的。以2012年選出的國民議會議員為例，約八成五的議員具有兼任職。不過，自2014年起，法國已立法規定國會議員不得再兼任地方行政首長，此將在2017年的國會議員選舉後開始實施。

4. 台灣的總統任命閣揆權

   台灣在1997進行的第四次修憲，將憲法本文所規定「行政院院長由總統提名，經立法院同意任命之」停止適用，改由總統單獨享有任命閣揆權。經過長年運作，任命閣揆權不但常是多數論者認為行政院院長乃總統「執行長」的來源，任命閣揆權甚至與「免職閣揆權」劃上等號。

5. **總統國會制**

是Shugart和Carey兩位學者所提出半總統制的一種重要次類型，而且是屬於總統權力較大的半總統制類型，其特徵是總理（內閣）需要同時對國會和總統負責。決定上述特性的關鍵因素，則是總統有權可以罷黜總理。

6. **總理總統制**

是Shugart和Carey所提出半總統制的另一種重要次類型，是屬於總統權力較小的半總統制類型，其特徵是總理（內閣）僅對國會而不對總統負責。決定上述特性的關鍵因，是總統並無罷黜總理的權力。

7. **總統制**

總統制是指涉一種權力相互獨立的政治系統，在這政治系統之中，行政權和立法權之間分別有固定的選舉任期和不同的正當性來源。所謂的權力相互獨立，指的是權力分立（separation of powers），行政、立法和司法三項權力的分立如國會負責制定法律，總統負責執行法律，最高法院負責解釋法律。總統制除了權力分立之外，同時也讓不同的部門分享相同的權力，讓部門與部門之間可以進行權力的制衡（checks and balances）。

8. **議會制（內閣制）**

議會制（內閣制）是指涉內閣總理和他（她）的閣員是對國會任何多數的成員負責，而且內閣可以被國會經由不信任投票或是建設性不信任投票驅逐下台。議會制民主的特徵是指內閣必須被國會多數所容忍，而不是國會在選擇內閣總理扮演實際的角色。強調內閣必須被國會多數所容忍的特點可以涵蓋所謂的少數政府（minority government）的現象。

9. **內閣會議**

主要指內閣制與半總統制國家下內閣的最高決策會議，在一些國家稱為「部長會議」（council of ministers），通常是由內閣總理或首相主持，但在某些國家如法國第五共和，則是由總統擔任主席。在我國，行政院會議即相當於內閣會議，係由行政院院長主持。

10. 總統的政策權

在半總統制憲法下，總統的政策權通常屬於外交、國防與國家安全等領域，但往往並非專屬權力，而是與總理領導的政府分享。有些國家的總統則另具有法案提案權或覆議權（否決權）或公民投票發動權等等廣義的政策權限。

11. 黨政關係

主要指涉的是執政黨與政府的關係，在政黨政府（party government）的運作下，政府由政黨組成，兩者關係更為密切，不同的組成方式和互動模式，亦構成不同的黨政關係型態。半總統制之下的黨政關係，其最核心的部分在於總統與執政黨的關係，總統是否兼任黨主席，影響著整體黨政關係與次級體系內涵。

12. 半總統制

半總統制是一種混和了總統制和內閣制的憲政體制。在半總統制之下，有一位民選產生的共和國總統，並享有若干實際權力。除此之外，也有總理領導內閣，在國會沒有表達不信任的情況下行使行政權。典型的個案例如法國。我國在1997年修憲之後，制度上也符合半總統制的定義。

13. 少數政府

少數政府是一種描繪政府與國會之間的黨政型態。少數政府意指，組織內閣的政黨，無論是單一政黨或是聯合內閣，在國會都沒有享有絕對多數的席次。這並不表示政府無法存續，有時候是國會中政黨過多，無法形成有效多數，有時候是在野政黨的策略考量，容忍少數政府的存續。一般而言，在多黨的內閣制之下容易出現此種政府型態。

14. 總統化政黨

在總統直選的國家中（總統制或半總統制），若總統實質上領導政黨，都會促使政黨發展為「總統化政黨」的趨勢。在總統化政黨下，總統領導政黨選舉競爭，也領導政黨在國會的運作。總統不一定在形式上要兼

任黨魁，只要實質領導政黨，就會出現總統化政黨。

15.官僚菁英型行政院院長

在本書中所謂的官僚菁英型行政院院長，指的是行政院院長在就任前有豐富的學術或行政歷練，但較欠缺大型選舉和黨務經驗。因爲沒有選舉或黨務歷練，在出任行政院院長時，仰賴總統的支持，和立法院的互動可能較爲生疏。

16.黨政菁英型行政院院長

在本書中所謂的黨政菁英型行政院院長，不同於官僚菁英，指的是出任行政院院長以前，曾經代表政黨參與大型選舉，或擁有豐富的黨職歷練。相較於官僚菁英型行政院院長，黨政菁英的行政院院長因爲嫻熟黨務運作，因此和立法委員的互動可能較具彈性。

17.國會式政府

在多黨體系的情況下，總統的政黨只取得國會中的相對少數，與國會中相對多數的政黨成立聯合政府，稱之爲國會式政府，又稱之爲分立行政（divided executive），其指涉當總統的政黨沒有掌握國會過半數，總統必須任命一個來自不同政黨的領袖擔任總理，而總理所形成的聯盟政府包含總統的政黨。

18.國會同意權（investiture）

是指總統提名總理和內閣之後，必須經由國會過半數的議員投票通過的程序，內閣經由國會過半數同意之後，才能組成政府，如果國會不同意，總統必須重新提名總理和內閣。

19.信任投票（vote of confidence）

是指政府有權利將特定的法案宣布爲信任案，如果該法案未通過，政府將會解散內閣，並讓國會重新改選。信任投票的目的在於維繫執政黨國會議員的紀律，透過可能面臨重新改選的壓力來凝聚執政黨國會議員的立法支持，防止他們支持反對黨的提案或是棄權不投票。

一、中文部分

NOWnews，2009，〈加持新行政團隊　馬總統：行動內閣上路〉，9月11日：http://www.nownews.com/n/2009/09/11/869090。檢索日期：2016年9月21日。

上官莉娜、李黎，2010，〈法國中央與地方的分權模式及其路徑依賴〉，《法國研究》（4）：83-87。

王建學，2010，〈法國公法中地方自治團體的概念〉，《東南學術》（1）：129-137。

王政寧、李明賢、許俊瑋，2012，〈府院：本外勞薪資不脫鉤〉，《中國時報》，3月22日，版A01。

王業立，2002，〈國會中的政黨角色與黨團運作〉，《月旦法學》（86）：82-96。

王業立，2013，〈會計法爭議／覆議滅火－憲政潘朵拉〉，《聯合報》，6月8日，版A23。

民眾日報，2008，〈定調團結國民黨挑戰仍多〉，《民眾日報》，11月23日，版A01。

石之瑜，2005，〈閣揆去留淪為高層鬥爭祭品〉，《聯合報》，12月17日，版A15。

立法院，2016，〈黨（政）團人數統計表查詢〉，《立法院全球資訊網》：http://www.ly.gov.tw/03_leg/0302_report/stat/statPartyGroup.action。檢索日期：2016年1月24日。

自由新聞網，2004，〈新十大案下週五朝野對決〉，5月1日：http://old.ltn.

com.tw/2004/new/may/1/today-p6.htm。檢索日期：2016年9月21日。

自由電子報，2009a，〈孤鳥吳敦義人和是最大考驗〉，9月8日：http://
　　news.ltn.com.tw/news/focus/paper/333519。檢索日期：2016年9月21日。

自由電子報，2009b，〈吳登高位藍委多保留〉，9月8日：http://news.ltn.
　　com.tw/news/focus/paper/333524。檢索日期：2016年9月21日。

行政院研考會，2009，《我國行政區劃之研究》，台北：行政院研究發展
　　考核委員會。

吳玉山，2000，《俄羅斯轉型1992-1999：一個政治經濟學的分析》，台
　　北：五南。

吳玉山，2002，〈半總統制下內閣組成與政治穩定：比較俄羅斯、波蘭與
　　中華民國〉，《俄羅斯學報》（2）：229-265。

吳玉山，2006，〈政權合法性與憲改模式：比較台灣與歐洲後共新興民主
　　國家〉，吳重禮、吳玉山（編），《憲政改革——背景、運作與影響》，
　　第三章，台北：五南，頁29-62。

吳玉山，2011，〈半總統制：全球發展與研究議程〉，《政治科學論叢》
　　（47）：1-32。

吳玉山，2012，〈半總統制：全球發展與研究議程〉，沈有忠，吳玉山
　　（編），《權力在哪裡？從多個角度看半總統制》，第一章，台北：五
　　南，頁1-28。

吳志中，2014，〈法國半總統制下國會制度之探討：以多重職務的改革為
　　例〉，「第六屆國會研究學術研討會」論文，6月13-14日，台北：東吳大
　　學政治系主辦。

吳奇英，1997，〈我國行政院院長產生、任期、權責與任命問題初探〉，
　　《復興崗學報》（6）：91-110。

吳庚、陳淳文，2013，《憲法理論與政府體制》，台北：三民。

吳東野，1996，〈「半總統制」政府體系的理論與實際〉，《問題與研
　　究》35（8）：37-49。

吳秦雯，2009，〈法國地方自治團體之角色——垂直分權之制衡？〉，

《思與言》47（3）：67-98。

呂炳寬、徐正戎，2005，《半總統制的理論與實務》，台北：鼎茂。

宋浚博，2002，《憲政改革中行政與立法關係之研究——論行政院院長同意權取消之影響》，台北：中國文化大學中山學術研究所碩士論文。

李明賢，2009，〈中常委被鍘送禮才兩個？出事都是菜鳥〉，《聯合報》，2009年10月20日，版A22。

李國雄，2013，《比較政府與政治》，台北：三民。

李雅雯，2015，〈馬轟「鄉愿」朱立倫：大是大非、彼此尊重〉，《自由時報》，2月26日：http://news.ltn.com.tw/news/politics/breaking-news/1241775。檢索日期：2016年4月19日。

李鳳玉、黃建實，2015，〈總統兼任黨主席對政府法案通過的影響〉，《政治科學論叢》（64）：85-136。

李鳳玉、藍夢荷，2011，〈一致政府下的內閣穩定：比較2008年總統大選之後的俄羅斯與台灣〉，《政治科學論叢》，（47）：107-142。

李鳳玉、藍夢荷，2012，〈一致政府下的內閣穩定：比較2008年總統大選之後的俄羅斯與台灣〉，沈有忠，吳玉山（編），《權力在哪裡？從多個角度看半總統制》，第十二章，台北：五南，頁427-458。

沈有忠，2004，〈半總統制下的權力集散與政府穩定：台灣與威瑪共和的比較〉，《臺灣民主季刊》1（3）：99-129。

沈有忠，2006，〈半總統制下的行政首長選擇：制度與理性結構的分析〉，《政治學報》（42）：189-219。

沈有忠，2009，《威瑪憲政變奏曲》，台北：五南。

沈有忠，2010，〈半總統制下行政體系二元化之設計〉，「第一屆半總統制與民主學術研討會」論文，6月5日，台北：臺灣大學政治系、中央研究院政治所籌備處主辦。

沈有忠，2011，〈半總統制下行政體系二元化之內涵〉，《政治科學論叢》（47）：33-64。

沈有忠，2012，〈半總統制「權力總統化」之比較研究〉，《臺灣民主季

刊》9（4）：1-36。

沈有忠，2014，〈半總統制不同類型下的二元行政關係──台灣與羅馬尼亞的比較研究〉，《臺灣民主季刊》11（3）：41-82。

沈有忠、吳玉山（編），2012，《權力在哪裡？從多個角度看半總統制》，台北：五南。

周志豪、丘采薇，2015，〈農舍農有、藍委砲聲隆隆、民進黨內也有歧見〉，《中國時報》，2015年9月15日，版A9。

周育仁，2001，〈建構總統制與內閣制換軌機制〉，明居正、高朗（編），《憲政體制新走向》，台北：新臺灣人文教基金會，頁1-26。

周育仁，2016，〈從行政與立法互動論台灣民主〉，載於王業立（編），《臺灣民主之反思與前瞻》，台北：臺灣民主基金會。

周育仁、吳秦雯、劉有恆、劉嘉薇，2011，〈強化行政與立法部門溝通協調機制之研究〉，《行政院研究考核委員會委託報告》。

東森新聞，2014，〈毛治國接行政院長　李慶華批馬：狠狠打了35位立委耳光〉，12月14日：http://www.ettoday.net/news/20141204/434475. htm?feature=88&tab_id=93。檢索日期：2016年9月21日。

林國明，2003，〈到國家主義之路：路徑依賴與全民健保組織體制的形成〉，《臺灣社會學》（5）：1-71。

林繼文，2000，〈半總統制下的三角政治均衡〉，林繼文（編），《政治制度》，台北：中央研究院，頁133-175。

林繼文，2006，〈政府體制、選舉制度與政黨體系：一個配套論的分析〉，《選舉研究》13（2）：1-35。

林繼文，2012，〈共治可能成為半總統制的憲政慣例嗎？法國與台灣的比較〉，沈有忠、吳玉山（編），《權力在哪裡？從多個角度看半總統制》，第十章，台北：五南，頁341-373。

邱訪義，2010，〈台灣分立政府與立法僵局〉，《臺灣民主季刊》7（3）：87-121。

邱訪義、李誌偉，2013，〈立法院消極議程控制的邏輯與經驗分析：1993-

2011〉，《東吳政治學報》31（4）：1-70。

邱訪義、李誌偉，2016，〈影響行政部門提案三讀通過之制度性因素〉，《臺灣民主季刊》13（1）：39-84。

邱訪義、鄭元毓，2014，〈立法院黨團協商：少數霸凌多數抑或是多數主場優勢〉，《政治科學論叢》（62）：155-194。

施正鋒，2002，〈阿扁班底就位爲連任佈局〉，《中國時報》，1月22日，版15。

紀和均（譯），2013，〈法國地方自治的現況與展望〉，《中國地方自治》66（1）：53-70。譯自Gerard Marcou於2012年「直轄市治理國際學術研討會」演講稿。

紀和均，2012，〈巴黎市治理總移植——以歐債危機處理爲例〉，《中國地方自治》65（12）：45-59。

紀俊臣，2012，〈台灣直轄市與法國巴黎市、日本東京都之區制比較〉，《中國地方自治》65（6）：3-19。

韋洪武（譯校），M. J. C. Vile（原著），2004，《最新美國政治》，台北：韋伯。

唐佩君，2008，〈總統兼任黨魁？學者正反意見皆有〉，《中央社》，8月31日。

徐正戎，2001，〈法國地方制度之剖析——擺盪於中央集權制與地方分權制之間〉，《東吳大學法律學報》13（1）：1-40。

徐正戎，2002，《法國總統權限之研究》，台北：元照。

徐正戎、呂炳寬、張峻豪，2006，〈半總統制何去何從：以法國爲例〉，「2006年中國政治學會年會暨『憲政、民主與人權』學術研討會」論文，9月16-17日，台北：國立政治大學。

徐正戎、張峻豪，2004，〈從新舊制度論看我國雙首長制〉，《政治科學論叢》（22）：139-180。

翁燕菁，2013，〈地方府會爭議類型與處理機制之研究期末報告（法國部分）〉，內政部委託計畫，計畫編號：102JCD02，台北：內政部。

郝培芝，2010，〈法國半總統制的演化：法國2008年修憲的憲政影響分析〉，《問題與研究》49（2）：65-98。

郝培芝，2013，〈半總統制的演化：總統化與內閣不穩定〉，《問題與研究》52（1）：101-141。

張台麟，2007，《法國政府與政治》，台北：五南。

張壯熙，1992，〈法國地方自治制度〉，《當代青年》2（4）：55-57。

張峻豪，2011，〈半總統制運作類型的跨國研究〉，《問題與研究》50（2）：107-142。

張峻豪，2011，〈左右共治的類型研究〉，《東吳政治學報》29（4）：72-115。

張峻豪，2012，〈半總統制的行政權運作樣態研究〉，《人文社會科學研究》6（1）：48-71。

張峻豪，2015，〈新興半總統制國家的共治運作機制與路徑多樣性〉，《東吳政治學報》33（2）：121-185。

張峻豪，2016，《共治類型與新興半總統制國家的共治經驗》，台北：翰蘆。

張峻豪、徐正戎，2007，〈閣揆角色的受限或突破：政黨輪替後我國行政院院長與總統互動之研究〉，《臺灣民主季刊》4（1）：51-108。

張琪，2009，〈總統參選黨主席為保衛中華民國〉，《自立晚報》，6月11日，政治特區。

張詠，2015，〈朱主席終於展現戰鬥意志〉，《更生日報》，7月11日，版15。

梁崇民，1996，〈法國「行政區」的定位與發展〉，《國家政策雙週刊》（149）：14-17。

盛杏湲，2003，〈立法機關與行政機關在立法過程中的影響力：一致政府與分立政府的比較〉，《臺灣政治學刊》7（2）：51-105。

盛杏湲，2014，〈從立法提案到立法產出〉，黃秀端等（著），《轉型中的行政與立法關係》，台北：五南，頁23-60。

許恒禎，2012，〈台灣與蒙古半總統制下政府型態的比較〉，《東吳政治學報》30（2）：71-125。

許菁芸，2010，〈俄羅斯國會之發展剖析〉，《政治科學論叢》（43）：119-158。

陳宏銘，2004，〈半總統制下「少數政府」的形成與存續──台灣2000-2004之研究〉，台北：東吳大學政治學研究所博士論文。

陳宏銘，2009，〈台灣半總統制下的黨政關係〉，《政治科學論叢》（41）：1-56。

陳宏銘，2010，〈新權力分立與民主半總統制國會：以芬蘭、法國與波蘭之經驗為例〉，《中華人文社會學報》（13）：32-65。

陳宏銘，2012，〈半總統制下總統的法案推動與立法影響力：馬英九總統執政時期的研究〉，《東吳政治學報》30（2）：1-70。

陳宏銘，2013，〈「選舉機器」政黨轉型路線與黨政關係的建構：中國國民黨的經驗（2000～2012）〉，《臺灣政治學刊》17（2）：15-69。

陳宏銘，2014，〈法案推動過程中總統的態度表達：以陳水扁執政時期經驗為例〉，《中華行政學報》（15）：99-112。

陳宏銘，2014，〈總統如何推動法案？台灣民選總統案例的研究〉，「2014年臺灣政治學會年會暨當前全球民主實踐的再思考：困境、挑戰與突破國際學術研討會」論文，12月6-7日，台北：臺灣大學。

陳宏銘、梁元棟，2007，〈半總統制的形成和演化〉，《臺灣民主季刊》4（4）：27-69。

陳宏銘、蔡榮祥，2008，〈選舉時程對政府組成型態的牽引力：半總統制經驗的探討〉，《東吳政治學報》26（2）：117-180。

陳宏銘、蔡榮祥，2012，〈選舉時程對政府組成的牽引力〉，沈有忠、吳玉山（編），《權力在哪裡？從多個角度看半總統制》，第七章，台北：五南，頁205-252。

陳財官，2008，〈伯公：馬英九保證黨政不分離〉，《台灣時報》，7月27日，版4。

陳淳文，2004，〈從法國法論地方政府之財政監督〉，《人文及社會科學集刊》16（1）：43-72。

陳清雲，2003，〈論各機關應送交立法院之行政命令〉，《法令月刊》54（6）：18-30。

陳清雲，2004，〈論立法院審查行政命令之改進〉，《法令月刊》55（1）：16-37。

陳滄海，1988，〈我國行政院院長角色行為之研究〉，台北：國立師範大學三民主義研究所碩士論文。

陳瑞樺（譯），Olivier Duhamel、Marie-Anne Cohendet、Philippe Ardant（原著），2001，《法國為何出現左右共治？歷史、政治、憲法的考察》，台北：貓頭鷹。

黃名璽，2008，〈藍營執政新任中常委出爐黨政互動受矚目〉，《中央社》，7月26日，國內政治。

黃秀端，2003，〈少數政府在國會的困境〉，《臺灣政治學刊》7（2）：1-46。

黃秀端，2014，〈半總統制中總統的角色與憲政運作〉，黃秀端等（著），《轉型中的行政與立法關係》，台北：五南，頁271-303。

黃秀端、何嵩婷，2007，〈黨團協商與國會立法：第五屆立法院的分析〉，《政治科學論叢》（34）：1-44。

黃昭元，1998，〈九七修憲後我國中央政府體制評估〉，《台大法學論叢》27（2）：183-216。

黃凱斌，2010，〈1982-2004年法國分權改革述評〉，《東南學術》（3）：61-69。

楊日青，2000，〈六次修憲與政黨生態變遷對政府體制的影響〉，《政策月刊》（59）：21-25。

楊艾俐，2015，《迎戰風暴：劉兆玄內閣的關鍵478天》，台北：天下文化。

楊婉瑩，2003，〈一致性到分立性政府的政黨合作與衝突：以第四屆立法

院為例〉，《東吳政治學報》（16）：49-95。

楊婉瑩、陳采葳，2004，〈國會改革風潮下黨團協商制度之轉變與評估〉，《東吳政治學報》（19）：111-150。

廖達琪、沈有忠、吳玉山（主編），2015，《半總統制跨洲比較：亞洲與歐洲的對話》，高雄：中山大學出版社。

廖達琪、陳月卿、李承訓，2013，〈半總統制下的國會監督──從法制面比較台灣與法國國會的監督能量〉，《問題與研究》52（2）：51-97。

趙信敏，2007，〈巴黎現行政治──行政體制特徵及其成因探析〉，上海：復旦大學國際關係及公共事務學院碩士論文。

劉文仕，2007，〈　足統一，邁向分權：法國地方分權制度的嬗變與前瞻〉，《東吳政治學報》25（2）：65-122。

劉瑞華（譯），Douglass North（原著），1994，《制度、制度變遷與經濟成就》，台北：時報文化。

劉麗榮，2015，〈朱立倫不上訴王金平馬英九：失望〉，《中央社》，2月25日：http://www.cna.com.tw/news/firstnews/201502255015-1.aspx。檢索日期：2015年3月18日。

蔡榮祥，2013，〈多黨總理總統制民主的政府類型與憲政運作的衝突──以斯洛維尼亞、斯洛伐克、克羅埃西亞、立陶宛為例〉，《東吳政治學報》31（3）：65-116。

蔡榮祥、石鵬翔，2011，〈總理總統制與政治穩定：以烏克蘭和羅馬尼亞為例〉，《政治科學論叢》（47）：65-106。

蔡榮祥、陳宏銘，2012，〈總統國會制的一致政府與憲政運作：以馬英九總統第一任任期為例〉，《東吳政治學報》30（4）：121-176。

鄭媁、周佑正、林河民，2015，〈大逆轉！藍黨團決議廢證所稅、下周一朝野協商最快下周二可三讀、將維持課證交稅千分之三，賴士葆：大家各自解讀，認為廢掉就廢掉〉，《聯合報》，2015年11月14日，版A5。

蕭文生，2002，〈自法律觀點論國會改選後的政府組成〉，陳隆志（主編），《新世紀新憲政──憲政研討會論文集》，台北：元照，頁273-

289。

蕭旭岑，2004，〈蕭萬長：國民黨須立即改革徹底揚棄舊思維黨產儘速透明化轉型「選舉機器」〉，《中國時報》，5月14日，版A6。

總統府，2002，〈總統舉行記者會宣布新任閣揆及總統府秘書長人選〉，中華民國總統府《新聞稿》，1月21日：http://www.president.gov.tw/Default.aspx?tabid=131&itemid=2000&rmid=514&sd=2002/01/15&ed=2002/01/21。檢索日期：2016年9月21日。

總統府，2005，〈總統宣佈任命高雄市市長謝長廷為下一任行政院院長〉，中華民國總統府《新聞稿》，1月25日：http://www.president.gov.tw/Default.aspx?tabid=131&itemid=10198&rmid=514。檢索日期：2016年9月21日。

總統府，2006，〈總統宣布任命民主進步黨前主席蘇貞昌為新任行政院院長〉，中華民國總統府《新聞稿》，1月19日：http://www.president.gov.tw/Default.aspx?tabid=131&itemid=11275。檢索日期：2016年9月21日。

總統府，2012，〈總統肯定吳院長與內閣團隊之貢獻並提名陳冲接任閣揆〉，中華民國總統府《新聞稿》，1月31日：http://www.president.gov.tw/Default.aspx?tabid=131&itemid=26411&rmid=514&sd=2012/01/01&ed=2012/01/31。檢索日期：2016年9月21日。

總統府，2013，〈總統出席「感謝與期許」茶會〉，中華民國總統府《新聞稿》，2月5日：http://www.president.gov.tw/Default.aspx?tabid=131&itemid=29170&rmid=514&word1=%E6%B1%9F%E5%AE%9C%E6%A8%BA&sd=2013/01/01&ed=2013/02/21。檢索日期：2016年9月21日。

總統府，2014，〈總統府宣布現任行政院副院長毛治國將接任行政院長〉，中華民國總統府《新聞稿》，12月3日：http://www.president.gov.tw/Default.aspx?tabid=131&itemid=33767&rmid=514&word1=%E6%AF%9B%E6%B2%BB%E5%9C%8B。檢索日期：2016年9月21日。

謝政道，2002，〈中華民國總統對行政院院長之任命權的探討〉，《國立屏東科技大學學報》11（4）：379-387。

魏嘉瑀，2015，〈40藍委挺王，列不分區首位〉，《中國時報》，11月13日，版A5。

羅暐智，2014，〈地政士法覆議立院擬邀江宜樺報告〉，風傳媒，1月20日：http://www.storm.mg/article/26547。檢索日期：2016年9月21日。

蘇子喬，2011，〈哪一種半總統制──概念界定爭議之釐清〉，《東吳政治學報》29（4）：1-72。

蘇子喬，2012，〈台灣憲政體制的變遷軌跡（1991-2010）：歷史制度論的分析〉，沈有忠、吳玉山（編），《權力在哪裡？從多個角度看半總統制》，第九章，台北：五南，頁291-340。

蘇子喬、王業立，2012，〈總統與國會選制影響政黨體系的跨國分析〉，《問題與研究》51（4）：35-65。

二、英文部分

Arktur. 2006. "New Cabinet of Ministers of Ukraine is Formed." In http://www.hotels-ru.biz/en/faq/48-ukraine/97-new-cabinet-of-ministers-of-ukraine-is-formed.html, accessed on 23 May 2013.

Arter, David. 1981. "Kekkonen's Finland: Enlightened Despotism or Consensual Democarcy?" *West European Politics* 4(3): 219-234.

Bahro, Horst, Bernhard H. Bayerlein, and Ernest Veser. 1998. "Duverger's Concept: Semi-presidential Governments Revisited." European Journal of Political Research 34(2): 201-224.

Bartolj, Jaka. 2007. "A Presidential No-Show." *The Slovenia Times* 11 July 2007 in http://www.sloveniatimes.com/a-presidential-no-show, accessed on 16 March 2013.

Baylis, Thomas A. 1996. "Presidents versus Prime Ministers: Shaping Executive Authority in Eastern Europe." *World Politics* 48(3): 297-323.

Baylis, Thomas A. 2007. "Embattled Executives: Prime Ministerial Weakness in East Central Europe." *Communist and Post-communist Studies* 40(1): 81-

106.

BBC Monitoring Europe. 2008. "Polish Premier Says President's Position on EU Summits 'Dangerous'." 16 October 2008 in http://www.lexisnexis.com. autorpa.lib.ccu.edu.tw/ap/academic/?lang=zh, accessed on 20 January 2016.

Belkind, Lara. 2013. "The Negotiated Urbanism of Grand Paris Express." *Metro Politics.eu(France)*, 12 June 2013 in http://www.metropolitiques.eu/The-Negotiated-Urbanism-of-Grand.html, accessed on 1 September 2013.

Bell, David S. and John Gaffney. 2013. "Conclusion: the Study of Political Leadership in France." In *The Presidents of the French Fifth Republic*, eds. David S. Bell and John Gaffney. Palgrave Macmillan, pp. 196-205

Bennett, Andrew and Colin Elman. 2006. "Complex Causal Relations and Case Study Methods: The Example of Path Dependence." *Political Analysis* 14(3): 250-267.

Bennett, Andrew. 2010. "Process Tracing and Causal Inference." In *Rethinking Social Inquiry: Diverse Tools, Shared Standards*, eds. Henry E. Brady and David Collier. Lanham, MD.: Rowman and Littlefield, pp. 207-219.

Bergman, Torbjörn. 1993. "Formation Rules and Minority Governments." *European Journal of Political Research* 23(1): 55-66.

Blondel, Jean. 1992. "Dual Leadership in the Contemporary World." In Arend Lijphart, ed., Parliamentary versus Presidential Government. Oxford: Oxford University Press.

Blondel, Jean. 2000. "A Framework for the Empirical Analysis of Government-Supporting Party Relationships." In *The Nature of Party Government: A Comparative European Perspective*, eds. Jean Blondel and Maurizio Cotta. London: Palgrave Press, pp. 96-115.

Boban, Davor. 2007. "Minimalist" Concepts of Semi-presidentialism: Are Ukraine and Slovenia Semi-presidential States." *Politička Misao* 69(5): 155-177.

Brouard, Sylvain, Eric Kerrouche, Elisa Deiss-Helbig, and Olivier Costa. 2013. "From Theory to Practice: Citizens' Attitudes about Representation in France." *The Journal of Legislative Studies* 19(2): 178-195.

Brouard, Sylvain, Olivier Costa, Eric Kerrouche, and Tinette Schnatterer. 2013. "Why Do French MPs Focus More on Constituency Work than on Parliamentary Work?" *The Journal of Legislative Studies* 19(2): 141-159.

Browne, Eric C, John P. Frendreis, and Dennis W. Gleiber. 1984. "An Events Approach to the Problem of Cabinet Stability." *Comparative Political Studies* 17(2): 167-197.

Bucur, Cristina and Iain McMenamin. 2014. "Poland: Presidentialization in A Young Democracy." In *The Presidentialization of Political Parties, Organizations and Leaders*, ed. Passarelli, Gianluca.UK: Palgrave Macmillan Press, pp. 107-123.

Carey, John M. 2007. "Competing Principals, Political Institutions, and Party Unity in Legislative Voting." *American Journal of Political Science* 51(1): 92-107.

Carey, John M. 2009. "What Kind of Strong President?" In *Como hacer que funcione el sistema prsidencial (Making Presidentialism Work)*, eds. Andrew Ellis, J. Jesus Orozco Henriquez, and Daniel Zovatto. Mexico City: Instituto de Invstigaciones Juridicas and International Institute for Electoral and Democracy Assistance, pp. 173-190.

Carey, John M. and Matthew Soberg Shugart. 1995. "Incentives to Cultivate a Personal Vote: A Rank Ordering of Electoral Formulas." *Electoral Studies* 14(4): 417-439.

Carroll, Royce and Matthew S. Shugart. 2007. "Neo-Madisonian Theory and Latin American Institutions." In *Regimes and Democracy in Latin America: Theories and Methods*, ed. Gerardo L. Munck. Oxford: Oxford University Press, pp. 50-101.

Chaisty, P. 2008. "The Legislative Effects of Presidential Partisan Powers in Post-Communist Russia." *Government and Opposition* 43(3): 424-453.

Cheibub, José Antonio and Svitlana Chernykh. 2009. "Are Semi-presidential Constitutions Bad for Democratic Performance?" *Constitutional Political Economy* 20(3): 202-229.

Cheibub, José Antonio, Adam Przeworski, and Sebastian M. Saiegh. 2004. "Government Coalitions and Legislative Success under Presidentialism and Parliamentarism." *British Journal of Political Science* 34(4): 565-587.

Cheibub, José Antonio, Shane Martin, and Bjørn Erik Rasch. 2015. "Government Selection and Executive Powers: Constitutional Design in Parliamentary Democracies." *West European Politics* 38(5): 969-996.

Cheibub, José Antonio. 2007. *Presidentialism, Parliamentarism, and Democracy*. New York: Cambridge University Press.

Cienski, Jan. 2010. "Polish President, Prime minister at Loggerheads." *PRI*, 30 May 2010 in http://www.globalpost.com/dispatch/poland/090127/polish-president-prime-minister-at-loggerheads, accessed on 20 January 2016.

Clift, Ben. 2005. "Dyarchic Presidentialization in a Presidentialized Polity: The French Fifth Republic." In *The Presidentialization of Politics: A Comparative Study of Modern Democracies*, eds. Thomas Poguntke and Paul Webb. New York: Oxford University Press, pp. 221-245.

Cole, Alistair. 1993. "The Presidential Party and the Fifth Republic." *West European Politics* 16(2): 49-66.

Cole, Alistair. 2012a. "The Fast Presidency? Nicolas Sarkozy and the Political Institutions of the Fifth Republic." *Contemporary French and Francophone Studies* 16(3): 311-321.

Cole, Alistair. 2012b. "The French State and Its Territorial Challenges." *Public Administration* 90(2): 335-350.

Colomer, Josep and Gabriel Negretto. 2005. "Can Presidentialism Work like

Parliamentarism?" *Government and Opposition* 40(1): 60-89.

Colton, J. Timothy and Cindy Skach. 2005. "A Fresh Look at Semipresidentialism: The Russian Predicament." *Journal of Democracy* 16(3): 113-126.

Conceição-Heldt Eugénia da. 2011. "Portugal: Limited Government and the Influential Role of Parliament." In *The Role of Governments in Legislative Agenda Setting*, eds. Bjørn Erik Rasch and George Tsebelis. New York: Routledge Press, pp. 184-200.

Constitutions: Constitutional Finder, in http://confinder.richmond.edu/, accessed on 8 July 2015.

Costa, Olivier, Pierre Lefébure, Olivier Rozenbergm, Tinette Schnatterer, and Eric Kerrouche. 2012. "Far Away, So Close: Parliament and Citizens in France." *The Journal of Legislative Studies* 18: 3-4, 294-313.

Costa, Olivier. 2013a. "Introduction: Parliamentary Representation in France." *The Journal of Legislative Studies* 19(2): 129-140.

Costa, Olivier. 2013b "Conclusion: Challenging the Conventional Wisdoms about Parliamentary Representation in France." *The Journal of Legislative Studies* 19(2): 278-283.

Cox, Gary and Mathew D. McCubbins. 2005. *Setting the Agenda: Responsible Party Government in the U.S. House of Representatives*. New York: Cambridge University Press.

Cox, Gary. 1987. *The Efficient Secret: The Cabinet and the Development of Political Parties in Victorian England.* Cambridge: Cambridge University Press.

Croatian TV, Text of Report. 2000. "Croatian President Puts Forward His Objections to Draft Constitution." HRT1 TV, Zagreb, in Serbo-Croat 1730 gmt 18, October 2000.

Debré, Michel. 1981. "The Constitution of 1958, Its Raison D'être and How it Evolved." In *The Fifth Republic at Twenty*, eds. Willam G. Andrews and

Stanley Hoffmann. Albany: State University of New York Press, pp. 11-24.

Dodd, Lawrence C. 1976. *Coalitions in Parliamentary Government*. New Jersey: Princeton University Press.

Duverger, Maurice. 1969. *Political Parties: Their Organization and Activity in The Modern State*. London: Lowe and Brydone.

Duverger, Maurice. 1970. *Institutions Politiques et Droit Constitutionnel*, 11th ed. Paris: Presses Universitaires de France.

Duverger, Maurice. 1980. "A New Political System Model: Semi-Presidential Government." *European Journal of Political Research* 8(2): 165-187.

East European Constitutional Review (EECR). 2001a. 'Lithuania Update.' 10(1): 31-34.

East European Constitutional Review (EECR). 2001b. 'Lithuania Update.' 10(2-3), http://www1.law.nyu.edu/eecr/vol10num2_3/constitutionwatch/lithuania.html, latest update 4 March 2013.

Elgie, Robert and Howard Machin. 1991. "France: The Limits to Prime-ministerial Government in a Semi-presidential System." *West European Politics* 14(2): 62-78.

Elgie, Robert and Iain McMenamin. 2011. "Explaining the Onset of Cohabitation under Semi-presidentialism." *Political Studies* 59(3): 616-635.

Elgie, Robert and Moshe Maor. 1992. "Accounting for the Survival of Minority Governments: An Examination of the French Case, 1988 to 1991." *West European Politics* 15(3): 57-74.

Elgie, Robert and Sophia Moestrup, eds. 2007a. Semi-presidentialism outside Europe: A Comparative Study. London: Routledge Press.

Elgie, Robert and Sophia Moestrup, eds. 2008. *Semi-presidentialism in Central and Eastern Europe*. New York: Manchester University Press.

Elgie, Robert and Sophia Moestrup, eds., 2016. Semi-Presidentialism in the Caucasus and Central Asia, Basingstoke, UK: Palgrave Macmillan.

Elgie, Robert and Sophia Moestrup. 2007b. "The Choice of Semi-presidential-ism and Its Consequences." In Semi-presidentialism outside Europe: A Comparative Study, eds. Robert Elgie and Sophia Moestrup. London: Routledge.

Elgie, Robert, and Sophia Moestrup, eds. 2007. *Semi-presidentialism outside Europe: A Comparative Study.*London: Routledge Press.

Elgie, Robert, and Sophia Moestrup, eds. 2008. Semi-Presidentialismin Central and Eastern Europe. Manchester: Manchester University Press.

Elgie, Robert, ed. 1999. *Semi-presidentialism in Europe.* New York: Oxford.

Elgie, Robert, Sophia Moestrup, and Yu-Shan Wu, eds. 2011. Semi-Presidentialism and Democracy. New York: Palgrave.

Elgie, Robert. 1993. *The Role of the Prime Minister in France, 1981~1991.* London: The Macmillan Press Ltd.

Elgie, Robert. 1999. "The Politics in Semi-presidentialism." In Semi-presidentialism in Europe, ed. Robert Elgie. New York: Oxford University Press.

Elgie, Robert. 2001. "'Cohabitation': Divided Government French Style." In Robert Elgie, ed., Divided Government in Contemporary Perspective (Oxford: Oxford University Press, 2001).

Elgie, Robert. 2002. "La Cohabitation de longue durée: Studying the 1997-2002 Experience." *Modern & Contemporary France* 10(3): 297-311.

Elgie, Robert. 2003. "Semi-Presidentialism: Concepts, Consequences and Contesting Explanations." Paper presentation at the Conference on Semi-Presidentialism and Nascent Democracies, Institute of Political Science at Academia Sinica, Taipei, October 24-25.

Elgie, Robert. 2004. "Semi-Presidentialism: Concepts, Consequences and Contesting Explanations." *Political Studies Review* 2: 314-330.

Elgie, Robert. 2005. "From Linz to Tsebelis: Three Waves of Presidential/Parliamentary Studies?" *Democratization* 12(1): 106-122.

Elgie, Robert. 2007. "What is Semi-presidentialism and Where is It Found?"

In *Semi-presidentialism outside Europe*, eds. R. Elgie and S. Moestrup. New York: Routledge Press, pp. 1-13.

Elgie, Robert. 2007a. "Varieties of Semi-presidentialism and Their Impact on Nascent Democracies." Taiwan Journal of Democracy 3(2): 53-71.

Elgie, Robert. 2007b. "What Is Semi-presidentialism and Where Is It Found?" In Semi-presidentialism outside Europe: A Comparative Study, eds. Robert Elgie and Sophia Moestrup. London: Taylor and Francis.

Elgie, Robert. 2008. "Semi-Presidentialism: An Increasingly Common Constitutional Choice." Paper presented at theConference on Semi-Presidentialism and Democracy: Institutional Choice, Performance, and Evolution, Institute of Political Science. Taipei, October 17-18.

Elgie, Robert. 2008. "The Perils of Semi-presidentialism. Are They Exaggerated?" Democratization 15(1): 49-66.

Elgie, Robert. 2009. "Duverger, Semi-presidentialism and the Supposed French Archetype." *West European Politics* 32(2): 248-267.

Elgie, Robert. 2011a. Semi-Presidentialism: Sub-Types and Democratic Performance. New York: Oxford University Press.

Elgie, Robert. 2011b. "Semi-presidentialism: An Increasingly Common Constitutional Choice." In Semi-presidentialism and Democracy, eds. Robert Elgie, Sophia Moestrup, and Yu-Shan Wu. Basingstoke, UK: Palgrave Macmillan.

Elgie, Robert. 2016. *The Semi-presidentialism*. in http://www.semipresidentialism.com/?p=1053, latest update 19 April 2016.

Fink-Hafner, Danica. 2005. "Slovenia." *European Journal of Political Research* 44: 1179-1187.

Fink-Hafner, Danica. 2006. "Slovenia." *European Journal of Political Research* 45: 1260-1265.

Fink-Hafner, Danica. 2007. "Slovenia." *European Journal of Political Research* 46: 1107-1113.

Francesco, Cavatorta and Robert Elgie. 2010. "The Impact of Semi-presiden-
tialism on Governance in the Palestinian Authority." *Parliamentary Affairs*
63(1): 22-40.

Gaffney, John. 2012. "Leadership and Style in the French Fifth Republic: Nico-
las Sarkozy's presidency in Historical and Cultural Perspective." *French
Politics* 10: 345-363.

Goetz, Klaus H. and Radoslaw Zubek. 2007. "Government, Parliament and
Law-making in Poland." *The Journal of Legislative Studies* 13(4): 517-538.

Goldman, Minton F. 1999. *Slovakia since Independence: A Struggle for Democ-
racy*. CT: Praeger Press.

Grossman, Emiliamo and Nicolas Sauger. 2009. "The End of Ambiguity? Presi-
dents versus Parties or the Four Phases of the Fifth Republic." *West Euro-
pean Politics* 32(2): 423-437.

Grossman, Emiliamo. 2009. "The President's Choice? Government and Cabinet
Turnover under the Fifth Republic." *West European Politics* 32(2): 268-286.

Haynes, Jeffrey. 2005. *Comparative Politics in a Globalizing World*. Cam-
bridge: Polity.

Hayward, Jack. 2013. "'Hyperpresidentialism' and the Fifth Republic State Im-
perative," In *The Presidents of the French Fifth Republic*, eds. David S. Bell
and John Gaffney. Palgrave Macmillan, pp. 44-57.

Herron, Erik. 2008. "The Parliamentary Election in Ukraine, September 2007."
Electoral Studies 27(3): 551-533.

Howard, A. E. Dick and Mark F. Brzezinski. 1998. "Development of Constitu-
tionalism." In *Transition to Democracy in Poland*, ed. Richard F. Staar. New
York: St. Martin's Press, pp. 133-161.

International Constitutional Law, "Countries." *International Constitutional Law*
in http://www.servat.unibe.ch/icl/, accessed on 8 July 2015.

International Parliament Union. 1994. "Slovakia Parliamentary Chamber:

Narodna Rada Slovenskej Republiky." *International Parliament Union* in http://www.ipu.org/parline-e/reports/arc/2285_94.htm, accessed on 20 March 2013.

International Parliament Union. 2000a. "Croatia Parliamentary Chamber: Zastupnicki Dom." *International Parliament Union* in http://www.ipu.org/parline-e/reports/arc/2077_00.htm, accessed on 20 March 2013.

International Parliament Union. 2000b. "Lithuania Parliamentary Chamber: Seimas." *International Parliament Union* in http://www.ipu.org/parline-e/reports/arc/2189_00.htm, accessed on 20 March 2013.

International Parliament Union. 2004. "Slovenia Parliamentary Chamber: Drzavni Zbor (National Assembly)." *International Parliament Union* in http://www.ipu.org/parline-e/reports/arc/2287_04.htm, accessed on 20 March 2013.

International Parliament Union. 2006. "Ukrainian Parliamentary Chamber: Verkhovna Rada." *International Parliament Union* in http://www.ipu.org/parline-e/reports/arc/2331_06.htm, accessed on 30 March 2013.

Jalali, Carlos. 2011. "Portugal: The President is Not a Passenger." In *Semi-presidentialism and Democracy*, eds. Robert Elgie, Sophia Moestrup, and Yu-shan Wu. London: Palgrave Macmillan Press, pp. 156-173.

Jasiewicz, Krzysztof and Agnieszka Jasiewicz-Betkiewicz. 2009. "Poland." *European Journal of Political Research* 48: 1073-1079.

Kasapovi, Mirjana. 2003. "Coalition Governments in Croatia: First Experience 2000-2003." *Politička Misao* 40(5): 52-67.

Kasapovi, Mirjana. 2008. "Semi-presidentialism in Croatia." In *Semi-presidentialism in Central and Eastern Europe*, eds. Robert Elgie and Sophia Moestrup. Manchester: Manchester University Press, pp. 51-64.

Kim, B. K. 2000. "Party Politics in South Korea's Democracy: The Crisis of Success." In *Consolidating Democracy in South Korea*, eds. L. Diamond & B. K. Kim. London: Lynne Rienner, pp. 53-86.

Kirschke, Linda. 2007. "Semi-presidentialism and the Perils of Power-Sharing in Neopatrimonial States." Comparative Political Studies 40(11): 1372-1394.

Knapp, Andrew. 2013. "A Paradoxical Presidency: Nicolas Sarkozy, 2007-2012." *Parliamentary Affairs* 66(1): 33-51.

Krasner, Stephen. 1984. "Approaches to the State: Alternative Conceptions and Historical Dynamics." *Comparative Politics* 16: 223-246.

Krupavi ius, Algis. 2008. "Semi-presidentialism in Lithuania: Origins, Development and Challenges." In *Semi-presidentialism in Central and Eastern Europe*,eds. Robert Elgie and Sophia Moestru. Manchester: Manchester University Press, pp. 65-84

Kuhlmann, Sabine. 2007. "Trajectories and Driving Factors of Local Government Reforms in Paris: A 'Deviant Case' of Institutional Development?" *Local Government Studies* 33(1): 5-24.

Laakso, Markku and Taagepera, Rein. 1979. "The 'Effective' Number of Parties: A Measure with Application to West Europe." *Comparative Political Studies* 12(1): 3-27.

Laver, Michael and Kenneth A. Shepsle. 1996. *Making and Breaking Governments: Cabinets and Legislatures in Parliamentary Democracies*. New York: Cambridge University Press.

Lazardeux, Sébastien G. 2009. "The French National Assembly's Oversight of the Executive: Changing Role, Partisanship and Intra-Majority Conflict." *West European Politics* 32(2): 287-309.

Lee, Pei-shan and Yun-hanChu. 2003. "Crafting Taiwan's Semi-Presidentialism in the Shadow of History." Paper presented at the Conference on Semi-Presidentialism and Nascent Democracies, Institute of Political Science at Academia Sinica, Taipei, October 24-25.

Lee, Sangmook. 2007. "Democratic Transition and the Consolidation of Democracy in South Korea." *Taiwan Journal of Democracy* 3(1): 99-125.

Liao, Da-chi and Herlin, Chien. 2005. "Why No Cohabitation in Taiwan?" *China Perspectives* 58: 55-59.

Lijphart, Arend. 1999. *Patterns of Democracy: Government Forms & Performance in Thirty-six Countries*. New Haven: Yale University Press.

Lin, Jih-wen. 2002. "Democratic Stability under Taiwan's Semi-Presidentialist Costitution: Implications for Cross-Strait Relations." *Issues & Studies* 38(1): 47-79.

Lin, Jih-wen. 2008. "Parliamentary Cohesion and Government Formation in Semi-presidential Democracies." Paper presented at theConference on Semi-Presidentialism and Democracy: Institutional Choice, Performance, and Evolution, Institute of Political Science. Taipei, October 17-18.

Lin, Jih-wen. 2011. "A Veto Player Theory of Policymaking in Semi-presidential Regimes: The Case of Taiwan's Ma Ying-jeou Presidency." *Journal of East Asian Studies* 11(3): 407-435.

Loewenstein, Karl. 1957. *Political Power and the Governmental Process*. Chicago, IL: University of Chicago Press.

Mahoney, James. 2000. "Path Dependence in Historical Sociology." *Theory and Society* 29: 507-548.

Mainwaring, Scott and Matthew S. Shugart. 1997. "Conclusion: Presidentialism and the Party System." In *Presidentialism and Democracy in Latin America*, eds. Scott Mainwaring and Matthew S. Shugart. New York: Cambridge University Press, pp. 394-439.

Mainwaring, Scott and Matthew Soberg Shugart, eds. 1997. *Presidentialism and Democracy in Latin America*. New York: Cambridge University.

Mainwaring, Scott. 1993. "Presidentialism, Multipartyism and Democracy." *Comparative Political Studies* 26(2): 198-228.

Malová, Darina. 2001. "Slovakia: From the Ambiguous Constitution to the Dominance of Informal Rules." In *Democratic Consolidation in Eastern*

Europe,ed. Jan Zielonka. Oxford: Oxford University Press, pp. 347-377.

Martin, Lanny and Georg Vanberg. 2011. *Parliaments and Coalitions: The Role of Legislative Institutions in Multiparty Governance*. Oxford: Oxford University Press.

Matsuzato, Kimitaka and Liutauras Gudžinska. 2006. "An Eternally Unfinished Parliamentary Regime? Semipresidentialism as a Prism to View Lithuanian Politics." *Acta Slavica Iaponica, Tomus* 23: 146-170.

McAllister, Ian. 1996. *Comparing Democracies: Elections and Voting in Global Perspective*. Thousand Oaks, CA: Sage.

McMenamin, Iain. 2008. "Semi-presidentialism and Democratization in Poland." In *Semi-presidentialism in Central and Eastern Europe*, eds. Robert Elgie and Sophia Moestru. Manchester: Manchester University Press, pp. 120-137.

Metcalf, Lee Kendall. 2000. "Measuring Presidential Power." *Comparative Political Studies* 33(5): 660-685.

Michta, Andrew A. 1998. "The Presidential-parliamentary System." In *Transition to Democracy in Poland*, ed. Richard F. Staar. New York: St. Martin's Press, pp. 93-132.

Moser, Robert G. 2001. "Executive-Legislative Relations in Russia, 1991-1999." In *Russian Politics: Challenges of Democratization*, eds. Zoltan Barnay and Robert Moser. New York: Cambridge University Press, pp. 64-102.

Müller, Wolfgang C. and Kaare Strøm. 2000. *Coalition Governments in Western Europe*. Oxford: Oxford University Press.

Müller, Wolfgang C. and Kaare Strøm. 2008. "Coalition Agreements and Cabinet Governance." In *Cabinets and Coalition Bargaining: The Democratic Life Cycle in Western Europe*, eds. Kaare Strøm, Wolfgang C. Müller, and Torbjorn Bergman. Oxford: Oxford University Press, pp. 159-199.

NationMaster. "Political Parties and Leaders." In http://www.nationmaster.com/

graph/gov_pol_par_and_lea-government-political-parties-and-leaders, accessed on 19 April 2016.

Nousiainen, Jaakko. 1971. *The Finnish Political System*. Translated by John H. Hodgson. Cambridge, Massachusetts: Harvard University Press.

Nousiainen, Jaakko. 2001. "From Semi-presidentialism to Parliamentary Government: Political and Constitutional Developments in Finland." *Scandinavian Political Studies* 24(2): 95-109.

Page, Scott E. 2006. "Path Dependence." *Quarterly Journal of Political Science* 1: 87-115.

Paloheimo, Heikki. 2001. "Divided Government in Finland: From a Semi-Presidential to a Parliamentary Democracy." In *Divided Government in Comparative Perspective*, ed. Robert Elgie. New York: Oxford University Press, pp. 86-105.

Paloheimo, Heikki. 2003. "The Rising Power of the Prime Minister in Finland." *Scandinavian Political Studies* 26(3): 219-243.

PAP News Agency. 2009. "Polish President, Premier at Adds over New NATO Head." *Warsaw, in English 1421 gmt*, 4 May 2009 in http://www.lexisnexis.com.autorpa.lib.ccu.edu.tw/ap/academic/?lang=zh, accessed on 20 January 2016.

Passarelli, Gianluca. 2010. "The Government in Two Semi-presidential Systems: France and Portugal in a Comparative Perspective." *French Politics* 8(4): 402-428.

Pierson, Paul. 1996. "The Path to European Integration: A Historical Institutionalist Analysis." *Comparative Political Studies* 29(2): 123-163.

Pierson, Paul. 2000. "Increasing Returns, Path Dependence, and the Study of Politics." *American Political Science Review* 94(2): 251-267.

Pleše, Mladen. 2003. "Ra an Facing Decisions He Cannot Carry Out." *Nacional (391)* in http://www.nacional.hr/en/clanak/18214/racan-facing-decisionshe-cannot-carry-out, accessed on 18 March 2013.

Pridham, Geoffrey. 2002. "Coalition Behavior in New Democracies of Central and Eastern Europe: The Case of Slovakia." *Journal of Communist Studies and Transition Politics* 18(2): 75-102.

Protsyk, Oleh. 2005. "Politics of Intraexecutive Conflict in Semi-presidential Regimes: Constitutional Norms and Cabinet Formation Outcomes." *East European Politics and Societies* 19(2): 135-160.

Protsyk, Oleh. 2006. "Intra-Executive Competition between President and Prime Minister: Patterns of Institutional Conflict and Cooperation under Semi-presidentialism." *Political Studies* 54(2): 219-244.

Przeworski, Adam and Henry Teune. 1970. *The logic of Comparative Social Inquiry*. New York: Wiley Press.

Qvortrup, Mads H. 2011. "United Kingdom: Extreme Institutional Dominance by the Executive⋯Most of the Time." In *The Role of Governments in Legislative Agenda Setting*, eds. Bjørn Erik Rasch and George Tsebelis. New York: Routledge Press, pp. 78-94.

Raunio, Tapio. 2004. "The Changing Finnish Democracy: Stronger Parliamentary Accountability, Coalescing Political Parties and Weaker External Constraints." *Scandinavian Political Studies* 27(2): 133-152.

Roberts, Andrew. 2009. "The politics of constitutional amendment in postcommunist Europe." *Constitutional Political Economy* 20(2): 99-117.

Roper, Steven. 2002. "Are All Semi-presidential Regimes the Same? A Comparison of Premier-Presidential Regimes." *Comparative Politics* 34(3): 253-272.

Roper, Steven. 2008. "From Semi-presidentialism to Parliamentarism: Regime Change and Presidential Power in Moldova." *Europe-Asia Studies* 60(1): 113-126.

Rowland, Oliver. 2013. "How Many Jobs Should an MP Have?" *Connexion*

(Monaco), May 2013 in http://www.connexionfrance.com/MPs-France-jobs-cumul-mandats-reforms-15159-news-article.html.

Rudalevige, Andrew. 2002. *Managing the President's Program: Presidential Leadership and Legislative Policy Formulation*. New Jersey: Princeton University Press.

Rybár, Marek. 2006. "Old Parties and New: Changing Patterns of Party Politics in Slovakia." In *Post-Communist EU Member States: Parties and Party Systems*, ed.Susanne Jungerstam-mulders. Ashgate Publishing, pp. 147-175.

Samuels, David J. 2002. "Presidentialized Parties: The Separation of Powers and Party Organization and Behavior." *Comparative Political Studies* 35(4): 461-483.

Samuels, David J. 2007. "Separation of Powers." In *The Handbook of Comparative Politics*, eds. Carles Boix and Susan Stokes. London: Oxford University Press, pp. 703-726.

Samuels, David J. and Matthew S. Shugart. 2014. "Party 'capacity' in New Democracies: How Executive Format Affects the Recruitment of Presidents and Prime Ministers."*Democratization* 21(1): 137-160.

Samuels, David J. and Shugart, Matthew S. 2010. *Presidents, Parties, Prime Ministers: How Separation of Powers Affects Party Organization and Behavior*. New York: Cambridge University Press.

Samuels, David J. and Matthew S. Shugart. 2003. "Presidentialism, Elections and Representation." *Journal of Theoretical Politics* 15(1): 33-60.

Sartori, Giovanni. 1997. *Comparative Constitutional Engineering: An Inquiry into Structures, Incentives and Outcomes*, 2nd edition. New York: New York University Press.

Sauger, Nicolas. 2009. "Party Discipline and Coalition Management in the French Parliament. West European Politics, 32(2): 310-26.

Schleiter, Petra and Edward Morgan-Jones. 2010. "Who's in Charge? Presidents, Assemblies, and the Political Control of Semi-presidential Cabinets." *Comparative Political Studies* 43(11): 1415-1441.

Sedelius, Thomas and Joakim Ekman. 2010. "Intra-executive Conflict and Cabinet Instability: Effects of Semi-presidentialism in Central and Eastern Europe." *Government and Opposition* 45(4): 505-530.

Sedelius, Thomas and Olga Mashtaler. 2013. "Two Decades of Semi-presidentialism: Issues of Intra-executive Conflict in Central and Eastern Europe 1991-2011." *East European Politics* 29(2): 109-134.

Sedelius, Thomas. 2008. *The Tug-of-War between Presidents and Prime Ministers: Semi-presidentialism in Central and Eastern Europe*. VDM Verlag Dr. Müller Press.

Shen, Yu-chung. 2011. "Semi-presidentialism in Taiwan: A Shadow of the Constitution of the Weimar Republic." *Taiwan Journal of Democracy* 7(1): 79-96.

Shugart, Mattew S. 2005. "Semi-presidential Systems: Dual Executive and Mixed Authority Patterns." *French Politics* 3(3): 323-351.

Shugart, Mattew S. and John M. Carey. 1992. *Presidents and Assemblies: Constitutional Design and Electoral Dynamics*. Cambridge: Cambridge University Press.

Shugart, Matthew Søberg. 2005. "Semi-presidential Systems: Dual Executive and Mixed Authority Patterns." French Politics 3(3): 323-351.

Shugart, Mattew S.andScott Mainwaring. 1997. "Presidentialism and Democracy in Latin America: Rethinking the Terms of Debate." In *Presidentialism and Democracy in Latin America*, eds. Scott Mainwaring and Mattew S. Shugart. New York: Cambridge University, pp. 12-54.

Sinclair, Barbara. 2006. *Party Wars: Polarization and the Politics of National Policy Making*. Oklahoma: University of Oklahoma Press.

Skach, Cindy. 2005a. "Constitutional Origins of Dictatorship and Democracy."

Comparative Political Economy 16(4): 347-68.

Skach, Cindy. 2005b. *Borrowing Constitutional Designs: Constitutional Law in Weimar Germany and the French Fifth Republic*. New Jersey: Princeton University Press.

Slovenia News Agency. 2007. "Slovene Leaders Disagree over Foreign Policy, Central Bank." *BBC Monitoring Europe-Political*, Supplied by BBC Worldwide Monitoring, 18 February 2007.

Smith, Andy, and Paul Heywood. 2000. *Regional Government in France and Spain*. London: Constitution Unit School of Public Policy.

Streacnska, Adriana. 1994. "Parliament Ousts Meciar in No-confidence Vote." *Associated Press*, 11 March 1994 in http://www.apnewsarchive.com/1994/Parliament-Ousts-Meciar-In-No-Confidence-Vote/id-6efbbe1d56a4245f05866771209e41df, accessed on 8 March 2013.

Strøm, Kaare and Stephen Swindle. 2002. "Strategic Parliamentary Dissolution." *American Political Science Review* 96(3): 575-591.

Strøm, Kaare. 1990. *Minority Government and Majority Rule*. Cambridge: Cambridge University Press.

Sula, Piotr and Agnieszka Szumigalska. 2013. "The Guardian of the Chandelier or a Powerful Statesman? The Historical, Cultural and Legislative Determinants of the Political Role of the President of Poland." In *Presidents above Parties? Presidents in Central and Eastern Europe, Their Formal Competencies and Informal Power*, written by Vít Hloušek et al., Masaryk University, International Institute of Political Science Press, pp. 101-120.

Suleiman, Ezra N. 1980. "Presidential Government in France." In *Presidents and Prime Ministers*, eds. Richard Rose and Ezra N. Suleiman. Washington D.C: American Enterprise Institute, pp. 94-138.

Suleiman, Ezra N. 1994. "Presidentialism and Political Instability in France." In *The Failure of Presidential Democracy: the case of Latin America*, eds.

Juan J. Linz and Arturo Valenzuela. Baltimore: The Johns Hopkins University Press, pp. 137-162.

Szczerbiak, Aleks. 2008. "The Birth of a Bipolar Party System or a Referendum on a Polarizing Government? The October 2007 Polish Parliamentary Election." *Journal of Communist Studies and Transition Politics* 24(3): 415-443.

Talat-Kelpša, Laimonas. 2001. "The Presidency and Democratic Consolidation in Lithuania." *Journal of Baltic Studies* 32(2): 156-169.

Thiébault, Jean-Louis. 2003. "Delegation and Accountability in the Fifth Republic." In *Delegation and Accountability in Parliamentary Democracies*, eds. Kaare Strøm, Wolfgang C. Müller and Torbjörn Bergman. New York: Oxford Unviersity Press, pp. 325-346.

Thomas Poguntkeand Paul Webb. 2005. *The Presidentialization of Politics: A Comparative Study of Modern Democracies*. New York: Oxford University Press.

Tiberj, Vincent, and Eric Kerrouche. 2013. "Up and Down, Old and New: Values and Value Systems of MPs and Voters in France." *The Journal of Legislative Studies* 19(2): 160-177.

Tsai, Jung-hsiang. 2008. "Sub-types of Semi-presidentialism and Political Deadlock." *French Politics* 6(1): 63-84.

Valenzuela, Arturo. 1998. "The Crisis of Presidentialism in Latin America." In *Politics, Society, and Democracy*, eds. Scott Mainwaring and Arturo Valenzuela. Boulder: Westview Press, pp. 121-139.

Veser, Ernst. 1997. "Semi-presidentialism–Duverger's Concept: A New Political System Model." Journal for Humanities and Social Sciences 11(1): 39-60.

Weller, Patrick. 1994. "Party Rules and the Dismissal of Prime Minister: Comparative Perspectives from Britain, Canada and Australia." *Parliamentary Affairs* 47(1): 133-143.

White, Stephen. 1997. "Russia: Presidential Leadership under Yeltsin." In *Post-communist Presidents*, ed. Raymond C. Taras. New York: Cambridge University, pp. 38-66.

Wiatr, Jerzy J. 2000. "President in the Polish Parliamentary Democracy." *Politička Misao* 37(5): 89-98.

Wikipedia. 2013a. In http://en.wikipedia.org/wiki/Finnish_parliamentary_election,_1958, accessed on 30 April 2013.

Wikipedia. 2013b. In http://en.wikipedia.org/wiki/Main_Page, accessed on 6 March, 2013.

Wikipedia. 2014. "Portuguese Council of State," *Wikipedia*, in http://en.wikipedia.org/wiki/Portuguese_Council_of_State, accessed on 8 June 2014。

Wikipedia. 2016. In https://en.wikipedia.org/wiki/Main_Page, accessed on 19 April 2016.

Willerton, John P. and Martin Carrier. 2005. "Jospin, Political Cohabitation and Left Governance." *French Politics, Culture and Society* 23(2): 43-70.

Wollmann, Hellmut. 2004. "Local Government Reforms in Great Britain, Sweden, Germany and France: Between Multi-Function and Single-Purpose Organisations." *Local Government Studies* 30(4): 639-665.

Wollmann, Hellmut.2000. "Local Government Systems: From Historic Divergence towards Convergence? Great Britain, France, and Germany as Comparative Cases in Point." *Environment and Planning C: Government and Policy* 18: 33-55.

World Statesmen. 2013. In http://www.worldstatesmen.org/, accessed on 5 March, 2013.

Wu, Yu-Shan and Jung-Hsiang Tsai. 2011. "Taiwan: Democratic Consolidation under President-Parliamentarism." In Semi-presidentialism and Democracy, eds. Robert Elgie, Sophia Moestrup, and Yu-Shan Wu. Basingstoke, UK: Palgrave Macmillan.

Wu, Yu-shan. 2000. "The ROC's Semi-presidentialism at Work: Unstable Compromise, Not Cohabitation." *Issues and Studies* 36(5): 1-40.

Wu, Yu-shan. 2003. "Triangular Interactions under Semi-Presidentialism." Paper presented at the Conference of Semi-Presidentialism and Nascent Democracies, Institute of Political Science at Academia Sinica, Taipei, October 24-25.

Wu, Yu-shan. 2005. "Appointing the Prime Minister under Incongruence: Taiwan in Comparison with France and Russia." *Taiwan Journal of Democracy* 1(1): 103-132.

Wu, Yu-Shan. 2011a. "Clustering of Semi-Presidentialism: A First Cut." In Robert Elgie, Sophia Moestrup, and Yu-Shan Wu, eds., Semi-Presidentialism and Democracy. Basingstoke, UK: Palgrave Macmillan.

Wu, Yu-Shan. 2011b. "Exploring the Power-Sharing Mode of Semi-Presidentialism." Paper presented at the 1st IPSA/ECPR Joint Conference, Sao Paulo, February 16-19.

Wyrzykowski, Miros aw and Agnieszka Ciele. 2006. "Presidential Elements in Government: Poland-semi-presidentialism or 'Rationalised Parliamentarianism'?" *European Constitutional Law Review* 2(2): 253-267.

Zifcak, Spencer. 1995. "The Battle over Presidential Power in Slovakia." *East European Constitutional Review* 4 (Summer): 61-65.

Zubeck, Radoslaw. 2008. "Parties, Rules and Government Legislative Control in Central Europe: The Case of Poland." *Communist and Post-Communist Studies* 41(2): 147-61.

國家圖書館出版品預行編目資料

半總統制下的權力三角：總統、國會、內閣
／沈有忠，吳玉山主編. ――初版.――臺北
市：五南，2017.09
　　面；　公分
　ISBN 978-957-11-9353-3（平裝）
　1.總統制
572.53　　　　　　　　　　106014386

1PAR

半總統制下的權力三角：
總統、國會、內閣

主　　　編 ― 沈有忠、吳玉山

作　　　者 ― 吳玉山、沈有忠、張峻豪、陳宏銘、蔡榮祥

發 行 人 ― 楊榮川

總 經 理 ― 楊士清

副總編輯 ― 劉靜芬

責任編輯 ― 高丞嫻、吳肇恩、林晏如

封面設計 ― 斐類設計工作室

出 版 者 ― 五南圖書出版股份有限公司

地　　　址：106台北市大安區和平東路二段339號4樓

電　　　話：(02)2705-5066　　傳　　　真：(02)2706-6100

網　　　址：http://www.wunan.com.tw

電子郵件：wunan@wunan.com.tw

劃撥帳號：01068953

戶　　　名：五南圖書出版股份有限公司

法律顧問　林勝安律師事務所　林勝安律師

出版日期　2017年9月初版一刷

定　　　價　新臺幣400元